Edition Rechtsextremismus

Reihe herausgegeben von

Fabian Virchow, Hochschule Düsseldorf, Düsseldorf, Nordrhein-Westfalen, Deutschland

Alexander Häusler, Hochschule Düsseldorf, Düsseldorf, Nordrhein-Westfalen, Deutschland

Die „Edition Rechtsextremismus" versammelt innovative und nachhaltige Beiträge zu Erscheinungsformen der extremen Rechten als politisches, soziales und kulturelles Phänomen. Ziel der Edition ist die Konsolidierung und Weiterentwicklung sozial- und politikwissenschaftlicher Forschungsansätze, die die extreme Rechte in historischen und aktuellen Erscheinungsformen sowie deren gesellschaftlichen Kontext zum Gegenstand haben. Ein besonderes Augenmerk gilt dabei transnationalen Entwicklungen in Europa.

Weitere Bände in der Reihe https://link.springer.com/bookseries/12738

David Meiering
(Hrsg.)

Schlüsseltexte der ‚Neuen Rechten'

Kritische Analysen
antidemokratischen Denkens

 Springer VS

Hrsg.
David Meiering
Humboldt-Universität zu Berlin
Berlin, Deutschland

ISSN 2625-9311   ISSN 2625-932X   (electronic)
Edition Rechtsextremismus
ISBN 978-3-658-36452-6   ISBN 978-3-658-36453-3   (eBook)
https://doi.org/10.1007/978-3-658-36453-3

Die Deutsche Nationalbibliothek verzeichnet diese Publikation in der Deutschen Nationalbibliografie; detaillierte bibliografische Daten sind im Internet über http://dnb.d-nb.de abrufbar.

Planung/Lektorat: Jan Treibel
Springer VS ist ein Imprint der eingetragenen Gesellschaft Springer Fachmedien Wiesbaden GmbH und ist ein Teil von Springer Nature.
Die Anschrift der Gesellschaft ist: Abraham-Lincoln-Str. 46, 65189 Wiesbaden, Germany

Vorwort

Das vorliegende Lehrbuch hat die Besonderheit, dass es nicht nur an Schüler*innen, Studierende und politisch Interessierte gerichtet ist, sondern selbst von Studierenden erarbeitet wurde. Ausgangspunkt war das Seminar „Politische Theorie(n) der ‚Neuen Rechten'", das im Wintersemester 2018/2019 an der Humboldt-Universität zu Berlin stattfand. Politisch-theoretische Texte von ‚neurechten' Autor*innen im Seminarkontext zu lesen, hieß auch, vor besondere didaktische Herausforderungen gestellt zu sein. Um die Studierenden bei der Lektüre und Analyse der Texte angemessen zu begleiten und zugleich die oft aufwendigen Abschlussarbeiten über den Seminarkontext hinaus zu verwenden, entstand die Idee eines gemeinsamen Publikationsprojektes. In mehreren Workshops entwickelten wir ein Konzept für das Projekt, kommentierten die Studierenden wechselseitig ihre Beiträge, zergliederten wir in Lesekreisen die Primärquellen und diskutierten Fallstricke im Umgang mit rechten Texten. So wuchs das Projekt weit über das Seminar hinaus.

Für mich beschließt die Publikation meine Zeit als Wissenschaftlicher Mitarbeiter am Institut für Sozialwissenschaften der Humboldt-Universität zu Berlin. Ich möchte mich bei allen Beteiligten herzlich für die sehr anregende Zeit und diesen schönen Abschluss bedanken. Besonderer Dank gilt dem gesamten Team der „Politischen Theorien und Ideengeschichte" für die oft hitzigen Debatten und den intensiven Gedankenaustausch. Bei Dr. Andreas Schäfer und Julian Jürgenmeyer möchte ich mich außerdem besonders dafür bedanken, mich bei der Idee zur Veranstaltung und zu diesem Lehrbuch von Anfang an bestärkt zu haben.

Darüber hinaus haben zahlreiche Personen an der Entstehung dieses Bandes mitgewirkt, denen mein herzlicher Dank gilt. Martin Pfaffenzeller danke ich für die wertvollen Hinweise zum stilistischen Schreiben, die er in einem Workshop mit den Studierenden anhand ihrer eigenen Texte erläutert hat. Bei Julia Schulz möchte ich mich für ihre wertvollen Kommentare und Korrekturen zum englischsprachigen Text bedanken. Dominik Flügel gebührt mein herzlicher Dank für seine organisatorische Hilfe und seine inhaltlichen Anstöße. Beim *Laika* möchte ich mich dafür bedanken, die Räumlichkeiten für unsere Treffen und unseren Lesekreis über Carl Schmitt zur Verfügung gestellt zu haben. Samuel Salzborn danke ich für die freundliche Ermutigung zum Projekt und für die hilfreichen Hinweise in einem frühen Stadium des Vorhabens. Felix Krause, Philipp Tolios und Jonas Wiedner bin ich sehr dankbar für zahlreiche Kommentare zu verschiedenen Beiträgen dieses Bandes sowie für die kritischen Einwände zum Projekt insgesamt. Dem *apabiz (antifaschistisches pressearchiv und bildungszentrum berlin)* danke ich für das Zurverfügungstellen von ‚neurechten' Primärquellen. Die Forschung über die ‚Neue Rechte' steht häufig vor dem Problem, Quellen beschaffen zu müssen, ohne die entsprechenden Verlage ungewollt durch den Kauf ihrer Bücher zu unterstützen. Das *apabiz* leistet hier unverzichtbare Arbeit. Ich bedanke mich außerdem bei der *Evangelischen Stadtkirchengemeinde Köpenick* und insbesondere bei Frau Gisela Blümcke vom *Charlotte-Rose-Haus*, die mir während des Lockdowns ein kleines Arbeitszimmer zur Verfügung gestellt haben. Auch beim *Evangelischen Studienwerk Villigst* möchte ich mich herzlich für die familienfreundliche, finanzielle Unterstützung und die ideelle Förderung bedanken. Zuletzt danke ich Fabian Virchow und Alexander Häusler für ihre hilfreichen Anmerkungen zum Manuskript und die Aufnahme in die Reihe „Rechtsextremismus" sowie dem *Springer VS Verlag für Sozialwissenschaften* in Person von Dr. Jan Treibel und Kerstin Zeiger für die Unterstützung bei der Fertigung des Buches. Mein größter Dank gilt meiner Partnerin Florence, die mir mit ihrer Unterstützung ermöglicht hat, dieses Projekt abzuschließen.

Berlin   David Meiering
im August 2022

Inhaltsverzeichnis

Herausgeber- und Autorenverzeichnis

Über den Herausgeber

David Meiering ist Sozialwissenschaftler und promoviert am Lehrbereich für Integrationsforschung und Gesellschaftspolitik an der Humboldt-Universität zu Berlin. Er ist Stipendiat des Evangelischen Studienwerk Villigst. Seine Forschungsschwerpunkte sind Radikalisierungsprozesse (insbesondere im völkischen Nationalismus und der ‚Neuen Rechten'), Ideologien der Ungleichwertigkeit und Politische Theorie (insbesondere Demokratietheorie). Zuletzt erschienen ist das Leviathan Special Issue „(Ent-)Politisierung? Die demokratische Gesellschaft im 21. Jahrhundert" (herausgegeben mit Andreas Schäfer, 2020) und „Connecting Structures: Resistance, Heroic Masculinity and Anti-Feminism as Bridging Narratives within Group Radicalization" mit Aziz Dziri und Naika Foroutan (in: International Journal of Conflict and Violence 14(2) 2020).

Autorenverzeichnis

Dana Breidscheid Universität Potsdam, Potsdam, Deutschland

Matthias Danyell Humboldt-Universität zu Berlin, Berlin, Deutschland

Max Deltau Humboldt-Universität zu Berlin, Berlin, Deutschland

Dominik Flügel Humboldt-Universität zu Berlin, Berlin, Deutschland

Paola Giannuzzi Catholic University of the Sacred Heart, Milan, Italien

Christian Glaß Humboldt-Universität zu Berlin, Berlin, Deutschland

Robin Groß Humboldt-Universität zu Berlin, Berlin, Deutschland

Imke Götting Europa-Universität Viadrina, Frankfurt (Oder), Deutschland

Tim Jorek Humboldt-Universität zu Berlin, Berlin, Deutschland

Alexa Krugel Humboldt-Universität zu Berlin, Berlin, Deutschland

Max Jakob Lindemann Charité, Berlin, Deutschland

Artur Littau Humboldt-Universität zu Berlin, Berlin, Deutschland

Janek Magister Humboldt-Universität zu Berlin, Berlin, Deutschland

David Meiering Humboldt-Universität zu Berlin, Berlin, Deutschland

Marie Michel Sciences PO Paris, Paris, Frankreich

Leonard Mielke Junge Welt, Berlin, Deutschland

Lukas Rogner Humboldt-Universität zu Berlin, Berlin, Deutschland

Anna Sandberger Humboldt-Universität zu Berlin, Berlin, Deutschland

Eva-Lotte Schwarz Humboldt-Universität zu Berlin, Berlin, Deutschland

Nellie Sittig Universität zu Köln, Köln, Deutschland

Jonas Stapper Technische Universität Berlin, Berlin, Deutschland

Meret Lu Stellbrink Technische Universität Berlin, Berlin, Deutschland

Ylvi L. Strack Freie Universität Berlin, Berlin, Deutschland

Anna Torgovnik Freie Universität Berlin, Berlin, Deutschland

Maike von Damaros Universität Leipzig, Leipzig, Deutschland

Siglenverzeichnis

AfD   Alternative für Deutschland
IB(Ö)   Identitäre Bewegung (Österreich)
IfS   Institut für Staatspolitik
JF   Junge Freiheit
KR   Konservative Revolution
NRx   NeoReaction
NSDAP Nationalsozialistische Deutsche Arbeiterpartei
SDS   Sozialistischer Deutscher Studentenbund

Politische Theorie(n) der ‚Neuen Rechten'. Jenseits von Anomie und Antagonismus?

David Meiering

Zusammenfassung

Die Einleitung erläutert den Hintergrund dieses Buches sowie die Auswahl der Schlüsseltexte und reflektiert die Beiträge unter der Fragestellung, was die Politische Theorie dem ‚neurechten' Diskurs und der fortschreitenden Polarisierung der Gesellschaft entgegensetzen kann. Dazu liefert die Einleitung eine Übersicht über Gegenmaßnahmen und die ihnen zugrunde liegenden Problembeschreibungen und -diagnosen. Je nachdem, welche Problemdiagnose und welche Vorstellung von Gesellschaft und Politik zugrunde liegt, wird entweder der diskursive Ausschluss der Rechten oder ihre Integration gefordert; wird ein therapeutischer oder ein kämpferischer Umgang mit Anhänger*innen ‚neurechter' Ideen propagiert. Daraus ergeben sich zwei Paradigmen über die Ursachen des ‚neurechten' Erfolgs: die Vorstellung der sozialen *Anomie* einerseits und der gesellschaftlichen *Antagonie* andererseits. Während die Anomie von einer eigentlich intakten Gesellschaft ausgeht, die lediglich von temporären Missständen gestört werde, geht die Antagonie von sich unversöhnlich gegenüberstehenden Teilen in der Gesellschaft aus, die ständig miteinander um politische Vorherrschaft ringen. Der kritischen Vorstellung beider Paradigmen folgt ein kurzer Ausblick auf ein

D. Meiering (✉)
Humboldt-Universität zu Berlin, Berlin, Deutschland
E-Mail: david.meiering@hu-berlin.de

D. Meiering (Hrsg.), *Schlüsseltexte der ‚Neuen Rechten'*, Edition Rechtsextremismus, https://doi.org/10.1007/978-3-658-36453-3_1

normatives Modell jenseits von Anomie und Antagonie. Wenn die Politische Theorie als Disziplin den ‚Neuen Rechten' etwas entgegenhalten möchte, muss sie ein normatives Modell der demokratischen Gesellschaft entwickeln, das den Fallstricken bisheriger Konzeptionen entgeht.

„Alle Metapolitik ist ganz wesentlich eine Arbeit mit Begriffen und Bildern. Ihr Ziel ist es, die kulturelle Hegemonie, welche die Grundüberzeugungen und Grundstimmungen in der Gesellschaft formt, zu beeinflussen. Das bedeutet vor allem, neue Begriffe und Bilder zu injizieren" (Martin Sellner 2016: 189).

Die ‚Neuen Rechten' inszenieren ihre Theorien als ‚dunkles Denken'. Ihre Schriften sind durchzogen von Metaphern der Infektion. Bilder und Begriffe sollen injiziert, virale Kampagnen entfesselt und Köpfe kontaminiert werden. Viele Beobachter*innen begegnen diesem Denken mit einer Mischung aus Faszination und Furcht vor der Infektion mit seinen Inhalten. Diese furchtsame Faszination ist ein Grund für ihren diskursiven Erfolg: Die raunenden Reportagen aus dem Kartoffelkeller des Rittergutes Schnellroda, die erschrockenen Berichte über das rechte Hausprojekt in Halle, das Unbehagen angesichts ultrakonservativer Thinktanks, all diese Aufmerksamkeit reproduziert die ‚neurechte' Selbstinszenierung als dunkles Denken, das in den Giftschrank weggesperrt wird. Aus Angst vor Ansteckung erhält das ‚neurechte' Denken den Ruch des Verbotenen und steigert so seinen Interessantheitsgrad. Den angeblich gefährlichen Theorien selbst nähert sich kaum jemand kritisch.

Dieses Versäumnis wollen wir mit diesem Buch nachholen. Es ist aus dem Seminar „Politische Theorie(n) der ‚Neuen Rechten'" an der *Humboldt-Universität zu Berlin* im Wintersemester 2018/2019 heraus entstanden und in einem intensiven Austausch gemeinsam mit den Studierenden erarbeitet worden. Das eingeklammerte *(n)* im Titel des Seminars spiegelte unsere Grundannahme, dass man über eine Analyse der Theorien *der* ‚Neuen Rechten' auch zu einer Theorie *über* die ‚Neue Rechte' gelangt. Dabei unterschätzen wir nicht die Gefahren, die in der Lektüre ‚neurechter' Schlüsseltexte und in einem Aufgreifen des ‚neurechten' Diskurses generell liegen. Die vergiftende Wirkung von immerfort wiederholten Begriffen und Bildern betonte Viktor Klemperer in seiner Untersuchung über die Sprache des Dritten Reiches (Lingua Tertii Imperii, kurz: LTI): „Worte können sein wie winzige Arsendosen: sie werden unbemerkt verschluckt, sie scheinen keine Wirkung zu tun, und nach einiger Zeit ist die Giftwirkung doch da" (Klemperer 1993: 21). Bleibt die schlagwortartige Wiederholung der Begriffe und Konzepte unwidersprochen, besteht durchaus die Gefahr, dass der politische Diskurs allmählich von ihnen zersetzt wird (vgl. Niehr 2017). Diese Strategie hat der ‚neurechte' Verleger Götz Kubitschek offen benannt:

„Die eine [Methode] besteht darin, in Grenzbereichen des gerade noch Sagbaren und Machbaren provozierend vorzustoßen und sprachliche oder organisatorische Brückenköpfe zu bilden, zu erweitern und auf Dauer zum eigenen Hinterland zu machen. Das ist […] nichts anderes als die Schaffung von Gewohnheiten. […] Sprachlich kann man dadurch verzahnend vorstoßen, dass man zitiert und auf Sprecher aus dem Establishment verweist. […] Es ist der Versuch, die Vorwürfe des Gegners durch die Zurschaustellung der eigenen Harmlosigkeit abzuwehren und zu betonen, dass nichts von dem, was man fordere, hinter die zivilgesellschaftlichen Standards zurückfalle" (Kubitschek 2017: 27 f.).

Das Unheimliche an dieser Strategie ist das Unmerkliche. Schleichend verschieben die ‚Neuen Rechten' die Grenzen des Diskurses. Als harmlose ‚Denker*innen', Akademiker*innen oder Publizist*innen verkleidet positionieren sie sich zunehmend im Mainstream. Stillschweigend füllen sie unscheinbare Begriffe mit radikalen Inhalten. Das Unheimliche ist aber nur so lange unheimlich, wie sein Wirken nicht verstanden wird. Indem wir die Strukturen und Wirkungsweisen ‚neurechten' Denkens, seine Motive, Narrative, rhetorischen Mechanismen und Manöver offenlegen, lösen sich auch die Infektionsangst und Faszination. Lektüre, Analyse und Gegenstrategie – diese drei Schritte sind Bestandteile dieses Projekts, das zugleich sensibilisieren und desensibilisieren will. Eine solche Gegenanalyse *sensibilisiert* einerseits, indem sie die latenten Konzepte und Strategien bewusst macht, und *desensibilisiert* andererseits, indem sie die Banalität dieser immergleichen Muster rechten Denkens herausstellt.

Als erste Erkenntnis dieser Analyse entpuppen sich die scheinbar ‚neuen' Theorien und Strategien oft als Aufgüsse alter Ideen. Sie werden gezielt in abgeschwächter oder aktualisierter Form präsentiert, um für ein breiteres Publikum anschlussfähig zu sein. Antidemokratisches und antipluralistisches Denken hat in Deutschland eine hohe Kontinuität – dafür sprechen nicht nur die Ähnlichkeit der Inhalte über einen langen Zeitraum, sondern auch die offenen Rückbezüge auf die gleichen Personen, Gruppen und Bewegungen. Darüber hinaus ist die ‚Neue Rechte' nicht nur ein ideeller Zusammenhang, sondern vor allem ein Netzwerk aus Aktivist*innen und Publizist*innen, das trotz aller Heterogenität und so mancher Feindschaft durch eine hohe personale Kontinuität über Jahrzehnte hinweg gekennzeichnet ist (Hentges et al. 2014). Insofern ist es schwierig, die ‚Neue' Rechte von der ‚Alten' Rechten überhaupt abzugrenzen (vgl. Hufer 2018; Langebach und Raabe 2017; Pfahl-Traughber 2019: 8 f.). Ein unreflektierter Gebrauch des Labels ‚Neue Rechte' läuft Gefahr, die Selbstinszenierung als weniger radikale, moderne und politisch unbedenkliche Kraft zu schlucken und zu reproduzieren. In diesem Band nutzen wir die Bezeichnung daher nur in Anführungszeichen. Nichtsdestotrotz beschäftigen wir uns vor allem mit Erscheinungen aus den letzten Jahren, und greifen auf ausgewählte ältere Publikationen nur zurück, um die wichtigsten Traditionslinien und Bezugspunkte des aktuellen ‚neurechten' Diskurses zu illustrieren und zu analysieren.

1   Auswahl der ‚Schlüsseltexte'

Die hier besprochenen Texte können aufgrund ihrer Relevanz als ‚Schlüsseltexte' der ‚Neuen Rechten' angesehen werden: Sie sind entweder zentrale Referenzpunkte ‚neurechter' Theorie- und Diskursarbeit (sozusagen ‚Klassiker' rechten Denkens) oder erreichen über das ‚neurechte' Netzwerk hinaus eine große mediale Reichweite. Sarrazin als Biedermeier, der Brandstifter wie Akif Pirinçci in den bürgerlichen Diskurs einschleust; Bernd Rabehl und Benedikt Kaiser, die mittels rechter Kapitalismuskritik an einer antipluralistischen Querfront arbeiten; Ellen Kositza und Brittany Pettibone, die als zwei der wenigen Frauen im Umfeld der ‚Neuen Rechten' (anti-)feministische Themen bündeln – sie alle sind wichtige Knotenpunkte im metapolitischen Netzwerk, auf die immer wieder verwiesen wird. ‚Schlüsseltexte' sind diese Einzelpublikationen aber auch in dem Sinne, dass sie als analytische Miniaturen das Handwerk und die Architektur ‚neurechter' Argumentationen exemplarisch illustrieren. Anders als bei einem schlagwortzentrierten Handwörterbuch können hier die Strategien und Manöver, die Retorsionen und Projektionen, die Aneignungsbewegungen und Selbstinszenierungen am konkreten Beispiel veranschaulicht werden. Zugleich lassen sich die einzelnen Publikationen in den größeren politischen, historischen und ideengeschichtlichen Kontext einordnen. So können wir zeigen, wie die wiederkehrenden Konzepte an konkreten Sachthemen angewendet und aktualisiert werden. Die Texte sind auch insofern ein ‚Schlüssel', als dass sie exemplarisch für den Umgang der ‚Neuen Rechten' mit einem bestimmten Sachthema sind. So ist der Text von Manfred Kleine-Hartlage ein Beispiel für die Inanspruchnahme biographischer Evidenz in Bezug auf das Verhältnis von Links und Rechts: Selbst einmal links gewesen zu sein (oder sich dafür zu halten) ist ein wiederkehrendes Motiv, das den Diskutanten mit der Erfahrung ausstatten soll, aus eigener Anschauung heraus die Dürftigkeit des linken Denkens ‚beweisen' zu können. Bernard Willms und Renaud Camus wiederum stehen dafür, wie die ‚Neue Rechte' ihre menschenfeindlichen Ideologien als politische ‚Philosophien' zu adeln versucht. Und Jordan B. Petersons *YouTube*-Video-Reihe veranschaulicht ‚neurechte' Strategien in den neuen Medien. Dabei ist die Auswahl der Texte zumeist quantitativen Kriterien gefolgt, hat sich aber auch davon leiten lassen, wie gut sich eine Primärquelle für die Exemplifizierung von Strategien eignet, die der Forschung über die ‚Neue Rechte' entnommen sind. Beispielsweise ist das Buch *What makes Us Girls* von Brittany Pettibone sicherlich kein häufig zitiertes; um die Konstruktion eines aktivistischen, ‚neurechten' Weiblichkeitsverständnisses untersuchen zu können, ist es aber unentbehrlich.

Der Fokus auf einzelne Schlüsseltexte ermöglicht es uns außerdem, das oft unpersönlich anmutende Wirken von Diskursen, Ideen und Begriffen auf konkrete Personen und Positionen zurückzuführen, wodurch der strategische Aspekt politischer Theorie und Kommunikation in den Vordergrund rückt und der Netzwerkcharakter der ‚Neuen Rechten' offenbar wird. Ein solches „Debunking" (s. z. B. Chan et al. 2017) ist das wesentliche Ziel dieses Projekts – ein entzauberndes Entlarven unpolitisch oder bürgerlich erscheinender Formate und Argumentationslinien, die Ideologien der Ungleichwertigkeit wieder salonfähig machen: völkischen Nationalismus, Rassismus, Sozialdarwinismus oder Antifeminismus. Auch in eher unpolitisch erscheinenden Formaten und Events sollen verdeckt politische Konzepte, Begriffe und Bilder ‚injiziert' werden, wie der Kopf der *Identitären Bewegung Österreich (IBO)* Martin Sellner im Eingangszitat fordert. Diese Maskierung politischer Inhalte trägt ‚neurechtes' Gedankengut in die Mitte des öffentlichen Diskurses und trägt so dazu bei, das vorpolitische Feld zu besetzen, um eine langfristige Grundlage für den politischen Erfolg zu schaffen. Besonders (national)konservative Demokrat*innen werden so angesprochen. Der „lange Marsch durch die metapolitische Wüste" soll belohnt werden durch einen Stimmungswechsel, der die „psychologische Unterstützung durch die Massen" (beide Zitate bei von Waldstein 2015: 10) gedeihen lässt. Insofern sind die politischen Theorien der ‚Neuen Rechten' nicht nur ideeller Art, sondern bereits eine diskursive Praxis. Schon diese Erkenntnis über (neu-)rechte Schlüsseltexte wirkt entmystifizierend, wie wissenschaftliche Projekte in der Vergangenheit gezeigt haben. Zwei herausragende Beispiele sind die Arbeiten von Stefan Breuer über die *Konservative Revolution* (1995) sowie die kritische Edition von *Mein Kampf* durch das *Institut für Zeitgeschichte München* (Hartmann et al. 2016).[1] Dabei hat es stets die Sorge gegeben, die radikalen Inhalte der Texte ungewollt zu verbreiten (vgl. Erk 2017; Kämper 2018). Diese Sorge ist berechtigt; zugleich ist es aber das Ziel, ein kritisches Bewusstsein über die Radikalität der Inhalte zu verbreiten. Die Aufklärung über die impliziten Inhalte der Texte und die daraus folgende Entzauberung bannen die Infektionsgefahr, die von einer unkritischen

---

[1] Zuletzt hat das *Zentrum Liberale Moderne* eine ähnliche *Gegneranalyse* (2019) vorgelegt, das allerdings den Fokus auf die Traditionslinien zur ‚Konservativen Revolution' legt.

Verbreitung der Texte ausgehen würde. Vielmehr ginge die größere Gefahr davon aus, sich nicht mit ihnen zu beschäftigen und ihre kleinen Arsendosen unbemerkt und unbehandelt in den öffentlichen Diskurs sickern zu lassen. Auch trüge ein unausgesprochenes Tabu, das über diese Texte verhängt würde, eher zur Faszination und zum Interessantheitsgrad der Texte bei, wie dies in etwa mit dem berühmten *Streisand-Effekt* beschrieben wird (vgl. Hagenbach und Koessler 2017; Harvey 2014).

Über die Analyse und das Debunking hinaus wirft diese ‚neurechte', diskursive Praxis aber auch die Frage nach praktischen Gegenstrategien auf, die teilweise in den einzelnen Beiträgen dieses Bandes behandelt wird. Während des Seminars und im Laufe des Buchprojekts musste diese Frage nach den Gegenstrategien allerdings häufig zurückgestellt werden, weil die kritische Analyse und Kontextualisierung der Primärquellen an sich im Fokus der Arbeit standen. Die Einleitung greift diese offen gebliebene Frage auf und versucht sie im Rahmen der Politischen Theorie, innerhalb der das Seminar stattfand, zu bearbeiten.

Was also kann die Politische Theorie tun? Generell unterscheiden sich die Vorschläge über den Umgang mit Rechten im öffentlichen Diskurs erheblich. Je nachdem, welche Problemdiagnose und welche Vorstellung von Gesellschaft und Politik zugrunde liegt, wird entweder der diskursive Ausschluss der Rechten oder ihre Integration gefordert; wird ein therapeutischer oder ein kämpferischer Umgang mit Anhänger*innen rechter Ideen propagiert. Deshalb ordnet diese Einleitung, statt selbst eine Auswahl von Gegenstrategien zu präsentieren,[2] zunächst einmal die läufigen Gegenstrategien und die ihnen zugrunde liegenden Problemdiagnosen und reflektiert die Möglichkeiten der Politischen Theorie, dem ‚neurechten' Projekt (und seinen Ursachen) etwas entgegenzusetzen. Dazu unterscheidet sie grob zwischen zwei Paradigmen über die Ursachen des ‚neurechten' Erfolgs, die den Problemdiagnosen zugrunde liegen: der Vorstellung der sozialen *Anomie* einerseits und der gesellschaftlichen *Antagonie* andererseits. Von beiden Modellen leiten sich je unterschiedliche Gegenstrategien ab. Während die Anomie von einer eigentlich intakten Gesellschaft ausgeht, die lediglich von temporären Missständen gestört werde, geht das Modell der Antagonie von sich unversöhnlich gegenüberstehenden Teilen in der Gesellschaft aus, die ständig miteinander um politische Vorherrschaft ringen. Der kritischen Vorstellung

---

[2] Für Handlungsvorschläge s. z. B. Goetz et al. 2018, insb. 397–416; Dittrich et al. 2020; Meiering et al. 2020.

beider Paradigmen folgt ein kurzer Ausblick auf ein normatives Modell jenseits von Anomie und Antagonie. Wenn die Politische Theorie als Disziplin den ‚Neuen Rechten' etwas entgegenhalten möchte, muss sie ein normatives Modell der demokratischen Gesellschaft entwickeln, das den Fallstricken bisheriger Konzeptionen entgeht.[3] Das wäre eine von vielen wirksamen Gegenmaßnahmen, auf die hier nur eine Vorausschau geleistet werden kann.

2 Anomie – das Paradigma der Krise und der Krankheit

„Syndrom Rechtsextremismus", das „autoritäre Syndrom", „Krise der Demokratie" – all diese Befunde der Pathologie eint implizit die Vorstellung gesellschaftlicher Anomie. Das Paradigma der Anomie ist stark durch die Soziologie Émile Durkheims geprägt, der damit einen gesellschaftlichen Zustand der Un-Ordnung oder Un-Gesetzlichkeit bezeichnete. Am Phänomen des Selbstmords hatte Durkheim die pathologischen Folgen der Industrialisierung, Säkularisierung und Individualisierung registriert. Diese rasanten gesellschaftlichen Veränderungen führten dazu, dass die vormals religiös fundierte Moral der Gesellschaft – und damit auch die Grundlagen des sittlichen Miteinanders – erodierte und das Individuum orientierungslos und ohne Einbindung zurückließ. Während zuvor der Zusammenhalt der Gesellschaft durch die Ähnlichkeit ihrer Mitglieder gewährleistet wurde (*mechanische* Solidarität), zerbröckelte diese Basis durch die fortschreitende Arbeitsteilung und gesellschaftliche Differenzierung. Die Menschen wurden verschiedener, der Raum zwischen ihnen größer – zugleich verdichteten sich die Probleme im Kapitalismus durch die wachsende soziale Ungleichheit. Dies führte zu pathologischen Tendenzen wie z. B. dem anomischen Selbstmord (Thome 2018: 76 f.). Mit der Zeit weitete Durkheim seine Diagnose aus: Anomie schien ihm nicht mehr nur eine zeitlich begrenzte Pathologie zu sein, sondern ein „strukturelles Merkmal moderner Industriegesellschaften" zu werden (Heitmeyer 1997a: 16). Gesellschaftliche Desorganisation und kollektive wie individuelle Desorientierung (*anomia*) wurden zu ‚normalen Pathologien'. Dennoch war Durkheim optimistisch: Die gesellschaftliche Differenzierung würde nicht im Chaos enden, sondern aus der Ungleichheit der

---

[3] Vgl. das Plädoyer von Ursula Birsl (2018) für eine reflexive Rechtsextremismusforschung, die eine ideologiekritische Haltung gegenüber Demokratien bezieht. Vgl. auch Salzborn 2015.

Menschen und der Erfahrung der wechselseitigen Abhängigkeit neue Quellen der Solidarität schöpfen. Durkheim nahm an, dass sich diese neue Solidarität unabhängig von individuellen Motivlagen der Individuen und ohne einen willentlichen Wertekonsens bilde und sich in der funktional differenzierten Gesellschaft von selbst ergebe (Bohle et al. 1997: 34). Ihr Name „organische Solidarität" deutet nicht nur auf diesen liberalen Aspekt der autonomen Nebenproduktion von Moral hin, sondern offenbart auch Durkheims starke biologistische Analogie, die die Gesellschaft als ein geregeltes Zusammenspiel verschiedener arbeitsteiliger Organe dachte – also wie einen *Körper*. „Anomie beschreibt dann den gestörten Austausch der unterschiedlichen gesellschaftlichen Bereiche; der Begriff markiert eine Regellosigkeit gesellschaftlicher Ordnung, die abweichendes individuelles Verhalten provoziert" (Bohle et al. 1997: 35).

Bis heute ist es das Verdienst dieses Paradigmas, die sozialen und sozioökonomischen Ursachen devianten Verhaltens in den Mittelpunkt gerückt zu haben (s. z. B. Hövermann et al. 2015; Messner et al. 2019). In der Kriminal- und Kultursoziologie, besonders über die Spezifikation von Robert K. Merton (vgl. Thome 2011: 77 ff.), ist dieses Paradigma bis heute sehr einflussreich (vgl. Sebaldt 2020; Legge 2010). Auch das ‚Syndrom' Rechtsextremismus sollte in der Bielefelder Langzeit-Studie *Deutsche Zustände* von Wilhelm Heitmeyer mit gesellschaftlicher Anomie erklärt werden (vgl. Heyder und Gaßner 2012: 293): der Zerfall des Urbanen, die Destabilisierung der Familie, die schulische Desorganisation, Armut, Medien, Entgrenzung und Kontrollverlust in der Freizeit, die Suspendierung der (religiösen) Sinnfrage (Heitmeyer 1997a: 8) – all diese anomischen Treiber stellte Heitmeyer in den Zusammenhang mit ethnisch-kulturellen Konflikten, die sich in Rassismus, Rechtsextremismus und Gewalt ausdrücken (Heitmeyer 1997a: 25; 1997b).

Daneben aber transportiert der Ansatz auch problematische Annahmen. So setzt Durkheims Metapher der organischen Solidarität das Idealbild eines gesunden Gesellschaftskörpers voraus, dessen Organe in einem harmonischen Reproduktionsprozess natürlich miteinander verbunden sind. Arbeitsteilung erscheint so als ein konfliktlösender ‚deus ex machina': Wer sich spezialisiert, überlebt und integriert sich (Tyrell 1985: 211, z. n. Bohle et al. 1997: 35; vgl. Oppenhäuser 2011: 44). Der Wirkmechanismus dieser sich von selbst ergebenden Solidarität, nämlich die Erfahrung der wechselseitigen Abhängigkeit der arbeitsteiligen, ungleichen Individuen, ist aber nicht selbstverständlich. Im Gegenteil ist die kollektive Erfahrung heute eher die der individuellen Überflüssigkeit und Austauschbarkeit: Die funktional differenzierte Gesellschaft braucht sicherlich Personen, die Funktionen erfüllen, aber welche Personen dies sind, ist vollkommen gleich. Die Gesellschaft braucht also nicht *uns,* sondern lediglich *jemanden.* Denn im Gegensatz zu den Organen des menschlichen Körpers hat die Gesellschaft einen Überschuss an Funktionsträger*innen, die prinzipiell jederzeit ausgetauscht werden können. Dass Solidarität sich aus der Arbeitsteilung automatisch ergebe, ist das Missverständnis eines biologistischen Organizismus, der die Gesellschaft für einen Körper hält, der auf keines seiner Organe verzichten könne.

Allerdings hatte Durkheim es nicht bei der Hoffnung auf die wundersam von selbst entstehende Solidarität belassen, sondern durchaus gesehen, dass die einzelnen Menschen durch intermediäre Assoziationen wieder eingebunden werden müssen, etwa durch Berufsgruppen, Gewerkschaften, Vereine oder schlicht durch das, was heute Zivilgesellschaft genannt wird. Aber nicht nur die Menschen sind auf die Wiedereinbindung in intermediäre Assoziationen angewiesen, sondern auch die Gesellschaft und ihre politischen Institutionen.

Aus Sicht der Demokratietheorie hat dies die Böckenförde-Doktrin einflussreich formuliert. Der ehemalige Verfassungsrichter Ernst-Wolfgang Böckenförde postulierte – ausgehend von der Rolle der katholischen Kirche für die Demokratie (vgl. Müller 2017) –, dass der freiheitliche, säkularisierte Staat von Voraussetzungen lebt, die er selbst nicht garantieren könne. „Das ist das große Wagnis, das er um der Freiheit willen eingegangen ist" (Böckenförde 1991: 112). Diese Doktrin ist seither als Plädoyer für das Engagement zivilgesellschaftlicher Organisationen und Gruppen für Demokratie und Pluralismus ausgedeutet worden. Am Böckenförde-Diktum ist sichtbar, dass das Anomie-Paradigma eng mit der republikanischen Demokratietheorie verbunden ist. Denn schon Rousseau musste seine Hoffnungen, die Menschen zu Bürger*innen transformieren zu können, mit der Idee einer ‚Bürgerreligion' absichern (Herb 2006: 315 f.). Traditionell ist dieser Aspekt unter dem Begriff der ‚Tugend' diskutiert worden: Die Tugend des Gemeinwesens bestimmte sich durch die ethischen Qualitäten der Bürgerschaft (Münkler und Straßenberger 2016: 169–174). Böckenförde selbst hat sein Diktum mit dem Begriff eines notwendigen ‚Gemeinsinns' näher bestimmt:

> „Vom Staat her gedacht, braucht die freiheitliche Ordnung ein verbindendes Ethos, eine Art ‚Gemeinsinn' bei denen, die in diesem Staat leben. Die Frage ist dann: Woraus speist sich dieses Ethos, das vom Staat weder erzwungen noch hoheitlich durchgesetzt werden kann? Man kann sagen: zunächst von der gelebten Kultur. Aber was sind die Faktoren und Elemente dieser Kultur? Da sind wir dann in der Tat bei Quellen wie Christentum, Aufklärung und Humanismus" (Böckenförde 2010).

Zweifelsohne kann man dem Böckenförde-Diktum die richtige Feststellung entnehmen, dass ein minimaler Konsens zum Funktionieren der freiheitlichen

Demokratie unabdingbar ist. Wie aber kann dieser gewahrt werden, wenn das Problem der Anomie gerade in der Erosion solcher kollektiven Werte besteht und eine fortschreitende Polarisierung der Gesellschaft den Dissens ins Zentrifugale steigert?

Das Paradigma der Anomie reagiert darauf mit einem therapeutischen oder sozialarbeiterischen Impetus, insofern als der Werteverlust und die Erosion des demokratischen Basiskonsens ursächlich mit sozialen Missständen erklärt und – so könnte man einwenden – auch entschuldigt wird. Gegen diesen Ansatz ist eingebracht worden, dass er eine paternalistische Position gegenüber den als Problemfälle betrachteten Bürger*innen einnehme (Leo et al. 2017: 40). Auch könnte die schiere Fülle der ins Feld geführten Missstände nur durch ein breites Arsenal sozial- und wirtschaftspolitischer Maßnahmen bekämpft werden; wodurch aber das ‚autoritäre Syndrom' (Decker 2018: 53) in seiner tiefen Verflechtung mit dem Kapitalismus als solchem noch nicht verschwindet.

Daneben gibt es den Strang der konziliant angelegten Ratgeber, deren sprichwörtliches Mantra „Mit Rechten reden" (Leo et al. 2017) ist. Dieser Strang, der den Rechtspopulismus vor allem als ein rhetorisches Phänomen wahrnimmt (vgl. Mudde und Kaltwasser 2017; Séville 2019), konzeptualisiert die Spaltung der Gesellschaft als eine Art gestörte Beziehung und bringt dagegen die Methoden der Paartherapie oder gesprächspsychologische Interventionen in Stellung (vgl. auch Pörksen und Schulz von Thun 2020; Pörksen und Köhler 2021). Problematisch daran ist zum einen, dass von den Inhalten rechter Ideologie tendenziell abgesehen wird: „In Wirklichkeit this is no Inhalt, it's just part of a fucking rechtes Sprachspiel" (Leo et al. 2017: 182). Zum anderen wird dabei unterschätzt, dass die Regeln des Spiels selbst gefährdet werden. Leo/Steinbeis/Zorn stellen selbst fest, dass das (neu-)rechte Projekt sich explizit gegen die Vernunft richtet und sie durch das vage Fühlen, das romantische Raunen und das Gespür des sechsten Sinnes ersetzt (Leo et al. 2017: 98, 101, 104). Diese völkische Romantik ist sicherlich derjenige Aspekt am rechten ‚Sprachspiel', der am inkompatibelsten mit dem demokratischen Diskurs ist. Denn dieser ist nun einmal strukturiert durch den Austausch von Argumenten, durch das Abwägen von Für und Wider, und verliert seinen Sinn in dem Moment, in dem der politisch Andersdenkende prinzipiell nicht durch gute Gründe zu überzeugen ist, sondern sich in einem nebulösen Bauchgefühl verschanzt.

Dabei sind Emotionen, Gefühle und unbegründbare Überzeugungen nicht an sich unvereinbar mit dem demokratischen Diskurs. Bei Hannah Arendt heißt es sogar, „[…] daß innerhalb des Bereichs menschlicher Angelegenheiten jeder Anspruch auf absolute Wahrheit, die von den Meinungen der Menschen unabhängig zu sein vorgibt, die Axt an die Wurzeln aller Politik und der Legitimität aller Staatsformen legt" (2006: 16). Das Undemokratische der völkischen Romantik – wie auch von Verschwörungserzählungen – liegt daher nicht darin, dass sie irrational wäre, sondern dass sie eine potenziell unzugängliche *Sonderrationalität* beansprucht. Sie ersetzt den intersubjektiven Austausch durch eine radikal subjektive Weltwahrnehmung, die dennoch kollektive Bindung und objektive Richtigkeit (in Form von ‚Eigentlichkeit') beansprucht. Sie ist daher eher ein *Glaube* als eine *Meinung,* weil ihr das prinzipiell Offene und Korrigierbare der Meinung fehlt. Meinung gehört aber in der Form von freier Zustimmung „zu den unerläßlichen Voraussetzungen aller politischen Macht" (Arendt 2006: 16). Erst die Vermischung von Meinung und Wahrheit, von Gefühl und Fakt, von Gewissheit und Zweifel zersetzt die Grundlage des demokratischen Austauschs. Denn die Grundvoraussetzung dafür, gemeinsam politische Entscheidungen zu treffen, ist es, sich über eine gemeinsame Vorstellung der Welt zu verständigen. Mehr noch, wendet Arendt mit Kant ein, liege die einzige Garantie für die ‚Richtigkeit' unseres Denkens darin, daß wir „gleichsam in Gemeinschaft mit andern, denen wir unsere und die uns ihre Gedanken mitteilen", denken (Arendt 2006: 18). Damit wird die Existenz einer objektiven Vernunft zwar nicht bestritten, aber in ihrer Bedeutung zurückgesetzt zugunsten einer intersubjektiven ‚Richtigkeit', die sich erst im öffentlichen Austausch herausbildet.

Solche Vorgänge der Verständigung wären der Kern einer noch zu gestaltenden Diskursethik, da in ihnen angelegt ist, dass die Beteiligten weder innerlich überzeugt (Tugendmodell) noch durch die schlichte Übermacht der größeren Zahl in der Abstimmung (liberales Modell) niedergerungen werden müssen. Die sich Verständigenden bleiben, wer sie sind: Verschiedene; sie erzeugen dennoch eine gemeinsame Beschreibung eines Weltaspekts, der danach als Problem angegangen werden soll. Diese Beschreibung ist weitaus wichtiger als die letztendliche Lösung, die am Ende des politischen Verständigungsprozess steht. Denn hierdurch erschaffen die Bürger*innen oder ihre Repräsentant*innen eine gemeinsame Weltfiktion, die die Grundlage des politischen Handelns und des gesamten Gemeinwesens bildet. In dem Maße, in dem die Gesellschaft hierzu nicht mehr in der Lage ist, zerfällt die Vorbedingung eines gemeinsamen Gesprächs, das auf Verständigung zielt. „Alternative Fakten", „Fake News", Verschwörungserzählungen und -mythen und anti-aufklärerische Vernunftfeindschaft erodieren dieses Fundament des demokratischen Diskurses und gefährden insgesamt den gesellschaftlichen Zusammenhalt (vgl. Aikin 2018). Einige politische Akteure zielen ganz bewusst darauf. Götz Kubitschek etwa schreibt in seiner Programmschrift *Provokation:*

„Unser Ziel ist nicht die Beteiligung am Diskurs, sondern sein Ende als Konsens-form, nicht ein Mitreden, sondern eine andere Sprache, nicht der Stehplatz im Salon, sondern die Beendigung der Party" (2018: 25). „Uns liegt nicht viel daran, daß Ihr unseren Vorsatz versteht. Wozu sich erklären? Wozu sich auf ein Gespräch einlassen, auf eine Beteiligung an einer Debatte? Weil Ihr Angst vor der Abrechnung habt, bittet Ihr uns nun an einen Eurer runden Tische? Nein, diese Mittel sind auf-gebraucht, und von der Ernsthaftigkeit unseres Tuns wird Euch kein Wort über-zeugen, sondern bloß ein Schlag ins Gesicht" (Kubitschek 2018: 28).

Deshalb ist es naiv, wie Leo/Steinbeis/Zorn anzunehmen: „Wir vertrauen darauf, dass sich unter vernünftigen Leuten vernünftige Gespräche von allein ergeben" (2017: 183). Dieses blinde Vertrauen steht stellvertretend für jene Schwäche der liberalen Gesellschaft, die Alain de Benoist 1985 unverhohlen und zynisch als ihren verwundbarsten Angriffspunkt identifiziert:

„Die Tatsache, daß die liberalen westlichen Regime *aufgrund ihrer eigenen Natur* gegen die Transformation der Mentalitäten und diese Infiltration der Geister sehr schlecht gewappnet, ja gänzlich waffenlos sind. Die liberalen Mächte sind näm-lich Gefangene ihrer eigenen Prinzipien [...] in einer pluralistischen politischen Ordnung [ist] die freie Konkurrenz notwendigerweise allen vorhandenen Ideologien garantiert, und die Gesellschaft kann die subversiven *Ideologien* nicht zur Ver-antwortung ziehen, ohne selbst tyrannisch zu werden (oder als tyrannisch zu gelten). Der Staat kann den Besitz von Waffen oder die Verwendung von Sprengstoff ver-bieten, aber er kann nur sehr schwer, ohne das Prinzip der freien Meinungsäußerung anzutasten, die Verbreitung eines Buches oder die Aufführung eines Schauspiels verbieten, die jedoch, wenn es darauf ankommt, Waffen darstellen können, die gegen ihn gerichtet werden. Aufgrund dieser Tatsache läuft die liberale Gesellschaft Gefahr, sich langsam selbst umzubringen [...]" (de Benoist 2017: 50, kursiv i.O.).

Die pluralistische Toleranz der liberalen Demokratie ist ihre Achillesferse. Hierhin zielen seit ihrem Bestehen ihre Feinde. Das ist 1985 kein neues Argu-ment mehr, sondern war eine der wichtigsten Lehren aus dem Niedergang der Weimarer Republik. Carlo Schmid hat dies in einer Rede im Parlamentarischen Rat am 8. September 1948 mit Worten auf den Punkt gebracht, an die Ernst-Wolfgang Böckenfördes Diktum sich angelehnt haben mag:

„Ich für meinen Teil bin der Meinung, dass es nicht zum Begriff der Demokratie gehört, dass sie selbst die Voraussetzungen für ihre Beseitigung schafft. [...] Man muss auch den Mut zur Intoleranz denen gegenüber aufbringen, die die Demokratie gebrauchen wollen, um sie umzubringen" (Schmid 1948).

Das Grundgesetz hat daher die *wehrhafte Demokratie* mit Mitteln zur Gegenwehr ausgestattet. Im Art. 18 GG heißt es z. B., dass eine Person, die die Freiheit der Meinungsäußerung zum Kampf gegen die freiheitlich demokratische Grundordnung mißbrauche, diese Freiheit verwirke. Auch ein Parteienverbot ist nach Art. 21, Abs. 2 GG möglich. Die Meinungsfreiheit ist, wie jede Freiheit, nicht grenzenlos.[4] Das verfassungsrechtliche Instrumentarium schützt die liberale Demokratie allerdings nur vor organisierten Demokratiefeinden. De Benoist aber spricht noch einen zweiten Aspekt an, der sehr viel gefährlicher, weil diffuser ist: der gesellschaftliche Konsens im vorpolitischen, kulturellen Raum. Der anomische Ansatz mit seinem Mantra „Mit Rechten reden" ist daher häufig kritisiert worden (Feustel 2019; Mullis 2019; Biller 2019; Hugendick 2019). Janosik Herder wies auf einen Aufsatz von Herbert Marcuse von 1965 über „repressive Toleranz" hin: Toleranz könne nicht bedeuten, auch Intoleranz zu tolerieren. „Toleranz wird in dem Moment, in dem man das tut, repressiv, weil sie dann – statt Freiheit, Offenheit und Emanzipation zu fördern – Intoleranz als Deckmantel dient" (Herder 2018).[5] Die Gleichheit von Menschen etwa dürfe nicht als eine Frage der Meinung behandelt werden, sondern sei die Grundvoraussetzung für das demokratische Gespräch. Für die demokratische Öffentlichkeit folge daraus: „Die Linke muss neue, disruptive Formen der politischen Auseinandersetzung finden, die die Intoleranz der Neuen Rechten nicht normalisiert, sondern skandalisiert" (Herder 2018; kritisch hierzu Münkler 2021).

---

[4] 2009 betonte das Bundesverfassungsgericht, dass das Grundgesetz als ein expliziter Gegenentwurf zum Nationalsozialismus zu verstehen sei und dass daher die Billigung, Verherrlichung oder Rechtfertigung der nationalsozialistischen Gewalt- und Willkürherrschaft unter Strafe gestellt werden dürfe. Es stellte aber auch fest, dass der materielle Gehalt der Meinungsfreiheit davon nicht betroffen sei. Die nationalsozialistische Gesinnung selbst sei durch die Meinungsfreiheit gedeckt (Geistesfreiheit), der Staat dürfe lediglich einschreiten, „wenn Meinungsäußerungen die rein geistige Sphäre des Für-richtig-Haltens verlassen und in Rechtsgutverletzungen oder erkennbar in Gefährdungslagen umschlagen" (BVerfG 2009, 1 BvR 2150/08, Rdnr. 67) (vgl. Volkmann 2010; Steinbeis 2009). D. h., nur das Sprachspiel ist rechtlich eingeschränkt, nicht die ‚Gesinnung' als solche.

[5] In diesem Sinne brachte schon Popper das Toleranz-Paradox im Umgang mit den „Feinden der offenen Gesellschaft" auf und kam zu dem Schluss, dass eine Toleranz gegenüber den Intoleranten nur zur Vernichtung der Toleranz führe (Popper 1992: 333): „Wir sollten geltend machen, daß sich jede Bewegung, die Intoleranz predigt, außerhalb des Gesetzes stellt, und wir sollten eine Aufforderung zur Intoleranz und Verfolgung als ebenso verbrecherisch behandeln wie eine Aufforderung zum Mord, zum Raub oder zur Wiedereinführung des Sklavenhandels" (Popper 1992: 333).

Vor diesem Hintergrund hat sich ein zweiter Ansatz entwickelt, der das rechte Sprachspiel nicht mitspielen will, sondern die Zivilgesellschaft als „eine robuste Kette von Festungen" hinter dem Schützengraben des Staates (Gramsci GH, H. 7, §16) in Stellung bringt. Dieser Ansatz sieht die politischen Gegner als Kombattanten in einem Kampf um kulturelle Vorherrschaft. Dieser Kampf um *Hegemonie* gehe dem politischen Kampf voraus und bilde die Basis politischer Mehrheiten. Diese *antagonistische* Perspektive hat ganz andere Grundannahmen und Lösungsvorschläge als die *anomische*.

3   Antagonismus – das Paradigma des Konflikts

Während das Motto des anomischen Paradigmas „Mit Rechten reden" lautet, propagiert das antagonistische Paradigma die Parole: „No Pasarán!". Dolores Ibárruri rief damit nach dem rechten Putsch gegen die spanische Republik im Juli 1936 zur Verteidigung der Demokratie auf (Quent 2019: 256). Als Residuum des Bürgerkriegs transportiert sie dessen Feindschaftslogik in den gehegten Bereich des Politischen: Es geht um das Ziehen roter Linien, um diskursiven Ausschluss, um die Definitionshoheit über das öffentlich Sagbare. Dabei nimmt der Ansatz für sich Anspruch, realistisch auf die politischen Tatsachen zu blicken, während der anomische Ansatz dafür kritisiert wird, wie ein verständnisvoller Sozialarbeiter zu nachlässig und potenziell blind gegenüber den destruktiven Folgen rechter Ideologie zu sein. So schreibt z. B. Matthias Quent: „Demokratie- und menschenfeindliche Ideologien werden als Sorgen verharmlost, dabei unterstützt ein Großteil der *AfD*-Wählerschaft die Partei nicht trotz, sondern wegen ihrer rechtsradikalen Forderungen – und nicht nur aus diffusem Protest" (Quent 2019: 256; vgl. auch Habermas 2016: 39). Insofern kann der Antagonismus-Ansatz durchaus im Sinne einer wehrhaften Demokratie interpretiert werden. Er folgt einer im engeren Sinne politischen Logik, die sich u. a. auch in der versicherheitlichten Perspektive der Verfassungsschutzämter ausdrückt.

Während das anomische Paradigma auf die Anfänge der Soziologie bei Durkheim und eine Vorstellung eines prinzipiell harmonischen Gesellschaftskörpers zurückgehen, entstand das antagonistische Paradigma aus der Kombination der Hegemonie-Theorie von Antonio Gramsci, der politischen Theorie von Carl Schmitt und des dynamischen Modells der Psyche von Sigmund Freud. Alle drei Ansätze gehen von unauflösbaren, grundlegenden Widersprüchen und Konflikten als Motor menschlicher und gesellschaftlicher Dynamik aus.

In *Über das Politische. Wider die kosmopolitische Illusion* konstruierte Chantal Mouffe (2007) eine Theorie des Politischen, die sich gegen einen liberalen Rationalismus wie auch einen universalistischen, deliberativen Kosmopolitismus wendete. Das liberale Modell vernachlässige ihrer Ansicht nach Leidenschaften, Emotionen oder Affekte, also jene Intensitäten, die Carl Schmitt zufolge erst Assoziationen oder Dissoziationen zwischen Menschen bewirkten und so das Politische erzeugen. Demokratie- und Politikverdrossenheit sowie die Hinwendung zu populistischen Parteien könnten so erklärt werden. Auch in der Kritik am Kosmopolitismus wird ein schmittianisches Element ersichtlich: Dieser identifiziere die partikulären Interessen einer Macht mit dem universellen Interesse der Menschheit und verschleiere so Herrschaftsstrukturen. Auch sei die deliberative Vorstellung eines erreichbaren Konsenses unrealistisch (Mouffe 2007: 19). Denn statt in einer kosmopolitischen Identität aufzugehen, lassen sich Dissoziationen nicht verdrängen, im Gegenteil: Wir-Sie-Gegensätze seien konstitutiv für das Politische (Mouffe 2007: 8). Wenn sie nicht institutionell kanalisiert werden, drohen sie in der Gesellschaft zu eskalieren (Mouffe 2007: 30). Stattdessen schaffen diese Wir-Sie-Gegensätze erst kollektive Identitäten, die jeweils hegemoniale Projekte formulieren und diese in einer „lebendigen ‚antagonistischen' Sphäre" miteinander konfrontieren (Mouffe 2007: 10). Eine Ordnung jenseits von Hegemonie, also eine auf Konsens zielende Ordnung, verkenne demnach das Wesen des Politischen. Stattdessen gehe es darum, den Antagonismus in eine befriedete, *agonistische* Ordnung zu überführen. Vom liberalen aggregativen Modell des bloßen Wettbewerbs um Stimmen unterscheidet sich diese agonistische Ordnung dadurch, dass es immer ums Ganze gehe: „Im agonistischen Kampf dagegen steht die Konfiguration der Machtverhältnisse selbst auf dem Spiel, um welche herum die Gesellschaft strukturiert ist: Es ist ein Kampf zwischen unvereinbaren hegemonialen Projekten, die niemals rational miteinander versöhnt werden können" (Mouffe 2007: 31). Deshalb basiere jede etablierte hegemoniale Ordnung „auf einer Form von Ausschließung" (Mouffe 2007: 27); die aber nie abschließend fixierbar ist.

Mouffes Vorstellung der Gesellschaft basiert explizit auf der psychoanalytischen Trieblehre. Sie überträgt Freuds Theorie basaler, unauflösbarer Widersprüche im individuellen „psychischen Apparat" (Freud 1940: 63 f.) – den Liebestrieb *Eros* und den Todestrieb *Thanatos* – auf den gesellschaftlichen Apparat mit seinen sublimierenden Institutionen. So erscheint das Politische als eine höherstufige Form des Psychischen. Freuds explizit als mechanisch-physikalische Disziplin angelegte Psychodynamik wird damit ohne plausible Begründung auf die gesellschaftliche Aggregatsebene verschoben. Denn warum sollte die Gesellschaft so funktionieren wie die individuelle Psyche? Die Gesellschaft erscheint so als eine geschlossene Maschine, als ein Kessel, in dem entgegengesetzte physikalisch-thermische Kräfte Druck und Hitze erzeugen, die eines Spannungsabbaus bedürfen. Das Ventil für diese potenziell explosiven Energien ist zum einen ihre Umwandlung in ungefährlichere Formen und zum anderen ihre kontrollierte Abfuhr nach außen. Die Umwandlung der Energien wird im Bereich des Politischen durch die demokratischen Institutionen, insbesondere das Parlament geleistet: Der blutige Straßenkampf wird zum Schlagabtausch der Argumente im Plenarsaal. Dadurch werden die gegensätzlichen Energien nicht beseitigt, sondern lediglich auf eine zivilisierte Stufe gehoben (also im psychoanalytischen Sinne *sublimiert*). Ist dies erfolgreich, spricht Mouffe von Politik im Sinne eines *Agonismus,* also eines Wettstreits. Wo der Republikanismus Individuen in Bürger*innen transformierte, werden nun Feinde zu Gegnern „sublimiert" (Mouffe 2007: 31). Die Abfuhr nach außen wird ermöglicht durch eine gleichzeitige kollektive Identifizierung: „Es ist immer möglich, eine größere Menge von Menschen in Liebe aneinander zu binden, wenn nur andere für die Äußerung der Aggression übrigbleiben" (Freud 1989: 243, z.n. Mouffe 2007: 37). Dass eine solche negativistische Identitätsbestimmung auch die Gefahr exkludierender und aggressiver Politiken enthält, beschreibt Mouffe selbst (vgl. auch Thiele 2011). Sie weist etwa darauf hin, „wie leicht Nationalismus in Feindschaft verwandelt werden kann" (Mouffe 2007: 39). Dennoch betont sie „die Notwendigkeit kollektiver Identifikationen […], da sie für die Seinsweise des Menschen konstitutiv ist" (Mouffe 2007: 40). Während der anomische Ansatz die erodierende Solidarität für ein Krisensymptom hielt, behauptet der antagonistische Ansatz, dass Solidarität stets nur eine Binnensolidarität sei, die auf dem Ausschluss anderer beruhe. Die Hoffnung liegt für Mouffe in folgendem:

> „Wenn eine pluralistische, liberale, demokratische Gesellschaft mit der symbolischen Darstellung von Gesellschaft als einem organischen Körper bricht – einer Darstellung, die für die holistische Form von Organisation charakteristisch ist –, dann verleugnet sie nicht die Existenz von Konflikten, sondern sie schafft die Institutionen, in denen diese Konflikte als Gegnerschaft ausgedrückt werden" (Mouffe 2007: 42).

Was aber, wenn die libidinösen Energien, die ja auch in der agonischen Abschwächung erhalten bleiben sollen, aus diesen Institutionen herausströmen und im gesellschaftlichen Bereich entladen werden? Wenn die Abfuhr und Transformation von Nationalismen, Rassismen, Chauvinismen misslingt und sich stattdessen auf vermeintlich ‚Äußere' im Inneren der Gesellschaft richten, wie dies in den vergangenen Jahren z. B. an den zahlreichen Angriffen auf Geflüchtetenunterkünften ablesbar ist? Oder wenn die aggressiven Affekte gegen die Institutionen und das demokratische System selbst gerichtet werden? Dann kann es bei einer rein institutionellen Hegung nicht bleiben. Das hat auch Chantal Mouffe gesehen und deshalb zugestanden, dass eine Hegung der konfliktiven Dynamiken in den politischen Institutionen nur dann gelingen kann, wenn es einen minimalen demokratischen Basis-Konsens über diese Institutionen selbst gibt.[6] Dazu gehört etwa die Anerkennung des politischen Gegners als prinzipiell legitimer 'Kombattant', oder, anders gesagt, die Transformation des Feindes in Gegner. Oder die Akzeptanz gesellschaftlicher und politischer Pluralität als Grundlage des freien Wettbewerbs um Stimmen im Parlament. Beides aber wird heute bedroht durch einen Rechtspopulismus, der politische Gegner herabsetzt und zu Feinden erklärt und der offen Pluralität und Demokratie verachtet. Da sich der antagonistisch-agonistische Ansatz von Mouffe zu stark auf die engere politische Sphäre bezieht (eine Gemeinsamkeit mit liberalen Ansätzen, von denen sich Mouffe abgrenzen will), kann er zu den Voraussetzungen des Staates, die Böckenförde problematisiert hat, wenig sagen. So bleibt unbeantwortet, wie die potenziell ruhelose Disharmonie von den Institutionen eingehegt werden kann, wenn diese selbst zum Zielobjekt werden.[7]

Das zeigt sich auch in den Vorschlägen, die sich an Gramscis politischer Theorie orientieren. Diese haben den Nachteil, tendenziell die Legitimität des politischen Gegners abzuerkennen und damit eine wesentliche Voraussetzung des Parlamentarismus absichtlich zu suspendieren. Denn Gramscis Ansatz kennt sowohl die sanfte Überzeugungsarbeit, die auf einen kulturellen Konsens zielt, als auch den harten Zwang, mit dem jene beherrscht werden, die sich diesem Konsens verweigern. Formelhaft fasst Gramsci dies zusammen: „Staat = politische Gesellschaft und Zivilgesellschaft, das heißt Hegemonie, gepanzert mit Zwang" (GH, H. 4, § 88). Der Staat müsse in Anlehnung an Machiavelli wie ein Zentaur sein: halb Mensch, halb Bestie (GH, H. 8: 1633 ff.). Dabei kennt Gramsci vor allem die Perspektive der Opposition: Wesentliche Teile seines Werkes musste er unter widrigen Bedingungen im Gefängnis verfassen; angesichts des Vormarsches des Faschismus musste sich die sozialistische

---

[6] „Notwendig ist ein Konsens über die für die Demokratie konstitutiven Institutionen und über die 'ethisch-politischen' Werte, die das politische Gemeinwesen konstituieren – Freiheit und Gleichheit für alle–, doch wird es immer Meinungsverschiedenheiten über deren Bedeutung und die Art und Weise ihrer Verwirklichung geben" (Mouffe 2007: 43).

[7] Vgl. den Versuch einer Antwort von Helmut Dubiel 1997 und die Entgegnungen sowie Weiterentwicklungen von Marion Westphal 2018: 202–221, 432. Zur Kritik am sich an Mouffe und Laclau anlehnenden Linkspopulismus sowie an den mystischen Elementen der agonistisch-antagonistischen Theorie vgl. Priester 2014, 2017.

Bewegung auf eine lange Zeit der Opposition und Kriminalisierung einstellen. Weil politische Erfolge vorerst unmöglich waren, verlagerte sich Gramsci daher auf die beschwerliche kulturelle Arbeit. Anhand der russischen Revolution hatte er erkannt, was eine Ordnung resilient gegenüber Umstürzen machte. Anders als Westeuropa hatte es im russischen Zarenreich keine gesellschaftlichen Organisationen gegeben, die der revolutionären Lokomotive der Oktoberrevolution etwas hätten entgegensetzen können oder wollen. Der Staat war nur in den politischen Institutionen verankert, die lediglich erstürmt und übernommen werden mussten. Der Grund aber, warum die sozialistische Revolution in Westeuropa so erfolglos geblieben war, war die Verankerung der jeweiligen Ordnung in einer zivilgesellschaftlichen Sphäre, deren Vereinigungen, Organisationen und Gruppen sich wie Schützengräben zur Verteidigung des Staates durch die Gesellschaft zogen. Sollte eine Klasse bzw. die sozialistische Bewegung eine reelle Chance auf das Erlangen von Herrschaft haben, mussten diese zahllosen Gänge in einer langwierigen und beschwerlichen Befestigungsarbeit unterlaufen werden. „[…] der Bewegungskrieg wird immer mehr zum Stellungskrieg, und man kann sagen, daß ein Staat einen Krieg gewinnt, insofern er ihn peinlich genau und technisch in Zeiten des Friedens vorbereitet" (GH, H. 13, §7). Flankiert wurde diese Befestigungsarbeit durch eine strategisch-instrumentelle Bündnispolitik. Denn anders als die marxistische Theorie fasste Gramsci Klassen nicht als homogene Gebilde mit festgelegten Interessen auf, sondern als „plurale Zusammensetzung unterschiedlicher Gruppen" (Becker et al. 2013: 20). Deshalb wurde Führung nach innen genauso wichtig wie die Beherrschung der politischen Gegner: Wer für die gemeinsame Sache dienlich war, solle einbezogen werden, wer nicht, müsse beherrscht werden (GH, H. 1, §44). Zur Führung gehört jene Arbeit, die Chantal Mouffe später die „Artikulation" bzw. „Disartikulation" von hegemonialen Projekten nannte: Kompromisse schmieden, die eigenen ökonomischen Ziele zurückstellen oder reformulieren, Ziele, Werte und Interessen von anderen Gruppen unter einem gemeinsamen Schlagwort, Motto oder Projekt aufgreifen und zusammenbinden (Becker et al. 2013: 20). Kurzum: Das, was Mouffe später „Äquivalenzketten bilden" nannte. Die politische Arbeit besteht somit vor allem aus einer substanziellen Analyse der sozialen und politischen Topographie und im Spalten und Herstellen von (historischen) Blöcken (Anderson 2018: 113, 117). Aus diesem strategisch-instrumentellen Politikverständnis heraus leiten sich auch die Maßnahmen des antagonistischen Paradigmas her.

Auch sie sind mit Nachteilen und unintendierten Nebenfolgen verbunden. Eine Folge dieses Ansatzes ist es bspw., dass man die Metapolitik der Rechten mit einer spiegelbildlichen Anti-Metapolitik zu bekämpfen versucht, ihnen dadurch aber bereits den Sieg zugesteht, dem Diskurs die Mittel und ihre generelle Auffassung des Politischen aufzudrücken. Die Grundprämisse rechter Metapolitik, dass Politik ein reiner Kampf um Köpfe sei, wird dadurch bestätigt und gefestigt; sie ist sogar aus einer Übernahme des antagonistischen Modells entstanden (siehe den Beitrag zu→ de Benoist in diesem Band). Die Annahme der rechten Duell-Forderung, die das Gespräch beendet (siehe das obige Zitat von Kubitschek), führt dazu, dass politische Kommunikationen und Prozesse insgesamt zu den niedrigen Standards verkümmern, die die ‚Neue Rechte' vorgegeben hat: Der Austausch von Argumenten wird abgebrochen zugunsten selbstvergewissernder Ansprachen an die eigenen Adressaten (*Virtue Signaling* und *Dogwhistling*). Der Umgang miteinander wird respektloser, an die Stelle der Ablehnung von politischen Positionen tritt die Herabsetzung von Personen. Politische Fragen werden stärker als persönliche Identitäts- und Einstellungsfragen behandelt: „Wenn deine Eltern AfD wählen, warum nicht den Kontakt abbrechen?" (Leitlein und Löbbert 2018, dieses Beispiel aus Manow 2020: 116).[8] Die Einhegung, die die politischen Konflikte durch die Institutionen der parlamentarischen Demokratie erfahren haben, wird immer brüchiger, die Fliehkräfte nehmen zu (vgl. zur Gleichzeitigkeit von ent- und repolitisierenden Prozessen Meiering und Schäfer 2020). Philip Manow warnt im Sinne dieser Einwände gegen den antagonistischen Ansatz vor einer Hypernervosität infolge inflationärer Demokratiegefährdungsdiagnosen, die einen „Sog der Dissoziation" erzeugen könnten (Manow 2020: 144):

> „Im Namen der Integration bekommen wir also die Inflation der Exklusionsverdikte, im Namen der Vernunft die Diskursverweigerungsbefehle, im Namen der Toleranz die großzügige Ausweitung der Verdachtszonen [...], im Namen des Gleichheitsprinzips ein ‚Absprechen von Zeitgenossenschaft' [...] im Kontext einer neuen Binnenethnologie, die den Mitbürger plötzlich als Exoten beziehungsweise Idioten entdeckt hat" (Manow 2020: 143).

Der Konflikt innerhalb der Demokratie drohe so zu einem Konflikt *über* die Demokratie ins Destruktive zu entgleisen. Ein Indikator dafür ist, dass Gewaltpotentiale

---

[8] Manow interpretiert den Rechtspopulismus als ein Symptom, das Probleme der repräsentativen Demokratie anzeigt (vgl. Manow 2020: 22 f.; siehe auch Runciman 2018: 72). Dass ‚das Volk' und die ‚Demokratie' immer stärker in eine Opposition gebracht werden, ist zweifelsohne eine besorgniserregende Entwicklung (vgl. Mounk 2018; Tooze 2019), der auch mit einer prozeduralistischen Ergänzung des repräsentativen Systems begegnet werden könnte.

in der Gesellschaft mobilisiert werden, sodass sich die Konflikte zwischen unterschiedlichen politischen Gruppierungen entladen, vulnerable soziale Gruppen wie Geflüchtete attackiert werden und gezielt Repräsentant*innen der Demokratie bedroht, angegriffen und sogar getötet werden: Abgeordnete und Bürgermeister*innen, Stadträt*innen und Anwält*innen, engagierte Bürger*innen.

4 Normative Demokratietheorie jenseits von Harmonie und Konflikt

Beide Modelle, das anomische und das antagonistische, fußen also auf problematischen Annahmen über das Wesen der Gesellschaft: Das eine setzt eine illusorische Harmonie voraus, das andere einen als natürlich dargestellten, unüberwindlichen Dissens. Beiden fehlt eine Vorstellung, wie ein Pluralismus gestaltet werden kann, ohne dass die Gesellschaft Gefahr liefe, entweder zu stark vereinheitlicht zu werden (etwa in Körpermetaphern) oder in intern homogenisierte Gruppen zu zerfallen, die einander sowie das politische System selbst bekämpfen. Weder darf man sich der naiven Hoffnung hingeben, dass ein Gespräch unter vernünftigen Leuten vernünftige Ergebnisse produziere, noch soll das Gespräch zu einem bloßen Schlagabtausch fixer Standpunkte verkommen, die sich durch den jeweils anderen nie irritieren, sondern nur noch verfestigen lassen. Stattdessen könnte eine Antwort auf die Polarisierung und Radikalisierung der Gesellschaft ein prozeduralistisches Demokratieverständnis sein, dass den Souverän „Volk" als kommunikative Praxis auffasst. Diese kommunikative Praxis benötigt ein demokratisches Design, das die Regeln und Grenzen des Diskurses setzt, ohne durch zu rigide Voraussetzungen an die einzelnen Teilnehmenden zu selektiv zu sein. Neben der normativen Demokratietheorie von Habermas (1992; 1996) ist hier das Konzept des „prozeduralen Souveräns" von Ingeborg Maus (2011) wegweisend, das den allzu anachronistischen Volksbegriff (Wildt 2017: 139 f.) in einem verfassungsrechtlichen Sinne neu bestimmt. Das ‚Volk' wäre dann nicht mehr ein subjektiv-konkretistisch verstandener Träger verfassungsrechtlicher Souveränität, wie die Körpermetaphern des 19. und 20. Jahrhunderts es nahegelegt hatten, sondern entstünde in jenen Prozessen, in denen die Bürger*innen sich miteinander über eine zu entscheidende Frage beraten und verständigen (vgl. Lafont 2021). Weder haben sie dabei ethische Qualitäten am Eingang vorzuweisen oder müssen einen Transformationsprozess durchlaufen, wie dies die Gemeinsinn-Forderungen des anomischen Modells nahelegen. Noch muss der Pluralismus zum hegemonialen Kampf zwischen homogenisierten Identifikationskollektiven heruntergebrochen werden wie im antagonistischen

Modell. Wenn überhaupt setzt dieser Prozess lediglich voraus, dass Urteile zumindestens theoretisch durch Argumente irritierbar und revidierbar sind; dass es also irgendeinen Unterschied machen könnte, was jemand anderes vorzubringen hat. Die Hoffnung des Ansatzes der kommunikativen Praxis ist, dass ein solcher Prozess, der in vielen lokalen, regionalen und nationalen Pilotprojekten bereits modellhaft getestet wurde,[9] aus sich selbst heraus Diskursnormen und demokratische Werte schöpfen kann, die unsere liberale Demokratie so grundlegend benötigt, aber nicht selbst gewährleisten kann.[10] So könnte ein Pluralismus organisiert werden, ohne dass er in Homogenitätsansprüchen zerrieben würde oder zur gesellschaftlichen Desintegration führte. Es ist eine drängende Aufgabe der Politischen Theorie, ein solches normatives Demokratiemodell weiterzuentwickeln und die Versuche seiner Umsetzung zu begleiten.

5   Rechte lesen – Erfahrungen aus dem Seminar

Dieser Band ist aus dem Seminar „Politische Theorie(n) der ‚Neuen Rechten'" hervorgegangen, das im Wintersemester 2018/2019 am *Institut für Sozialwissenschaften* der *Humboldt-Universität zu Berlin* stattfand. Die meisten Beiträge sind von Studierenden als Teilnahmeleistung geschrieben worden. Darauf folgten mehrere Workshops, in denen die Autor*innen gegenseitig ihre Beiträge kommentierten, überarbeiteten und einen gemeinsamen Rahmen entwickelten.

---

[9] Das Projekt *Participedia* bietet eine weltweite Übersicht über Modelle, Projekte und Methoden der öffentlichen Beteiligung und demokratischer Innovationen (participedia.net). Siehe Dryzek et al. 2019; Merkel et al. 2021; Rohr et al. 2019; Deibner 2018; Geißel und Jung 2019; vgl. auch Rosanvallon 2017.

[10] Die Unterschiede zwischen der Diskurstheorie von Habermas und der Demokratietheorie von Maus hat Hannah Eitel (2016) herausgearbeitet. Ihr zufolge verorte Maus die Volkssouveränität etwas konkreter (aber nicht konkretistisch) in dezentralisierten Entscheidungsarenen direkter Volksbeteiligung, während Habermas die Volkssouveränität zu stark in Diskursen abstrahiere, in denen Entscheidungen nur eine sekundäre Bedeutung haben (Eitel 2016: 50 ff.). Auch grenze Maus das ‚Volk' als ‚Nicht-Funktionsträger' vom Staatsapparat ab (Eitel 2016: 50), während Habermas darin die Gefahr einer Polarisierung von Staat und Volk im Sinne des rechtspopulistischen ‚Wir gegen das System' sieht (Habermas 2016: 38 f.). Kommunikative Macht sei stattdessen eine ergänzende *Rationalisierung* der administrativen Macht (Habermas 1996: 289 f.).

Außerdem begleiteten ein fakultativer Lesekreis und eine Arbeitsgruppe die Arbeit an diesem Band. Er ist also das Ergebnis eines gemeinsamen Projekts und Prozesses, den ich als Seminarleiter wichtig fand, um die bereits erwähnten Gefahren im Umgang mit teilweise radikal rechten Texten berechenbar zu machen und auffangen zu können. Rechte lesen – das bedeutete auch, junge Menschen ihren manipulativen Argumenten und destruktiven Rhetoriken auszusetzen. Die Erfahrungen aus diesem diskursiven Prozess konnten leider nicht in vollem Maße in die vorliegenden Beiträge einfließen und können hier nur kurz erwähnt werden. Besonders eindrücklich waren zwei Punkte, an denen die Diskussionen wiederholt festzulaufen drohten. Der eine betraf jene Argumente, die ihr destruktives Ziel unverhohlen präsentierten. Etwa die Prophezeiung von Alain→ de Benoist, dass die liberale Demokratie aus Schwäche untergehen werde, da die Meinungsfreiheit dazu genutzt werde, sie zu zerstören. Eine derart blanke Verachtung der gemeinsamen Freiheit stellt über die konkreten Gegenmaßnahmen – etwa die wehrhafte Demokratie und die politische Bildung – hinausgehend die Frage in den Raum, wie eine Gesellschaft mit Bürger*innen umgehen soll, die am Erhalt des Gemeinsamen kein Interesse haben. Der zweite Punkt ist wenig später besonders akut geworden: Verschwörungserzählungen stellen uns vor das Problem, dass die Grundlagen eines gemeinsamen Gesprächs, das auf Verständigung und Wahrheit (oder ‚Richtigkeit‘) ausgerichtet ist, erodieren. Beides, die Erosion des liberal-demokratischen Grundkonsenses und die Erosion von Wahrheit, sind zwei wichtige Probleme, auf die eine normative Demokratietheorie Antworten finden müsste. Die momentane gesellschaftliche Erfahrung, die sich manchmal auch im Seminar widerspiegelte, ist aber zuweilen: kollektive Ratlosigkeit. Im Zuge der Corona-Krise hat sich diese Erfahrung vertieft; gleichzeitig ist sie existentiell und unvermeidbar geworden, weil die Verstrickung von Politischem und Privatem dichter geworden ist. Der Umgang mit Corona-Leugner*innen, Impf-Gegner*innen und Verschwörungsideolog*innen stellen viele Familien vor die Zerreißprobe. Dort fällt es schwer, was sich im demokratischen Diskurs leichter fordern lässt: der Ausschluss des (radikal) anders Denkenden. Ein Familienmitglied kann man sicher nicht so schnell abfertigen wie irgendeine*n Politiker*in bei Anne Will. Auf allen Ebenen der Gesellschaft wird das Nachdenken darüber dringlicher, wie die Fortsetzung des auf Verständigung ausgerichteten Gesprächs trotz der derzeit so schlechten Voraussetzungen gelingen kann. Die hier versammelten Beiträge geben eine erste Orientierung und laden zu einer intensivierten inhaltlichen Auseinandersetzung ein.

Literatur

Primärquellen

Bundesverfassungsgericht (BVerfG) (2009): Beschluss des Ersten Senats vom 04. November 2009, 1 BvR 2150/08, Rn. 1-110, https://www.bverfg.de/e/rs20091104_1bvr215008.html (07.09.2021).

de Benoist, Alain (2017 [1985]): Kulturrevolution von rechts: Gramsci und die Nouvelle Droite. Dresden: Jungeuropa Verlag.

Freud, Sigmund (1940): Abriß der Psychoanalyse. Gesammelte Werke (XVII). Frankfurt: Fischer.

Freud, Sigmund (1989): Das Unbehagen in der Kultur. In: Freud, Sigmund (Hrsg.): Studienausgabe Bd. IX. Frankfurt a. M.: Fischer.

Gramsci, Antonio (1991ff.): Gefängnishefte. 10 Bde. Hrsg. v. Klaus Bochmann/Wolfgang Fritz Haug. Berlin/Hamburg: Argument-Verlag.

Klemperer, Victor (1993): LTI. Notizbuch eines Philologen. Leipzig: Reclam Verlag.

Kubitschek, Götz (2017): Selbstverharmlosung. In: Sezession 76, S. 26–28.

Kubitschek, Götz (2018): Provokation. 2. überarb. Aufl. Schnellroda: Antaios.

Schmid, Carlo (1948): Was heißt eigentlich: Grundgesetz? In: Der Deutsche Bundestag und das Bundesarchiv (Hrsg.): Der Parlamentarische Rat 1948–1949, Akten und Protokolle. Bd. 9. München: Oldenbourg Verlag, 20ff. https://www.youtube.com/watch?v=vdQ4GA_UGn4 (07.09.2021).

Sellner, Martin (2016): Der Große Austausch in Deutschland und Österreich: Theorie und Praxis. In: Camus, Renaud (Hrsg.): Revolte gegen den Grossen Austausch. Schnellroda: Antaios, S. 189–221.

von Waldstein, Thor (2015): Metapolitik. Theorie – Lage – Aktion. Schnellroda: Antaios.

Sekundärliteratur

Aikin, Scott F. (2018): Deep Disagreement, the Dark Enlightenment, and the Rhetoric of the Red Pill. In: Journal of Applied Philosophy, S. 1–16.

Anderson, Perry (2018): Hegemonie. Konjunkturen eines Begriffs. Berlin: Suhrkamp.

Arendt, Hannah (2006): Wahrheit und Politik. In: Arendt, Hannah/Nanz, Patrizia (Hrsg.): Wahrheit und Politik. Berlin: Klaus Wagenbach, S. 7–62.

Becker, Lia/Candeias, Mario/Niggemann, Janek/Steckner, Anne (Hrsg.) (2013): Gramsci lesen. Einstiege in die Gefängnishefte. Hamburg: Argument Verlag.

Berbner, Bastian (2018): Ich und der ganz Andere. SZ Magazin vom 25.05.2018, S. 12–19.

Biller, Maxim (2019): Sind Sie auch ein Linksrechtsdeutscher? DIE WELT vom 16. Februar 2019. https://www.welt.de/kultur/literarischewelt/article188904661/Maxim-Biller-Sind-Sie-auch-ein-Linksrechtsdeutscher.html (11.10.2021).

Birsl, Ursula (2018): Democracy and its Counter Movement: a Critical (Self-)Reflection of Terms and Reference Framework in Studies on Right-Wing Extremism. In: Politische Vierteljahresschrift 59, S. 371–384.

Böckenförde, Ernst-Wolfgang (1991): Die Entstehung des Staates als Vorgang der Säkularisation. In: Böckenförde, Ernst-Wolfgang (Hrsg.): Recht, Staat, Freiheit. Studien zur Rechtsphilosophie, Staatstheorie und Verfassungsgeschichte. Frankfurt a. M.: Suhrkamp, S. 92–114.

Böckenförde, Ernst-Wolfgang (2010): Freiheit ist ansteckend. *Frankfurter Rundschau* vom 04.11.2010, S. 32f. https://www.web.archive.org/web/20101104053317/fr-online.de/kultur/debatte/-freiheit-ist-ansteckend-/-/1473340/4795176/-/index.html (11.10.2021).

Bohle, Hans Hartwig/Heitmeyer, Wilhelm/Kühnel, Wolfgang/Sander, Uwe (1997): Anomie in der modernen Gesellschaft: Bestandsaufnahme und Kritik eines klassischen Ansatzes soziologischer Analyse. In: Heitmeyer, Wilhelm (Hrsg.): Was treibt die Gesellschaft auseinander? Frankfurt a. M.: Suhrkamp, S. 29–65.

Breuer, Stefan (1995): Anatomie der konservativen Revolution. Darmstadt: Wissenschaftliche Buchgesellschaft.

Chan, Man-pui Sally/Jones, Christopher R./Hall Jamieson, Kathleen/Albarracín, Dolores (2017): Debunking: A meta-analysis of the psychological efficacy of messages countering misinformation. In: *Psychological Science* 28, S. 1531–1546.

Decker, Oliver (2018): Flucht ins Autoritäre. In: Decker, Oliver/Brähler, Elmar (Hrsg.): Flucht ins Autoritäre. Rechtsextreme Dynamiken in der Mitte der Gesellschaft. Die Leipziger Autoritarismus-Studie 2018. Gießen: Psychosozial-Verlag, S. 15–63.

Dittrich, Miro/Jäger, Lukas/Meyer, Claire-Friederike/Rafael, Simone (2020): Alternative Wirklichkeiten. Monitoring rechts-alternativer Medienstrategien. Berlin: Amadeu-Antonio-Stiftung.

Dryzek, John S./Bächtiger, André/Chambers, Simone/Cohen, Joshua/Druckman, James N./Felicetti, Andrea, et al. (2019): The crisis of democracy and the science of deliberation. In: *Science*, 363(6432), S. 1144–1146.

Dubiel, Helmut (1997): Unversöhnlichkeit und Demokratie. In: Heitmeyer, Wilhelm (Hrsg.): Was hält die Gesellschaft zusammen? Frankfurt a.M.: Suhrkamp, S. 425–444.

Eitel, Hannah (2016): Volk, Wille, Herrschaft. Was versteht Pegida Dresden unter „Volkssouveränität" und welche Vorstellungen demokratischer Ordnung hängen damit zusammen? Heinrich Böll Stiftung Sachsen. https://www.weiterdenken.de/sites/default/files/uploads/2016/07/eitel_volkssouveranitat_und_demokratie_bei_pegida.pdf (11.10.2021).

Erk, Daniel (2017): Rechte Inszenierungen. Über „Identitäre" berichten, ohne ihnen auf den Leim zu gehen. https://www.uebermedien.de/21848/ueber-identitaere-berichten-ohne-ihnen-auf-den-leim-zu-gehen/ (11.10.2021).

Feustel, Robert (2019): Substanz und Supplement. Mit Rechten reden, zu rechten forschen? Eine Einladung zum Widerspruch. In: *sub\urban. zeitschrift für kritische stadtforschung* 7, S. 137–146.

Geißel, Brigitte/Jung, Stefan (2019): Mehr Mitsprache wagen. Ein Beteiligungsrat für die Bundesrepublik. Berlin: Friedrich-Ebert-Stiftung. https://www.library.fes.de/pdf-files/fes/15848.pdf (11.10.2021).

Goetz, Judith/Sedlacek, Joseph Maria/Winkler, Alexander (2018): Untergangster des Abendlandes: Ideologie und Rezeption der rechtsextremen „Identitären". Hamburg: Marta Press.

Habermas, Jürgen (1992): Faktizität und Geltung. Beiträge zur Diskurstheorie des Rechts und des demokratischen Rechtsstaats. Frankfurt a. M.: Suhrkamp.

Habermas, Jürgen (1996): Drei normative Modelle der Demokratie. In: Habermas, Jürgen (Hrsg.): Die Einbeziehung des Anderen. Studien zur politischen Theorie. Frankfurt a.m.: Suhrkamp, S. 277–292.

Habermas, Jürgen (2016): Für eine demokratische Polarisierung. Wie man dem Rechtspopulismus den Boden entzieht. Jürgen Habermas im Interview. In: *Blätter für deutsche und internationale Politik* (11/2016), S. 35–42.

Hagenbach, Jeanne/Koessler, Frédéric (2017): The Streisand effect: Signaling and partial sophistication. In: *Journal of Economic Behavior & Organization* 143, S. 1–8.

Hartmann, Christian/Vordermayer, Thomas/Plöckinger, Othmar/Töppel, Roman (2016): Hitler, Mein Kampf: Eine kritische Edition. Berlin/München: Institut für Zeitgeschichte München.

Harvey, Kerric (2014): Streisand effect. In: Harvey, Kerric (Hrsg.): Encyclopedia of Social Media and Politics. Thousand Oaks: SAGE, S. 1212–1213. sk.sagepub.com/reference/encyclopedia-of-social-media-and-politics (11.10.2021).

Heitmeyer, Wilhelm (1997a): Einleitung: Auf dem Weg in eine desintegrierte Gesellschaft. In: Heitmeyer, Wilhelm (Hrsg.): Was treibt die Gesellschaft auseinander? Frankfurt a. M.: Suhrkamp, S. 9–26.

Heitmeyer, Wilhelm (1997b): Gesellschaftliche Integration, Anomie und ethnisch-kulturelle Konflikte. In: Heitmeyer, Wilhelm (Hrsg.): Was treibt die Gesellschaft auseinander? Frankfurt a.M.: Suhrkamp, S. 629–653.

Hentges, Gudrun/Kökgiran, Gürcan/Nottbohm, Kristina (2014): Die Identitäre Bewegung Deutschland (IBD) – Bewegung oder virtuelles Phänomen? In: *Forschungsjournal Soziale Bewegungen* 27(3), S. 1–26.

Herb, Karlfriedrich (2006): Jean-Jacques Rousseau, Vom Gesellschaftsvertrag (1762). In: Brocker, Manfred (Hrsg.): Geschichte des politischen Denkens. Ein Handbuch. Frankfurt a.M.: Suhrkamp, S. 303–317.

Herder, Janosik (2018): Debatte Reden mit Rechten. Ich möchte lieber nicht! *taz online* vom 20.11.2018. https://www.taz.de/Debatte-Reden-mit-Rechten/!5548652/ (11.10.2021).

Heyder, Aribert/Gaßner, Anna (2012): Anomia, Deprivation und Werteorientierung zur Vorhersage rechtsextremistischer Einstellungen. Eine empirische Studie mit Repräsentativdaten aus Deutschland. In: *Österreichische Zeitschrift für Politikwissenschaft* 41(3), S. 277–297.

Hövermann, Andreas/Messner, Steven F./Zick, Andreas (2015): Anomie, marketization, and prejudice toward purportedly unprofitable groups: Elaborating a theoretical approach on anomie-driven prejudices. In: *Acta Sociologica* 58(3), S. 215–231.

Hufer, Klaus-Peter (2018): Neue Rechte, altes Denken. Ideologie, Kernbegriffe und Vordenker. Weinheim: Beltz Juventa.

Hugendick, David (2019): Und nun wieder gaaanz viel zuhören. *Zeit Online* vom 28.10.2019. https://www.zeit.de/kultur/2019-10/afd-thueringen-bjoern-hoecke-waehler-rechtsextreme-kommentar? (11.10.2021).

Kämper, Gabriele (2018): „Hart am Wind. Rechte Lektüren zwischen Untergang und Offensive". In: *Feministische Studien* 36(2), S. 251–268.

Lafont, Cristina (2021): Unverkürzte Demokratie. Eine Theorie deliberativer Bürgerbeteiligung. Berlin: Suhrkamp.

Langebach, Martin/Raabe, Jan (2017): Die ‚Neue Rechte‘ in der Bundesrepublik Deutschland. In: Virchow, Fabian/Langebach, Martin/Häusler, Alexander (Hrsg.): Handbuch Rechtsextremismus. Wiesbaden: VS Verlag für Sozialwissenschaften, S. 561–592.

Legge, Sandra (2010): Abweichendes Verhalten, Vorurteile und Diskriminierung: zur theoretischen und empirischen Erklärungskraft ausgewählter Anomietheorien. Dissertation. Bielefeld: Universität Bielefeld.

Leitlein, Hannes/Löbbert, Raoul (2018): Wenn deine Eltern AfD wählen, warum nicht den Kontakt abbrechen? *Zeit Online* vom 01.11.2018. https://www.zeit.de/2018/45/wahlverhalten-familie-afd-weltanschauung-grundsatzdebatte-twitter-diskurs (11.10.2021).

Leo, Per/Steinbeis, Maximilian/Zorn, Daniel-Pascal (2017): Mit Rechten reden. Ein Leitfaden. Stuttgart: Klett-Cotta.

Manow, Philip (2020): (Ent-)Demokratisierung der Demokratie. Berlin: Suhrkamp.

Maus, Ingeborg (2011): Über Volkssouveränität. Elemente einer Demokratietheorie. Berlin: Suhrkamp.

Meiering, David/Schäfer, Andreas (2020): (Ent-)Politisierung – Debatten, Modelle und Befunde. In: Schäfer, Andreas/Meiering, David (Hrsg.): (Ent-)Politisierung? Die demokratische Gesellschaft im 21. Jahrhundert. Leviathan Sonderband 35. Baden-Baden: Nomos, S. 11–36.

Meiering, David/Dziri, Aziz/Foroutan, Naika (2020): Connecting Structures: Resistance, Heroic Masculinity and Anti-Feminism as Bridging Narratives within Group Radicalization. In: *International Journal of Conflict and Violence* 14, S. 1–19.

Merkel, Wolfgang/Milačić, Filip/Schäfer, Andreas (2021): Bürgerräte: Neue Wege zur Demokratisierung der Demokratie. Wien: Friedrich-Ebert-Stiftung.

Messner, Steven F./Rosenfeld, Richard/Hövermann, Andreas (2019): Institutional Anomie Theory: An Evolving Research Program. In: Krohn, Marvin D./Hendrix, Nicole/Penly Hall, Gina/Lizotte, Alan J. (Hrsg.): Handbook on Crime and Deviance. Cham: Springer International Publishing, S. 161–177.

Mouffe, Chantal (2007): Über das Politische. Wider die kosmopolitische Illusion. Frankfurt a. M.: Suhrkamp.

Mounk, Yascha (2018): The People vs. Democracy: Why Our Freedom Is in Danger and How to Save It. Cambridge: Harvard University Press.

Mudde, Cas/Kaltwasser, Christóbal Rovira (2017): Populism. A very short introduction. Oxford: Oxford University Press.

Müller, Jan-Werner (2017): Was hält Demokratien zusammen? *Neue Zürcher Zeitung* vom 26.08.2017. https://www.nzz.ch/feuilleton/das-boeckenfoerde-diktum-was-haelt-demokratien-zusammen-ld.1312681 (11.10.2021).

Mullis, Daniel (2019): Chaotische Normalität: Reden mit Rechten hilft – manchmal auch nicht. Kommentar zu Robert Feustels „Substanz und Supplement. Mit Rechten reden, zu Rechten forschen?“. In: *sub\urban. zeitschrift für kritische stadtforschung* 7, S. 173–178.

Münkler, Herfried (2021): Die kritische Infrastruktur der Demokratie. Rezension zu „Freiheit, Gleichheit, Ungewissheit. Wie schafft man Demokratie?“ von Jan-Werner Müller. *Soziopolis* vom 10.06.2021. https://www.soziopolis.de/die-kritische-infrastruktur-der-demokratie.html (11.10.2021).

Münkler, Herfried/Straßenberger, Grit (2016): Politische Theorie und Ideengeschichte. Eine Einführung. München: C.H. Beck.

Niehr, Thomas (2017): Rechtspopulistische Lexik und die Grenzen des Sagbaren. https://www.bpb.de/politik/extremismus/rechtspopulismus/240831/rechtspopulistische-lexik-und-die-grenzen-des-sagbaren (20.5.2021).

Oppenhäuser, Holger (2011): Das Extremismus-Konzept und die Produktion von politischer Normalität. In: Forum für kritische Rechtsextremismusforschung (Hrsg.): Ordnung. Macht. Extremismus. Effekte und Alternativen des Extremismus-Konzepts. Wiesbaden: VS Verlag für Sozialwissenschaften, S. 35–58.

Pfahl-Traughber, Armin (2019): Der Extremismus der Neuen Rechten. Eine Analyse zu Diskursthemen und Positionen. Wiesbaden: VS Verlag für Sozialwissenschaften.

Popper, Karl (1992): Die offene Gesellschaft und ihre Feinde. Tübingen: J.C.B. Mohr.

Pörksen, Bernhard/Köhler, Michael (2021): Wandel der Kommunikation – Produktives Nichteinverständnis als Idealvorstellung. *Deutschlandfunk Kulturfragen* vom 28.02.2021. https://www.srv.deutschlandradio.de/dlf-audiothek-audio-teilen.3265.de.html?mdm:audio_id=906180 (15.09.2021).

Pörksen, Bernhard/Schulz von Thun, Friedemann (2020): Die Kunst des Miteinander-Redens. Über den Dialog in Gesellschaft und Politik. München: Hanser.

Priester, Karin (2014): Mystik und Politik. Ernesto Laclau, Chantal Mouffe und die radikale Demokratie. Würzburg: Königshausen & Neumann.

Priester, Karin (2017): Linkspopulismus – die andere Seite der populistischen Medaille. *Forschungsjournal Soziale Bewegungen*, 30(2), 50–59.

Quent, Matthias (2019): Deutschland rechts aussen. Wie die Rechten nach der Macht greifen und wie wir sie stoppen können. München: Piper.

Rohr, Jascha/Ehlert, Hanna/Hörster, Sonja/Oppold, Daniel/Nanz, Patrizia (2019): Bundesrepublik 3.0. Ein Beitrag zur Weiterentwicklung und Stärkung der parlamentarisch-repräsentativen Demokratie durch mehr Partizipation auf Bundesebene. Berlin: https://www.Umweltbundesamt.umweltbundesamt.de/sites/default/files/medien/1410/publikationen/2020-03-16_texte_40-2019_bundesrepublik_3.0.pdf (11.10.2021).

Rosanvallon, Pierre (2017): Wider alle Vereinfachung. Zur Demokratie im 21. Jahrhundert. *Soziopolis* vom 18.01.2017. https://www.soziopolis.de/wider-alle-vereinfachung.html (11.10.2021).

Runciman, David (2018): How Democracy Ends. London: Profile Books.

Salzborn, Samuel (2015): Kampf der Ideen. Die Geschichte politischer Theorien im Kontext. Baden-Baden: Nomos.

Sebaldt, Martin (2020): Anomie als ambivalentes Signum der Demokratie: Ansatzpunkte und Konturen einer allgemeinen Theorie. In: Sebaldt, Martin/Bein, Simon/Enghofer, Sebastian/Ibscher, Verena/Illan, Luis (Hrsg.): Demokratie und Anomie. Eine fundamentale Herausforderung moderner Volksherrschaft in Theorie und Praxis. Wiesbaden: VS Verlag für Sozialwissenschaften, S. 381–432.

Séville, Astrid (2019): Vom Sagbaren zum Machbaren? Rechtspopulistische Sprache und Gewalt. In: *Aus Politik und Zeitgeschichte* vom 29.11.2019. bpb.de/apuz/301138/vom-sagbaren-zum-machbaren-rechtspopulistische-sprache-und-gewalt (11.10.2021).

Steinbeis, Maximilian (2009): Epochales Urteil: Das Grundgesetz als Anti-Nazi-Verfassung. *Verfassungsblog* vom 17.11.2009. https://www.verfassungsblog.de/wo_die_toleranz_endet/ (11.10.2021).

Thiele, Ulrich (2011): „Der Feind ist unsere eigene Frage als Gestalt". Zur Problematik negativistischer Identitätskonstruktionen. In: Voigt, Rüdiger (Hrsg.): Freund-Feind-Denken. Carl Schmitts Kategorie des Politischen. Stuttgart: Steiner, S. 151–172.

Thome, Helmut (2011): Rechtsextremismus als eine Form des regressiven Kollektivismus. In: Kohlstruck, Michael/Klärner, Andreas (Hrsg.): Ausschluss und Feindschaft. Studien zu Antisemitismus und Rechtsextremismus. Berlin: Metropol-Verlag, S. 206–222.

Thome, Helmut (2018): Anomietheorien. In: Hermann, Dieter/Pöge, Andreas (Hrsg.): Kriminalsoziologie. Handbuch für Wissenschaft und Praxis. Baden-Baden: Nomos, S. 75–90.

Tooze, Adam (2019): Democracy and its Discontents. Four books on the slide toward illiberalism. In: *The New York Review* vom 06.06.2019. https://www.nybooks.com/articles/2019/06/06/democracy-and-its-discontents/ (11.10.2021).

Tyrell, Hartmann (1985): Emile Durkheim – Das Dilemma der organischen Solidarität. In: Luhmann, Niklas (Hrsg.): Soziale Differenzierung. Zur Geschichte einer Idee. Opladen: Westdeutscher Verlag, S. 181–250.

Volkmann, Uwe (2010): Die Geistesfreiheit und der Ungeist. Der Wunsiedel-Beschluss des BVerfG. In: *Neue Juristische Wochenschrift* 63(7), S. 417–420.

Westphal, Manon (2018): Die Normativität agonaler Politik. Konfliktregulierung und Institutionengestaltung in der pluralistischen Demokratie. Baden-Baden: Nomos.

Wildt, Michael (2017): Volk, Volksgemeinschaft, AfD. Hamburg: Hamburger Edition.

Zentrum Liberale Moderne (2019): Das alte Denken der Neuen Rechten. Die langen Linien der antiliberalen Revolte. Berlin: Zentrum Liberale Moderne.

David Meiering ist Sozialwissenschaftler und promoviert am Lehrbereich für Integrationsforschung und Gesellschaftspolitik an der Humboldt-Universität zu Berlin. Er ist Stipendiat des Evangelischen Studienwerk Villigst. Seine Forschungsschwerpunkte sind Radikalisierungsprozesse (insbesondere im völkischen Nationalismus und der ‚Neuen Rechten'), Ideologien der Ungleichwertigkeit und Politische Theorie (insbesondere Demokratietheorie). Zuletzt erschienen ist das Leviathan Special Issue „(Ent-)Politisierung? Die demokratische Gesellschaft im 21. Jahrhundert" (herausgegeben mit Andreas Schäfer, 2020) und „Connecting Structures: Resistance, Heroic Masculinity and Anti-Feminism as Bridging Narratives within Group Radicalization" mit Aziz Dziri und Naika Foroutan (in: International Journal of Conflict and Violence 14(2) 2020).

Was fällt, das muss man stoßen. Anschlüsse an die ‚Konservative Revolution‘

Überblick: Was fällt, das muss man stoßen. Anschlüsse an die ‚Konservative Revolution'

David Meiering und Robin Groß

Zusammenfassungen

Der Überblick über den ersten Teil des Buches kontextualisiert die ‚Konservative Revolution' historisch und begriffsgeschichtlich. Zentral für die hierzu gerechneten Autor*innen sind der Antiliberalismus, die Ablehnung der Demokratie und der Moderne und der Kampf gegen Weimar.

„Die Definition, was ‚konservativ' sei, ist bereits ein politischer Akt" (Mohler 1974: 14).

Zu Jahresbeginn 2018 irritiert Alexander Dobrindt die Öffentlichkeit mit einem Gast-Beitrag in der Tageszeitung *Die Welt*. Der Vorsitzende der *CSU*-Landesgruppe im Deutschen Bundestag und *CSU*-Chefunterhändler bei den anstehenden Koalitionsverhandlungen mit der *SPD* beklagt einen linken Mainstream, der die einfachen Bürger in die Arme der *AfD* treibe. Sein Rezept: Auf die linke Revolution der Eliten folgt eine konservative Revolution der Bürger (Dobrindt 2018). Das *CDU*-Spitzenpersonal grenzt sich von ihm ab, Marietta Slomka führt Dobrindt in einem *heute-journal*-Interview vor, die Öffentlichkeit reibt sich verwundert die Augen. Mit der „*Konservativen Revolution*" (*KR*) recycelt Dobrindt

D. Meiering (✉) · R. Groß (✉)
Humboldt-Universität zu Berlin, Berlin, Deutschland
E-Mail: david.meiering@hu-berlin.de

R. Groß
E-Mail: robin.gross.1@hu-berlin.de

31

D. Meiering (Hrsg.), *Schlüsseltexte der ‚Neuen Rechten'*, Edition Rechtsextremismus, https://doi.org/10.1007/978-3-658-36453-3_2

eine paradoxe Formel, die einerseits das Festhalten am und Fortführen des Bestehenden bezeichnet, aber andererseits den Umsturz und das völlig Neue fordert. Beliebt ist der Begriff vor allem in der ‚Neuen Rechten': Im Umkreis der *Identitären Bewegung* kursieren Sticker mit knackigen Kalauern von Carl Schmitt, Oswald Spengler oder Arthur Moeller van den Bruck.[1] Im Umkreis des rechten Antaios-Verlags und der Zeitschrift „Sezession" schwärmt man in einem Heft zum Thema: „Die erste KR strahlt in ihrer kurzen, reichen Blüte bis heute aus, weil ihr Personal in seinen Haupt- und Nebenrollen durchgespielt hat, was an innerer und äußerer Mobilmachung, totaler Mobilmachung für eine kommende Auseinandersetzung möglich und notwendig war" (Kubitschek 2011: 13). Anders als bei Dobrindt, dem man bestenfalls zugutehalten kann, dass er nicht genau erfasst, welchen Geist er mit dieser Formel beschwört, mobilisiert Götz Kubitschek bewusst für die Inhalte der *KR*. Als Schüler von Armin Mohler, der den Begriff geprägt hat, setzt er das Ziel fort, diesen Ideenbestand der Zwischenkriegszeit zu bewahren, von seiner Mitschuld an der Verbreitung antidemokratischer Einstellungen in der deutschen Bevölkerung zu reinigen und dadurch zu rehabilitieren. So transportiert das Schlagwort der *KR* unter dem Deckmantel konservativer Bürgerlichkeit die radikalen Ideen der Demokratiegegner aus den zwanziger und dreißiger Jahren des 20. Jahrhunderts. Doch um welche Ideen handelt es sich dabei?

Die Zeit nach dem Ersten Weltkrieg, der Urkatastrophe des 20. Jahrhunderts, war eine Zeit zwischen Aufbruch und Krise. Auf der politischen Ebene versuchte sich der erste demokratische deutsche Staat angesichts permanenter Angriffe der extremen Lager, Wirtschaftskrisen und einer sich selbst blockierenden Verfassung zu bewähren; auf der kulturellen Ebene trafen Liberalisierung und Fortschrittsglaube auf Kulturpessimismus und Heilserwartung.

Die politischen Konflikte innerhalb der Weimarer Republik waren begleitet durch eine Vielzahl von Narrativen: Sei es die Dolchstoßlegende, die innere Feinde für die militärische Niederlage verantwortlich machte (die Sozialdemokratie, die „bolschewistischen Juden"); sei es das Narrativ vom „Diktat" der Siegermächte, das den deutschen Staat vermeintlich absichtsvoll schwächte; sei es die Unterlegenheit der parlamentarischen Demokratie und der Parteien oder das Narrativ vom kulturellen Verfall (der *Dekadenz*). Dieses Umfeld diente

---

[1] Siehe etwa die zahlreichen Montagen in der *Facebook*-Gruppe *Der Funke* (@derechtefunke), ein selbsternanntes ‚Theorie-Organ' im Umfeld der IB. Bspw. https://www.facebook.com/derechtefunke/photos/488006251306944 (01.09.2021) oder https://www.facebook.com/derechtefunke/photos/1555273317913560 (01.09.2021).

als ein idealer Nährboden für ein Bündel antidemokratischer und antiliberaler Strömungen – deren Vertreter nachträglich unter dem Schlagwort der *KR* zusammengefasst wurden.

Der Begriff der *KR*, auf den sich die ‚Neue Rechte' maßgeblich bezieht, ist selbst Mythos und in der Verwendung problematisch. Es handelt sich hierbei um einen Kunstgriff Armin Mohlers und nicht, wie durch den Namen angedeutet, eine klar abgegrenzte Denkschule oder eine ideelle Strömung. Mohlers Dissertation *Die Konservative Revolution in Deutschland 1918–1932* erschien nur wenige Jahre nach dem Zweiten Weltkrieg und ist eine Voraussetzung für das Nachleben jenes antidemokratischen Geistes, der die fragile Weimarer Republik unterhöhlte und so dem Nationalsozialismus den Weg bereitete. Mohlers „Aufarbeitung der Vergangenheit" ist damit ein (zynischer) Beitrag zu ihrer Wiederkehr – „als Gespenst dessen, was so monströs war, daß es am eigenen Tode noch nicht starb, oder [das] gar nicht erst zum Tode kam" (Adorno 1977: 555). Er rehabilitiert rechte Denker als ‚Trotzkisten' (d. h. als innere Abweichler), grenzt sie vom Nationalsozialismus ab und inszeniert sie teilweise als Widerständler. Individuelle Verantwortung, ideelle Kontinuitäten und organisatorische Zusammenhänge pulverisiert er durch ein wucherndes Kategoriengeflecht: Fünf größere Obergruppen und etliche kleine Unterteilungen sollen das Vermächtnis der ‚*Konservativen Revolution*' darstellen. Ernst Jünger, Gottfried Benn, Carl Schmitt, Thomas Mann, Oswald Spengler – jeder findet seinen Platz unter den Revolutionären des Konservativen. Doch viele der Personen lassen sich nicht in größere Kategorientöpfe werfen und begründen daher ihre eigenen Kategorien, sodass das Gemeinsame zwischen ihnen zerstäubt. So entsteht das Paradox einer Denkströmung, die aus idiosynkratischen Einzelnen besteht. Ziel ist es, diese Personen wieder salonfähig zu machen und ihr Denken von der Nähe zum Nationalsozialismus freizusprechen – denn wie könne eine derart heterogene Strömung denn *den einen* kausalen Einfluss auf den NS ausgeübt haben, den man ihr vorwirft?

Bei aller Ausdifferenzierungswut vereinen die verschiedenen Charaktere jedoch bestimmte Denkmuster: Zentral sind der Antiliberalismus, die Ablehnung der Demokratie und der Moderne. Ebenfalls ist Kulturpessimismus ein häufig auftretendes Element. Rassismus und Antisemitismus finden sich bei einem Großteil der Personen zumindest implizit, auch wenn sie nicht zwangsläufig fundamentale Aspekte ihres Denkens darstellen. Besonders einflussreich war die Vorstellung, dass die moderne Gesellschaft, besonders in der Verkörperung der Weimarer Republik, moralisch verdorben und dem Untergang geweiht ist. Dieses

Dekadenz-Narrativ erleichterte vielen Zeitgenossen die moralische Absolution für die von Mohler sinngemäß beschriebene Konsequenz: Was fällt, das muss man stoßen (Mohler 1950: 116).[2] Und so einte sie vor allem das Bestreben, der Weimarer Republik, bereits taumelnd, den letzten Stoß zu versetzen – auch wenn viele Protagonisten der „Konservativen Revolution" eine ambivalente Haltung zum Nationalsozialismus hatten.

Im ersten Kapitel setzen wir uns zunächst kritisch mit der Aufarbeitung jener Denker durch Armin Mohler auseinander, und beleuchten anschließend mit Ernst Jünger und Oswald Spengler zwei Personen, die heute für die ‚Neue Rechte' eine besonders wichtige Rolle spielen.

Literatur

Primärquellen

Dobrindt, Alexander (2018): „Wir brauchen eine bürgerlich-konservative Wende". *WELT* vom 01.03.2018. https://www.welt.de/debatte/kommentare/article174088983/Alexander-Dobrindt-Die-Volkspartei-der-Zukunft-ist-buergerlich-konservativ.html (11.10.2021).
Kubitschek, Götz (2011): Die Strahlkraft der KR. In: *Sezession* 44, S. 8–13.
Mohler, Armin (1950): Die Konservative Revolution in Deutschland 1918 – 1932. Ein Handbuch. Darmstadt: Wissenschaftliche Buchgesellschaft.
Mohler, Armin (1974): Der Konservative in der technischen Zivilisation. In: Mohler, Armin (Hrsg.): Von rechts gesehen. Stuttgart: Seewald, S. 13–35.

Sekundärliteratur

Adorno, Theodor W. (1977): Was bedeutet: Aufarbeitung der Vergangenheit [1959]. In: Adorno, Theodor W. (Hrsg.): Gesammelte Schriften. Band 10.2. Frankfurt a. M.: Suhrkamp, S. 555–572.

---

[2] Dieser häufig abgewandelte Satz stammt ursprünglich aus Friedrich Nietzsches *Zarathustra*: „Was fällt, das muss man auch noch stoßen" (3. Teil, *Von alten und neuen Tafeln*, S. 20).

Weiterführende Sekundärliteratur

Breuer, Ingeborg (2020): Antiliberal und autoritär. *Deutschlandfunk* vom 13.08.2020. https://www.deutschlandfunk.de/alte-und-neue-rechte-antiliberal-und-autoritaer.1148. de.html?dram:article_id=482331 (11.10.2021).

Pfahl-Traughber, Armin (2019): Der Extremismus der Neuen Rechten. Eine Analyse zu Diskursthemen und Positionen. Wiesbaden: VS Verlag für Sozialwissenschaften.

David Meiering ist Sozialwissenschaftler und promoviert am Lehrbereich für Integrationsforschung und Gesellschaftspolitik an der Humboldt-Universität zu Berlin. Er ist Stipendiat des Evangelischen Studienwerk Villigst. Seine Forschungsschwerpunkte sind Radikalisierungsprozesse (insbesondere im völkischen Nationalismus und der ‚Neuen Rechten'), Ideologien der Ungleichwertigkeit und Politische Theorie (insbesondere Demokratietheorie). Zuletzt erschienen ist das Leviathan Special Issue „(Ent-)Politisierung? Die demokratische Gesellschaft im 21. Jahrhundert" (herausgegeben mit Andreas Schäfer, 2020) und „Connecting Structures: Resistance, Heroic Masculinity and Anti-Feminism as Bridging Narratives within Group Radicalization" (mit Aziz Dziri und Naika Foroutan in: International Journal of Conflict and Violence 14(2) 2020).

Robin Groß studiert Sozialwissenschaften im Master an der Humboldt-Universität zu Berlin.

Armin Mohler: Die Konservative Revolution in Deutschland 1918–1932

Jonas Stapper

Zusammenfassungen

Der Beitrag thematisiert die 1950 erstmals erschienene und seitdem als Handbuch mehrfach erweiterte Dissertation Armin Mohlers mit dem Titel *Die Konservative Revolution in Deutschland 1918–1932*. Mohlers Werk ist nicht nur ein grundlegender Schlüsseltext für die ‚Neue Rechte‘, sondern wurde auch darüber hinaus breit rezipiert und ist nachhaltig wirkmächtig. Indem er die unterschiedlichsten nationalistischen und antiliberalen Strömungen der Zwischenkriegszeit in Deutschland als vermeintlich eigenständige Bewegung einer ‚Konservativen Revolution‘ ausgab, schuf Mohler eine neue rechte Traditionslinie. Durch die dezidierte Abgrenzung vom Nationalsozialismus bis hin zur Zuschreibung eines Opferstatus oder gar genuinen Widerstandsrolle entlastete er diese kurz nach Ende der nationalsozialistischen Herrschaft und ihrer Verbrechen zudem pauschal und massiv. Unter tatkräftiger Mitwirkung Mohlers selbst schloss insbesondere die entstehende sogenannte ‚Neue Rechte‘ in Inhalten und Selbstverständnis dezidiert und nahezu nahtlos an das Konstrukt einer ‚Konservativen Revolution‘ an. Vor allem die entlastende Abgrenzung vom Nationalsozialismus wird dabei strategisch genutzt um das übernommene völkische Denken als unproblematisch auszuweisen und ist damit essenziell für die Inszenierung als ‚neu‘. Da die der erfundenen Traditionslinie zugeordneten Personen aber gerade in ihrer Weltanschauung mindestens wegbereitend für den Nationalsozialismus wirkten, sollte

J. Stapper (✉)
Technische Universität Berlin, Berlin, Deutschland
E-Mail: j.stapper@campus.tu-berlin.de

Mohlers ‚Konservative Revolution' nicht nur als politischer Mythos, sondern tendenziell geschichtsrevisionistisches Konstrukt verstanden werden.

Mit der Publikation seiner Dissertation im Jahreswechsel 1949/1950 erfand Armin Mohler eine folgenreiche Tradition, mehr noch einen wirkmächtigen Mythos: die ‚Konservative Revolution'. Blieb – teilweise auch harsche – Kritik nicht aus, so wurde und wird das Buch nichtsdestotrotz in seiner ganzen Bandbreite viel rezipiert, weit über ‚neurechte' Politikkreise hinaus, die es als Tradition und Grundlage pflegen. Für eine kritische Beschäftigung mit diesem Schlüsseltext und seiner Rezeption ist es unerlässlich die verschiedenen Bedeutungen von ‚Konservative Revolution' klar voneinander abzugrenzen.

Da ist zum einen das Buch von Armin Mohler, *Die Konservative Revolution in Deutschland 1918–1932,* 1950 bei Friedrich Vorwerk erschienen, textgleich zu seiner im Jahr davor von Karl Jaspers und Hermann Schmalenbach an der Universität Basel angenommenen Dissertation. Zur 2. Auflage 1972 als ‚Handbuch' bei der Wissenschaftlichen Buchgesellschaft wurde der Textteil leicht umstrukturiert – einzig erwähnenswert die Streichung der Zusammenfassung am Ende – die Bibliografie dagegen enorm erweitert. In den nächsten drei Neuauflagen änderte sich außer einem 1989 erschienenen dünnen Ergänzungsband mit Korrigenda und dem Wechsel zum rechtskonservativen bis -radikalen Ares-Verlag in Österreich im Jahr 1999 nichts. 2005 erschien eine durch Karlheinz Weißmann vollständig überarbeitete Neuausgabe – von Mohler vor seinem Tod autorisiert. Bis dahin blieb der Textteil inhaltlich komplett unverändert.

1   Das Zwischenkriegs-Phänomen ‚Konservative Revolution'

Zum anderen gab es ein reales Phänomen der Zwischenkriegszeit, das auch in der Forschung bei aller noch zu nennenden Kritik häufig als ‚Konservative Revolution' gefasst wird (s. Breuer 1993; Pfahl-Traughber 1998). Dabei werden jedoch unterschiedliche Gruppen unter diesen Begriff gefasst. Als gemeinsamen Kern beschreibt der Begriff eine Bewegung aus Einzelpersonen, Diskussionszirkeln und Publikationsorganen, die geeint werden durch ihre fundamentale Ablehnung von Aufklärung, Liberalismus, Gleichheitsprinzip und Demokratie, sowie durch einen radikalen Nationalismus und die Forderung nach einem autoritären Staat mit homogener Volksgemeinschaft. Als Unterschied zum – weitgehend monarchistisch geprägten – Konservatismus der Zeit ist die

lebensphilosophisch aufgeladene und vermeintlich in die Zukunft weisende Ausrichtung zu nennen, die sich scheinbar anti-reaktionär in der Nutzung moderner
Mittel zum Erreichen der eigenen Ziele zeigt. Es gehe nach Arthur Moeller van
den Bruck darum, erst „Dinge zu schaffen, die zu erhalten sich lohnt" (zit. n.
Weiß 2015: 103). Der Politikwissenschaftler Kurt Sontheimer schlug daher nur
die jungkonservative Strömung der ‚Konservativen Revolution‘ zu und unterschied von diesen „jungen Nationalisten" die alten, reaktionären „Deutschnationalen", deren Denken noch im Wilhelminismus wurzelte. Daneben gab es
aber noch weitere Gruppen, die im Unterschied zu den „jungen Nationalisten"
weniger (lebens-)philosophisch, sondern politischer und teilweise militant waren.
Dazu gehörten u. a. die „Nationalrevolutionären", zu denen Sontheim z. B.
Ernst Jünger zählte (Sontheimer 1978: 123 ff.) und die „Nationalbolschewisten"
mit Ernst Niekisch als prominentesten Vertreter (Sontheimer 1978: 127 ff.). Je
nachdem, welche dieser teils sehr verschiedenen Gruppen zur ‚Konservativen
Revolution‘ gezählt werden, variiert auch die Bewertung der Frage, wie die
‚Konservative Revolution‘ als Obergriff vom Nationalsozialismus abgegrenzt
werden kann. Mohlers Schlagwort von der ‚Konservativen Revolution‘ aber ver-
wischt alle Unterschiede zwischen diesen teilweise verfeindeten Gruppen und
amnestiert dadurch alle gleichermaßen. Für eine wirkliche Einschätzung der
Nähe zum NS wäre dahingegen eine differenzierte Betrachtung der jeweiligen
Strömungen nötig. Sicherlich teilt die ‚Konservative Revolution‘ in Sontheimers
Verständnis mit dem NS das bis in Irrationale gesteigerte Bewusstsein eines
neuen Lebensgefühls und die Überzeugung von der Notwendigkeit eines neuen
Volksstaates, „in dem alle Teile der bisher in Klassen gespaltenen Nation ihren
Platz haben" (Sontheimer 1978: 119). Vor allem aber ist sie eine Gegen*revolution*
zu den Ideen von 1789, was in dem im folgenden zitierten Programm von Edgar
Julius Jung zum Ausdruck kommt:

> „Konservative Revolution nennen wir die Wiederinachtsetzung aller jener
> elementaren Gesetze und Werte, ohne welche der Mensch den Zusammenhang
> mit der Natur und mit Gott verliert und keine wahre Ordnung aufbauen kann. An
> Stelle der Gleichheit tritt die innere Wertigkeit, an Stelle der sozialen Gesinnung
> der gerechte Einbau in die gestufte Gesellschaft, an Stelle der mechanischen Wahl
> das organische Führerwachstum, an Stelle bürokratischen Zwangs die innere Ver-
> antwortung echter Selbstverwaltung, an Stelle des Massenglücks das Recht der
> Volksgemeinschaft" (Jung 1932, z. n. Sontheimer 1978: 120).

Den Nationalsozialist*innen ging es aber nicht um eine Wiederinachtsetzung
elementarer Gesetze und Werte, sondern darum, die Idee elementarer oder extra-
legaler Gesetze insgesamt zu verwerfen zugunsten einer Ineinssetzung von

Gesetz, Geschichte und Bewegung in Gestalt der *NSDAP* und deren Führers Adolf Hitler (vgl. Fraenkel 1984). Daher stand das durch Jung entworfene Programm der ‚Konservativen Revolution' durchaus in einer Spannung zum NS. Die Spannung nimmt noch zu, wenn man wie Mohler den Begriff der ‚Konservativen Revolution' weiter ausdehnt auf die ‚Nationalrevolutionären' oder ‚Nationalbolschewisten', die teilweise ab 1934 gar zu inneren Feinden des NS wurden. Tendenziell zielten die meisten Gruppierungen des ‚konservativ-revolutionären' Spektrums auf eine kleine Elite ab und waren derart konsequent antiparlamentarisch, dass sie für den ‚legalen Kurs' der *NSDAP* weitgehend Verachtung bereithielten. Abgesehen von den genannten Spannungen ist es aber nicht möglich, eine wirklich trennscharfe Abgrenzungslinie zum ideologischen Konglomerat des Nationalsozialismus zu ziehen (vgl. Breuer 1993: 47), sodass die Vertreter*innen[1] der ‚Konservativen Revolution' als „weltanschauliche Vordenker und Wegbereiter des Nationalsozialismus" (Salzborn 2018: 67) angesehen werden müssen. Das Verhängnisvolle für die instabile Weimarer Republik war dabei vor allem ihr Insistieren auf der Überkommenheit des Bestehenden, ihre radikal offen zur Schau gestellte Demokratiefeindlichkeit und das Werben für den Untergang von Weimar, getreu dem Motto: ‚Was fällt, das soll man stoßen'.[2] Ob der Nationalsozialismus die ersehnte kommende Ordnung darstellte, darüber gab es weit auseinandergehende Auffassungen: Viele kooperierten nach der Machtübertragung mit dem NS-Staat und seinem Personal oder passten sich an, andere gerieten in den Weg und manche traten ihm auch aktiv entgegen. Stellvertretend für die Bandbreite an Verhaltensweisen der Vertreter*innen in Bezug auf das nationalsozialistische Regime können hier zwei der bekanntesten zugeordneten Personen genannt werden: Der oben zitierte Edgar Julius Jung, der im Rahmen des sogenannten ‚Röhm-Putsches' von der SS ermordet wurde, sowie Carl Schmitt, der die gesamte Aktion juristisch mit seinem Aufsatz *Der Führer schützt das Recht* rechtfertigte. Andere große Namen starben vor der Machtübernahme, wie Arthur Moeller van den Bruck, oder hielten sich weitgehend bedeckt im Privaten, wie Oswald → Spengler und Ernst → Jünger. Die ebenfalls zu Teilen der ‚Konservativen Revolution' zugeschlagene Gruppe des 20. Juli übernahm bis

---

[1] Auch wenn es sie gab, ist klar festzustellen, dass der Anteil nicht-männlicher Personen verschwindend gering war. In der ausführlichsten Bibliografie – der über 300 Seiten starken von Armin Mohler – finden sich weniger als zehn Namen auf zusammen gerade mal drei Seiten.

[2] „Das Einzelne, dessen Zeit vorbei ist, soll nicht, wie der Reaktionär das täte, krampfhaft festgehalten werden. Es soll vielmehr fallen, und dem hilft man nach" (Mohler 1994: 116).

zur Kriegswende im Russlandfeldzug ohne großen Vorbehalt hohe Posten im NS-Regime und war weit davon entfernt für Demokratie zu kämpfen; vielmehr hatten sie in erster Linie die Abwendung einer vollständigen Niederlage und des einhergehenden Verlusts nationaler Souveränität im Sinn.

Ungemein wichtig zu benennen ist, dass diese Bewegung eben in keiner Weise eigenständig oder klar ein- und abzugrenzen war und die darunter gefassten Personen sich auch nicht als solche oder auch nur über eventuellen Austausch hinausgehend verbunden sahen. Es gab weder ein strukturiertes Netzwerk noch einen auch nur im Ansatz homogenen Theoriekanon. Zudem tauchte die Begriffspaarung ‚Konservative Revolution' zwar vereinzelt auf, aber als politische Forderung und in keiner Weise um eine Gruppe oder gar die eigene Zugehörigkeit zu beschreiben. Auch daraus ergibt sich, dass Nähe oder Entfernung zum Nationalsozialismus eine Frage der begrifflichen Definition ist.

2　　Der Mythos der ‚Konservativen Revolution'

Hier beginnt Armin Mohlers Arbeit am Mythos – nach Werk und Phänomen die letzte Bedeutungsebene des Begriffspaares – der ‚Konservativen Revolution' (s. Kellershohn 2005), auf dem zu gewissen Teilen die ‚Neue Rechte' aufbaut. Über zwei ‚Modelle' konzipiert er sie als eigenständige Strömung (vgl. Kellershohn 2005: 72) und zwar als Gegenkraft zur Französischen Revolution, die in allen Lebensbereichen und allen europäischen Ländern wirkte. Dabei untersucht er allerdings nur einen Ausschnitt: die ideengeschichtliche Entwicklung in Deutschland zwischen 1918 und 1932.

Direkt im ersten Schritt versucht Mohler dabei die Bewegung durch eine äußere Abgrenzung vom Nationalsozialismus zu konstituieren (vgl. Kapitel A1: Mohler 1994: 3–23). Dies geschieht über verschiedene Ansätze, die sich teilweise widersprechen. Vor allem versucht er die ‚Konservative Revolution' als eine geistige Elitenbewegung zu charakterisieren und dem Nationalsozialismus als Massenbewegung entgegenzustellen. Einerseits beschreibt er den Nationalsozialismus als Seitenzweig der ‚Konservativen Revolution', der sich ihrer Ideen bedient habe, gewissermaßen also eine illegitime Verwirklichung gewesen sei, was auch die teilweise Verwechslung, beziehungsweise Gleichsetzung beider Strömungen und ihrer Ideen erklären könne. Andererseits schreibt er von den Vertreter*innen der ‚Konservativen Revolution' als „Trotzkisten des Nationalsozialismus" (Mohler 1994: 4), stellt sie also als Dissidenten im nationalsozialistischen Lager dar. An anderer Stelle wiederum sieht Mohler Nationalsozialismus und ‚Konservative Revolution' als zwei scheinbar ebenbürtige Stränge, die

gleichzeitig auf den Umbruch zugesteuert hätten, erst nach dem sogenannten
‚Röhm-Putsch' 1934 getrennt wurden und dadurch dann retrospektiv umso klarer
voneinander abgegrenzt werden könnten. In dieser Konzeption legt er zudem die
Grundlagen für die Idee eines vermeintlichen Opferstatus der Bewegung, insbesondere benannt mit den Ermordungen vom 30. Juni 1934, bis hin zu Aspekten
eines angeblich ‚konservativ-revolutionären' Widerstandes, den er vor allem im
Putschversuch vom 20. Juli 1944 sieht. Eine – auch schuldhafte – Verstrickung
von ‚Konservativer Revolution' und Nationalsozialismus erkennt er rhetorisch
zwar an, das „änder[e] aber nichts daran, daß jeder der Stränge sein eigenes Leben
und sein eigenes Gesetz besitz[e] und daß der Trennungsstrich zwischen ihnen mit
Blut gezogen" (Mohler 1994: XXVIIf.) sei.

Bezeichnenderweise behauptet Mohler sonst aber wiederholt, dass die Zeit
des Nationalsozialismus noch nicht bewertet werden könne, da sie zu nah sei und
die umfassende Darstellung erst geschrieben werden müsse. Auch in der 5. Ausgabe von 1999 ist das noch so formuliert, die ausbleibende Überarbeitung des
Textes begründet Mohler im Vorwort zur Neuausgabe 1972 abwegig damit, dass
alles andere tendenziell Verfälschung sei. Letztendlich verstößt er in seiner Darstellung aber immer wieder gegen die von ihm selbst vorgenommene Setzung
des Nationalsozialismus als „black box" (Kellershohn 2005: 84), über die noch
nichts gesagt werden könne. Beispielsweise in der vorab beschriebenen Darstellung des ‚Röhm-Putsches' 1934 als Punkt der Abgrenzung beider Strömungen
oder der vermeintlich notwendigen Trennung von Bewegung und individuellen
Träger*innen bezogen auf die „Verantwortung für den Nationalsozialismus"
(Mohler 1994: 8). Letztere nutzt er unter dem Strich zur Entschuldung beider:
Seine rhetorische Frage, ob „Geistiges überhaupt für Erscheinungen der Wirklichkeit haftbar gemacht werden kann" (Mohler 1994: 9) suggeriert nicht nur fälsch-
licher-, sondern geradezu unverschämterweise eine Unschuld der ‚geistigen'
Bewegung per se. Bezüglich der nach ihm immerhin theoretisch möglichen
Schuld individueller Personen verweist er wiederum auf die angeblich noch völlig
ungeklärten Rollen dieser im Nationalsozialismus. Jegliche Anerkennung von Verantwortung umgeht er letztendlich durch argumentative Drehungen, Tabuisierung
und die Vermeidung von Schlussfolgerungen. Schuldvorwürfe spiegelt er durch
Vagheit und suggestive Anmerkungen einfach zurück (vgl. insbesondere die Vor-
und Nachworte 1950 und 1972 in Mohler 1994: XXV–XXX, 167–172).

Im Weiteren nimmt Mohler über von ihm so genannte ‚Leitbilder' eine Ein-
grenzung von innen vor (vgl. Kapitel A3: Mohler 1994: 78–129). Neben mehreren
‚Unter-Leitbildern' und vorangehenden zeitlich und thematisch abgrenzenden
‚Beschreibungen des Stoffes' (vgl. Kapitel A2: Mohler 1994: 24–77) geht es ihm
insbesondere um die Gegenüberstellung verschiedener Zeitverständnisse – dem
‚Ober-Leitbild' von „Linie und Kugel" (Mohler 1994: 82). Er sieht in christlicher

Tradition ein lineares Zeitverständnis *(Linie)* gewissermaßen durch die Geburt Jesu und seine erwartete Wiederkehr am Tag des Jüngsten Gerichts abgesteckt, und, dem diametral entgegengesetzt, ein zyklisches Zeitverständnis *(Kugel)*, hergeleitet von Friedrich Nietzsches Philosophie zur *Ewigen Wiederkunft* und vor allem beschrieben durch die Idee von Zivilisationszyklen in Oswald→Spenglers *Der Untergang des Abendlandes* (1918/1922). Dieses zyklische Zeitverständnis charakterisiert Mohler durch den Glauben an ‚ewig Gültiges‘, an ‚das Besondere‘ und die Idee von ‚Einheit und Ganzheit‘, sowie vor allem des ‚erfüllten Augenblicks‘. Hieraus konzipiert er den ‚revolutionären Konservatismus‘ als die Ideologie der Gegenwart, die weder rein fortschrittsgläubig und damit bloß auf die Zukunft bedacht, noch rein reaktionär, also nur in die Vergangenheit blickend, sei. Gerade gegen das Christentum und seine ‚Säkularisationsformen‘ wird dies in Stellung gebracht, der gesamten ‚modernen Welt‘ wird der ‚Wert der Gegenwart‘ abgesprochen – daher auch die scheinbare Notwendigkeit eines revolutionären Aspekts von Konservatismus.

Wo dieses ‚Ober-Leitbild‘ nicht zutrifft – beispielsweise waren Schmitt, Moeller van den Bruck und Jung als herausragende Vertreter der ‚Konservativen Revolution‘ keinesfalls Anhänger eines zyklischen Zeitverständnisses – verweist Mohler auf die vermeintlich nicht vollständig fassbare Abstraktheit des ‚Leitbildes‘. Seine ganze Argumentation baut hier auf einer immanenten Immunisierungsstrategie auf (vgl. Kellershohn 2005: 73 f.): Das ‚Ober-Leitbild‘ sei eben gerade nicht zwingend logisch und voll durchstrukturierend, die ‚Unter-Leitbilder‘ könnten ihm sogar widersprechen, da die gesamte ‚Art des Denkens‘ der ‚Konservativen Revolution‘ schon eine andere sei. Dieses ‚zyklische Denken‘ sei nicht mit ‚linearer Sprache‘ und ihren Begriffen zu fassen und daher bloß bedingt in solch abstrakten – und sich gegebenenfalls widersprechenden – ‚Leitbildern‘ zu umschreiben möglich.

Zuletzt strukturiert er die Bewegung in fünf Gruppen (vgl. Kapitel A4: Mohler 1994: 130–166) welche er kurz beschreibt. Unter der selbstgestellten Frage „Vereinigung des Unvereinbaren?“ (Mohler 1994: 130) nennt er als Hauptstränge ‚Jungkonservative‘, ‚Völkische‘ und ‚Nationalrevolutionäre‘ und als Nebenstränge unter Vorbehalt ‚Bündische‘ und die ‚Landvolkbewegung‘. Die Bibliografie versammelt und systematisiert – geordnet nach eben diesen Gruppen und vorab entworfenen ‚Leitbildern‘ und ‚Stoffbeschreibungen‘ – in einem Umfang von über 300 Seiten eine Masse an Publikationen über und von Personen im Umkreis dessen was Mohler ‚Konservative Revolution‘ nennt.

Zusammenfassend bewertet, schafft Armin Mohler mit dem Schlagwort der ‚Konservativen Revolution‘ erst eine einheitliche und eigenständige Strömung, die es so nicht gab. Er fasst in eins, was völlig heterogen und teilweise gegeneinanderstand, zudem versucht er retrospektiv zu trennen, was eigentlich nah und verwoben war. Letzteres, indem er die Bewegung als rein geistig beschreibt und ihr einen Opferstatus bis hin zu einer genuinen Widerstandsrolle zuschreibt. Insgesamt nimmt er in der dezidierten Abgrenzung vom Nationalsozialismus den Versuch einer massiven Entlastung vor. In Hinblick auf den Nationalsozialismus bedient er sich eines ‚Black-Box-Arguments', zur Absicherung der offensichtlichen Widersprüche seiner eigenen Darstellung nutzt er immanente Immunisierungsstrategien. Somit ist das Werk weder in seiner Konzeption noch in seiner Apologetik überzeugend. Im Postulieren der eigenen ‚sachlich-nüchternen Wissenschaftlichkeit' gegen die vermeintlich sonst vorherrschenden ‚vereinfachenden erzieherischen Affekte' und insbesondere die Anmerkung, dass „jede Wirklichkeit gemischt" (Mohler 1994: XXV) sei, lässt sich außerdem eine geschichtsrevisionistische Stoßrichtung erkennen.

3   Strategie-Option zur Rettung völkischer Ideale

Nichtsdestotrotz wurde mit der ‚Konservativen Revolution' ein ‚politischer Mythos' geschaffen, bei dem die inhaltliche Konsistenz gerade nicht relevant, sondern allein die Wirkung entscheidend ist. Und die ist in keiner Weise abzustreiten, wurde damit doch direkt nach und trotz nationalsozialistischer Herrschaft, Zweitem Weltkrieg und Holocaust wieder eine angeblich positive rechte Tradition ins Leben gerufen, die bis heute insbesondere in der sogenannten ‚Neuen Rechten' besteht (s. Weiß 2017). Das zeigt sich an der Rezeption von der ‚Konservativen Revolution' zugeordneten Texte und Ideen in Nachdrucken, auf Symposien, im praktizierten Kult um zugerechnete Personen wie beispielsweise Carl → Schmitt und Oswald → Spengler, und auch in dem entsprechenden Selbstverständnis der ‚Neuen Rechten' als Elite, sowie ihrer Agitationsweise größtenteils abseits von Partei- und Tagespolitik. Die ‚Neue Rechte' sieht sich dezidiert in Traditionslinie der ‚Konservativen Revolution', welche daher die Funktion eines „Erinnerungsortes" (Weiß 2015: 101) übernimmt. Die Nutzung der Abgrenzungsstrategie vom Nationalsozialismus und ihre Weitertradierung – folgerichtig auch in Richtung einer neonazistischen Rechten – ermöglicht und rechtfertigt diesen ‚Erinnerungsort' mitsamt seinen Ideen weiterhin essenziell.

All das wurde bis Ende seines Lebens tatkräftig unterstützt von Armin Mohler selbst (s. Willms 2004), der schon während des geisteswissenschaftlichen Studiums in seinem Geburtsort Basel 1942 illegal über die Grenze nach Deutschland ging, um sich dort der Waffen-SS anzuschließen, letztendlich bloß für einen kurzen Studienaufenthalt in Berlin blieb und das Ganze retrospektiv damit erklärte, dass auch er Nationalsozialismus mit ‚Konservativer Revolution' verwechselt habe. Durch die folgende Promotion gut vernetzt, wurde er direkt im Anschluss Privatsekretär von Ernst→Jünger und blieb beispielsweise auch mit Carl Schmitt bis zu dessen Tod eng verbunden. Seinen Anfang der 1960er Jahre angetretenen Posten als Geschäftsführer der *Carl-Friedrich-von-Siemens-Stiftung* nutzte er in vollem Maße zum Ausbau dieser als ,neurechtem' Thinktank und der Verbreitung der ,Konservativen Revolution' und ihrer Ideen. Zwischenzeitlich fungierte er als Berater und Redenschreiber für Franz-Josef Strauß, außerdem unterstützte er von Anfang an ,neurechte' Projekte wie die Zeitschrift *Criticón* und später die *Junge Freiheit (JF)*. In diesen und weiteren Publikationen wetterte er regelmäßig gegen Liberalismus und die ,Vergangenheitsbewältigung', letzte Schlagzeilen sammelte er dann mit der Selbstbezeichnung als Faschist und Zuspruch zu holocaustleugnenden Positionen.

Gerade die entlastende Abgrenzung zum Nationalsozialismus bleibt aber der strategische Kern der – dadurch erst so geltenden – ,Neuen Rechten'. Auch wenn das von Mohler als so wichtig erachtete zyklische Zeitverständnis in Teilen noch Anklänge findet (z. B. bei Björn→Höcke), ist es insgesamt für das Selbstverständnis weitaus weniger relevant geworden. In der Neuauflage der ,Konservativen Revolution' von Karlheinz Weißmann nimmt es keinen konstituierenden Platz mehr ein. Geeint sind die verschiedensten Kreise des Milieus jedoch weiterhin in ihren völkischen Werten, die sie Dank der vermeintlichen Unterscheidung der eigenen Tradition von der des Nationalsozialismus überhaupt vertreten können. ,Neu' ist hier – auch in der Abgrenzung zu aktuellen neonazistischen Strömungen – weniger die Ideologie als die Strategie (vgl. Salzborn 2018: 74 f.). Armin Mohlers ,Vermächtnis' – nicht nur er selbst betitelte sich diesbezüglich gar als ,Vater der Neuen Rechten'– ist also vornehmlich eine Strategieoption, während auf ideeller Ebene lediglich vergangene Ideologie plagiiert wird (vgl. Brauner-Orthen 2001: 33 f.).

4   Andauernde Wirkmächtigkeit des Konstrukts trotz fundamentaler Kritik

Der Veröffentlichung folgte jedoch auch Kritik an Mohlers Werk.[3] Die ersten Äußerungen kamen vor allem von Konservativen und wandten sich gegen seine antichristliche Stoßrichtung: Nach Mohler sei das Christentum durch sein lineares

---

[3] Schon sein Doktorvater Karl Jaspers nannte die Dissertation Mohler zufolge eine „groß angelegte Entnazifizierung" (zit. n. Weiß 2017: 46).

Zeitverständnis und die Idee der Nächstenliebe letzten Endes immer ‚links‘ und ließe sich daher mit ‚echtem‘ Konservatismus nicht vereinbaren. Dieser müsse im Umkehrschluss ‚heidnisch‘ sein (vgl. Kellershohn 2005: 77). Bald folgte auch deutliche Kritik an der Konzeption der ‚Konservativen Revolution‘ als eigenständige Strömung und die Abgrenzung dieser vom Nationalsozialismus und daran anknüpfend am entstandenen Mythos und dessen politischen Effekt. Trotz aller Kritik hat das Buch aber auch in der heutigen Wissenschaft noch eine hohe Relevanz. Das liegt zum einen an der umfassenden Bibliografie, zum anderen allerdings auch daran, dass es keine erfolgreich durchgesetzte Gegen-konzeption gibt. Ebenso konnte sich noch nicht auf einen anderen Forschungs-begriff geeinigt werden, sodass auch weiterhin ‚Konservative Revolution‘ als solcher genutzt wird. Diese durchgehende Art von Weitertradierung immanenter problematischer Aspekte wie der kritisierten Darstellung als eigenständiger Strömung, führt teilweise sogar zur unhinterfragten Übernahme der Abgrenzung vom Nationalsozialismus – am stärksten ausgedrückt in der Auslegung der Bewegung als konservative Opposition gegen Hitler. Dies geschieht gerade auch in journalistischen Darstellungen für ein breiteres Publikum, insbesondere bei Beschäftigungen mit der ‚Neuen Rechten‘.

Dagegen besteht der Vorteil des von Volker Weiß vorgeschlagenen Begriffes „dynamisch-aggressive[r] Nationalkonservatismus" (Weiß 2015: 102) darin, dass er die verschiedenen Aspekte besser aufzeigt und zudem auch auf die große Problematik der Bewegung hinweist. Diese war – wie aufgezeigt – keineswegs ‚harmlos‘, sondern im Allgemeinen ihrer politischen Zielsetzungen und ideo-logischen Grundpositionen dem Nationalsozialismus gleich beziehungsweise der Weimarer Republik und der Demokratie feindlich gesinnt. Widerstand wurde, wenn, dann vor allem aus Konkurrenz geleistet. Über dieses Konkurrenzver-hältnis ist weitgehend auch die teilweise Einschränkung bis Verfolgung von zugerechneten Personen zu erklären.

Vor diesem Hintergrund ist die ‚Konservative Revolution‘ nach Armin Mohler ein tendenziell geschichtsrevisionistisches Konstrukt, das eine vermeintlich ‚Neue Rechte‘ – von den intellektuellen Kreisen um Karlheinz Weißmann und Götz Kubitschek (s. Kellershohn 2016) bis hin zu den aktivistischen der *Identitären Bewegung (IB)* – in entlastender Weise anknüpfend zur „Rettung völkischer Ideale" (Salzborn 2017: 23) nutzt. Auch die sogenannte ‚Neue Rechte‘ steht gegen Aufklärung und Moderne, Liberalismus und Universalismus, und fordert einen autoritären Staat mit völkischer Basis. Die homogene Nation ist für sie Ordnungsfaktor und identitätsstiftender Rahmen; sie verfechten ein ethnisch-kulturell begründetes Ungleichheitsdenken. Und folgerichtig ähnlich verlaufen die Strategien: Durch sogenannte → ‚Metapolitik‘ und die Konzentration auf kulturelle

Debatten im vorpolitischen Raum versuchen sie Einfluss auf grundlegende Überzeugungen und Werte zu nehmen und in die politische Mitte vorzustoßen. Es werden bewusst Grenzen verwischt und gewissermaßen eine „Intellektualisierung des Rechtsextremismus" (Salzborn 2018: 75) vorgenommen – alles dezidiert in der vermeintlich als unproblematisch entlasteten, da nicht nationalsozialistischen Tradition der ‚Konservativen Revolution'. Eine Strategie, die gerade in konservativen Kreisen auch der sogenannten politisch-gesellschaftlichen ‚Mitte' aufgeht und durchaus auf eine bereits interessierte Einstellung trifft, wie beispielsweise die prominente Nutzung des Begriffspaares ‚Konservative Revolution' als politische Forderung durch Alexander Dobrindt in einem Beitrag in der WELT 2018 zeigt (vgl. Dobrindt 2018; s. Kellershohn 2018).

Literatur

Primärquellen

Dobrindt, Alexander (2018): „Wir brauchen eine bürgerlich-konservative Wende". WELT vom 04.01.2020. https://www.welt.de/debatte/kommentare/plus172133774/Warum-wir-nach-den-68ern-eine-buergerlich-konservative-Wende-brauchen.html (01.11.2021).

Mohler, Armin (1994): Die Konservative Revolution in Deutschland 1918–1932. Ein Handbuch (4. Aufl.). Darmstadt: Wissenschaftliche Buchgesellschaft.

Sekundärliteratur

Brauner-Orthen, Alice (2001): Die Neue Rechte in Deutschland. Antidemokratische und rassistische Tendenzen. Opladen: Leske + Budrich.

Breuer, Stefan (1993): Anatomie der Konservativen Revolution. Darmstadt: Wissenschaftliche Buchgesellschaft.

Fraenkel, Ernst (1984): Der Doppelstaat. Recht und Justiz im „Dritten Reich". Frankfurt a.M.: Fischer.

Kellershohn, Helmut (2005): Zwischen Wissenschaft und Mythos. Einige Anmerkungen zu Armin Mohlers „Konservative Revolution". In: Kellershohn, Helmut/Kauffmann, Heiko/Paul, Jobst (Hrsg.): Völkische Bande: Dekadenz und Wiedergeburt – Analysen rechter Ideologie. Münster: Unrast-Verlag, S. 66–89.

Salzborn, Samuel (2017): Angriff der Antidemokraten. Die völkische Rebellion der Neuen Rechten. Weinheim: Beltz Juventa.

Salzborn, Samuel (2018): Rechtsextremismus. Erscheinungsformen und Erklärungsansätze. (3. Aufl.). Baden-Baden: Nomos.

Sontheimer, Kurt (1978): Antidemokratisches Denken in der Weimarer Republik. 3. Aufl. 1992. München: Deutscher Taschenbuch Verlag.

Weiß, Volker (2015): Die „Konservative Revolution". Geistiger Erinnerungsort der „Neuen Rechten". In: Langebach, Martin/Sturm, Michael (Hrsg.): Erinnerungsorte der extremen Rechten. Wiesbaden: VS Verlag für Sozialwissenschaften, S. 101–120.

Weiß, Volker (2017): Die autoritäre Revolte. Die Neue Rechte und der Untergang des Abendlandes. Bonn: Bundeszentrale für Politische Bildung.

Weiterführende Literatur

Kellershohn, Helmut (2016): Das Institut für Staatspolitik und das jungkonservative Hegemonieprojekt. In: Braun, Stephan/Geisler, Alexander/Gerster, Martin (Hrsg.): Strategien der extremen Rechten. Hintergründe – Analysen – Antworten. Wiesbaden: VS Verlag für Sozialwissenschaften, S. 439–467.

Kellershohn, Helmut (2018): Dobrindt, die Achtundsechziger und die neue „konservative Revolution". In: *DISS-Journal* 35. https://www.diss-duisburg.de/2018/07/dobrindt-die-achtundsechziger/ (01.11.2021).

Pfahl-Traughber, Armin (1998): Konservative Revolution und Neue Rechte. Rechtsextremistische Intellektuelle gegen den demokratischen Verfassungsstaat. Opladen: Leske+Budrich.

Willms, Thomas (2004): Armin Mohler. Von der CSU zum Neofaschismus. Köln: PapyRossa Verlag.

Jonas Stapper studierte Geschichts- und Politikwissenschaften an der Universität Potsdam sowie Interdisziplinäre Antisemitismusforschung an der Technischen Universität Berlin mit Auslandsaufenthalten in der Türkei und Kanada. Seine Interessenschwerpunkte sind die intellektuelle Rechte in Deutschland, Konservatismus und Erinnerungskultur. Perspektivisch möchte er im Bereich der politischen Bildung zum Themenkomplex Rechtsextremismus arbeiten.

Oswald Spengler: Der Untergang des Abendlandes

Robin Groß

Zusammenfassung

Oswald Spengler ist ein Prophet des Unterganges und der Titel seines Hauptwerkes unlängst ein geflügeltes Wort. Doch was hat es mit *Der Untergang des Abendlandes* auf sich? Der Beitrag beschäftigt sich mit Spenglers zentralen Thesen und deren Anschlussfähigkeit für die ‚Neue Rechte‘. Im Mittelpunkt stehen nicht nur Antiliberalismus und Kulturpessimismus, sondern auch die lebensphilosophische Ästhetik: ein wirkmächtiger und in der Auseinandersetzung häufig unbeachteter Aspekt des Werkes. Die Kombination des Sentimentalen und des Martialischen macht Spengler für die ‚Neue Rechte‘ attraktiv – trotz seiner bei genauerem Hinsehen eher banalen Thesen.

1 Philosophische Allzweckwaffe für Krisenzeiten

Oswald Spengler ist der Prophet des Unterganges: Wann und wo auch immer die westliche Welt vermeintlich in Not gerät, fällt früher oder später der Name Spengler oder zumindest der zum Schlagwort gewordene Titel seines Werkes: Der Untergang des Abendlandes. Unlängst wird sein Werk in politisch

R. Groß (✉)
Humboldt-Universität zu Berlin, Berlin, Deutschland
E-Mail: robin.gross.1@hu-berlin.de

© Der/die Autor(en), exklusiv lizenziert an Springer Fachmedien Wiesbaden GmbH, ein Teil von Springer Nature 2022
D. Meiering (Hrsg.), *Schlüsseltexte der ‚Neuen Rechten‘*, Edition Rechtsextremismus, https://doi.org/10.1007/978-3-658-36453-3_4

49

schwierigen Zeiten neu verlegt und beworben, wie beispielsweise in Italien 2010 (Baer 2010). Das Konstrukt des Abendlandes, das bereits vor 100 Jahren in der Weimarer Republik für alarmistische Parolen und kulturpessimistische Thesen herangezogen wurde, wird heute allerorten wieder aufgegriffen: Wenn Pegida gegen die Islamisierung des Abendlandes auf die Straßen geht; wenn Thilo Sarrazin schreibt, Deutschland schaffe sich ab oder wenn Samuel P. Huntington vor einem Kampf der Kulturen warnt. Zuletzt erschien beim ‚neurechten' Manuscriptum-Verlag ein Band aus dem rechtskonservativen Milieu (Engels et al. 2018).

Spengler hätte sein Werk zu keinem besseren Zeitpunkt veröffentlichen können: Das Deutsche Reich hatte den Ersten Weltkrieg verloren, die empfundene Schmach der Niederlage und die Reparationszahlungen belasteten das Land, welches nun versuchte eine stabile Demokratie zu werden: Ein Schritt, dem manche mit Hoffnung und andere mit Abscheu entgegenblickten. Die Nachfrage nach lebensphilosophischen Ratgebern war groß und Spengler gab der Veränderung eine Bedeutung und verlieh ihr die gewisse historische Größe. Schnell avancierte *Der Untergang des Abendlandes* zum intellektuellen Standardthema – doch ebenso schnell verschwand es wieder und Spengler selbst blieb hinter all den großen Namen, welche er seine Inspiration nannte, zurück. Der Topos des untergehenden Abendlandes hat seinen Autoren überlebt.

2   Oswald Spengler – Bürgerlicher Alarmist

Oswald Spenglers (1880–1936) Biographie entsprach jener vieler Bürgerlicher seiner Zeit. Aufgewachsen als Sohn eines Beamten studierte er Mathematik, Naturwissenschaften und Philosophie, promovierte und war als Lehrer tätig. Zu schaffen machte ihm seine Gesundheit: Spengler litt an Angststörungen und Panikattacken, war kränklich und kämpfte mit einem Herzleiden, an dem er letztendlich auch starb. Der Umgang mit Menschen schien ihm schwierig. Dementsprechend galt er vielen als Sonderling.

Oswald Spengler ist ein Paradebeispiel für die Denker der ‚*Konservativen Revolution'*:[1] Er lehnte die parlamentarische Demokratie, welche er als Symptom

---

[1] Die Verwendung des Begriffes der ‚Konservativen Revolution' erfolgt hier zur Darstellung der Einordnung Spenglers durch die ‚Neue Rechte' und keineswegs als eigene analytische Kategorie. Über die Problematik zur Verwendung des Begriffs siehe den Beitrag zu Armin → Mohler.

einer zerfallenden Kultur deutete, offen ab. Gemeinsam mit wohlhabenden Freunden aus der Industrie fantasierte er über ein geheimes Büro zur Lenkung der Presse, was durchaus auf Sympathie besonders im deutschnationalen Lager stieß, aber durch die Konkurrenz zu Alfred Hugenbergs Medienkonzern scheiterte. 1923 sinnierte er über einen Staatsstreich, der ihm eine Funktion als Bildungs-minister sichern sollte. Spenglers Aktionismus blieb jedoch mehr Träumerei als eine tatsächliche Bedrohung für die Weimarer Republik (Hoser 1990).

Die Rezeption von Spenglers Werk war äußerst ambivalent: Sie reichte von Bewunderung bis zu kompletter Verachtung. In manchen Kreisen wurde Spengler vollends ignoriert. Dabei stechen zwei Punkte hervor: Einerseits war Spenglers Einfluss nicht auf Deutschland beschränkt; er wurde europaweit gelesen und dis-kutiert. Andererseits war die Bewertung nicht an spezifische Lager geknüpft (vgl. Strasser 2018). Zwar stellten die Rechten den größten Teil seiner Bewunderer, in Gänze konnte er sie dennoch nicht überzeugen (Trutkowski und Griebel 2012).

Die zeitgenössische Kritik an Spengler durch seine Gegner war äußerst bissig, die Gedanken des Autors wurden mit Begriffen wie „hyänenhaftes Prophetentum" (Mann 1922) oder „Raubtier-Philosophie" (Bloch 1973) beschrieben. Kurt Tucholsky ließ es sich nicht nehmen, Spengler ausgiebig zu beleidigen („Groschen-Napoleon", „Heros des Füllfederhalters", „Möchte-Attila") (Tucholsky 1975).

Spenglers unmittelbares Verhältnis zu Hitler und dem Nationalsozialismus war schlecht. Mehrfach versuchte Goebbels erfolglos, Spengler als intellektuellen Autoren zu gewinnen. Der Autor empfand den Nationalsozialismus als zu plump, dilettantisch und fanatisch, konnte dem zu vordergründigen und an den Massen orientierten Antisemitismus nichts abgewinnen und favorisierte den italienischen Faschismus. Dass seine Ablehnung z. B. des nationalsozialistischen Rasse-gedankens aber keine grundsätzliche ist, sieht man in *„Jahre der Entscheidung"*: *„Richtige Gedanken* werden von Fanatikern bis zur Selbstaufhebung übersteigert. Was als Anfang Großes versprach, endet in Tragödie oder Komödie" (Spengler 1969 [1933]: 16, Herv. Hg.). Der endgültige Bruch erfolgte im Zuge des ‚Röhm-Putsch', dessen Folgen ein guter Freund Spenglers zum Opfer fiel.

3   Der Untergang des Abendlandes

Der Untergang des Abendlandes. Umrisse einer Morphologie der Weltgeschichte ist Spenglers Hauptwerk und erschien in zwei Bänden: *Gestalt und Wirklichkeit* (1918) und *Welthistorische Perspektiven* (1922).

Der erste Band beginnt mit keiner geringeren Ankündigung als jener, den Versuch zu wagen, Geschichte am Beispiel der westlichen Kultur vorherzubestimmen. Der erste Absatz beinhaltet bereits die wesentlichen Grundgedanken des Werkes: *Historizismus* und der Begriff der *Kultur.* Der Zusatztitel *Umrisse einer Morphologie der Weltgeschichte* stellt dabei den philosophischen Ausgangspunkt dar: Was, wenn die einzelnen historischen Ereignisse individuell unbedeutend und nur Abbildungen größerer Zusammenhänge sind? Wenn sie für sich genommen nicht einzigartig sind, sondern wiederholbar?

Spengler widersprach dem Fortschrittsgedanken und einem linearen Geschichtsverständnis. Das Schema von „Altertum – Mittelalter – Neuzeit" hielt er für unbrauchbar, da es an vielen Stellen blind sei: Der Entwicklungsstand von Kulturen unterscheide sich bisweilen enorm, ebenso wie neue entstehen und alte vergehen können. Spenglers Antwort hierauf ist ein zyklisches Verständnis von Geschichte, in welchem Kulturen immer die gleichen Etappen von Aufstieg, Blüte und Niedergang durchlaufen (Spengler 1918: 20 ff.). Auf diese Art lasse sich eine geschichtliche Gleichzeitigkeit bestimmen: Der Trojanische Krieg und die Kreuzzüge, Homer und das Nibelungenlied, Aristoteles und Kant, Alexander der Große und Napoleon – aus Spenglers Perspektive sind diese Dinge gewissermaßen gleichzeitig passiert, da sie den gleichen Zeitpunkt innerhalb einer kulturellen Periode markieren.

Was den Begriff der Kultur anbelangt, so unterscheidet Spengler zwischen acht verschiedenen Kulturen. Die einzelne Kultur zeichne sich dabei durch ein bestimmtes Wesen aus. So ist für Spengler die Antike beispielsweise sinnlich-gegenwartsorientiert, wohingegen das Abendland als „gewaltig ins Unendliche strebend" charakterisiert wird (Spengler 1918: 254 ff.). Wesentlich hierbei sei, dass die Kulturen untereinander gleichwertig sind; für Spengler gibt es keine ‚besseren' oder ‚schlechteren' Kulturen, nur ein ‚Verschiedensein'. Einen wirklichen Austausch zwischen den Kulturen hält Spengler für unmöglich, da zwischen ihnen fundamentale Wesensunterschiede bestünden, welche nicht erlern- oder sozialisierbar seien. Zwar könne man anderen Kulturen begegnen, würde sie jedoch nie wirklich verstehen.

Das bemerkenswerteste Schlagwort aus heutiger Perspektive ist die *Dekadenz,* der Übergang der Blütezeit einer Kultur hin zu ihrem Niedergang und letztendlichen Absterben. Spengler verwendet zur Unterscheidung die Begriffe Kultur und Zivilisation. Die Zivilisation sei dabei jenes Stadium, in welchem der Kultur Geist und Seele verloren gingen. Die Gesellschaft verliere ihren Sinn und Anmut, sie verweichliche, sei nicht mehr in der Lage sich zu verteidigen. Auswüchse dieses Phänomens seien Verstädterung, Massenmedien, parlamentarische Demokratie, Banalisierung der Kunst, kurzum: Das Individuelle einer Kultur gehe verloren (Spengler 1918: 500 ff.). An jener Stelle verzahnt Spengler Zeit-diagnose und Kulturkritik und bettet sein Geschichtsbild in die Vorgänge inner-halb der Weimarer Republik ein. Damit verschafft Spengler den antiliberalen und antidemokratischen Kräften der Zeit eine geschichtsphilosophische und kultur-theoretische Basis für ihre Ressentiments gegen die noch junge erste deutsche Republik, die dadurch zur symbolischen Allegorie wird für die (verächtliche) Zivilisation und die voranschreitende Dekadenz.

In Anbetracht der Zerfallserscheinungen resigniert Spengler jedoch nicht, er begrüßt sie eher, da jene Endzeit den Platz für Imperialismus und Cäsarenkult (im Sinne der Anbetung eines gottgleichen Führers) bietet. Für Spengler ist es das letzte große Aufbäumen einer sich im Zerfall befindenden Kultur, der letzte Ver-such alle Energie zu bündeln und die Vorherrschaft für sich zu erringen (Spengler 1922: 418 ff.). Spengler fieberte dem Cäsarenkult, für ihn unter Führung der Preußen, förmlich entgegen. Eine Notwendigkeit in letzter Konsequenz, welche der abendländischen Kultur ein letztes Mal Großartigkeit verleihen solle, bevor sie sich ihrer Vollendung stellen müsse und eine neue Kultur geboren werde.

An dieser Stelle ergibt sich auch der Anknüpfungspunkt, den Oswald Spengler für die ‚Neue Rechte‘ bietet: Inszeniert als altehrwürdiger Zeitkritiker und Prophet, der im Zerfall die Motivation für Handeln sieht, umgibt ihn genau jener Mythos, der mobilisieren kann. Er zeigt einerseits, dass sich die westliche Kultur auf dem Abstieg befindet, resigniert jedoch nicht. Im Zusammenspiel mit der Größe seines Werkes und dem Fehlen einer direkten Verbindung zum National-sozialismus erfüllt Spengler die Funktion des „Geistigen Erinnerungsortes" (Weiß 2015) ideal.

4   Eine erstaunlich banale Metaphysik

Der Untergang des Abendlandes hat – wie grundsätzlich historizistische Ansätze – starke Kritik vonseiten der Geschichtswissenschaft sowie der Philosophie hin-nehmen müssen. Unter anderem verfasste Karl Popper ein starkes Plädoyer gegen die Existenz gesicherter geschichtlicher Muster und wiederkehrender Wahrheiten (Popper 2003). Es fällt nicht schwer, ausreichend historische Ungereimtheiten zu finden, welche Spenglers Aussagen empfindlich treffen. Dies trifft Spengler aber weniger dort, wo er wirkt: bei seinen Ideen, seiner Metaphysik, seinem Mythos. Lässt man sich auf diese ein, fällt auf: Der Untergang des Abendlandes ist über weite Strecken ein erstaunlich banales Werk.

Die Ideen, welche Spengler als die großen Erkenntnisse der Weltgeschichte präsentiert, ähneln gewissermaßen einem Horoskop:[2] Im Bewusstsein dessen, was passieren solle, lässt sich immer etwas Passendes finden; ist der Rahmen erst einmal gesetzt und gleichzeitig vage und präzise genug, lässt sich jeder Gedanke irgendwie in ihn einordnen. Heruntergebrochen auf die zentralen Inhalte, dass es verschiedene Kulturen gäbe, manche von ihnen aufstiegen und irgendwann zerfielen, überrascht Spengler wenig. Auch seine Zeitkritik erinnert mehr an ein Gespräch mit den eigenen Großeltern als tatsächlich meisterhafte Philosophie: Die Gesellschaft sei dekadent, es finde eine Entfremdung statt, Werte und Tugenden gingen verloren – es sind übliche kulturpessimistische Aussagen, die Spengler jedoch durch drei Punkte ‚aufwertet‘ und sich selbst heraushebt: *zyklische-historische Notwendigkeit, poetischer Stil* sowie *Tugend aus der Not heraus.*

Historizismus übt immer eine gewisse Anziehung aus, da er das tollkühne Unterfangen wagt, Geschichte Sinn und Bedeutung aus sich selbst heraus zu geben und in ihr größere Muster und Ideen verwirklicht zu finden. Die Durchmischung deskriptiver Geschichtsbetrachtung mit präskriptivem Anspruch ist argumentativ leicht zu handhaben: Geschichte als das Vergangene ist bis zu einem gewissen Grad bekannt, wodurch sich bei der Draufsicht Muster beliebig ziehen lassen, wo auch immer sich vermeintliche Ähnlichkeiten finden. Da die eigene Lebensspanne im Vergleich zur Länge der Geschichte eher kurz ist und man als logische Konsequenz selbst Teil historischer Vorherbestimmung ist, lässt sich diesem auf dieser Ebene schwer begegnen. Allem voran bleibt hier die Tatsache, dass es sich um einen sehr starken naturalistischen Fehlschluss handelt, aus dem Geschehen bestimmter Ereignisse historische Notwendigkeiten abzuleiten. Offen bleibt ebenfalls die Frage, wozu es dann Spengler als großen Propheten brauche, wenn die Dinge in ihrem Lauf eh geschehen würden.

Das Herausragendste an Spengler ist vermutlich sein poetischer Stil. Er schafft es mit erstaunlicher historischer Anmut und einer gewissen Ehrfurcht, geschichtliche Ereignisse und Figuren in eine Reihe zu stellen und mit der Bedeutsamkeit kosmischer Vorhersehung auszustatten. Die Darstellung der Geschichte von Kulturen als Jahreszeiten und seine Ausführungen über Seele und Geist verschiedenster Weltanschauungen entbehren keineswegs einer literarischen Qualität. Spenglers Ästhetik muss aber eingeordnet werden in die zu seiner Zeit

---

[2] Die Darstellung Oswald Spenglers als Astrologen beziehungsweise seines Werkes als historische Astrologie oder auch Wahrsagerei stellen eine typische Analogie dar (vgl. Cassierer 2002: 378 ff.).

extrem popularisierte literarisch-philosophische Strömung der Lebensphilosophie. Die Lebensphilosophie kann als bürgerliche Reaktion auf die Strömung des *Fin-de-siècle* (oder: *Décadence*) angesehen werden, die nicht nur eine Kunstrichtung, sondern zunächst ein Lebensgefühl am Ende des 19. Jahrhunderts war. Industrialisierung, Säkularisierung, Rationalismus und der Siegeszug der Technik hatten die alte, aristokratische Ordnung nach und nach verdampfen lassen – das Bewusstsein vom Ende einer ganzen Epoche war allgegenwärtig. Zugleich verbündeten sich Jugendbewegung, Symbolismus und Dekadenzdichtung gegen diese Entzauberung der alten Welt durch die neue Zivilisation. Literarisch verfasste Philosophien wie die Spenglers antworteten auf die dadurch entstehenden esoterischen Bedürfnisse. Auch Ludwig Klages' *Vom Kosmogonischen Eros*, Hans Carossas Lyrik, aber auch Martin→ Heideggers Eigentlichkeits-Fetisch trafen den Zeitgeist derart, dass sie heute als Pop-Stars gelten würden. Georg Lukász kritisierte die Vermengung von deutscher Romantik (Schelling und Schlegel) mit den Philosophien von Schopenhauer und Nietzsche: Der so entstandene Irrationalismus habe zur *„Zerstörung der Vernunft"* (1954) und letztlich in den NS geführt. Die heutige ‚Neue Rechte' hat das ästhetische Kapital erkannt, das aus der Kombination des Sentimentalen und des Martialischen entsteht. Ähnlich wie Spengler und seine Zeitgenossen diagnostizieren sie eine Zwischenzeit, ein *Interregnum,* das sich dadurch auszeichnet, dass eine neue Zeit heraufzieht, aber nicht beginnen kann, solange der *uomo virtuoso* (ein tugendhafter, kräftiger Führer) nicht die alte Zeit beendet. So findet sich beispielsweise bei Björn→ Höcke das Element zyklisch-historischer Notwendigkeiten, die „Intuition" des rechten Staatsmannes und die Topoi der Bewegung und des Werdens („Nie zweimal in denselben Fluss"). Aber auch die Teile der ‚Neuen Rechten', die weniger offenkundig politisch erscheinen möchten, pflegen mit ihrer deutschen Wald-und-Nebel-Romantik diese „Überwältigungsästhetik" in den sozialen Medien (Ullrich 2017). Gemeinsam ist allen ein adventistisches Moment, das Bedrohungs- und Untergangsszenarien versöhnt mit der Aussicht auf den heilsamen Sturz des Bestehenden, den man zur eigenen Rettung beschleunigen muss.

Das ist auch der Punkt, an welchem *Der Untergang des Abendlandes* gefährlich wird, und der ihn von anderen kulturpessimistischen Ideen unterscheidet: Spengler gestaltet aus der Not eine Tugend. Der Untergang ist nicht die abzuwehrende Katastrophe, sondern die ersehnte Vollendung. Vor allem im zweiten Band seines Werkes macht Spengler deutlich, dass das letzte Aufbäumen der westlichen Kultur, ein preußischer Cäsarismus etwas Wünschenswertes sei, etwas, was es hinzunehmen und vorzubereiten galt. Optimismus sei Feigheit, so

Spengler. Wenn der Untergang ohnehin unausweichlich sei, dann obliege es den Kulturen, jenen mit Pauken und Trompeten zu wählen.

Besonders an dieser Stelle zeigt sich die Konsequenz, welche Spengler aus dem Enttarnen der vermeintlichen Lügen des Liberalismus zieht: Wenn das Liberale mit all seinen falschen Versprechungen dem Ende der Kultur den Weg bereite, müsse die letzte Antwort das Autoritäre sein. Die Unvollkommenheit der liberalen Ideen ebnet den Weg für Spenglers Untergangsfantasie und Pathos: Es geht nicht darum, das bislang fehlerhafte zu verbessern, sondern die Fehlerhaftigkeit als absolut und unvermeidbar zu sehen und zu begrüßen.

Es überkommt Spengler an keiner Stelle der Gedanke, dass er nicht Prophet unabänderlicher Wahrheiten, sondern viel mehr Wegbereiter des autoritären Umsturzes ist; dass das, was er voraussagt, keine weise Voraussicht, sondern eine selbsterfüllende Prophezeiung darstellt. Man täte Unrecht daran, Spenglers Ausführungen nicht auch eine gewisse Spitzfindigkeit und Geistesgegenwärtigkeit zu attestieren: Seine Konklusion hieraus, einer historischen Notwendigkeit und seine darauf aufbauenden realpolitischen Forderungen sind jedoch zweifelhaft und mehr Sophismus und Spekulation als tatsächliche Erkenntnis.

5   Der Untergang Spenglers

Spengler wirkt durch seine Funktion des prophetischen Welterklärers, durch den Mythos, den er aufbaut. Seine konkreten Ideen sind dabei über weite Strecken erstaunlich banal und können höchstens im Hinblick auf die Entstehungszeit beeindrucken. Dies spielt jedoch für seine Anschlussfähigkeit eine untergeordnete Rolle.

Doch auch der Mythos zerfällt auf dem zweiten Blick recht schnell, sind es letztendlich nur sehr viele und zugegeben ästhetisch ansprechende Worte für Dinge, die unlängst bekannt sind. Den Twist, den Spengler den kosmischen Läufen der Vorherbestimmtheit gibt, dass man das Unabänderliche akzeptiert, ihm sogar entgegenfiebert, kann in seiner Rezeption durchaus als ‚neurechte' Existentialphilosophie herhalten. Aber: Sie überlässt dem Einzelnen keine Rolle, das Individuum ist unbedeutend. Die Frage, ob man sich dem Untergang freudig als Statist stellen möchte, der final sein Heil in Dominanzfantasien und Personenkult findet, wurde von den Nationalsozialisten auf martialische Weise beantwortet.

Trotz der offenen Ablehnung gegen Hitler sollte nicht vergessen werden: Oswald Spengler war kein Gegner des Faschismus im Allgemeinen, da er seine Ideale in der Figur Mussolinis verwirklicht sah. Sein Denken ist durchzogen von antidemokratischen und antiliberalen Haltungen. Seine Ablehnung des Konzepts einer Verschiedenwertigkeit von Kulturen und biologischer Rassentheorien darf nicht darüber hinwegtäuschen, dass seine Ideen offen gewaltbereit, irrationalistisch und sozialdarwinistisch sind. Wenn man überhaupt einen brauchbaren Kern in Spenglers Denkens identifizieren möchte, liegt er in der Warnung, dass der Umschlag demokratischer Ordnungen in autoritäre Regime durch cäsaristische oder populistische Bestrebungen jederzeit drohen kann – zwangsläufig aber ist er nicht (Adorno 2003). In dem Maße, wie sich diese demokratische Wachsamkeit und Wehrhaftigkeit durchsetzt, verlieren auch die wiederholt bemühten Warnungen vor dem Untergang des Abendlandes ihren Sinn – womit letztendlich auch Spengler selbst untergegangen wäre.

Literatur

Primärquellen

Spengler, Oswald (1918): Der Untergang des Abendlandes: Umrisse einer Morphologie der Weltgeschichte. Erster Band: Gestalt und Wirklichkeit. München: C.H. Beck.
Spengler, Oswald (1922): Der Untergang des Abendlandes: Umrisse einer Morphologie der Weltgeschichte. Zweiter Band: Welthistorische Perspektiven. München: C.H. Beck.
Spengler, Oswald (1969 [1933]): Jahre der Entscheidung. Deutschland und die weltgeschichtliche Entwicklung. München: dtv.

Sekundärliteratur

Adorno, Theodor W. (2003): Spengler nach dem Untergang. In: Adorno, Theodor W. (Hrsg.): Kulturkritik und Gesellschaft. Prismen. Berlin: Suhrkamp, S. 47–72.
Baer, Hermann (2010): Der Untergang. In: *Süddeutsche Zeitung* vom 17.05.2010. sueddeutsche.de/kultur/oswald-spengler-der-untergang-1.540100 (11.10.2021).
Bloch, Ernst (1973): Erbschaft dieser Zeit. Berlin: Suhrkamp.
Cassierer, Ernst (2002): Vom Mythus des Staates. Hamburg: Meiner.
Engels, David/Otte, Max/Morgenthaler, Gerd/ Csejtei, Dezsö (Hrsg.) (2018): Oswald Spenglers Geschichtsmorphologie heute. Lüdinghausen: Manuscriptum.
Hoser, Paul (1990): Ein Philosoph im Irrgarten der Politik. Oswald Spenglers Pläne für eine geheime Lenkung der nationalen Presse. In: *Vierteljahreshefte für Zeitgeschichte* 38(3), S. 435–456.
Lukács, Georg (1954): Die Zerstörung der Vernunft. Berlin: Aufbau.
Mann, Thomas (1922): Über die Lehre Spenglers. In: Kurzke, Hermann (Hrsg.): Thomas Mann: Essays. Band 3: Musik und Philosophie. Frankfurt a.M.: Fischer, S. 148.
Popper, Karl (2003): Das Elend des Historizismus. Tübingen: Mohr Siebeck.

Strasser, Peter (2018): Spenglers Visionen. Wien: Braumüller.

Trutkowski, Dominik/Griebel, Björn (2012): Tagungsbericht: Zwischen Verehrung und Verachtung – Der Transfer der Kulturmorphologie Oswald Spenglers ins Europa der Zwischenkriegszeit (1919–1939), 20.06.2012–21.06.2012 Mainz. In: *H-Soz-Kult* vom 02.08.2012. www.hsozkult.de/conferencereport/id/tagungsberichte-4332 (11.10.2021).

Tucholsky, Kurt (1975): Wir Zuchthäusler. In: Tucholsky, Kurt (Hrsg.): Gesammelte Werke in 10 Bänden. Reinbek bei Hamburg: Rowohlt, S. 220–227.

Ullrich, Wolfgang (2017): Die Wiederkehr der Schönheit. Über einige unangenehme Begegnungen. In: *Pop-Zeitschrift* vom 07.11.2017. pop-zeitschrift.de/2017/11/07/die-wiederkehr-der-schoenheit-ueber-einige-unangenehme-begegnungenvon-wolfgang-ullrich07-11-2017/ (11.10.2021).

Weiß, Volker (2015): Die ‚Konservative Revolution‘. Geistiger Erinnerungsort der ‚Neuen Rechten‘. In: Martin Langebach/Sturm, Michael (Hrsg.): Erinnerungsorte der extremen Rechten. Wiesbaden: VS Verlag für Sozialwissenschaften, S. 101–120.

Robin Groß studiert Sozialwissenschaften im Master an der Humboldt-Universität zu Berlin.

Ernst Jünger: In Stahlgewittern

David Meiering und Leonard Mielke

Zusammenfassung

Dieser Beitrag stellt Ernst Jüngers erstes Buch *In Stahlgewittern* vor, kontextualisiert es kritisch und zeigt Anschlusspunkte für die heutige ‚Neue Rechte' auf. *In Stahlgewittern* gilt noch heute als Klassiker, dabei war die von Jünger mit Faszination beschriebene Kombination von Kriegsrausch, Maschinenkrieg und gepanzerter Männlichkeit ein ästhetischer Wegbereiter für eine militarisierte Gesellschaft, in der Totalitarismus und Holocaust möglich wurden. Dass Jünger auch nach dem Zweiten Weltkrieg Bezugspunkt für antidemokratisches Denken blieb, liegt an seiner Selbstinszenierung als *Anarch,* der sich stets den Verhältnissen entziehe.

In Stahlgewittern wurde erstmals 1920 veröffentlicht und machte Jünger als Schriftsteller bekannt. Der eher simpel strukturierte, tagebuchartige Bericht

D. Meiering (✉)
Humboldt-Universität zu Berlin, Berlin, Deutschland
E-Mail: david.meiering@hu-berlin.de

L. Mielke
Junge Welt, Berlin, Deutschland

© Der/die Autor(en), exklusiv lizenziert an Springer Fachmedien Wiesbaden GmbH, ein Teil von Springer Nature 2022
D. Meiering (Hrsg.), *Schlüsseltexte der ‚Neuen Rechten',* Edition Rechtsextremismus, https://doi.org/10.1007/978-3-658-36453-3_5

59

erlangte schnell Popularität[1] durch die nüchterne Unmittelbarkeit seiner Beschreibungen und die Ästhetisierung der Kriegsschrecken. Mit ihm beginnt Ernst Jüngers Selbstfindung als Autor. Zunächst etabliert sich Jünger als „Sachverwalter des Vermächtnisses aller Frontsoldaten" (Schöning 2014: 8). Mitte der zwanziger Jahre formt er als Publizist das Frontsoldatentum von einer Erinnerungsgemeinschaft zu einem politischen Kampfverband gegen die Weimarer Republik. Mit zunehmendem Erfolg der Nationalsozialisten schraubt Jünger die nationalistische Stoßrichtung seiner Texte herunter und positioniert sich Ende der dreißiger Jahre in seinen literarischeren Werken mittels einer „verdeckten Schreibweise" (Sternberger 1950: 211) gegen den NS. Während *In Stahlgewittern* zu Beginn vor allem von militärischen Zeitschriften rezipiert wurde, verbreitete sich der Leserkreis Mitte der zwanziger Jahre, als Jünger nationalistischere Töne anschlug. Ende der zwanziger Jahre profitierte das Buch von einer allgemeinen „Wiederkehr des Weltkrieges in der Literatur" (Jirgal 1931); dabei wurde Jünger aber nicht als Autor allein der *Stahlgewitter* wahrgenommen, sondern als Autor mehrerer Kriegsbücher mit unterschiedlichen Schwerpunkten (Kiesel 2014: 57). Nach dem Zweiten Weltkrieg lösten Jüngers Publikationen eine breit gefächerte Diskussion über den politischen Standpunkt des Autoren aus, die bis heute anhält (vgl. Reimann und Hassel 1995: z. B. 42 f.).

Jünger, der über hundert Jahre alt wurde, ist ein Paradebeispiel dafür, wie schwer sich die Rezeption literarischer Werke durch den Autoren beherrschen lässt. So schreibt Jünger in einer später getilgten Passage über sein Buch *Der Arbeiter* (1932):

> „Ich glaube, daß ich meinen Büchern etwas Atem gegeben habe, denn sie führen ein eigenes Leben, das mich oft erstaunte und manchmal auch erschreckt. […] Der Arbeiter […] hat ganz die Wirkung eines Automaten, der mir hier Gegner-, dort Anhängerkreise, die mich gleichermaßen befremden, schafft. Er trägt die Züge eines Sohnes, der ganz und gar nicht dem Vater gehorchen will" (Jünger 1949: 317, z.n. Schöning 2014: 19).

Das gilt nicht nur für den *Arbeiter,* sondern für Jüngers gesamtes Werk und für ihn als Person. In der ‚Neuen Rechten' finden sich heute zahllose Anschlüsse:

---

[1] Gemessen an den Absatzzahlen im Buchhandel verkaufte sich das Buch gut, aber nicht bedeutend besser als andere Kriegsliteratur zur gleichen Zeit. Zum Vergleich: Während mit der 10. Auflage 1929 33.000 Exemplare erreicht waren, brachte es *Im Westen nichts Neues* von Erich Maria Remarque zwischen Frühjahr 1929 und Sommer 1930 auf eine Million (Kiesel 2014: 57).

So gibt der ‚neurechte' Verleger Götz Kubitschek an, Jünger zu verehren und mit dem Namen seines Verlags *Antaios* an ihn anzuknüpfen (Kellershohn 2004: 87) – Jünger gab von 1959 bis 1971 zusammen mit Mircea Eliade eine konservative Kulturzeitschrift beim Ernst Klett Verlag mit dem Titel *Antaios. Zeitschrift für eine freie Welt* heraus, in der u. a. Julius Evola publizierte und die sich an einer Neubestimmung des Abendland-Topos versuchte, bis sie wegen sinkender Verkaufszahlen eingestellt wurde.

In Stahlgewittern gilt noch heute als Klassiker, dabei war die von Jünger mit Faszination beschriebene Kombination von Kriegsrausch, Maschinenkrieg und gepanzerter Männlichkeit ein ästhetischer Wegbereiter für eine militarisierte Gesellschaft, in der Totalitarismus und Holocaust möglich wurden. Dass Jünger auch nach dem Zweiten Weltkrieg Bezugspunkt für antidemokratisches Denken blieb, liegt an seiner Selbstinszenierung als *Anarch,* der sich stets den Verhältnissen entziehe.

1   Revisionsmanie und Kriegsrausch

Der Erste Weltkrieg war das prägende Erlebnis für eine ganze Generation junger, deutscher Männer. Unter ihnen war Ernst Jünger, der 1895 in Heidelberg geboren wurde. Jünger, der bei Kriegsanfang erst 19 Jahre alt war, meldete sich nach einem schnellen und dürftigen Notabitur als Freiwilliger im Füsilier-Regiment in Hannover. Über seine Beweggründe erfährt die Leserschaft so gut wie nichts. Bekannt ist, dass er sich bereits 1913 der Fremdenlegion anschloss, um, vielleicht inspiriert von den in jener Zeit so viel gelesenen Abenteuerromanen, nach Afrika zu gelangen. Sein eigenes Abenteuer endete bereits wenige Monate später nach einer misslungenen Flucht und dem Eingreifen des Vaters, der ihn zurück nach Deutschland brachte. Die nächste Gelegenheit, dem Alltag, der Langeweile und der Schule zu entkommen, bot der Erste Weltkrieg. Das Buch *In Stahlgewittern* stellt eine Zusammenfassung und Bearbeitung der Tagebucheinträge dar, die Jünger in der Zeit von 1914 bis 1918 schrieb. Die unbearbeiteten Tagebucheinträge sind inzwischen ebenfalls herausgegeben worden.

Das Buch wurde von Jünger im Zeitraum von 1920 bis 1978 immer wieder überarbeitet, sodass insgesamt sieben verschiedene Versionen existieren. Bei näherer Betrachtung lässt sich feststellen, dass jede neue Fassung auch eine Reaktion Jüngers auf die vorherrschenden politischen Verhältnisse darstellt. So entfernte er, getrieben von einer „Revisionsmanie" (Encke 2013), ganze Passagen, fügte an anderer Stelle Abschnitte hinzu und schrieb Vorworte um.

Sehr hilfreich beim Vergleich der verschiedenen Fassungen ist die historisch-kritische Ausgabe des Buches, herausgegeben von Helmuth Kiesel (Jünger 2013), die unter anderem alle Änderungen auflistet, eine umfangreiche Material-sammlung mit Karten der Etappen Jüngers, Sach- und Ortserläuterungen und eine Rezensionsgeschichte bietet.

Die Ausgaben von 1934 bzw. 1935 zeigen ein ideologisch deutlich aus-geprägteres, nationalistischeres Weltbild als die vorherigen. Die Auswirkungen des Krieges werden hier wesentlich ästhetischer beschrieben und der Zusammen-halt der Soldaten, die Kameradschaft untereinander stärker betont. Auch beschreibt Jünger seine Gedanken und Gefühle an manchen Stellen deutlich aus-drucksvoller. Während Jünger in der Erstausgabe von 1920 das Kriegsgeschehen in diesen Tagen verhältnismäßig neutral beschreibt, heißt es beispielsweise in einem hinzugefügten Abschnitt im Kapitel „Der Auftakt zur Somme-Schlacht" in der Ausgabe von 1935:

> „Mit besonderer Stärke prägte sich meiner Erinnerung das Bild der aufgerissenen und noch dampfenden Stellung ein, wie ich sie kurz nach dem Angriff durchschritt. Die Tagesposten waren schon aufgezogen, aber die Gräben noch nicht aufgeräumt. Hier und dort waren die Postenstände mit Gefallenen bedeckt, und zwischen ihnen, gleichsam aus ihren Körpern hervorgewachsen, stand die neue Ablösung am Gewehr. Der Anblick dieser Gruppen rief eine seltsame Erstarrung hervor – als erlöschte für einen Augenblick der Unterschied von Leben und Tod" (Jünger 2013: 197).

Die Darstellung der Soldaten, die den Tod nicht fürchten und mit unermüdlichem Willen an der gleichen Stelle stehen, an der ihre Vorgänger gefallen waren und die damit zu einer Einheit verschmelzen, spiegelt ein soldatisches Weltbild wider, in dem nicht mehr das Leben des einzelnen Menschen, sondern nur noch die gemeinsame Sache der Soldaten zählt. Der Krieg wird so zum Prinzip des Lebens – unter Absehung seiner Ziele. Ob Jünger Abschnitte wie diesen in den Jahren der nationalsozialistischen Herrschaft hinzufügte, weil er dem Zeitgeist entsprechen und möglicherweise auch die Verkäufe seines Buchs steigern wollte, darüber kann spekuliert werden. Jedenfalls blieb dieser Abschnitt auch in späteren Aus-gaben des Buches erhalten. Andere extrem nationalistische Stellen, die er 1924 eingefügt hatte, tilgte er 1934 wieder – wohl um sich mit den nun an die Macht gekommenen Nationalsozialisten nicht gemein zu machen (Encke 2013). Das gesamte Vorwort von 1924 (ebenso wie das zur zweiten Auflage von 1922) ist in der Version von 1934 gestrichen; ab 1935 gab es keine weiteren Vorworte mehr. So las man 1924 noch folgende Passage:

„Und schon wächst in unsere Lücken eine neue und kühnere Jugend hinein. Wir brauchen für die kommenden Zeiten ein eisernes, rücksichtsloses Geschlecht. Wir werden wieder die Feder durch das Schwert, die Tinte durch das Blut, das Wort durch die Tat, die Empfindsamkeit durch das Opfer ersetzen – wir müssen es, sonst treten uns andere in den Dreck. […] Eine Zeit von einer Brutalität, von der wir uns noch gar keine Vorstellung machen können, zieht herauf, ja wir sind schon mitten darin. […] Denn der Friede weilt nicht beim Feiglinge, sondern beim Schwert" (Jünger 2013: 24).

Diese Stelle zeigt die Ambivalenz Jüngers für heutige Leser*innen sehr klar: Er sieht die Katastrophe prophetisch voraus – warnt aber nicht davor, sondern empfängt sie als naturhaftes Schicksal, dem man sich für eine „große, klare und verbindende Idee: das Vaterland" (Jünger 2013: 24) opfern müsse. Nach der Machtergreifung der Nationalsozialisten ersetzt Jünger dieses kriegslüsterne Vorwort durch wenige, nun ernüchtert wirkende Zeilen.

Diese angesprochene Ambivalenz ermöglichte es, dass das Buch in der Vergangenheit teilweise auch als Antikriegsbuch gelesen wurde. Erich Maria Remarque, der Autor des bekannten Antikriegsromans *Im Westen nichts Neues*, hatte das Buch Ernst Jüngers gelesen und wurde davon möglicherweise zu seinem Roman inspiriert. Dass das Leben als Soldat im Ersten Weltkrieg von Jünger nicht nur ästhetisiert und glorifiziert wurde, sondern er sich stellenweise durchaus unwohl fühlte und seinem Ideal des Kriegers nicht entsprach, lässt sich an Stellen wie der folgenden herauslesen: „[…]; die in der undurchdringlichen Dunkelheit rings um das Haus niederfallenden Brizansgeschosse riefen inmitten der toten Landschaft ein unsägliches Gefühl der Einsamkeit und Verlassenheit hervor. Ich schmiegte mich unwillkürlich an einen Mann, der neben mir auf der Pritsche lag" (Jünger 2013: 365). Diese Stelle mündet aber nicht in ein Hinterfragen des Krieges, sondern betont stattdessen die soldatische Kameradschaft, die die Einsamkeit vergessen lässt und den Krieg erträglich macht. Darüber hinaus finden sich nur selten solche kritischen oder unheroischen Passagen, sodass insgesamt der Eindruck überwiegt, dass Ernst Junger bis zum Ende des Buches das Kriegsgeschehen, die sinnlosen, von der Heeresleitung befohlenen Offensiven in einem bereits verlorenen Krieg, das massenhafte Sterben seiner von ihm so geschätzten Kameraden und auch seine eigenen zahlreichen Verwundungen unhinterfragt lässt. In einer 1934 eingefügten Passage gegen Ende des Buches resümiert er seine Verwundungen mit den stolzen Worten:

„In diesem Kriege, in dem bereits mehr Räume als einzelne Menschen unter Feuer genommen wurden, hatte ich es immerhin erreicht, daß elf von diesen Geschossen auf mich persönlich gezielt waren. Ich heftete daher das Goldene Verwundetenabzeichen, daß mir in diesen Tagen verliehen wurde, mit Recht an meine Brust" (Jünger 2013: 639).

Wenn sich in solchen Abschnitten auch das Geltungsbewusstsein eines jungen
Menschen zeigt, der vier Jahre seines Lebens im Krieg verbrachte und zuvor im
militarisierten Wilhelminismus sozialisiert wurde, so unterscheidet diese weitgehend ungebrochene Affirmation ihn doch von jenen Altersgenossen, die nach
dem Krieg vor allem zu dem Zweck schrieben, einen neuen zu verhindern –
wie etwa Edlef Köppens *Heeresbericht*. Das zeigt auch, dass Jüngers Text mitnichten ein neutraler Tatsachenbericht ist, sondern durchaus als Positionierung
im politischen Diskurs seiner Zeit gesehen werden muss: „Die kommunizierte
‚Kriegserfahrung' hat zwei Zeitrichtungen: Als vergangenes Erlebnis legitimiert
sie den Sprecher. Als aktuelle Schlussfolgerung positioniert sie ihn in Konkurrenz
zu anderen Akteuren desselben Diskurses. Die Strittigkeit der jeweils gezogenen
Konsequenzen macht diese politisch" (Schöning 2014: 6).

Zwischen den Stellen, die nüchtern das Alltagsleben im Krieg, die zerstörten
Städte und Landschaften beschreiben und solchen, die humoristische Episoden
im Krieg darstellen, finden sich eine Vielzahl weiterer kriegsglorifizierender
Abschnitte, die Jüngers sich damals bildendes Weltbild durchscheinen lassen.
So beschreibt er beispielsweise seine Sehnsucht nach der ersten „richtigen"
Schlacht und die Freude darüber, die er, als es dann soweit ist, mitten im Gefecht
verspürt (Jünger 2013: 77). Besonders eindrücklich wird der Kampf im Kapitel
„Die Große Schlacht" beschrieben. Jünger nahm 1918 an der sogenannten
Michaeloffensive teil, einer der letzten Versuche des Deutschen Reiches, das Blatt
im Ersten Weltkrieg zu seinen Gunsten zu wenden. Hier findet sich auch eine
bereits 1924 hinzugefügte Stelle, die das Warten auf den Ansturm beschreibt und
die sich von der sonst so nüchternen Betrachtung des Krieges ideologisch deutlich hervorhebt: „Der Endkampf, der letzte Anlauf schien gekommen. Hier wurde
das Schicksal von Völkern zum Austrag gebracht, es ging um die Zukunft der
Welt. Ich empfand die Bedeutung der Stunde, und ich glaube, daß jeder damals
das Persönliche sich auflösen fühlte und daß die Furcht ihn verließ" (Jünger
2013: 517). Die Auflösung des Individuums, das Verschmelzen des Unter-
schiedes von Leben und Tod und die Abwesenheit von Furcht sind für den Autor
die faszinierenden Aspekte des Krieges und des Soldatentums. Für Jünger ist der
Kampf ein „inneres Erlebnis" (Jünger 1922), ein Rausch (vgl. Verboven 2003:
190 f.), in dem Mut und Rücksichtslosigkeit zu einem kollektiven Schicksal
eskalieren und der die Natur selbst ergreift: „Selbst die Naturgesetze schienen
ihre Gültigkeit verloren zu haben; die Luft flimmerte wie an heißen Sommer-
tagen" (Jünger 2013: 514).

2   Der Soldat im Maschinenkrieg: Krieger, Kamerad, Arbeiter, Menschenmaterial

Jüngers Blick richtet sich nicht nur auf die vom Krieg zerstörten Landschaften, sondern immer wieder auch auf die Gestalt des Soldaten selbst, beschreibt er den Zweck seines Buches im ersten Vorwort von 1920 doch damit, „dem Leser sachlich zu schildern, was ein Infanterist als Schütze und Führer während des großen Krieges […] erlebt, und was er sich dabei gedacht hat" (Jünger 2013: 20).

Die heroischen ‚Krieger', sowohl auf der eigenen als auch auf der feindlichen Seite, werden oft mit einer Bewunderung für ihren athletischen Körperbau und andere äußerliche Merkmale beschrieben. So heißt es an einer Stelle über einen gefangenen britischen Soldaten beispielsweise: „Es war ein großer, ganz junger Mensch mit goldblonden Haaren und frischem Kindergesicht. ‚Ein Jammer, solche Kerle totschießen zu müssen', dachte ich, als ich ihn sah" (Jünger 2013: 193). Viele Passagen zeigen, dass der Autor die verfeindeten Soldaten wie die Gegner in einem sportlichen Wettkampf, der seine eigenen Regeln hat, betrachtet. Der Krieg soll dadurch etwas Nobles und Ehrenhaftes gewinnen. Dennoch bricht an einigen Stellen im Buch auch ein „ungeheure[r] Vernichtungswille" (Jünger 2013: 518) durch. Immer dann, wenn die Soldaten mitten in der Schlacht in eine regelrechte Raserei geraten (vgl. Jünger 2013: 522 f.), werden keine Gefangenen mehr gemacht, sondern auch verwundete oder unbewaffnete Gegner erschossen. Die Soldaten verwandeln sich in Tiere: in „Werwölfe, die heulend durch die Nacht hetzen, um Blut zu trinken" (Jünger 2013: 520, gestrichen 1934), zu „Hyänen" (Jünger 2013: 508). So heißt es zur März-Offensive von 1918:

> „Der Kämpfer, dem während des Anlaufs ein blutiger Schleier vor den Augen wallte, kann seine Gefühle nicht mehr umstellen. Er will nicht gefangennehmen; er will töten. Er hat jedes Ziel aus den Augen verloren und steht im Banne gewaltiger Urtriebe. Erst, wenn Blut geflossen ist, weichen die Nebel aus seinem Hirn; er sieht sich um wie aus schwerem Traum erwachend. Erst dann ist er wieder moderner Soldat, imstande, eine neue taktische Aufgabe zu lösen" (Jünger 2013: 536 f., teilweise gestrichen 1961).

Der Kampf, aber auch die Kameradschaft in der eigenen Truppe, werden dabei häufig im Rahmen eines implizit sexuellen Bezugsrahmens beschrieben. So hat die Dynamik des Krieges eine sexuelle Struktur: Seine erste Schlacht nimmt Jünger die Unschuld; jede folgende Offensive folgt der „Dramaturgie eines Geschlechtsaktes: von leidenschaftlicher Erwartung über Vorspiel, Vorstoß und Eindringen in die feindlichen Stellungen bis zum Abklingen der Erregung nach

dem Ende der Kampfhandlungen" (Lubrich 2010: 64), die mit Begriffen wie
Wollust, Lust, Stellung, Höhepunkt und Befriedigung beschrieben werden. Man
muss dies nicht unbedingt wie Lubrich als Homoerotik deuten, obwohl einige
Passagen dies provozieren. Vielmehr ist der soldatische Männerbund eine derart totale Beziehung, in der das Miteinander der Kameraden nicht nur „Verkehr"
und „gemeinsame Wirtschaft" (Jünger 2013: 50) wird, sondern einen sozialen
Raum eröffnet, der – vielleicht als einziger – Formen für Emotionalität, Intimität,
Schwäche, Angst, und überhaupt Verbindung zur Verfügung stellt. Die Kameradschaft schwankt dabei zwischen einer „rauhen Schule" im Feld (Jünger 2013:
56) und einer rudelhaften, wahnhaften Vergemeindung (Jünger 2013: 529), da
der Krieg auch als (tödlicher) Ritus oder orgiastisches Fest wahrgenommen wird
(Lubrich 2010: 60). Wenn Frauen eine Rolle spielen, dann eine irritierende:

> „Trotzdem ich das Gegenteil eines Weiberfeindes bin, irritierte mich jedesmal das
> weibliche Wesen, wenn mich das Schicksal der Schlacht in das Bett eines Kranken-
> saales geworfen hatte. Aus dem männlichen, zielbewussten und zweckmäßigen
> Handeln des Krieges tauchte man in eine Atmosphäre undefinierbarer Aus-
> strahlungen. Eine wohltuende Ausnahme bildete die abgeklärte Sachlichkeit der
> katholischen Ordensschwestern" (Jünger 2013: 636 f., gestrichen 1934).

In dieser Verquickung ökonomischer, logistischer, psychologischer und sozialer
Aspekte wird vor allem eines sichtbar: die Disziplin. Was wir in den *Stahlgewittern* mitverfolgen können, ist die Abrichtung des Individuums im „Zeitalter der Maschinenkriege" (Weber 1972: 686). Die ‚Neue Sachlichkeit' der
Aufzeichnungen „eines Stoßtruppführers", wie es im Untertitel heißt, spiegelt
die Versachlichung, Rationalisierung und Industrialisierung des Krieges (Lethen
1994: 187 ff.). Der als Funktion adressierte Stoßtruppführer Jünger, der zu
Kriegsende als nur 23-Jähriger der zweitälteste Kompanieführer seiner Einheit war, beschreibt den Krieg als industrielle Produktion, in der die einst-
maligen Krieger nunmehr Arbeiter und Material zugleich sind. Als unerbittliches
Walzwerk zermalmt der Krieg sein Menschenmaterial zur blutigen Masse
(Lubrich 2010: 59). Obwohl hier und da ein Ringen mit der Sinnlosigkeit dieser
monströsen Maschine sichtbar wird,[2] verfolgen wir aber vor allem den „Prozess
einer umfassenden Panzerung, die im Angesicht der permanenten Gefahr der Auslöschung erfolgt" (Spiegel 2010; vgl. Theweleit 1977/1978).

---

[2] Dieser Aspekt rückt erst in den Büchern *Feuer und Blut* (1925) und *Das Wäldchen 125*
(1925) in den Vordergrund.

3 Gepanzerte Männlichkeit als Voraussetzung für Totalitarismus und Holocaust: Vom *Stahlgewitter* zum *Arbeiter*

An dieser Stelle haben die zahlreichen Deutungen von Jünger als Seismographen oder Stenographen (Spiegel 2010) ihren berechtigten Ursprung, sieht er doch klar die Ambivalenzen der Moderne im Ersten Weltkrieg emblematisch symbolisiert. Am Vorabend der nationalsozialistischen Machtergreifung entwirft Jünger in *Der Arbeiter* das Bild einer Gesellschaft, die den Menschen total in ihre technisch-industriellen Kreisläufe einspannt. Es ist viel darüber gestritten worden – ähnlich wie über Hobbes *Leviathan* –, ob mit der Beschreibung eines solchen neuen Ordnungs- oder Gesellschaftsmodells nicht auch dessen Affirmation einhergeht. Einerseits teilt Jünger das Bewusstsein von einer untergehenden und einer kommenden Zeit, in deren Beschreibung eine hellsichtige Anamnese gesellschaftlicher Entwicklungslinien verborgen ist, die Max Weber in seiner Herrschafts-soziologie auf das gemeinsame Element der Disziplinierung zustreben sah:

> „Die Disziplin des Heeres ist aber der Mutterschoß de[r] Disziplin überhaupt. Der zweite große Erzieher zur Disziplin ist der ökonomische Großbetrieb. Von den pharaonischen Werkstätten und Bauarbeiten an […] zur karthagisch-römischen Plantage, zum spätmittelalterlichen Bergwerk, zur Sklavenplantage der Kolonial-wirtschaft und endlich zur modernen Fabrik führen zwar keinerlei direkte historische Uebergänge (sic), gemeinsam ist ihnen aber: die Disziplin" (Weber 1972: 686).

Andererseits heißt es in *Der Arbeiter:* „Es gibt keinen Ausweg, kein Seitwärts und Rückwärts; es gilt vielmehr, die Wucht und Geschwindigkeit der Prozesse zu steigern, in denen wir begriffen sind" (Jünger 1932: 194). *In Stahlgewittern* funktioniert daher wie ein Lehrbeispiel, durch dessen Studium man die psycho-sozialen Voraussetzungen – die disziplinierte Panzerung – für den kommenden Totalitarismus einüben kann.[3] Die Panzerung wird durch eine rigide Körper- und Affektkontrolle, durch „Verhaltenslehren der Kälte" (Lethen 1994), durch eine Entmoralisierung der Beobachtungen gehärtet. Jünger wurde dadurch zu einem wichtigen Bezugspunkt für jene Männlichkeit – verstanden als

---

[3]Auch wenn Jünger selbst in seinen 2010 veröffentlichten Kriegstagebüchern durchaus als wahrnehmungs- und empfindungsfähiger junger Mann in Erscheinung tritt (Kiesel 2014: 46). Das Erleben des Kampfes als inneres Ereignis widerspricht aber nicht der disziplinären Transformation, sondern ist ihre Voraussetzung.

psychische Selbstregulierungs- und Wahrnehmungsstruktur – die Klaus Theweleit (1977/1978) zufolge die späteren Greueltaten der SS-Soldaten ermöglichte. Das Umschlagen von Rationalisierung in Barbarei, von Disziplin in wahnhaften Führungskult, von Maschinen- in Vernichtungskrieg, wird von Jünger 1942 in seinem zweiten Kriegstagebuch *Strahlungen* auch registriert:

> „Am Abend Sylvesterfeier im Stabsquartier. Ich sah hier wieder, daß reine Fest-freude in diesen Jahren nicht möglich ist. So erzählte der General Müller von den ungeheuerlichen Schandtaten des Sicherheitsdienstes nach der Eroberung von Kiew. Auch wurden wieder die Giftgastunnels erwähnt, in die mit Juden besetzte Züge einfahren. Das sind Gerüchte und ich notiere sie als solche; doch sicher finden Aus-mordungen im größten Umfang statt. Ich dachte dabei an die Frau des guten Potard, um die er sich damals so ängstigte. Wenn man in solche Einzelschicksale hinein-geblickt hat und dann die Ziffern ahnt, in denen die Meintat in den Schinderhütten sich vollzieht, eröffnet sich die Potenzierung des Leidens, vor der man die Arme sinken läßt. Ein Ekel ergreift mich dann vor den Uniformen, den Schulterstücken, den Orden, den Waffen, deren Glanz ich so geliebt habe. Das alte Rittertum ist tot; die Kriege werden von Technikern geführt" (Jünger 1949: 250; vgl. auch Bohrer 1978: 424f.).

4   Der bürgerliche Kern des Anarchen

Dieses Umschlagen scheint rückblickend bereits in den Ereignissen und Konstellationen, die *In Stahlgewittern* aufnahm, angelegt – es war aber keine notwendige Entwicklung. Jünger selbst entschärfte nach der Machtergreifung der Nationalsozialisten einige seiner Werke, auch *In Stahlgewittern*. Sein Buch *Auf den Marmorklippen* (1939) wurde als Manifest des ‚inneren Widerstandes‘, zumindest aber als Abgrenzung zum NS gelesen. Jünger beschrieb darin, wie eine autoritäre Figur – der ‚Oberförster‘ – die Schwäche einer dekadent gewordenen Gesellschaft ausnutzt. Dabei hatte schon 1934 der *Völkische Beobachter* unver-hohlen damit gedroht, dass Jünger sich allmählich in die „Zone der Kopf-schüsse" begebe (Jünger 1982). Andererseits wurde er für Texte wie *Die totale Mobilmachung* (1930) als Wortgeber für die Nationalsozialisten kritisiert. Sein literarisches Werk, das Dutzende Essays, Artikel und Romane umfasst, ist daher bis heute hochumstritten. Die kontroverse Rezeption und Ernst Jüngers ver-schlungene Selbsteditionsgeschichte macht es heutigen Akteuren der ‚Neuen Rechten‘ leicht, aus ihm einen Verbündeten zu machen. Seine Ablehnung des Nationalsozialismus dient ihnen dabei als Freifahrtschein und ermöglicht ihnen, die politisch radikalen Elemente seines Werkes zu feiern, ohne Diskursgrenzen zu verletzen.

Sich selbst hat Jünger in der Rolle des Waldgängers, des Anarchen gefallen (Jünger 1951). Wichtig war ihm die Abgrenzung vom engagierten Anarchisten, der ihm zufolge immer auf der Straßenseite stehe, wo er überfahren würde. Der Anarch dagegen „läßt erst mal die Sache auf sich beruhen. Er sagt: Das ist nicht meine Sache. Er hat damit gar nichts zu tun" (Jünger 1982: 161). Zu überlegen bleibt, ob dieser solitäre Waldgänger dort, wo er auf den Oberförster trifft, nicht doch wieder überfahren wird. „Sich den empirischen Verhältnissen zu entziehen" (Jünger 1982: 163), heißt letztlich nichts weiter, als sich ihnen – diszipliniert – fügen; besonders angesichts der Tatsache, dass Jünger mitnichten ein politischer Eremit, sondern bis 1945 Teil der militärischen Elite war. Insofern ist Jüngers Selbstinszenierung als einsamer Wald-und-Acker-Cowboy ein weiterer Versuch, die eigene Verantwortlichkeit und Verwobenheit mit den herrschenden Verhältnissen zu verwischen, aber zugleich stets davon zu profitieren. Dieser extrem (klein)bürgerliche und -geistige Kern findet sich letztes Endes auch in der „autoritären Revolte", in ihrem Zusammenspiel von Konformität und Rebellion. So ist Jüngers Essay über den Waldgang in den letzten Jahren zu einem Kultbuch der identitären Szene geworden, die Blogs und Profile danach benennen, romantische Topoi mit der martialischen Ästhetik des Widerstandskämpfers verbinden und damit eine gefährliche Kreuzung aus Anarchen und Anarchisten schaffen (vgl. Ullrich 2017). In der identitären Fibel *Kontrakultur* gibt es zahlreiche Bezugnahmen auf Ernst Jünger, unter anderem wird ein Zitat von 1929 gegen liberale Konservative in Stellung gebracht: „Weil wir die echten, wahren und unerbittlichen Feinde des Bürgers sind, macht uns seine Verwesung Spaß" (Müller 2017: 57). Jünger floh zwar aus seinen bürgerlichen Verhältnissen in die Fremdenlegion, richtete sich im Nachkriegsdeutschland aber recht gut in ihnen ein. Danach gefragt, ob sich der Anarch nicht den herrschenden Zuständen anpasse, antwortete er: „Mit den bestehenden Gewalten lebe ich gut" (Jünger 1982: 163); er freute sich sichtlich über die Geburtstagsgrüße des Bundeskanzlers und „seiner netten Gattin" (Jünger 1982: 163).

Literatur

Primärquellen

Jünger, Ernst (1922): Der Kampf als inneres Ereignis. Berlin: E.S. Mittler & Sohn.
Jünger, Ernst (1930): Die totale Mobilmachung. In: Jünger, Ernst (Hrsg.): Krieg und Krieger. Berlin: Junker und Dünnhaupt, S. 9-30.

Jünger, Ernst (1932): Der Arbeiter. Herrschaft und Gestalt. Hamburg: Hanseatische Verlagsanstalt.
Jünger, Ernst (1939): Auf den Marmorklippen. Hamburg: Hanseatische Verlagsanstalt.
Jünger, Ernst (1949): Strahlungen. Tübingen: Heliopolis Verlag.
Jünger, Ernst (1951): Der Waldgang. Frankfurt a. M.: Klostermann.
Jünger, Ernst (1982): „Ein Bruderschaftstrinken mit dem Tod". Interview von Rudolf Augstein, Hellmut Karasek und Harald Wieser. In: *Der Spiegel* 33 vom 16.08.1982, S. 154–163. magazin.spiegel.de/EpubDelivery/spiegel/pdf/14347117 (11.10.2021).
Jünger, Ernst (2013): In Stahlgewittern. Historisch-kritische Ausgabe. Hrsg. v. Helmuth Kiesel. Stuttgart: Klett-Cotta.
Müller, Mario Alexander (2017): Kontrakultur. Schnellroda: Antaios.

Sekundärliteratur

Bohrer, Karl-Heinz (1978): Die Ästhetik des Schreckens. Die pessimistische Romantik und Ernst Jüngers Frühwerk. München/Wien: Carl Hanser Verlag.
Encke, Julia (2013): Sensationelle Neuausgabe. Jüngers ganze Stahlgewitter. *Frankfurter Allgemeine Zeitung* vom 10.08.2013. m.faz.net/aktuell/feuilleton/bilder-und-zeiten/sensationelle-neuausgabe-juengers-ganze-stahlgewitter-12475852.html (11.10.2021).
Jirgal, Ernst (1931): Die Wiederkehr des Weltkrieges in der Literatur. Wien/Leipzig: Reinhold-Verlag.
Kellershohn, Helmut (2004): Aufrüstung wider den Zeitgeist. Ein gildenschaftliches Netzwerk: Institut für Staatspolitik – Edition Antaios – Junge Freiheit. In: Dietzsch, Martin/Jäger, Siegfried/Kellershohn, Helmut/Schobert, Alfred (Hrsg.): Nation statt Demokratie. Sein und Design der ‚Jungen Freiheit'. Münster: Unrast, S. 75–94.
Kiesel, Helmuth (2014): In Stahlgewittern (1920) und Kriegstagebücher. In: Schöning, Matthias (Hrsg.): Ernst Jünger-Handbuch: Leben – Werk – Wirkung. Stuttgart/Weimar: J.B. Metzler, S. 41–58.
Lethen, Helmut (1994): Verhaltenslehren der Kälte. Lebensversuche zwischen den Kriegen. Frankfurt a. M.: Suhrkamp.
Lubrich, Oliver (2010): Sprachbilder des Krieges: Zur ersten Fassung von Ernst Jüngers In Stahlgewittern. In: *Pandaemonium Germanicum* 16, S. 53–88.
Reimann, Bruno W./Haßel, Renate (1995): Ein Ernst Jünger-Brevier. Jüngers politische Publizistik 1920 bis 1933. Analyse und Dokumentationen. Marburg: BdWi-Verlag.
Schöning, Matthias (2014): Kriegserfahrung und politische Autorschaft. In: Schöning, Matthias (Hrsg.): Ernst Jünger-Handbuch: Leben – Werk – Wirkung. Stuttgart/Weimar: J.B. Metzler, S. 5–29.
Spiegel, Hubert (2010): Der Stenograf des Todes. *Deutschlandfunk* vom 19.12.2010. deutschlandfunk.de/der-stenograf-des-todes.700.de.html?dram:article_id=84866 (13.10.2021).
Sternberger, Dolf (1950): Figuren der Fabel. Frankfurt a. M.: Suhrkamp.
Theweleit, Klaus (1977/1978): Männerphantasien. Bd. 1: Frauen, Fluten, Körper, Geschichte. Bd. 2: Männerkörper. Zur Psychoanalyse des Weißen Terrors. Frankfurt a. M.: Verlag Roter Stern.

Ullrich, Wolfgang (2017): Die Wiederkehr der Schönheit. Über einige unangenehme Begegnungen. In: *Pop-Zeitschrift* vom 07.11.2017. pop-zeitschrift.de/2017/11/07/die-wiederkehr-der-schoenheit-ueber-einige-unangenehme-begegnungenvon-wolfgang-ullrich07-11-2017/ (11.10.2021).

Verboven, Hans (2003): Die Metapher als Ideologie. Eine kognitiv-semantische Analyse der Kriegsmetaphorik im Frühwerk Ernst Jüngers. Heidelberg: Universitätsverlag Winter Heidelberg.

Weber, Max (1972): Wirtschaft und Gesellschaft. Grundriss der verstehenden Soziologie. Tübingen: J.C.B. Mohr.

David Meiering ist Sozialwissenschaftler und promoviert am Lehrbereich für Integrationsforschung und Gesellschaftspolitik an der Humboldt-Universität zu Berlin. Er ist Stipendiat des Evangelischen Studienwerk Villigst. Seine Forschungsschwerpunkte sind Radikalisierungsprozesse (insbesondere im völkischen Nationalismus und der ‚Neuen Rechten‘), Ideologien der Ungleichwertigkeit und Politische Theorie (insbesondere Demokratietheorie). Zuletzt erschienen ist das *Leviathan* Special Issue „(Ent-)Politisierung? Die demokratische Gesellschaft im 21. Jahrhundert" (herausgegeben mit Andreas Schäfer, 2020) und „Connecting Structures: Resistance, Heroic Masculinity and Anti-Feminism as Bridging Narratives within Group Radicalization" (mit Aziz Dziri und Naika Foroutan in: *International Journal of Conflict and Violence* 14 (2) 2020).

Leonard Mielke studierte Bibliotheks- und Informationswissenschaft und Germanistische Linguistik an der Humboldt-Universität zu Berlin. Seit 2021 arbeitet er bei der Tageszeitung *junge Welt*.

Metapolitik

Überblick: Metapolitik

Dominik Flügel

Zusammenfassung

Der Überblick über den zweiten Teil des Buches reflektiert verschiedene Verwendungen des Metapolitik-Begriffes und verortet ihn in der strategischen Ausrichtung der ‚Neuen Rechten‘.

Metapolitik ist ein omnipräsenter Containerbegriff. Nicht nur in der sogenannten ‚Neuen Rechten‘ ist das Konzept en vogue, wie dieser Ausschnitt aus einem *Guardian*-Artikel von Cas Mudde zeigt, einem der zurzeit prominentesten Populismus-Experten:

> Consequently, before there can be any electoral revival of social democratic parties, social democrats need to challenge the assumptions of the neoliberal society, and re-establish their own ideas of egalitarianism and solidarity as the new common sense. As the Italian Marxist Antonio Gramsci explained almost a century ago, political success can only come after cultural hegemony is established (Mudde 2019).

Metapolitik, der Kampf um kulturelle Hegemonie, ist auf doppelte Weise interessant: Zunächst aus politiktheoretischer Sicht. Es fällt auf, dass sowohl Cas Mudde in dem zitierten Beispiel als auch ‚neurechte‘ Gramsci-Adepten das Politikverständnis und die Sozialontologie, die dem Konzept der Metapolitik

D. Flügel (✉)
Humboldt-Universität zu Berlin, Berlin, Deutschland
E-Mail: dominik.fluegel@hu-berlin.de

zugrunde liegen, relativ unhinterfragt übernehmen. Es ließe sich aber auch
eine unideologische Alternativwelt beschreiben, in der rationale Akteur*innen
ihre (relativ fixen) politischen Präferenzen zur Geltung kommen lassen und die
kulturelle Hegemonie eine nachgeordnete Rolle spielt. Die erste Auseinandersetzung mit der Metapolitik sollte also die empirischen und normativen Grundannahmen überprüfen, auf die man angewiesen ist, wenn man von einem
„vorpolitischem Raum" spricht, „der den Diskurs bestimmt und somit als
Grundlage für direkte und konkrete politische Entscheidungen dient" (Identitäre
Bewegung o. J.).

   Eine zweite Sichtweise beschäftigt sich mit den (‚neu')rechten Auslegungen
der Metapolitik. Warum ist es so wichtig, sich damit zu befassen? Die Diskussion um das Thema *Mit Rechten reden* kennt grob gesagt zwei Formen der
Auseinandersetzung: Auf der einen Seite steht ein „Ihr schließt aus, deswegen
schließen wir euch aus" (Müller 2016: 95, allerdings über Populist*innen,
nicht ‚neurechte' Denker*innen), das regelmäßig den Vorwurf auf sich zieht,
auf die Intoleranz der Rechten mit vermeintlich spiegelbildlicher Intoleranz zu
antworten. Auf der anderen Seite hofft das Diskursmodell, die Rechte möge durch
den zwanglosen Zwang des besseren Arguments unterliegen. Doch diese zweite
Form stößt dort an ihre Grenzen, wo das Gegenüber gar nicht an einem wahr-
haftigen Diskurs interessiert ist. Das erklärte Ziel der ‚Neuen Rechten' ist „die
Auflösung des Diskurses als Konsensform" (Kubitschek 2007: 25). Hier kann
die Auseinandersetzung mit den unter diesem Abschnitt besprochenen Texten
erkenntnisreich sein, insofern sie über Strategien Auskunft geben. Zumindest den
Büchern von → de Benoist und → von Waldstein geht es nicht darum, den Diskurs als solchen zu torpedieren; sondern sie richten sich an eine Leserschaft, die
bereits metapolitisch auf Linie gebracht wurde.

   Das erste Buch, Alain de Benoists *Kulturrevolution von rechts*, 1985
erschienen, ist der Ausgangspunkt der ‚neurechten' Auseinandersetzung mit
Metapolitik und legt inhaltlich die Grundlage für den vielbesprochenen Ethnopluralismus. Wie schon im Eingangszitat von Cas Mudde deutlich geworden
ist, verdankt die ‚Neue Rechte' einen Großteil ihrer strategischen Ausrichtung
in den achtziger Jahren der Neuen Linken und den neuen sozialen Bewegungen

in den sechziger und siebziger Jahren (s. Kap. 6 „*Mit Linken leben*"). Auch hier zeigt sich, dass die ‚politische Theorie' der ‚Neuen Rechten' kaum etwas Originäres produziert hat, sondern ein Mosaik (Quent 2018) ist, das sich aus dem Zwischenkriegsdenken der Konservativen Revolution, 68er-Theorie und NGO-Aktivismus zusammensetzt. Auch der Text *Metapolitik. Theorie – Lage – Aktion* von Thor von Waldstein (2016), der innerhalb der ‚Neuen Rechten' wie eine Anleitung gelesen wird, ist ein zweiter Aufguss der Ideen von de Benoist. Das dritte Buch in diesem Kapitel fällt insofern aus der Reihe, als es die Metapolitik nicht direkt zum Thema hat, sondern demonstriert, wie ein breiteres Publikum über die eigene Szene-Grenze hinaus adressiert wird: *Nie zweimal in denselben Fluss* ist ein Interview mit Björn Höcke, dem Fraktionsvorsitzenden der *AfD* in Thüringen. Auch hier werden eine Vielzahl von Elementen und Theorien zu einem proto-faschistischen Amalgam zusammengerührt, sodass der Thüringer Landesver-fassungsschutz die dortige *AfD* unter Beobachtung stellte. Hieran lässt sich auch ablesen, wie groß die Gemeinsamkeiten zwischen ‚Neuer Rechte' und *AfD* sind.

Zusammengenommen zeigen diese Bücher das Ziel des ‚neurechten' Projektes auf: die Erlangung kultureller Hegemonie. Wie Volker Weiß konstatiert, konnte dieses Projekt in letzter Zeit einige Erfolge verbuchen: „Metapolitik ist ein lang-fristiges […] Konzept und in der jüngsten Zeit stellen sich Erfolge ein. […] Im Zuge der Sarrazin-Debatte und Pegida-Bewegung ist sogar eine Verankerung der eigenen Semantiken im Bewusstsein breiter Bevölkerungsteile gelungen" (Weiß 2017: 56 f.). Eine Lektüre dieser Texte – wie die Wahrnehmung rechter Akteure in der Öffentlichkeit generell – muss sich daher über ihre rhetorische Ziel-richtung, also über den gerichteten Versuch, Diskurse zu manipulieren, bewusst sein.

Literatur

Primärquellen

Identitäre Bewegung (o. J.): FAQ. identitaere-bewegung.de/category/faq/ (mittlerweile gelöscht 01.08.2022).
Kubitschek, Götz (2007): Provokation. Schnellroda: Antaios.

Sekundärliteratur

Mudde, Cas (2019): Why copying the populist right isn't going to save the left. *The Guardian* vom 15.04.2019. theguardian.com/news/2019/may/14/why-copying-the-populist-right-isnt-going-to-save-the-left (01.11.2021).

Müller, Jan-Werner (2016): Was ist Populismus? Ein Essay. Berlin: Suhrkamp.

Quent, Matthias (2018): Mimikry oder Mosaik-Rechte? Ob rechter Durchmarsch oder letztes Abwehrgefecht: Ein linkes Gegennarrativ lässt auf sich warten. In: Burschel, Friedrich (Hrsg.): Durchmarsch von rechts. Völkischer Aufbruch: Rassismus, Rechtspopulismus, rechter Terror. Berlin: Rosa-Luxemburg-Stiftung, S. 53–63.

Weiß, Volker (2017): Die autoritäre Revolte. Die Neue Rechte und der Untergang des Abendlandes. Stuttgart: Klett-Cotta.

Dominik Flügel studiert im Master Sozialwissenschaften an der Humboldt-Universität zu Berlin und ist studentische Hilfskraft am Lehrbereich Politische Soziologie und Sozialpolitik.

Alain de Benoist: Kulturrevolution von rechts

Tim Jorek

Zusammenfassung

In diesem Beitrag wird Alain de Benoists *Kulturrevolution von rechts,* das ursprünglich 1985 auf französisch erschien, einer kritischen Analyse unterzogen. De Benoist reartikuliert zentrale Gedanken des italienischen marxistischen Philosophen Antonio Gramsci aus extrem rechter Perspektive und lässt diese in den neurechten Diskurs einfließen. Damit unternimmt er den strategischen Versuch, sich vom Vokabular der sogenannten 'Alten Rechten' loszusagen und mittels Kampf um gesellschaftliche Hegemonie rassistische Ideologie und Politik salonfähiger zu machen. Wenn auch dieses Unterfangen mit Blick auf 'neurechte' Thinktanks aus heutiger Perspektive teilweise als erfolgreich betrachtet werden muss, bleibt die von ihm propagierte Ideenwelt anti-egalitär und rassistisch. Umso mehr lohnt sich die Auseinandersetzung mit de Benoist, um darauf aufbauend demokratische und wehrhafte Gegenstrategien zu einer im metapolitischen Raum aktiven extremen Rechten zu entwerfen.

Kulturrevolution von rechts enthielt bereits zum Zeitpunkt seines Erscheinens 1985 kaum neuartige Ideen. Vielmehr adaptierte der Philosoph und politische Kommentator Alain de Benoist zentrale Konzepte des marxistischen Philosophen

T. Jorek (✉)
Humboldt-Universität zu Berlin, Berlin, Deutschland
E-Mail: tim.jorek@hu-berlin.de

D. Meiering (Hrsg.), *Schlüsseltexte der 'Neuen Rechten',* Edition Rechtsextremismus, https://doi.org/10.1007/978-3-658-36453-3_7

Antonio Gramsci. Mit dieser Aneignung von rechts zielte de Benoist auf eine strategische Neuausrichtung innerhalb der französischen extremen Rechten. Eines der zentralen Elemente dieser Neuausrichtung liegt darin, dass er sich von Konzepten und Begriffen der ‚Alten Rechten' loszusagen versucht. Dabei schlägt er neue Strategien der politischen Kommunikation vor, die sich darin äußern, dass mittels Wortneuschöpfungen und vermeintlich intellektuellen Rekursen die ‚Neue Rechte' nicht mehr mit dem Nationalsozialismus assoziiert wird. Bei genauerem Hinschauen entpuppen sich de Benoists vorgestellte Konzepte allerdings als im Kern ebenso rassistisch und in den Ideologien der Ungleichwertigkeit verhaftet. Die Grundlage für die neuen politischen und kommunikativen Strategien zieht de Benoist aus den Erfolgen der Neuen Linken.

Diesen war eine Politisierung von unten vorausgegangen, die von Ideen, Theorien und der Kulturrevolution von 1968 getragen war. Der Begriff der „Kulturrevolution" verweist dabei auch auf die recht mechanistische Vorstellung der chinesischen Kommunisten unter Mao Zedong, dass die Installation eines neuen Gesellschaftssystems nur erfolgreich sein kann, wenn die intellektuelle, politische und kulturelle Elite der alten Ordnung ausgemerzt wird. Obwohl der „Großen proletarischen Kulturrevolution" von 1966 bis 1976 in China Millionen Menschen zum Opfer fielen, hatte der Maoismus einen erheblichen Einfluss auf die westeuropäische Studierendenbewegung von 1968. So bildeten sich nach dem Zerfall des *SDS* zumeist maoistische K-Gruppen, die in der Gründungsgeschichte der *GRÜNEN* eine nicht unerhebliche Rolle spielten. Dem „Marsch durch die Institutionen" folgte 1998 die erste rot-grüne Regierung in Deutschland. Bereits durch die Erfolge der *SPD* mit den Kanzlerschaften von Willy Brandt und Helmut Schmidt war der Zeitgeist – jedenfalls für einen kurzen Moment – von einem Aufschwung des linksliberalen Lagers geprägt, den de Benoist mithilfe seiner eigenen Mittel beenden wollte (vgl. Wagner 2017). Sein Buch wurde zu einem der wichtigsten Referenztexte der ‚Neuen Rechten'.

1 Neuausrichtung und Professionalisierung des ‚neurechten' Netzwerkes

De Benoist wurde 1943 in Saint-Symphorien in der Nähe der französischen Stadt Tours geboren und war auf der Höhe der medialen Aufmerksamkeit der ‚Neuen Rechten' in Frankreich das bekannteste Gesicht dieser Bewegung (vgl. Bar-On 2011: 208). Er war neben seiner intellektuellen Laufbahn in vielen extrem rechten politischen Gruppierungen aktiv. Nach der Mitgliedschaft in der *Jeune Nation* und der neofaschistischen Studentenorganisation *Fédération des*

Étudiants Nationalistes (FEN) war de Benoist Mitbegründer der extrem rechten Gruppe *GRECE* (vgl. Lausberg 2015). Zudem verlegte er das erste ‚neurechte' Zeitungsprojekt *Nouvelle École* ab 1969 mit und gründete 1973 die Zeitschrift *Éléments*. Von letzterer wird er im dritten Kapitel von *Kulturrevolution von rechts* auch interviewt. Die Veröffentlichung des Buches fällt in die Zeit des Kalten Krieges, zu einem Zeitpunkt, an dem das Ende des Zweiten Weltkrieges und der historische Faschismus 40 Jahre zurückliegen. Das Werk umfasst acht Kapitel, die relativ unabhängig nebeneinanderstehen. Abgesehen von der französischen extremen Rechten richtet de Benoist sich an die westeuropäische Rechte, was durch die Referenz auf europäische Mythen und auf die Wesensähnlichkeiten der europäischen „Völker" verdeutlicht wird. Er betont den zum Zeitpunkt der Veröffentlichung in der französischen extremen Rechten noch sehr marginalisierten Gedanken einer Freundschaft zu den Deutschen, indem er ihm ein eigenes Kapitel widmet.

Bei *Kulturrevolution von rechts* handelt es sich sowohl um ein strategisches als auch um ein philosophisches Werk, dessen Lektüre stellenweise ein Vorwissen über den geschichtlichen Kontext und Teile der marxistischen Theoriebildung voraussetzt. Die Auseinandersetzung mit der Primärquelle lohnt sich dennoch, da viele der Überlegungen auch heute noch konstitutiv für das Vorgehen der ‚Neuen Rechten' sind, was sich z. B. an den Medienstrategien der extrem rechten *Identitären Bewegung* und der *Alternative für Deutschland (AfD)* sowie am Austausch mit dem Begründer der ‚neurechten' Denkfabrik *Institut für Staatspolitik* und Geschäftsführer des *Antaios-Verlags* Götz Kubitschek (Daniel 2019) ablesen lässt. Außerdem lässt sich so nachvollziehen, wie die von de Benoist angestrebte ‚Neue Rechte' sich historisch herausbilden und global erstarken konnte. Im Rückblick war die Strategie durchaus darin erfolgreich, im vorpolitischen und diskursiven Raum das eigene Vokabular zu verbreiten und dadurch das rassistische Weltbild in die sich neu öffnenden Diskursräume sickern zu lassen. Interventionsmöglichkeiten in diese Diskursräume ergaben sich in den letzten Jahrzehnten unter anderem durch gesellschaftsverändernde Ereignisse und Prozesse wie den Zusammenbruch der Sowjetunion, die Finanz- und Wirtschaftskrise ab 2007 und die Zunahme von außereuropäischen Migrationsbewegungen nach Europa. Ihre diskursive Professionalisierung führte schließlich zu einer erhöhten Salonfähigkeit der ‚Neuen Rechten' und bereitete die parlamentarischen Erfolge der rechtspopulistischen Parteien in Europa vor.

Die Grundlage hierfür war die strategische Adaption des Hegemonie-Begriffs Antonio Gramscis, die als das eigentlich Innovative des Bandes angesehen werden muss. Ziel dieser strategischen Neuaufstellung der ‚Neuen Rechten' war und ist nach wie vor eine Hegemonialisierung des Anti-Egalitarismus, die auf den Rassismusbegriff der ‚Alten Rechten' vordergründig verzichtet und daher auf breitere Bündnisse mit bürgerlichen Kräften bauen kann.

2 Gramsci und der Kampf um Hegemonie

Da de Benoist mit dem Liberalismus und dem Egalitarismus seine Hauptfeinde auf ideologischer Ebene ansiedelt, ist es nur folgerichtig, dass er zur Durchsetzung der Ungleichheits-Ideologie das Terrain des vorpolitischen, d. h. (noch) nicht institutionalisierten, Raumes wählt. Er stimmt die französische und europäische Rechte auf einen Ideologiekampf ein. Ausgehend von der Analyse einer kulturellen Hegemonie der politischen Linken und einer Defensive der ‚Alten Rechten' in Westeuropa nach dem Zweiten Weltkrieg adaptiert er das Hegemonie-Konzept des italienischen Marxisten Antonio Gramsci. Sein rein funktionales Verhältnis zu dem sonst verhassten Marxismus rechtfertigt er dadurch, dass es keine linken oder rechten Theorien, sondern nur rechte und linke Arten der Aneignung gebe (vgl. de Benoist 1985: 24 f.). Der auf lange Sicht angelegte Ideologiekampf mittels subversiver Metapolitik habe aussichtsreiche Chancen, da der Pluralismus und der Liberalismus durch die Toleranz abweichender Meinungen geringe Selbstverteidigungskräfte aufwiesen (de Benoist 1985: 50). Zudem haben sich die Bedingungen für einen aussichtsreichen Kampf um (rechte) Hegemonie verbessert, da ein Bedeutungsverlust klassischer Parteien, eine Etablierung von Massenmedien, eine Zunahme von Freizeit und eine Ausbreitung von Ideologie in zuvor unpolitische Bereiche festzustellen sei (de Benoist 1985: 22, 39).

Um nachvollziehen zu können, wie de Benoist aus dem gramscianischen Vokabular eine Strategie für die ‚Neue Rechte' ausarbeitet, bedarf es einer kurzen Nachzeichnung, inwiefern sich Gramsci von Marx auf theoretischer Ebene löste.

Für Marx waren der Staat und damit auch die Politik nicht die eigentlichen Kampfplätze der Geschichte, sondern lediglich ein abgeleiteter Überbau, ein spiegelhafter ‚Reflex' der ökonomischen Basis der Gesellschaft. Zentral war die ökonomische Unterdrückung des Proletariats durch die Bourgeoisie; der Staat stellte lediglich eine Waffe und einen Schauplatz im Klassenkampf dar. Er galt als Teil des ideologischen Überbaus. Die kommunistische Bewegung würde also nicht erst den Staat erobern, um dann die ökonomischen Verhältnisse umzustürzen, sondern andersherum: Die ökonomischen Verhältnisse würden notwendigerweise die sozialistische Revolution provozieren – und diese würde dann den Staat übernehmen, bevor er im Kommunismus überflüssig würde. Die politische Revolution ist somit die spiegelhafte Vermittlung der Fundamentalwidersprüche auf den Überbau. Als notwendig bezeichnete Marx diesen Prozess, da die immer stärkere Ausbreitung des Kapitalismus immanente Widersprüche zwischen Kapital und Arbeit aufreißen lassen würde. Die Hoffnung für eine sozialistische Revolution lag also auf jenen Ländern, die den Kapitalismus am stärksten entwickelt hatten.

Es kam aber anders als prophezeit: Als im industriell relativ rückständigen, agrarischen russischen Zarenreich 1917 die erste sozialistische Revolution, die bolschewistische Oktoberrevolution, ausbrach, war für Antonio Gramsci diese klare Kausalität zwischen ökonomischer Entwicklung und Klassenkampf nicht mehr haltbar. Da sich die ökonomische Basis für den Klassenkampf als unwichtiger als angenommen erwiesen hatte, musste die Rolle des Überbaus für die Revolution differenzierter betrachtet werden. So unterschied Gramsci mit Blick auf das in großen Teilen noch feudale Russland und unter Abgleich mit dem westeuropäischen, weiter entwickelten Kapitalismus zwischen der politischen und der bürgerlichen Gesellschaft. Die politische Gesellschaft komme ihm zufolge den staatlichen Institutionen, dem Überbau, gleich. Die bürgerliche Gesellschaft, der er auch den Namen Zivilgesellschaft gibt *(società civile),* ist zwischen ökonomischer Basis und politischer Gesellschaft angesiedelt. Das weitgehende Fehlen dieser Zivilgesellschaft im vorrevolutionären Russland macht Gramsci als Grund dafür aus, dass die bolschewistische Oktoberrevolution mittels eines Bewegungskrieges die politische Macht, d. h. letztlich die Staatsmacht, in Russland ergreifen konnte. In den westeuropäischen, bürgerlichen Gesellschaften verhinderte die ausgeprägtere Zivilgesellschaft, dass die aus dem Klassenwiderspruch entstandenen revolutionären Bewegungen die politische Macht übernehmen konnten. „Zur Zivilgesellschaft gehören Wirtschaftsverbände, Gewerkschaften und Interessenverbände, auch auch Medien, kulturelle Initiativen, politische Vereine und Nichtregierungsorganisationen" (Becker et al. 2013: 68 f.). Alle Bereiche der öffentlichen Auseinandersetzung, in denen um den gesellschaftlichen Konsens gekämpft wird, bilden als Zivilgesellschaft für Gramsci einen ‚integralen Teil' des Staates (Becker et al. 2013: 69). Parallel zur militärischen Ontologie des Ersten Weltkrieg sieht Gramsci diese Organisationen und Strukturen als „Schützengräben" der Gesellschaft (Gramsci GH, H. 9, § 7, 1545) an.[1] Während Marx die Revolution noch in Bewegungsbildern beschrieb – als einen wühlenden Maulwurf oder als die Lokomotive der Geschichte – versandet der revolutionäre Kampf bei

---

[1] Perry Anderson hat darauf hingewiesen, dass es in Gramscis Schriften „von Begriffen militärischer Herkunft" nur so wimmele (Anderson 2018: 39). „[J]eder politische Kampf ist stets militärisch unterlegt", heißt es bei Gramsci (GH, H. 1, S. 178 f.).

Gramsci im Stellungskrieg um gesellschaftliche Hegemonie. Ideologie und Kultur-kampf erlangen dadurch einen neuen theoretischen Stellenwert: Sie werden zum Motor des Politischen. Erst kommt der Kampf um den ‚Alltagsverstand', dann erst die revolutionäre Umgestaltung. Diese theoretische Wende ist von de Benoist auch als eine idealistische Wendung des materialistischen Marxismus gedeutet worden. Während Marx Hegel vom Kopf auf die Beine stellen wollte, verschmilzt de Benoist auf dem Cover des Buches das Porträt Che Guevaras mit dem Konter-fei von Platon (Wagner 2018: 62). Der Guerillakämpfer, so die Bildsprache, müsse zugleich ein Theoretiker sein. Statt des roten Sterns prangt das Symbol von *GRECE* auf der Mütze Che Guevaras – der Institution, die de Benoist selbst mitgegründet hatte (s. Abb. 1). So inszeniert sich de Benoist als intellektueller Revolutionär – jedoch stellt das Intellektuelle bei genauer Betrachtung der Bild-symbolik lediglich eine Maskierung dar.

Dies äußert sich auch in seiner Konzeption politischer Führung, die er fernab der klassischen Parteipolitik ansiedelt: In Anlehnung an den gramscianischen Begriff des organischen Intellektuellen, der die soziale Gruppe, in der er ver-ankert ist, im Ideologiekampf im vorpolitischen Raum anführt, und weil de Benoist in der Intellektualitätsfeindlichkeit der ‚Alten Rechten' eine zentrale

Abb. 1 Umschlaggestaltung von *Kulturrevolution von rechts* (1985)

Ursache für ihr Scheitern sieht, strebt de Benoist die Formierung einer neuen Elite an. Ausgehend vom Aristokratie-Begriff schreibt er der Elite vielfältige Aufgaben zu. Neben der Herstellung von Homogenität nach innen soll sie „dem Volke [als] Führer" dienen (Fichte in de Benoist 1985: 85). Bezogen auf die ‚Neue Rechte' bedeutet das, dass sie in der Lage sein müsse, metapolitische Botschaften mit einem „direktive[n] und suggestive[n] Charakter" auszustatten (de Benoists 1985: 49 f.), damit die eigentliche politische Absicht vorerst unbemerkt bliebe.

In Verbindung mit seinem als ‚Ethnopluralismus' umschriebenen Rassismus zeigt sich, wie gefährlich dieses vermeintlich harmlose Elite-Verständnis ist. De Benoist verdeutlicht, dass er die kollektive Freiheit – verstanden als Freiheit eines Volkes – normativ höherstellt als die individuelle Freiheit (de Benoist 1985: 13). Daraus leitet er die Akzeptanz einer Diktatur ab, da im Zweifelsfall durch sie das Leben des ‚Volkes' gesichert werden könne (de Benoist 1985: 145).

3   De Benoists Rassismus und Anti-Egalitarismus

Die Gramsci-Adaption übernimmt in *Kulturrevolution von rechts* in erster Linie die Rolle eines strategischen Wegweisers zur Umsetzung extrem rechter Ziele. Die ontologische Grundannahme, die sein ganzes Werk durchzieht, ist dabei der Anti-Egalitarismus.

Sieht de Benoist den auf politischer Ebene in Europa verankerten Liberalismus als Konsequenz kultureller Infiltration aus den USA, so bestimmt er den Egalitarismus letztlich als das Resultat aus der vor 2000 Jahren nach Europa gebrachten jüdisch-christlichen Kulturreligion, welche er als nicht originär europäisch ansieht (de Benoist 1985: 14). Im Gegensatz dazu stellen das Heidentum und die Antike für ihn ein Kapitel genuin europäischer Ideengeschichte dar. Diesen verklärten Blick kann er nur durch einen exorbitanten Bezug auf Mythen beibehalten und so in sein teilweise eklektisch wirkendes Ideenkonstrukt einbauen. Dieser große historische Bogen wird letztlich deshalb gespannt, weil der Autor seine Ungleichheits-Ideologie damit plausibel erscheinen lassen möchte. Insofern rät er der extremen Rechten, sich im Sinne eines revolutionären Konservatismus positiv auf das Heidentum und seinen vermeintlich originär europäischen Anti-Egalitarismus zu beziehen (vgl. Siegfried 1991: 86). Dies ist notwendig, um den als „Ethnopluralismus" verpackten Rassismus zu legitimieren. Dieser zielt nämlich darauf ab, dass die von ihm konstatierte Verschiedenheit der Menschen und „Völker" nicht als eine – vermutlich vom

Autor aber so gemeinte – Ungleichwertigkeit vermittelt wird. Diese Ungleichwertigkeit würde eine große Nähe zum nationalsozialistischen Gedankengut und zum Sozialchauvinismus implizieren, was dem Vorhaben abträglich wäre, eine ‚neurechte' Hegemonie zu erlangen. Aber auch so steht das Konzept durch die propagierte innere Reinheit und Homogenität von (Volks-)Gemeinschaften dem völkischen Denken sehr nahe (vgl. Dittrich et al. 2020: 45).

Seine politischen Zielsetzungen, die auf die Überwindung von Egalitarismus und Liberalismus abzielen, finden ihren Ausdruck vor allem in seiner Diskussion zu den Begriffen ‚Rasse' und ‚Volk'. Der Versuch, sich vom rassistischen Vokabular der ‚Alten Rechten' abzugrenzen, scheint nur auf den ersten Blick erfolgreich. Denn die genaue Lektüre seiner Konzepte deckt Widersprüche in den Umdefinitionen auf und offenbart eine erschreckende Nähe zum Rassismus des Nationalsozialismus.

So schlägt er beispielsweise in Bezug auf seinen ‚Rasse'-Begriff zwei Wege vor: Während er sich auf der einen Seite von den nationalsozialistischen Begrifflichkeiten abzugrenzen versucht, erweitert er den biologistischen Rassismus auf der anderen Seite um eine kulturelle Dimension. So geht de Benoist davon aus, dass „[d]ie Vererbung nur die Fähigkeit, eine Kultur anzunehmen [determiniert]" (de Benoist 1985: 59). De Benoist unterstreicht, dass es zwischen den ‚Völkern' große Unterschiede gebe, die es anzuerkennen gelte. Aus dieser Unterschiedlichkeit resultiere zusätzlich eine Bevorzugung der eigenen ‚Rasse' (de Benoist 1985: 61). Neben der Tatsache, dass es natürlich sei, das eigene ‚Volk' als hochwertiger einzuschätzen, bemisst de Benoist den Wert der Menschen nicht durch ein „politisch-ontologische[s] Vorhandensei[n] auf der Welt […], sondern […] nach den ihrer persönlichen Tätigkeit angemessenen Kriterien und den spezifischen Charakteristika der Gemeinschaft[en] […], denen sie angehören" (de Benoist 1985: 14).

Aus der Ungleichwertigkeit resultiere allerdings keineswegs die Überlegenheit einer ‚Rasse'. Im Gegenteil erlaube ihre Anerkennung erst ein tolerantes und nahezu konfliktfreies Miteinander, weil ‚Völker' sich auf das ihnen Eigene beziehen können (vgl. de Benoist 1985: 54). Aus der so befürworteten Trennung der ‚Rassen' leitet de Benoist eine getrennte geografische Verortung ab, da sich ein ‚Volk' nur selbst entfalten könne, wenn es sich isoliert auf dem Territorium befände, auf dem es über die Tradition und die Vorfahren verwurzelt sei (de Benoist 1985: 10). So unternimmt er den Versuch, sich sowohl vom biologistischen Rassismus der ‚Alten Rechten' als auch vom nur vermeintlichen Anti-Rassismus, der aus dem Egalitarismus resultiert, abzugrenzen. Damit stellt er einerseits den Egalitarismus als das eigentliche Problem von ‚Rassenkonflikten' dar (vgl. de Benoist 1985: 35, 55) und zerstreut andererseits die durch den biologistischen Rassismus hervorgerufene negative Assoziation mit der politischen Verortung als ‚rechtsextrem'.

So viel rhetorischen Aufwand der Autor auch betreibt: Dass für ihn ausgehend von der konstatierten Ungleichwertigkeit keine Überlegenheit von ‚Rassen' resultiere, wirkt konstruiert und strategisch begründet. So greift er immer wieder auf essentialisierende Begründungen zurück (vgl. de Benoist 1985: 60 f.), um die von ihm suggerierte Hierarchisierung von ‚Rassen' als das zu verschleiern, was sie letztlich ist: rassistische Ideologie.

Neben der offenen Frage, wie de Benoist die Homogenität der ‚Völker' auf nicht gewaltvolle Weise herstellen will, bzw. auf welcher Grundlage er die ‚Völker' überhaupt konstruiert und unterscheidet, ohne dabei in Kategorien der ‚Rassenlehre' zu verfallen, weisen auch schon die von ihm beschriebenen Konzepte Widersprüche zu seinen Behauptungen auf, dass es für ihn keine Hierarchisierung von ‚Völkern' gebe. Wendet man seine theoretischen Ausführungen und Aussagen konsequent auf ihn selbst an, so findet sich an einigen Stellen eine erschreckende Nähe zur Ideologie des historischen Nationalsozialismus.

So beschreibt de Benoist am Ende des ersten Kapitels den historischen Verlauf des Institutionalisierungsgrades des Egalitarismus und skizziert den Wegweiser zur Umsetzung seines Anti-Egalitarismus. Nach diesem Drei-Stufen-Modell von de Benoist „drückt sich [jede Ideologie] im Laufe der Geschichte in einer Aufeinanderfolge von drei Formen aus: 1. in Form eines Mythos, 2. in Form einer ‚säkularen' Theorie, 3. in Form einer ‚Wissenschaft'" (de Benoist 1985: 38). Da sich der Egalitarismus in der dritten Stufe dieses Stadiums befinde, entwirft er die Idee, dass der Anti-Egalitarismus in diesen Zyklus eintreten solle, um den Zyklus des Egalitarismus zu beenden. Auch wenn de Benoist seinen Anti-Egalitarismus als das Beste für das friedliche Zusammenleben der Menschheit darstellt, bedeutet das Drei-Stufen-Modell, dass dieser Anti-Egalitarismus auf letzter Stufe zu einer Verwissenschaftlichung und damit Unantastbarkeit führe, da die Ideologie „im letzten Stadium schließlich [...] auf die absolute Autorität [Anspruch erhebt], indem sie den Anspruch erhebt, auf wissenschaftlichen Grundlagen zu beruhen" (de Benoist 1985: 38). Allerdings ist es eben diese Verwissenschaftlichung der Ungleichheit, die sich historisch im Sozialdarwinismus bzw. Der ‚Rassenlehre' im Nationalsozialismus wiederfand (s. z. B. Geulen 2018: 26 f.). Dass er dem IQ-Wert überhaupt eine wichtige Rolle zuschreibt und diesen auch noch auf verschiedene ‚Völker' unterschiedlich verteilt sieht (vgl. Geulen 2018: 63 f.), ist – mit Blick auf die Politik, die im Nationalsozialismus an Menschen vollzogen wurde, denen verminderte kognitive Fähigkeiten zugeschrieben wurden – bereits ein besorgniserregender Ausdruck der Verwissenschaftlichung des von de Benoist propagierten Anti-Egalitarismus.

4   Rechte Diskursstrategien

Alles läuft darauf hinaus, dass die Zielbestimmung de Benoists hin zu einer relativ friedlichen und durch Vielgestaltigkeit von ‚Völkern' und ‚Kulturen' charakterisierte Welt lediglich dazu dient, den eigentlichen Rassismus seiner Schriften abzumildern. Somit werden breitere gesellschaftliche Schichten vom Rechtsradikalismus und seinem Angebot nach einer festen Identität, die ihre Anziehungskraft aus der Überlegenheit oder der schlichten Abgrenzung gegenüber anderen ‚Völkern' zieht, angesprochen. Ein Element, welches für den Erfolg dieser Umdefinition notwendig ist, bezeichnet Tamir Bar-On als das in der ‚Neuen Rechten' weit verbreitete Vorgehen der Inversion. Dabei wird der „universalistisch[e], multikulturell[e] Antirassismus in eine Form des Rassismus verwandelt […]" (Bar-On 2011: 207). Mittels Inversion kann de Benoists sowohl den als Feind bestimmten Egalitarismus angreifen, als auch sein Projekt des Anti-Egalitarismus als die logische Strategie hin zum Ziel des friedlichen Zusammenlebens, das breite Teile der Bevölkerung teilen, präsentieren. Diese Inversion nimmt de Benoist auch am Begriff des Totalitarismus, der Demokratie, der Differenz und in abgewandelter Form am Begriff des Kolonialismus vor.

Darüber hinaus findet die von de Benoist gleich zu Anfang des Textes formulierte notwendige Zielsetzung der Abgrenzung von der ‚Alten Rechten' vordergründig auf inhaltlich-theoretischer Ebene zwar statt. Allerdings ist diese Abgrenzung zum einen bei weitem nicht so drastisch, wie es die formulierte Vehemenz des Anliegens durch den Autor vermuten lässt. Zum anderen sind in den Theorien de Benoists eine große inhaltliche Nähe zum Rassismus und zum politischen Führungsverständnis des Nationalsozialismus angelegt. Beides führte zu der größten Tragödie der europäischen Moderne. Betrachtet man – unabhängig von den Inhalten – die Verbreitung seiner Schriften, die Rezeption und den Grad, in dem das rassistische und ‚neurechte' Gedankengut salonfähig wurde, dann muss die strategische Abgrenzung zur ‚Alten Rechten' als ein großer Erfolg betrachtet werden.

Die pseudowissenschaftliche und theoretisch gehaltene Argumentation, die das rassistische Weltbild der ‚Neuen Rechten' als ‚patriotisch' verschleiern soll, hat in der Tat zu der von de Benoist angestrebten Infiltration der kulturellen und intellektuellen Szene in Frankreich beigetragen. Dass sich die Theorien und Strategien de Benoists auch in ‚neurechten' Bewegungen niederschlägt, zeigt am prägnantesten das Beispiel der in einigen europäischen Ländern aktiven und stark auf dem Avantgarde-Gedanken de Benoists aufbauenden *Identitären Bewegung* (s. Sellner 2016). Ihr und ihrem Umfeld gelingt es besonders gut, sowohl ihr rassistisches Weltbild durch Rekurs auf den ‚Ethnopluralismus' diskursiv zu ent-schärfen als auch durch eine sehr professionelle Medienarbeit vor allem im Inter-net eine große Reichweite zu erzielen.

Angesichts der rechten Wahlerfolge, politischen Mobilisierungen und Dis-kursverschiebungen der extremen Rechten in Europa ist ein tieferes Verständ-nis der ‚neurechten' Diskursstrategien, mittels derer sie im vorpolitischen Raum eine rechte Hegemonie etablieren wollen, unabdingbar. Wendet die ‚Neue Rechte' Gramsci weiterhin strategisch an, so lässt sich vermuten, dass nach der Erlangung einer rechten Hegemonie aktiv der Umbau des Staatsapparates nach rassistischen und anti-egalitären Kriterien betrieben würde. De Benoists Text zeigt ausdrücklich, dass eine Gefährdung der Demokratie und der Unversehrtheit von Angehörigen religiöser, politischer, ethnischer und sonstiger Minderheiten die Folge wären.

Kulturrevolution von rechts und die Handlungen seiner aktuellen ‚neurechten' Interpretator*innen zeigen auf, wie wichtig es vor allem im Bereich des meta-politischen Raumes ist, dass eine demokratische Gesellschaft sich gegen diese verdeckten rassistischen Strategien wappnet. Neben der Verhinderung einer Verrohung des Diskurses in den Sozialen Medien (z. B. durch Hate Speech) ist es wichtig, dass Journalist*innen adäquat auf die Provokationen der ‚Neuen Rechten' und Diskursverschiebungen nach rechts vorbereitet sind. Nur so kann verhindert werden, dass der Rahmen des Sagbaren noch weiter in Richtung menschenverachtender Aussagen verschoben wird. Denn diese bewussten Grenz-verschiebungen des Diskurses in den letzten Jahren sind die Grundlage für die Zunahme von extrem rechter Gewalt. Nicht zuletzt, weil de Benoist die Toleranz des Liberalismus und Pluralismus als eine Immunsystemschwäche begreift, wären die Verteidiger*innen des demokratischen und egalitären Projekts gut beraten, das Kampffeld um Hegemonie ihren Feind*innen nicht ohne Gegenwehr zu überlassen.

Literatur

Primärquellen

de Benoist, Alain (1985): Kulturrevolution von rechts. Gramsci und die Nouvelle Droite. Krefeld: Sinus-Verlag.

Sellner, Martin (2016): Der Große Austausch in Deutschland und Österreich: Theorie und Praxis. In: Camus, Renaud (Hrsg.): Revolte gegen den Grossen Austausch. Schnellroda: Antaios, S. 189–221.

Sekundärliteratur

Anderson, Perry (2018): Hegemonie. Konjunkturen eines Begriffs. Berlin: Suhrkamp.

Bar-On, Tamir (2011): Transnationalism and the French nouvelle droite. In: *Patterns of Prejudice* 45 (3), S. 199–223.

Becker, Lia/Candeias, Mario/Niggemann, Janek/Steckner, Anne (Hrsg.) (2013): Gramsci lesen. Einstiege in die Gefängnishefte. Hamburg: Argument Verlag.

Daniel, Ellen (2019): Alain de Benoist. Nouvelle Droite – Antikapitalismus von rechts. Berlin: Zentrum Liberale Moderne. gegneranalyse.de/personen/alain-de-benoist/#identitaere (01.11.2021).

Dittrich, Miro/Jäger, Lukas/Meyer, Claire-Friederike/Rafael, Simone (2020): Alternative Wirklichkeiten. Monitoring rechts-alternativer Medienstrategien. Berlin: Amadeu-Antonio-Stiftung.

Geulen, Christian (2018): Der Rassenbegriff. Ein kurzer Abriss seiner Geschichte. In: Foroutan, Naika/Geulen, Christian/Illmer, Susanne/Vogel, Klaus/Wernsing, Susanne (Hrsg.): Das Phantom „Rasse". Zur Geschichte und Wirkungsmacht von Rassismus. Wien/Köln/Weimar: Böhlau-Verlag, S. 23–32.

Gramsci, Antonio (1993): Gefängnishefte (GH). Hrsg. v. Bochmann, Klaus/Haug, Wolfgang Fritz. Hamburg: Argument-Verlag.

Lausberg, Michael (2015): Alain de Benoist. de.indymedia.org/node/6942 (01.11.2021).

Siegfried, Hanspeter (1991): Kulturrevolution von rechts? Zur Ideologie der Neuen Rechten. In: *Widerspruch. Beiträge zur sozialistischen Politik* 21, S. 76–94.

Wagner, Thomas (2017): Die Angstmacher. 1968 und die Neuen Rechten. Berlin: Aufbau Verlag.

Tim Jorek studierte Sozialwissenschaften an der Humboldt-Universität Berlin. Sein Arbeitsschwerpunkt ist Politische Theorie. Seine Bachelorarbeit verfasste er zum Thema Intersektionalität und Klasse.

Thor von Waldstein: Metapolitik. Theorie – Lage – Aktion

Dominik Flügel

Zusammenfassung

Für das Verständnis ‚neurechter' Ideologien ist der Begriff der Metapolitik unerlässlich. Er drückt aus, dass der Kampf um Ideen und die öffentliche Meinung dem Kampf um Wahlerfolge und Parteipolitik vorausgeht. Thor von Waldsteins programmatische Schrift *Metapolitik. Theorie – Lage – Aktion* lässt sich als eine Position in der Debatte innerhalb der ‚Neuen Rechten' um die ‚richtige' metapolitische Strategie lesen. Nach einer kurzen theoretischen Herleitung beschreibt von Waldstein seine Sicht des Status Quo in Deutschland, den er durch einen vermeintlich bevorstehenden „großangelegten Bevölkerungsaustausch" und die völlige Abgeschlossenheit des politischen Systems und der Medien gekennzeichnet sieht. Im Hauptteil seiner Schrift erklärt von Waldstein in mehreren Punkten, wie „erfolgreiche metapolitische Arbeit" aus dieser Situation herausführen kann: erstens durch das Einbringen eigener Themen, zweitens durch Setzung eigener Begriffe und die Disruption von Diskursen, drittens, indem die Distanz zu extrem-rechten und national-sozialistischen Positionen aufgehoben wird. Von Waldstein lässt sich damit klar dem Teil der ‚Neuen Rechten' um Götz Kubitschek zuordnen, deren Ziel es nicht ist, am öffentlichen Diskurs teilzunehmen, sondern ihn durch

D. Flügel (✉)
Humboldt-Universität zu Berlin, Berlin, Deutschland
E-Mail: dominik.fluegel@hu-berlin.de

D. Meiering (Hrsg.), *Schlüsseltexte der ‚Neuen Rechten'*, Edition Rechtsextremismus, https://doi.org/10.1007/978-3-658-36453-3_8

91

Provokation zu sprengen. Diese Strategie liegt in Werken wie dem von Waldsteins offen und sollte nicht verharmlost werden, wenn es um die Frage geht, wie mit ‚neurechtem' Gedankengut umzugehen ist.

Metapolitik ist ein Konzept, das in Anschluss an den italienischen Philosophen Antonio Gramsci entwickelt wurde und ein gutes Beispiel für die Vereinnahmung linker Theorien durch ‚neurechte' Denker*innen darstellt. Zuerst vom Vordenker der französischen *nouvelle droite*, Alain de Benoist (→ de Benoist, → Kaiser/de Benoist/Fusaro), übernommen, erfährt es auch in deutschen ‚neurechten' Kreisen große Beliebtheit. So findet sich in einer FAQ-Sektion auf der Internetseite der *Identitären Bewegung* auch ein Eintrag zur Metapolitik:

> „[...] Wir glauben, dass politische Veränderung nicht nur in den Parlamenten und der Parteipolitik möglich ist, sondern sich ebenso im Kulturbetrieb, den öffentlichen Debatten, den Medien und auf der Straße abspielt. Wir handeln daher in einer Art ‚vorpolitischem Raum', der den Diskurs bestimmt und somit als Grundlage für direkte und konkrete politische Entscheidungen dient" (Identitäre Bewegung o. J.).

Eine Analyse dieses Begriffes ist zum Verständnis ‚neurechter' Strategien also hochaktuell: Thor von Waldsteins kurzes Buch *Metapolitik. Theorie – Lage – Aktion* basiert auf einem Vortrag, den von Waldstein 2015 auf einer Tagung des *Institut für Staatspolitik* (IfS) in Schnellroda hielt. Es ist weniger eine wissenschaftliche Abhandlung als vielmehr eine strategische Schrift und richtet sich insofern klar an Gleichgesinnte, als es nicht versucht, die Leserschaft von den ideologischen Grundprämissen des Textes zu überzeugen.[1]

1   Der Autor: Ideologielieferant und Stichwortgeber für die ‚Neue Rechte'

Thor von Waldstein ist als Jurist und Anwalt auf Schifffahrtsrecht spezialisiert, promovierte jedoch beim Politikwissenschaftler Bernard → Willms mit einer Arbeit über Carl Schmitt und publizierte mehrere Bücher im Antaios-Verlag. Darübcr hinaus vertrat er als Anwalt in den 1990ern den US-amerikanischen Holocaust-Leugner Fred Leuchter (Fromm und Kernbach 1994: 15) und die NPD. In der Abhandlung *Wir Deutsche sind das Volk* aus dem Jahr 2016 postulierte er

---

[1] Siehe u. a. die Beiträge zu → Rabehl, → Sarrazin und → Sieferle.

den Bevölkerungsaustausch, der mit der sogenannten Flüchtlingskrise geplant sei, als legitimen Grund, das Widerstandsrecht aus Art. 20 Abs. 4 GG geltend zu machen. Ebenso wie beim vorliegenden Text handelt es sich um programmatische Texte, die versuchen, politische Aktionen zu legitimieren und zu bündeln sowie die strategische Ausrichtung der Bewegung (sofern man von *einer* Bewegung sprechen kann) zu beeinflussen oder zu rechtfertigen. Von Waldstein selber wird als Nachfolger Karlheinz Weißmanns in der Rolle des „Ideologielieferant und Stichwortgeber" (Gebhardt 2018) des IfS und somit als einer seiner wichtigsten Köpfe gewertet. Im Ausrichtungsstreit, in dessen Folge Karlheinz Weißmann das Institut verließ, ging es vor allem um die Distanz zur institutionellen Politik. Von Waldstein ist hier klar auf der Linie Götz Kubitscheks zu verorten, die den Weg des nicht-institutionalisierten *Widerstandes* gehen will. Somit können seine Positionen auch als „eine Blaupause für den Höcke-Flügel der AfD" (Gebhardt 2018) gelten: In der *AfD* wird ein ähnlicher Streit darum geführt, wie sehr sich die Partei für eine mögliche Koalition mit anderen Parteien öffnen sollte.

Obwohl die tatsächliche Relevanz der Schriften von Waldsteins schwer abzuschätzen ist, sprechen doch die Zugriffszahlen auf *YouTube* für eine hohe Reichweite. Dort hat sein Vortrag, auf dem das Buch beruht, über 50.000 Aufrufe und ist damit das viertmeistgeklickte Video auf dem *kanal schnellroda*. Von Waldstein ist außerdem im ‚neurechten' Netzwerk gut vernetzt. Auf der „Winterakademie" des IfS im Januar 2020 sprach von Waldstein zum Thema „Staat, Volk, Nation". Die Winterakademie ist eine Art Nachwuchsveranstaltung des Institutes, in ihr wird „metapolitisch gearbeitet", so Götz Kubitschek (Institut für Staatspolitik 2020). Obwohl dieses Jahr keine Personen aus der Politik angekündigt waren (2019 war Alexander Gauland einer der Redner), stattete der Thüringer *AfD*-Vorsitzende Björn Höcke einen „spontanen Gastauftritt" ab (Schick 2020). Thor von Waldstein kann also als prominente Figur innerhalb eines Netzwerkes angesehen werden, dass sich von der ‚Alten Rechten' über die ‚Neuen Rechten' bis zur *AfD* erstreckt.

2 Politik als Kampf um die Köpfe

Der Text folgt streng dem Schema, das sich von Waldstein im Untertitel gegeben hat: Theorie – Lage – Aktion. In der (sehr kurzen, vierseitigen) theoretischen Herleitung des Begriffes der Metapolitik verweist er vor allem auf den Soziologen Max Weber und den bereits erwähnten Gramsci. Daran, dass Gramsci ein dezidiert linker, kommunistischer Denker war, stört sich von Waldstein nicht. Aus Max Webers Herrschaftsdefinition – „die Chance, für einen Befehl bestimmten

Inhalts bei angebbaren Personen Gehorsam zu finden" (Weber 1922 zitiert in von Waldstein 2015: 12) – leitet der Autor die These ab, dass Herrschaft nicht nur über *Zwang* funktionieren kann, sondern auch und vor allem über *Beeinflussung:*

> Das Geheimnis echter politischer Herrschaft beruht vielmehr darauf, den Willen des *citoyen* so zu beeinflussen, daß er aus freien Stücken der staatlichen Herrschaft zustimmt (von Waldstein 2015: 13, kursiv i.O.)

Das ist eine starke Setzung, denn die Bürger*innen eines Staates sind in dieser Vorstellung weniger politisches Subjekt als vielmehr der passive Austragungsort des Kampfes zwischen politischen Ideologien. Dieser Sicht nach sind auch „die Vergangenheitsbewältigungsmaschinerie" und „die Gender-Mainstreaming-Propaganda" (von Waldstein 2015: 16) metapolitische Erfolge von links, die dann zu parlamentarischen Erfolgen geführt haben. Darauf aufbauend stellt von Waldstein, Gramsci interpretierend, das Ziel der Metapolitik vor: die *kulturelle Hegemonie,* die „Lufthoheit über die Köpfe und Herzen der Menschen" (von Waldstein 2015: 14). Wenn diese Lufthoheit gewonnen ist, wenn die Bürger*innen ausreichend ideologisch beeinflusst sind, stelle das Gewinnen von Wahlen keine Schwierigkeit mehr dar.

Seine Beschreibung der metapolitischen Situation in Deutschland hängt von Waldstein an zwei wesentlichen Punkten auf: dem bevorstehenden „großangelegten Bevölkerungsaustausch" (von Waldstein 2015: 21, interessanterweise wurde die ursprüngliche Rede knapp vor der sogenannten Flüchtlingskrise der Jahre 2015 ff. gehalten) und die Abgeschlossenheit des politischen Systems, zu dem auch die Medien gezählt werden. Es sei vorab gesagt, dass beide Umstände in dieser Schrift nur behauptet werden. Eine ausführlichere Darstellung der angeblich durch staatliche Organe gesteuerten Einwanderung findet sich in seiner 2016 erschienen Schrift *Wir Deutsche sind das Volk.* Auch wenn es von Waldstein nicht primär um diesen Punkt geht, ist die Schlussfolgerung, die die ‚Neue Rechte' aus der Flüchtlingskrise zieht, die Legitimierung von Gewalt als letztem Mittel, wenn institutionalisierte Mittel gescheitert sind (vgl. von Waldstein 2016; Pfahl-Traughber 2019).

Medien und Parteien arbeiteten, so von Waldstein, seit Ende des Zweiten Weltkrieges gemeinsam daran, einen linksliberalen Mainstream herzustellen und zu perpetuieren. Parteien haben keine Chance, diese „parteipolitische Sackgasse" zu durchbrechen (von Waldstein 2015: 22). Als Beleg zieht er die Erfolgosigkeit neuer, rechter Parteien heran: der *Republikaner,* der *NPD* (!) und der *AfD.* Dass die *AfD* laut von Waldstein nicht als erfolgreiche Partei gezählt wird, liegt daran, dass ihr zum Zeitpunkt der Veröffentlichung des Buches erst der Wandel bevorstand, der sie zu ihrer heutigen inhaltlichen Ausrichtung brachte. Nachdem sie bei der Bundestagswahl 2017 das beste Zweitergebnis einer neugegründeten Partei in der Geschichte der Bundesrepublik einfuhr, kann von Erfolglosigkeit also mitnichten die Rede sein. Zusätzlich dazu, dass die *AfD* damals nicht ihre heutige Ausrichtung und Größe hatte, glaubt von Waldstein aus zwei Gründen nicht an Metapolitik, die von Parteien ausgeht: erstens sei der Typ Mensch, der in Parteien aufsteigt, für metapolitische Fragen ungeeignet, dort arbeiteten nämlich vor allem „mittelmäßige Funktionärstypen mit [...] ausgeprägten Persönlichkeits-deformationen" (von Waldstein 2015: 30). Zweitens laufe der spontane Charakter von Parteineugründungen, die immer einen Anlass bräuchten, metapolitischen Strategien, die von Natur aus auf Langfristigkeit ausgerichtet sind, zuwider.

3   Anleitung zur Metapolitik

Im Hauptteil seines Buches erklärt von Waldstein in mehreren Punkten, wie „erfolgreiche metapolitische Arbeit" funktionieren kann: erstens das Einbringen eigener Themen gegen die *„Diktatur des Belanglosen"* (von Waldstein 2015: 38), also die durch den Autor imaginierte bewusste Ablenkung von den „Themen, auf die es ankommt" (von Waldstein 2015: 37 f.). Was sind diese Themen für von Waldstein? Einerseits die Amerikanisierung („amerikanische [...] Besatzung"), andererseits die ethnische Heterogenität der deutschen Bevölkerung („der Weg ins ethnische Nirvana") (beide Zitate bei von Waldstein 2015: 38).

In einem zweiten Schritt müsse die Setzung von Themen in der Sprache, das für ihn nur ein weiteres Herrschaftsinstrument ist, umgesetzt werden. Da die gängigen Diskurse versperrt seien, sollen diese drittens disruptiv eingenommen werden. Dabei beruft sich von Waldstein auf das Buch *Provokation* von Götz Kubitschek: „Unser Ziel ist nicht die Beteiligung am Diskurs, sondern sein Ende als Konsensform. [...] nicht der Stehplatz im Salon, sondern die Beendigung der Party" (Kubitschek 2007: 23 ff., zitiert in von Waldstein 2015: 46). Diese drei Elemente würden für eine geistige Unruhe sorgen, auf Grundlage derer ein „fruchtbarer Neuanfang" möglich sei, durchgeführt von einer „neue[n] Generation, die [...] mit einem gesunden Mangel an Kompromißbereitschaft handelt" (von Waldstein 2015: 43).

Der letzte wesentliche Punkt für die metapolitische Strategie besteht laut von Waldstein darin, die Distanzierung von extrem-rechten Positionen zu beenden. Wer sich in allen seinen Aussagen direkt von rassistischem Gedanken-gut abgrenze, der ordne sich damit den „Kampfbegriffe[n]" (Kleine-Hartlage 2015 zitiert in von Waldstein 2015: 49) des linksliberalen Mainstreams unter

und könne somit nie metapolitische Erfolge verbuchen. Hier zeigt von Waldstein eine klare Linie gegen moderatere Positionen, die eine scharfe Grenze zu
faschistischem Gedankengut ziehen wollen. Diese Auseinandersetzungen sind
zurzeit in der *AfD* sehr aktuell.

Zusammengefasst stellt von Waldsteins Buch auf der einen Seite ein Lamento
dar, wieso der öffentliche Diskurs nicht genügend rechte, nationalkonservative
Themen beinhaltet, auf der anderen Seite eine Art Anleitung, wie der Diskurs für
genau diese Themen vereinnahmt werden kann. Zusammen mit dem Verweis auf
die NPD, eine Partei, deren Verbotsverfahren kürzlich nur an ihrer Bedeutungs-
losigkeit scheiterte, ist die Stoßrichtung des Neuanfangs klar. Am Beispiel
der *Identitären Bewegung* kann man sehen, wie die öffentlichkeitswirksamen
Provokationen ablaufen: Trotz der sehr geringen Größe der Gruppe sichert sich
die *IB* mit ihren gezielten Aktionen ein hohes Maß an medialer Öffentlichkeit
(Erk 2017).

Aber auch unabhängig von der ideologischen Ausrichtung seiner Schrift
sowie ihrer offensichtlichen Nähe zu Neonazismus begibt sich von Waldstein in
einen Selbstwiderspruch, wenn er von der bevormundenden „Priesterherrschaft
der Intellektuellen" (von Waldstein 2015: 38) spricht, die die demokratische
Souveränität des Volkes unterbinde. Denn so wirkt es, als ginge es ihm um die
Befreiung des Souveräns von Desinformation und Bevormundung. Immer wieder
ist von „echter Debatte" (von Waldstein 2015: 45) die Rede, einer Wirklichkeit
jenseits des öffentlichen Diskurses, der diese nur verzerre oder verschleiere. Tatsächlich widerspricht aber die Idee der Metapolitik an sich dem Gegensatz aus
bevormundetem und souveränem Volk, denn der Metapolitik geht es um die
Beeinflussung des Volkes, wie von Waldstein im ersten Kapitel selbst angibt. Der
Propagandavorwurf entkräftet sich somit selber, wenn man den Titel des Buches
ernst nimmt. Hieraus stellt sich auch die Frage, auf welcher Ebene man der Metapolitik begegnet: mit *Anti-Meta-Politik* oder *Anti-Metapolitik,* also Politik gegen
metapolitische Beeinflussung oder metapolitische Gegen-Beeinflussung. Versucht man, ‚neurechte' metapolitische Strategien mit den gleichen Mitteln zu
bekämpfen, muss man automatisch mit ihrer Grundprämisse übereinstimmen,
dass Politik nur der Kampf um die Beeinflussung der Massen ist.[2]

---

[2] Siehe hierzu die Einleitung dieses Bandes.

4 Positionierung im Ausrichtungsstreit innerhalb der ‚Neuen Rechten'

In seinem ideologischen Umfeld wurde das Buch positiv besprochen. So wird die Übertragung des Begriffes vom französischen in den deutschen Sprachraum hervorgehoben (Steinborn 2017). In der *Sezession* (der Zeitschrift des IfS) lobt Nils Wegner die hilfreiche Darstellung der Strategien, mit denen die „linksliberale Kulturhegemonie" (Wegner 2016) gebrochen werden könne. Dass von Waldsteins Verwendung des Begriffes der Metapolitik auch Anwendung findet, zeigt sich etwa bei Martin Sellner, dem medienwirksamen Kopf der *Identitären Bewegung,* dessen Text *Der große Austausch* (2016) man durchaus in der Tradition von Waldsteins lesen kann.

Von Waldsteins Buch zeigt einerseits die Strategie ‚neurechter' Bewegungen auf: Provokation, Grenzüberschreitung, Vereinnahmung von Sprache, kurz: Diskursverschiebung nach rechts. Es kann aber auch als Position im Streit um die interne Ausrichtung gelesen werden: gegen den „Marsch durch die Institutionen", gegen Parteipolitik, für Provokation, für Disruption. Gegen Karlheinz Weißmann, der 2013 noch schrieb: „Provokation und Konfrontation sind deshalb nur ausnahmsweise Mittel der Wahl" (Weißmann 2013) scheint von Waldstein „der gezielte Regelverstoß, die geplante Provokation in vielen Fällen die einzige aussichtsreiche Methode [zu sein], für die rechtsintellektuelle Position Aufmerksamkeit zu gewinnen und dann Gehör jedenfalls bei den hellen Köpfen zu finden" (von Waldstein 2015: 46). Auf dieser Linie, auf der sich auch Götz Kubitschek befindet, arbeitet die ‚Neue Rechte' mit ihren Verbindungen in die *AfD* an einer „Kulturrevolution von rechts" (von Waldstein 2015: 10). Debatten um das Thema ‚Mit Rechten reden' dürfen diese Perspektive nicht außer Acht lassen. Die Strategien der ‚Neuen Rechten' liegen in Werken wie dem von Waldsteins offen und sollten nicht verharmlost werden.

Literatur

Primärquellen

de Benoist, Alain (1985): Kulturrevolution von rechts. Krefeld: Sinus. S. 39–51.
Identitäre Bewegung (o. J.): FAQ. identitaere-bewegung.de/category/faq/ (01.11.2021).
Institut für Staatspolitik (2020): Impressionen der 20. IfS–Winterakademie 2020. youtube.com/watch?v=gQ874Sp36qs (01.11.2021).

Schick, Jonas (2020): Das war die 20. Winterakademie des IfS. In: *Sezession* vom 15.01.2020. sezession.de/61956/das-war-die-20-winterakademie-des-ifs (01.11.2021).

Sellner, Martin (2016): Der große Austausch in Deutschland und Österreich: Theorie und Praxis, in: Camus, Renaud (Hrsg.): *Revolte gegen den Großen Austausch*. Schnellroda: Antaios, S. 189–221.

Steinborn, Peter (2017): Notizen zu „Metapolitik: Theorie – Lage – Aktion". gegenstrom. org/2017/07/19/notizen-zu-metapolitik-theorielage-aktion/ (gelöscht, 01.08.2022).

von Waldstein, Thor (2015): *Metapolitik. Theorie – Lage – Aktion*. Schnellroda: Antaios.

von Waldstein, Thor (2016): *„Wir Deutsche sind das Volk". Zum politischen Widerstandsrecht der Deutschen nach Art. 20 IV Grundgesetz in der „Flüchtlingskrise"*. Schnellroda: Institut für Staatspolitik.

Wegner, Nils (2016): Thor v. Waldstein: Metapolitik. Theorie – Lage – Aktion. In: *Sezession* vom 01.02.2016. sezession.de/59033/thor-v-waldstein-metapolitik-theorie-lage-aktion (01.11.2021).

Weißmann, Karlheinz (2013): Politik und Metapolitik, in: *Sezession* 57, S. 38–41.

Sekundärliteratur und weiterführende Literatur

Copsey, Nigel (2018): The Radical Right and Fascism. In: Rydgren, Jens (Hrsg.): *The Oxford Handbook of the Radical Right*. Oxford: Oxford University Press, S. 105–121.

Erk, Daniel (2017): Über „Identitäre" berichten, ohne ihnen auf den Leim zu gehen. *uebermedien.de* vom 20.10.2017. uebermedien.de/21848/ueber-identitaere-berichten-ohneihnen-auf-den-leim-zu-gehen/ (01.11.2021).

Fromm, Rainer/Kernbach, Barbara (1994): *Europas braune Saat. Die internationale Verflechtung der rechtsradikalen Szene*. München/Landsberg am Lech: Aktuell.

Gebhardt, Richard (2018): Hauptfeind Liberalismus. Ein Porträt des extrem rechten Publizisten und Juristen Thor von Waldstein. In: *der rechte rand* 173. der-rechte-rand. de/archive/3461/thor-von-waldstein-liberalismus/ (01.11.2021).

Kellershohn, Helmut (2016): Das Institut für Staatspolitik und das jungkonservative Hegemonieprojekt. In: Braun, Stephan/Geisler, Alexander/Gerster, Martin (Hrsg.): *Strategien der extremen Rechten. Hintergründe – Analysen – Antworten*. Wiesbaden: VS Verlag für Sozialwissenschaften, S. 439–467.

Pfahl-Traughber, Armin (2019): Analyse von Diskursthemen in der ‚Sezession'. In: Pfahl-Traughber, Armin (Hrsg.): *Der Extremismus der Neuen Rechten: Eine Analyse zu Diskursthemen und Positionen*. Wiesbaden: VS Verlag für Sozialwissenschaften, S. 17–26.

Weiß, Volker (2017): *Die autoritäre Revolte: Die Neue Rechte und der Untergang des Abendlandes*. Stuttgart: Klett-Cotta.

Dominik Flügel studiert im Master Sozialwissenschaften an der Humboldt-Universität zu Berlin und ist studentische Hilfskraft am Lehrbereich Politische Soziologie und Sozialpolitik.

Björn Höcke: Nie zweimal in denselben Fluss

Matthias Danyeli

Zusammenfassung

Björn Höcke ist während der letzten Jahre zur wohl mächtigsten Person der ‚Neuen Rechten' Deutschlands aufgestiegen. Bei seinem schrittweisen Siegeszug durch die *AfD* zeigt sich bei Höcke eine akribisch befolgte Narrationsstruktur und Mythologisierung. Diese dient dazu, Höcke zum Retter eines als dekadent und gebrochen dargestellten Volkes zu stilisieren. Eine rein inhaltlich-kritische Auseinandersetzung ist dabei kaum wirkungsvoll, da die inhaltlichen Bezüge der Erzählstruktur und der Mythosbildung untergeordnet werden. Der intellektuell inkohärente Eklektizismus in seiner Begriffsentwicklung wird erklärbar, wenn man ihn im Rahmen der Narrationsanforderungen seiner dreistufigen Metaerzählung deutet. Die Erzählstränge dieser Metaerzählung bilden ein klares Muster: vom Führungsqualitäten beweisenden Jüngling Höcke (der nahbaren „Ich"-Geschichte) über seine Diagnose des durch die Elitenpolitik zerrissenen, dekadenten und zur Selbstbefreiung unfähig gewordenen Volkes (der identitätsstiftenden „Wir"-Geschichte) bis hin zum notwendigen Umsturz durch eine führerzentrierte Massenpartei unter Höckes Führung (der Dringlichkeit schaffenden „Hier-und-Jetzt"-Geschichte). Die romantisch-irrationalistischen Begründungen

M. Danyeli (✉)
Humboldt-Universität zu Berlin, Berlin, Deutschland
E-Mail: matthias.danyeli@hu-berlin.de

© Der/die Autor(en), exklusiv lizenziert an Springer Fachmedien Wiesbaden GmbH, ein Teil von Springer Nature 2022
D. Meiering (Hrsg.), *Schlüsseltexte der ‚Neuen Rechten'*, Edition Rechtsextremismus, https://doi.org/10.1007/978-3-658-36453-3_9

heben seine Begriffe gänzlich aus jeglicher geschichts-, empirie- oder theorie-
geleiteten Ebene heraus, bis lediglich der Mythos vom unbedingten Führer
Höcke mit alternativlosem Gefolgschaftsaufruf verbleibt.

Mit *Nie zweimal in denselben Fluss* erscheint im September 2018, nach jahre-
langem innerparteilichem Aufstieg des von Höcke maßgeblich geführten selbsternannten *Flügels* in der *AfD,* ein über dreihundert Seiten langes Interview, das
sich als Manifest für eine ‚Neue Rechte' mit einer ganz besonderen Rolle für
Björn Höcke selbst liest.

Insgesamt stellt sich dabei Höckes politisches Projekt als führerzentrierter
Faschismus heraus. Wenngleich der Vorwurf faschistischer Ideologie nicht vor-
schnell erteilt werden sollte, trifft er im Fall von Höckes neuem Buch lehrbuch-
artig zu. So mischen sich ein exklusiver, essentialistischer Volksbegriff mit einer
Diagnose dekadenten Zerfalls und einer mythisch aufgeladenen Neugeburt der
Nation durch einen radikalen Umsturz (Kemper nach Griffin 1993; 2004).

In der genaueren Betrachtung der narrativen Struktur von *Nie zweimal in denselben Fluss* offenbart sich ein *führerzentrierter* Faschismus. Dabei versucht
Höcke, sich selbst als erlösender Führer innerhalb einer faschistischen Gesamt-
erzählung zu inszenieren. So schält er zunächst scheinbar beiläufig seine vermeintlichen Führerqualitäten heraus, und stellt dem deutschen Volk die Diagnose,
wegen allgemeiner Dekadenz und Zersplitterung zu schwach geworden zu
sein, seinen eigenen Willen auszudrücken. In dieser Zwickmühle könne nur der
anfangs in Stellung gebrachte Führer Erlösung versprechen, indem er das Volk
als organisches Ganzes wiederherstellt und auf den Umsturz zuführt. In Höckes
Version eines populistischen Faschismus ist das Volk somit nicht mehr als
zentraler Akteur zu begreifen, aus dem heraus der Führer sich organisch hervotun
würde. Vielmehr muss das Volk durch den Führer geschaffen werden.

Diese offenkundig demokratiefeindlichen Passagen alamierten den Verfassungsschutz (zunächst in Thüringen, später bundesweit) und begründeten
aus dessen Sicht die Einstufung des *Flügels* als Verdachtsfall. Obwohl die
parteiinterne Vereinigung des *Flügels* mittlerweile aufgelöst wurde, um einer
Beobachtung der gesamten *AfD* durch den Verfassungsschutz zu entgehen, sind
seine ideologischen und personellen Strukturen so zentral in der Partei verankert,
dass kaum Grund zur Entwarnung besteht.

Die Veröffentlichung im Manuscriptum-Verlag spricht für Höckes Versuch, eine relativ breite Leserschaft im völkisch-nationalen bis bürgerlich-
konservativen Milieu anzusprechen. So ist der Manuscriptum-Verlag darauf
bedacht, mit seiner bürgerlich-traditionellen Stoßrichtung einen unpolitischen
Eindruck zu erwecken. Gleichwohl zeigt sich an den veröffentlichten Autoren

von Ernst Nolte bis Ernst Jünger ein Spektrum, welches teils in die radikale Rechte hineinragt, teils zumindest anschlussfähig an sie ist.

Während durch die Herstellung einer Traditionslinie von antiken Tugend-theoretikern wie Aristoteles bis hin zu Staatsmännern wie Bismarck insbesondere der konservative Teil der Leserschaft Anknüpfungspunkte finden soll, fungiert das Buch gleichzeitig als Schulungsmaterial für die ‚Neue Rechte': Ein großes Narrativ, eine strategisch-taktische Orientierung und die Inszenierung Höckes als Führerperson vereinen sich zu einem Manifest. Während die Publikation ins-besondere von journalistischer Seite Aufmerksamkeit bekommen hat und dabei die Bezüge auf das Intellektuelle und die Führerinszenierung im Fokus stehen, werden die narrative Struktur und Dramaturgie (*Framing* und *Storytelling*) eher mangelhaft erfasst. Angesichts der Provokationen Höckes mit NS-Vokabular scheint eine tiefergehende Analyse seiner Erzählung, deren Ziel eine umfang-reichere Traditionsbildung und eine strategische Anleitung ist, umso dringender. Nur so können das Ausmaß seines Projekts und die Handlungsoptionen dagegen eingeschätzt werden.

Höcke versucht zwar eine solche Systematisierung zu verhindern und sich durch Diffusions- und Immunisierungsstrategien unangreifbar zu machen: die teilweise widersprüchlichen Positionen, das Hin-und-Her-Springen zwischen den Themen, das Name-Dropping, das Changieren zwischen persönlichen Anekdoten und politikwissenschaftlichen Konzepten sowie überhaupt die Form des Inter-views. Dennoch lässt sich der Interviewband mittels narrativer Analysemethoden untersuchen, wie etwa mit dem schematisierten Storytelling-Modell des Gewerk-schafters und Professors Marshall Ganz. Nach Ganz folgen in jeder aktivierenden Erzählung aufeinanderfolgend eine Betroffenheit herstellende Ich-Geschichte, eine identitätsstiftende Wir-Geschichte und eine Dringlichkeit erzeugende Hier-und-Jetzt-Geschichte (Ganz 2009: 14 ff.). Bei Höckes Narration handelt es sich allerdings nicht um eine schlichte Erzählung, sondern um einen Mythos, der durch mystische Elemente zusammengesetzt wird.

1 Gegenwart als Mythos: Mystische Narration von Volk und Führer

Höcke unternimmt zunächst den Versuch, eine historische und theoretische Tradition zu begründen. Dabei möchte er ohne „falschen Objektivismus" vor-gehen, da Geschichte auch in der Gegenwart „beflügeln" solle (Höcke 2018: 74). Stattdessen betont er den beherzten Eingriff des Staatsmannes, der sich von seiner Intuition leiten lässt. Im Grunde stellt sich Höcke dadurch einen Freifahrtschein aus, durch den er von Wahrheitsbindung befreit werden soll. Höcke grenzt sich damit von allen großen politischen Strömungen ab und entwickelt im Laufe des Bands eine für den Faschismus typische, irrationalistische Mystik.

Am augenscheinlichsten ist dabei seine Abgrenzung von liberalen Theorieströmungen, da Höcke – entgegen liberalen Granden der Erkenntnistheorie wie Karl Popper oder Bertrand Russell (Russell 1950: 751) – die Geschichte nicht als Gegenstand der Erkenntnis über unsere heutige Welt sieht, die nach objektiven Kriterien analysiert werden kann, sondern als Spielball zur Mobilisierung von ohnehin zu echter Erkenntnis vermeintlich unfähiger Massen. Aus der deutschen Romantik werden dabei mystische Elemente entlehnt, die ebenfalls in einer antiliberalen Tradition stehen. So bemüht Höcke einen irrationalistisch-idealistischen „organischen" Volksbegriff (Kemper 2016: 42), welcher das Volk als ahistorische Entität aus der Geschichte heraushebt (Höcke 2018: 158). Das Volk ist also eine obskure Kategorie der „Eigentlichkeit", die das Volk notwendig werden müsse, aber noch nicht sei (Höcke 2018: 285). Die „miserable Verfassung" des empirischen Volkes leitet Höcke selbstoffenbarend von Spengler her: „Das geht zu großen Teilen auf die noch miserablere politische Führung unseres Landes zurück, denn ein Volk ist laut Spengler immer auch das, was man aus ihm macht" (Höcke 2018: 285). Dass Höcke aus diesem Obskurantismus ein immanent elitäres Konzept vom „notwendigen Elitenwechsel" im „natürlichen Kreislauf der Elitenbildung und -ablösung" (Höcke 2018: 284) ableitet, hat seine Ursprünge ebenfalls im antiliberalen Denken der Weimarer Republik. Das vorherrschende liberale Demokratiemodell des Interessenausgleichs zwischen pluralistischen gesellschaftlichen Gruppen, welches über Wahlen vermittelt ist, wurde abgelehnt, da nur neue Eliten selbst die ‚miserable Verfassung' des Volkes erkennen könnten, nicht jedoch das schon degenerierte Volk selbst. Der zersplitterte *Volkswille* – so die damalige Vorstellung, an die Höcke anschließt – solle stattdessen im *Staatswillen* aufgehen, der als übergeordnete Instanz die im Volk vorhandenen Interessenskonflikte autoritativ entscheidet (Sontheimer 1978: 201). Volk, Nation und Politik rücken so in einen mythischen, romantisch und letztlich völkisch aufgeladenen Zusammenhang, der nur durch einen authentischen Führer hergestellt werden kann. Der ‚eigentliche' Wille des Volkes oder, in anderen Worten, die Wahrheit der Nation, kann nur erblickt werden durch diesen authentischen Führer. Höcke vertritt also einen gefährlichen Elitismus, der sich nur als volksnah tarnt.

Für eine wirkmächtige Kritik an Höckes Elitismus ist es hilfreich, diesen nicht nur als solchen zu entlarven, sondern die spezifische Wirkung von Mythen näher zu betrachten. So läuft die Kritik an Höckes Elitismus, die aus einer unkritischen Verteidigung des Rationalismus hergeleitet wird, Gefahr, selbst in eben jene

Falle zu schreiten, die den unkritischen Rationalismus schon in der Weimarer Republik so ohnmächtig gegen die Mythen des Faschismus gemacht hat. Insbesondere die liberal-rationalistische Tradition eines Karl Popper hofft auf einen gleichsam naturwüchsigen Sieg der Vernunft über mythische Verklärungen (vgl. Popper 1980: 421 ff.), ohne die Grundlage der Entstehung von Mythen selbst kritisch zu reflektieren, welche schon Walter Benjamin in der Erfahrung der Ungleichheit und Entfremdung ausgemacht hat, als er prominent sagte: „solange es noch einen Bettler gibt, solange gibt es noch Mythos" (Benjamin 1966: 505). Eine undifferenzierte Kritik an Mythen risikiert also, reale Entfremdungsgefühle nicht ernst zu nehmen und in unproduktiven rationalistischen Appellen zu enden (Eagleton 2000: 221). Terry Eagleton versucht dieses Dilemma zwischen rationalistischer Vereinfachung und antintellektualistischem Mythos aufzulösen, indem er Erzählung und Mythos unterscheidet, wobei er jedoch auf den schmalen Grad verweist, dass eine Erzählung immer in den Mythos abzugleiten drohe (Eagleton 2000: 221). Eine Erzählung verdichte im besten Falle Hoffnungen entfremdeter oder unterdrückter Personen auf eine bessere Welt und befördere dadurch Solidarität. Wenn also jüdische Häftlinge in Konzentrationslagern über die Gewissheit ihrer Befreiung gedichtet hätten oder die proletarische Bewegung vor dem Kapp-Putsch ihre Siegesgewissheit öffentlich inszeniert hätten, dann seien dies performative Akte gewesen (Eagleton 2000: 220). Das heißt, sie hätten darum gewusst, dass dies zur Motivation für ihr aufklärerisch-hoffnungsvolles Projekt wichtig ist, nicht jedoch, ob die erhofften Szenarien zwangsläufig eintreten würden (Eagleton 2000: 221). Der performative Akt der zelebrierten Erzählung erscheine rückblickend durchaus notwendig, sofern man nicht in einen platten ahistorischen Determinismus verfallen will, wonach beispielsweise der Faschismus ohnehin immer zur Niederlage vorherbestimmt gewesen sei. Eagletons Konzept der Erzählung thematisiert also auf rationale Art das alte Problem, vor dem schon die Aufklärung stand, als sie rational die Notwendigkeit der bürgerlichen Revolution begründen und belegen wollte, jedoch ein empirischer Beleg für künftige Ereignisse logisch unmöglich ist und sie daher auf ein Hoffnungsmoment angewiesen blieb.

Der Mythos hingegen löst nach Eagleton die Erzählung heraus aus der Realität, verewigt sie in einer neuen und unumstößlichen Wahrheit, welche gar nicht dem Anspruch unterliegt, sich entsprechend historischer Erfahrungen und Erkenntnisse wandeln zu müssen (Eagleton 2000: 217 f.). Geschichte löst sich auf in wahllosem Eklektizismus und wird ihrer lehrreichen Funktion beraubt. Im Mythos wird eine Erzählung durch ihre Erstarrung und Unanpassbarkeit ihres emanzipatorischen Potenzials beraubt. Im besten Fall – der Degeneration einer aufklärerischen Erzählung – begünstigt es der Mythos, scheiternde

Emanzipationsversuche in immer unpassenderen, weiterenwickelten Umständen zu reproduzieren (Eagleton 2000: 221). Im schlimmsten Fall – wie bei den völkischen Mythen – wird sogar eine fanatische Extermination begünstigt. Der führerzentrierte Faschismus findet also im Mythos die perfekt einsetzbare Form der Massenmobilisierung. Insgesamt scheint Höckes Projekt eines führerzentrierten Faschismus vor dem Hintergrund seines mythologischen Charakters somit nur wirksam begegnet werden zu können, wenn auf dem schmalen Grad zwischen ohnmächtigem Rationalismus und mythischer Erstarrung stets solidarisch-aufklärerische Erzählungen entwickelt werden, da eine robuste, demokratische Zivilgesellschaft bewusste, sich mit historischen Erfahrungen weiterentwickelnde Menschen voraussetzt, welche sich sowohl in Kritik als auch in Solidarität üben.

Höckes mythologischer Zugang zur Geschichte und zur Wahrheit bedingt also, dass eine narrative Untersuchung seines Buches nicht nur hilfreich, sondern absolut geboten ist. Dabei besteht Höckes Mythologie nicht aus inhaltlich festen, kleinteilig nachvollziehbaren Überzeugungen, die er lediglich zu Darstellungszwecken in ein narratives Korsett überführt, sondern die Inhalte leiten sich häufig erst aus den Anforderungen der mythologischen Konstruktion der Führerfigur Höcke selbst her. Nachfolgend wird also sowohl der große, narrative Rahmen als auch die feinen Nuancen der Mythologisierung von Höckes Volks- und Führerkonstruktion analysiert.

2   Von der Ich-Geschichte zur Wir-Geschichte: Führer und Volk

Um Authentizität als „Ich-Geschichte" herzustellen, beginnt Höcke mit seiner eigenen Biographie (Höcke 2018: 23 ff.). Hier inszeniert er sich als geborener und gewordener Führer. Während er in seiner Kindheit schon früh mit Männlichkeit konnotierte Eigenschaften gezeigt habe, erklärt er an anderer Stelle, dass Männlichkeit und Führung in enger Verbindung stehen. Auch sein Verweis auf die goldene Mitte zwischen der Stärke eines Jungen und der Erfahrung des Alters erscheint als Verweis auf sich selbst. Spätestens durch den Charaktervergleich mit hochgelobten Philosophen und Staatsmännern wie Hobbes und Bismarck ist der Mythos vom Führer Höcke geschaffen (Höcke 2018: 79, 119 ff.).

Der Ich-Geschichte folgt die umfangreiche „Wir"-Geschichte, die den Kern der großen Erzählung bildet, von der Höcke sein Publikum überzeugen will. Dieser Kern enthält ein sinnstiftendes Angebot: Wegen der Unersättlichkeit nach Lust, Anerkennung und Gütern sei „jeder mit seinen Taten allein" (Höcke 2018:

28 ff.) – erst die Bewährung für ein höheres Ziel verleihe der eigenen Existenz einen Sinn. Dieses höhere Ziel liege im Einsatz für eine kollektive Identität, welche – auch als Adressat für Führung – besonders im Bedrohungsfalle sichtbar werde.

Zentraler Angelpunkt dieser Identität ist Höckes Volksbegriff. Höcke definiert das Volk als „dynamische Einheit aus Abstammung, Sprache, Kultur und gemeinsam erlebter Geschichte" (Höcke 2018: 127). Durch diese Mischung verschiedener Komponenten versucht er sich abzugrenzen von einem biologistischen Volksbegriff, ohne sich jedoch in ein komplettes Gegenteil dazu zu stellen. Umgekehrt entgegnet Höcke dem Vorwurf der Beliebigkeit, welcher insbesondere aus dem eigenen, rechten Lager erhoben werden könnte, präventiv durch den Verweis auf vermeintlich biologische Komponenten der Volkszugehörigkeit wie z. B. das Fortpflanzungsverhalten (Höcke 2018: 128 ff.). Der Volksbegriff ist nur ein Beispiel unter vielen, an dem sich Höckes Inszenierung als Theoretiker der Ausgewogenheit und der Mitte ablesen lässt. An anderer Stelle instrumentalisiert Höcke Aristoteles' Idee eines tugendhaften Lebens im Ausgleich zwischen Extremen, indem er sich von absurden Kontrastfolien absetzt, um seine extrem regressiven Positionen in ein Licht von Weisheit zu kleiden. Besonders auffällig wird dies durch seine Positionierung in der Mitte zwischen „NS-Verdammung" und NS-Verherrlichung und zwischen Schwulenfeindlichkeit und „Schwulenverharmlosung" (Höcke 2018: 66, 114 ff.).

Höcke überhöht schließlich das deutsche Volk mit der romantizistischen, absurden Vorstellung eines „sechsten Sinnes" oder eines „zweiten Augespaares" (Höcke 2018: 158) der Deutschen, mit dem sie eine verborgene Realität hinter den konkret sichtbaren Dingen erkennen könnten: „daß jenseits der vordergründigen, sichtbaren Welt eine hintergründige, unsichtbare existiert, in der das eigentliche Wesen der Dinge zu finden ist" (Höcke 2018: 158). Es gebe Dinge, die man nicht begreifen oder benennen könne, die aber trotzdem existieren:

> „Man kann das Phänomen des Volkes nur umschreiben, um es faßbarer zu machen. Das heißt nicht, daß es nicht existiert. An einer genauen Definition der Liebe knobeln wir Menschen auch seit ewigen Zeiten erfolglos herum, aber keiner wird deshalb deren Existenz bestreiten" (Höcke 2018: 127).

Mit diesem irrationalen Volksbegriff hängt auch die Betonung des Werdens vor dem Sein zusammen – weniger als ernsthafte Erkenntnistheorie, sondern vielmehr als Teil des Mythos: Mit Bezug auf Hegel sei die Konstruktion des Volkes als Ausdruck eines organischen Prozesses zu verstehen, bei welchem sich die Identität des Volkes erst herstelle im Angesicht des ‚Anderen'. Während das

Volk im Werden begriffen sei, also auch Menschen aus anderen Völkern durch
Migration und Assimilation Teil des Volkes werden können, funktioniere
die Erkenntnis des Eigenen im Angesicht des Anderen nicht mehr, wenn die
Diffusion der Völker zu schnell gehe (Höcke 2018: 133 ff.).

Auf dieser Grundlage lautet Höckes Zeitdiagnose – ähnlich wie bei
Thilo → Sarrazin –, dass Deutschland ein „demographisches Katastrophengebiet"
sei (Höcke 2018: 103). Als Lösung schlägt Höcke eine pronatalistische Geburten-
politik und Migrationsbegrenzung und -umkehr. Getarnt durch eine teilweise
widersprüchliche philosophische Einordnung beinhaltet sein Programm letztlich
nicht viel mehr als die Wahlkampf-Parole der *Republikaner:* „Mehr Kinder statt
Inder". Während sich die Völker zwar erst im Angesicht zueinander verstehen,
wird das Freund-Feind-Schema auf einen typisch populistischen, jedoch nicht
als solchen benannten, Antagonismus zwischen Volk und Eliten verlagert. Dass
die Elitenkritik von Rechten heuchlerisch ist, haben in den letzten Jahren schon
sehr prominent Wassermann/Straßenberger herausgestellt, denn die Rechte will
Eliten nicht abschaffen, sondern nur gegen andere „sittliche", "integre Führungs-
personen" (Wassermann und Straßenberger 2018: 154, 155, 161) austauschen.

Das Volk wird dabei als hauptsächlich in die Klassen „Arbeiter" und „Mittel-
schichten" fragmentiert begriffen, während die „herrschenden Klassen" als
international geschlossener Block die „No-border-no-nation"-Agenda im vermeintlichen Sinne eines Milton Friedman umsetzen würden.[1] Das Volk sei jedoch
schon zu dekadent, um seinen Willen selbst zum Ausdruck zu verleihen, der
Volkswille sei kakophon zerfallen (Höcke 2018: 243, 235 ff.). Diese Kombination
aus unterstellter Unfähigkeit des Volkes, seinen Willen selbst zu demokratisch
zu organisieren, sowie der Abwertung, die aus der Zuschreibung der Dekadenz
spricht, führen schlussendlich dazu, dass jegliche Demokratie als hinderlich und
die Führerfigur als absolut zentral angesehen wird.

---

[1] Tatsächlich war Milton Friedman weit entfernt davon, offene Grenzen im Sinne legaler
Einwanderung und voller Rechte für alle Eingewanderten zu fordern, wenngleich Höcke
dies durch die Nähe von Neoliberalismus und Linken hier suggeriert. Milton Friedman
hat in Zeiten des Sozialstaats den Zustand, illegaler und damit zu Sozialleistungen nicht
berechtigter Einwanderung als Idealzustand bezeichnet (Bowman 2013). Höcke scheint
also durch seine Abschottungspolitik näher an Friedman zu sein, als er zugibt.

3 Hier-und-Jetzt-Geschichte: Umsturz und Säuberung

Dies leitet seine „Hier-und-Jetzt-Geschichte" ein, sein Narrativ der Dringlichkeit und des Handlungsbedarfs mit der Inszenierung einer großen Entscheidung (Ganz 2009: 18 ff.). Die Dringlichkeit geht unter anderem aus Höckes Analyse der US-Politik unter Trump hervor: Der Status-Quo sei ohnehin nicht aufrechtzuerhalten, Trumps Regierung stelle einen „symbolischen Bruch" mit dem Establishment dar (Höcke 2018: 118 ff.). Gleichzeitig bedeute ein Sturz Trumps notwendigerweise einen Aufstand der weißen Mittelschicht und der Arbeiter, da diese dessen Machtbasis darstellen würden. Der Bruch mit dem Status-Quo sei somit allgemeine Voraussetzung für den Erhalt des Volkes, darin vereinigen sich nach Höcke die Dialektik von Bewahrung und Veränderung. Wie dieser notwendige Umsturz vorbereitet wird, damit beschäftigt sich Höcke abschließend.

Seine „Hier-und-Jetzt-Geschichte" (Ganz 2009: 18 ff.) erfüllt eine Hybridfunktion zwischen tatsächlicher strategischer Handlungsanleitung und der Selbstinszenierung als Führer. Um sein Projekt sympathischer und weniger aggressiv darzustellen, inszeniert Höcke seinen Kampf um die Leitkultur als Verteidigung.

Seine Strategie fußt auf drei Säulen, die den Umsturz vorbereiten und tragen: auf den „frustrierten Teilen des Staats- und Sicherheitsapparates", Massenmobilisierungen auf der Straße und dem Parlament, mit dem die Meinungshoheit herausgefordert werden soll (Höcke 2018: 233). Dass diese Strategie nicht nur ein Hirngespinst ist, sondern durchaus realistisch, haben die vielen Skandale der letzten Jahre gezeigt, in denen Richter und Staatsanwälte, Beamte in Verwaltung und Polizei sowie Militärangehörige bei *PEGIDA* mitmarschierten, als *AfD*-Sympathisant*innen aufgetreten oder als Mitglieder militanter, terroristischer Netzwerke enttarnt wurden (siehe z. B. Kaul et al. 2018; Bebenburg 2021; Armbrüster 2017). Mit der steigenden Dringlichkeit wird auch die zunehmende Notwendigkeit der Gewalt begründet. Dabei bedient sich Höcke des Vergleichs mit einer verweigerten Operation, welche die erforderlichen Maßnahmen nur umso härter mache. Der Eingriff soll aber nicht nur einen Machtwechsel einleiten, sondern folgt darüber hinaus Säuberungsfantasien, die an faschistische Traditionen anschließen (vgl. Quent 2018; Weiß 2017):

> „Ein paar Korrekturen und Reförmchen werden nicht ausreichen. Aber die deutsche Unbedingtheit wird der Garant dafür sein, daß wir die Sache gründlich und grundsätzlich anpacken werden. Wenn einmal die Wendezeit gekommen ist, dann machen wir Deutschen keine halben Sachen. Dann werden die Schutthalden der Moderne beseitigt, denn die größten Probleme von heute sind ihr anzulasten" (Höcke 2018: 257 f.).

Führen soll diesen Prozess eine Avantgarde von überzeugten Charakteren, die ihrerseits eine zentrale Führungsperson an ihrer Spitze benötigten, da nur so die Fähigkeit, zentrifugale Kräfte zu integrieren und frei Initiativen zu erarbeiten, gewährleistet sei.

Welche Rolle dabei politische Allianzen mit anderen Parteien haben, bleibt zumindest im Buch selbst diffus. So bringt er zwar eine Allianz mit Teilen der Linken ins Gespräch, jedoch ist unklar, ob dies nur zur Inszenierung seiner vermeintlichen Überparteilichkeit oder zur instrumentellen Spaltung der Linken dient, oder ob er tatsächlich eine Allianz unter seiner Führung mit Teilen der Linken für möglich hält. Dass interne Geschlossenheit von Linken gelernt werden könnte, erscheint angesichts einer deutlich geschlosseneren Rechten eher als Großmalen seines Feindes. Jedoch sei Antikapitalismus integraler Bestandteil des Kampfes gegen das Establishment, welches Höcke in einem neoliberalen „No-border-no-nation-System" identifiziert (Höcke 2018: 243). Eine Querfront mit Linken lehnt Höcke als Kampfbegriff zwar ab, um jedoch gleich darauf eine Wirbelfront mit „kommunitaristischen" Linken wie Sahra Wagenknecht als Perspektive aufzumachen (Höcke 2018: 122 ff.). Dabei klingen historische Analogien insbesondere an die antikapitalistische Rhetorik der *NSDAP* an, welche sich gleichwohl angesichts der Abrechnung mit dem planwirtschaftlichen Flügel rund um Röhm und die Strasser-Brüder als bloße Chimäre entpuppt hat (Winkler 1979).

Das Führerprinzip zeigt sich erst in Höckes Zuschnitt auf die absolute und vorherbestimmte Person: ihn selbst. Die Führerinszenierung vollzieht er damit, dass er „mehr Strategie und weniger Taktiererei" als notwendige Stoßrichtung erklärt, wobei strategisch nur ein Steuermann wie Bismarck sein könne, der einen festen Metastandpunkt hat und in dessen Fußstapfen er sich selbst stellt (Höcke 2018: 152 ff.). Erst vor diesem Hintergrund des notwendigen, absoluten Führers ergibt auch der Mythos vom dekadenten, zur Selbstbefreiung unfähigen Volkes Sinn. Das deutsche Volk, so der Kern der Erzählung, warte auf seine Befreiung durch Höcke. Dass dabei noch Robert Michels „ehernes Gesetz" – jede Organisation sei der Gefahr der inneren Oligarchisierung ausgesetzt – bemüht, aber kaum näher ausgeführt wird, wirkt dabei eher als Immunisierungsversuch gegen diesen Vorwurf des Führerprinzips (Höcke 2018: 227 ff.).

4 Ein Manifest der Eskalation

Höckes Band ist also insgesamt ein Manifest mit eskalativem Aufbau, welches von der Kindheit eines kleinen Dorfjungen bis zum „Aderlass" führt, an dessen Ende hoffentlich „noch genug Angehörige unseres Volkes vorhanden" seien (Höcke 2018: 257). Während NS-Verdammung und NS-Verherrlichung als Übel gleichen Rangs dargestellt werden, bleibt der Holocaust unerwähnt. Geschichtsrevisionismus und Verharmlosung des Holocaust sind damit integraler Bestandteil von Höckes Weltbild. Seine frühkindheitlichen und später literarischen Neigungen zur Romantik inklusive des Wehmutsmotivs und seine inszenierte machiavellistische Willensstärke als Politiker erscheinen somit als bewusst gesetzte Kontrapunkte mit immanenter „Widerspruchsstruktur" (Höcke 2018: 160), welche den Mythos von Höcke als Führer im Laufe der Narration aufbauen. Insgesamt erscheinen die theoretischen Anleihen sehr eklektizistisch und teils widersprüchlich. So bezieht er sich auf die erkenntnistheoretisch doch eher gegensätzlichen Positionen von Karl Popper und Hegel, ohne das Spannungsfeld überhaupt zu thematisieren[2] (Höcke 2018: 57, 148 ff.). Der Idealismus, den Höcke explizit mit der philosophischen Strömung der klassischen deutschen Philosophie des 19. Jahrhunderts identifiziert, wird in Gegensatz zu einem Materialismuskonzept gestellt, welches sich eher auf Konsumorientiertheit bezieht. Die erkenntnistheoretische Debatte zwischen Idealismus und Materialismus seit dem 19. Jahrhundert umgeht Höcke also schlicht durch Entstellung der Konzepte. All das herauszustellen, trifft jedoch nicht den Kern – regiert bei Höcke doch der Wille zur Tat, die sich von „falscher Objektivität" nicht bremsen lässt. Am Text von Höcke kann man lernen, dass eine Begegnung auf philosophischer oder theoretischer Ebene angesichts der Willkür seiner Traditionsbildung müßig ist. Vielmehr gilt es, die politischen Absichten zu benennen, die mit diesem Theoriekonglomerat gerechtfertigt werden sollen. Seine Absichten entpuppen sich so als faschistisches Projekt. Höcke arbeitet recht offenkundig daran, jenen Schulterschluss zwischen „der Mitte" der Gesellschaft und rechtsextremistischen Strömungen herzustellen, der schon für den historischen Faschismus charakteristisch war. Darauf weist beispielsweise der Bezug auf die niedrigen Verwaltungsangestellte und die stolze Handwerkerschaft als „natürliche Verbündete" (Höcke 2018: 287 ff.) oder das Werben um die frustrierten Beamten in Staat, Verwaltung und Sicherheitsbehörden sowie die angestrebte

---

[2] Vgl. hierzu Popper 1980: 53 ff. über Hegel.

Mobilisierung der Massen hin (Höcke 2018: 232 ff.).[3] Der auch in öffentlichen Reden insbesondere seit 2019 vorgetragene verstärkte Appell zu mehr Geschlossenheit (Junginger 2019), erscheint als Offenbarung, dass Höcke selbst sich schon längst in der Mitte der Partei angekommen sieht und somit als Kampfansage auch an alle anderen Strömungen in der *AfD*. Innerhalb der *AfD* konnte offensichtlich die Stärke von Höcke und seinen Gefolgsleuten weder durch das Verbot des *Flügels,* noch durch die drohende Beobachtung der gesamten Partei durch den Verfassungsschutz gebrochen werden. Sie ist nur weniger sichtbar geworden, was uns angesichts Höckes faschistischen Programms beunruhigen sollte. Um Höckes schlussendlich genuin politisch-praktischem Projekt wirksam etwas entgegen setzen zu können, ist jedoch die immer mehr zum Allgemeinplatz werdende, intellektuelle Entlarvung als Faschist kaum mehr ausreichend. Vielmehr drängt sich der Ausbau einer umfassend-demokratischen Gegenmacht auf, die an den tatsächlichen Ebenen der Auseinandersetzung ansetzt: Strategie, Erzählung und Organisationspolitik.

Literatur

Primärquellen

Höcke, Björn (2018): Nie zweimal in denselben Fluss. Björn Höcke im Gespräch mit Sebastian Hennig. Mit einem Vorwort von Frank Böckelmann. Lüdinghausen/Berlin: Manuscriptum.

Sekundärliteratur

Armbrüster, Tobias (2017): AfD-Mitglieder im Staatsdienst. Gefahr politischer Einflussnahme. Interview mit Alexander Häusler. *Deutschlandfunk* vom 06.04.2017. https://www.deutschlandfunk.de/afd-mitglieder-im-staatsdienst-gefahr-politischer-100.html (11.10.2021).
Bebenburg, Pitt v. (2021): Rechtsextremismus in der Bundeswehr – „Das KSK ist so nicht zu retten". *FR online* vom 28.02.2021. fr.de/politik/rechtsextremismus-bundeswehr-ksk-experte-interview-news-90222068.html (11.10.2021).
Benjamin, Walter (1966): Das Passagen-Werk. In: Tiedmann, Rolf (Hrsg.): Gesammelte Werke Bd. V/1. Frankfurt a. M.: Suhrkamp.

---

[3] Dass derselbe Befund der ‚natürlichen Verbündeten des Faschismus' in der historisch-soziologischen marxistischen Faschismus-Forschung gefällt wurde, erscheint insofern gleichsam wie deren ironische Bestätigung und als Selbstoffenbarung Höckes.

Bowman, Sam (2013): Milton Friedmans Objection to Immigration. Adam Smith Institute: London. adamsmith.org/blog/economics/milton-friedman-s-objection-to-immigration (31.05.2021).

Eagleton, Terry (2000): Ideologie. Eine Einführung. Stuttgart: J.B. Metzlar.

Ganz, Marshall (2009): What Is Public Narrative: Self, Us & Now (Public Narrative Worksheet). Working Paper. nrs.harvard.edu/urn-3:HUL.InstRepos:30760283 (31.05.2021).

Griffin, Roger (1993): The Nature of Fascism. London: Palgrave Macmillan.

Griffin, Roger (2004): Der umstrittene Begriff des Faschismus. Interview mit Roger Griffin. In: *diss-Journal 13*. diss-duisburg.de/2004/12/der-umstrittene-begriff-des-faschismus/ (31.05.2021).

Junginger, Bernhard (2019): Warum Björn Höcke immer mächtiger wird. *Südkurier* vom 14. Juli 2019.

Kaul, Martin/Schmidt, Christina/Schulz, Daniel (2018): Rechtes Netzwerk in der Bundeswehr. Hannibals Schattenarmee. *taz online* vom 16.11.2018. taz.de/Rechtes-Netzwerk-in-der-Bundeswehr/!5548926/ (11.10.2021).

Kemper, Andreas (2016): „Die neurotische Phase überwinden, in der wir uns seit siebzig Jahren befinden". Zur Differenz von Konservativismus und Faschismus am Beispiel der „Historischen Mission" Björn Höckes (AFD). Berlin: Rosa-Luxemburg-Stiftung.

Popper, Karl (1980): Die offene Gesellschaft und ihre Feinde II. Falsche Propheten. 6. Aufl. München: Francke Verlag.

Quent, Matthias (2018): Mimikry oder Mosaik-Rechte? Ob rechter Durchmarsch oder letztes Abwehrgefecht: Ein linkes Gegennarrativ lässt auf sich warten. In: Burschel, Friedrich (Hrsg.): Durchmarsch von rechts. Völkischer Aufbruch: Rassismus, Rechtspopulismus, rechter Terror. Berlin: Rosa-Luxemburg-Stiftung, S. 53–63.

Russell, Bertrand (1950): Philosophie des Abendlandes. Ihr Zusammenhang mit der politischen und der sozialen Entwicklung. 3. Aufl. Zürich: Europa Verlag, S. 738–751.

Sontheimer, Kurt (1978): Antidemokratisches Denken in der Weimarer Republik. Die politischen Ideen des deutschen Nationalismus zwischen 1918 und 1933. 4. Aufl. München: Deutscher Taschenbuch Verlag.

Wassermann, Felix/Straßenberger, Grit (2018): Wie viel Elite verträgt die Demokratie? Über die populistische Kritik am „Establishment". In: Straßenberger, Grit/Wassermann, Felix (Hrsg.): Staatserzählungen. Die Deutschen und ihre politische Ordnung. Berlin: Rowohlt Berlin Verlag, S. 222–254.

Weiß, Volker (2017): Faschisten von heute? „Neue Rechte" und ideologische Traditionen. In: *Aus Politik und Zeitgeschichte* 42–43, S. 4–9.

Winkler, Heinrich August (1979): Das Mär vom Sozi Hitler. *Die Zeit* 45. zeit.de/1979/45/das-maer-vom-sozi-hitler (11.10.2021).

Matthias Danyeli studiert Sozialwissenschaften im Master an der Humboldt-Universität zu Berlin.

Selbstinszenierung als Politische Theoretiker*innen und Philosoph*innen

Überblick: Selbstinszenierung als Politische Theoretiker*innen und Philosoph*innen

Lukas Rogner und David Meiering

Zusammenfassung

Der Überblick über den dritten Teil des Buches fasst zusammen, wie akademisch oder ‚intellektuell' in Szene gesetzte Texte der ‚Neuen Rechten' versuchen, sich und ihre antidemokratischen Inhalte mithilfe von wissenschaftlichen Autoritäten und ihrer Reputation gegen Kritik zu immunisieren.

Anhänger*innen der ‚Neuen Rechten' verstehen sich selbst nicht nur als politische Aktivist*innen, sondern versuchen auch auf wissenschaftliche Diskurse, politische Theorie und Philosophie Einfluss zu nehmen. Viele Personen des ‚neurechten' Spektrums kommen aus einem akademischen Milieu, haben eine Hochschule oder Universität besucht, sodass ihre publizistische Tätigkeit auch auf gesellschafts- und geisteswissenschaftliche Themenkomplexe ausgerichtet ist. Es ist zu beobachten, dass die Abhandlungen, Bücher und Auseinandersetzungen mit wissenschaftlichen Themen inhaltlich an den Rändern des jeweiligen wissenschaftlichen Diskurses argumentieren. Viel wichtiger als der Inhalt der Publikationen, die einen Vorstoß auf akademisches Terrain wagen, ist

L. Rogner (✉) · D. Meiering
Humboldt-Universität zu Berlin, Berlin, Deutschland
E-Mail: rognerlu@hu-berlin.de

D. Meiering
E-Mail: david.meiering@hu-berlin.de

die strategische Bedeutung jedes einzelnen Textes für die gemeinsamen Ziele:
Eine Verschiebung der Grenzen des Denk- und Sagbaren, stetes Drängen zur
kulturellen Hegemonie und die Heranbildung einer akademischen Gegenelite
(vgl. Kellershohn 2016: 448–452). Die Selbstinszenierung der ‚Neuen Rechten‘
als akademische Autoritäten, politische Theoretiker*innen und Philosoph*innen
ist ein wesentlicher Bestandteil metapolitischer Arbeit, die darin besteht, neue
Begriffe und Bilder zu initiieren, Definitionsmacht über gängige Begriffe zu
erlangen und philosophische Begrifflichkeiten durch rechte Interpretations-
folien zu erweitern. Der jeweilige Inhalt steht dabei nicht im Vordergrund,
denn Mängel an Fakten oder Verstöße gegen die Regeln der Wissenschaftlichkeit vermögen die diskursive Wirkung der Texte nicht zu schmälern, auf die es
letztendlich ankommt. Renaud Camus' ‚Großer Austausch‘ steht beispielhaft
dafür, wie Begriffsneuschöpfungen, die jeglicher wissenschaftlicher Grundlage entbehren und verschwörungstheoretisch konzipiert sind, wissenschaftlich
anmutende Texterzeugnisse aus dem Spektrum der ‚Neuen Rechten‘ nachhaltig
bestimmen können. Solche Konzepte, Ideen und Begriffe werden – mal subtil,
mal offensiv – im Kontext von politischer Theorie und Philosophie verhandelt,
sodass sie Gefahr laufen, tatsächlich in wissenschaftliche Diskurse zu streuen.
Um das zu bewerkstelligen, inszenieren sich die ‚neurechten‘ Adept*innen als
einsame Wissenschaftler*innen, die der imaginierten Mehrheit einer vernunft-
losen und gelenkten Elite gegenüberstehen. So sehen sich Bernard Willms,
Renaud Camus, Martin Sellner und Walter Spatz als heroische Kämpfer auf ver-
lorenem Posten gegen eine akademische Elite, die als homogen und dekadent
konzipiert wird, weil sie entweder die wahren Probleme verschweige oder diese
sogar noch fördere. Zur Deckung dieser Selbstinszenierung werden bestimmte
Autoritätspersonen der politischen Theorie oder Philosophie herangezogen. Der
bemühte Anschein wertfreier Exegese aus den Werken namhafter Autoritäten
verleiht den Texten allein schon das Prädikat der Wissenschaftlichkeit. Wenn
beispielsweise das Buch von Martin Sellner und Walter Spatz sich als philosophisches Gespräch über Martin Heidegger ausweist, hat das die strategische
Funktion einer Tarnung, denn es impliziert eine seriöse, wissenschaftliche Auseinandersetzung mit Heidegger. Außerdem entsteht der Eindruck, dass sich Kritik
nicht nur an die Autor*innen selbst richten müsse, sondern auch an die jeweils
referenzierten Kronzeug*innen. Somit profitieren akademisch oder ‚intellektuell‘
in Szene gesetzte Texte der ‚Neuen Rechten‘ von wissenschaftlichen Autoritäten
und ihrer Reputation. Das bedeutet nicht, dass sich die Werke Carl Schmitts oder

Martin Heideggers geschichtsrevisionistischen und ethnopluralistischen Interpretationen verschließen würden, im Gegenteil. Schon die Verstrickungen dieser selbstgewählten Vorbilder in den Nationalsozialismus zeigen, dass akademisches und intellektuelles Kapital nicht neutral bleibt, wo es im (meta-)politischen Spiel eingesetzt wird. Stattdessen werden Philosophie und Wissenschaft politisiert; Begriffe und Konzepte werden zu Waffen im Kampf um die Köpfe.

Die Beiträge dieses Teils zeigen neben einer inhaltlichen Analyse auf, wie genau die Selbstinszenierung der Autoren und ihrer Texte vonstattengeht, welche strategische Bedeutung hinter den Texten steht und auf welche Weise Ideologeme der ‚Neuen Rechten' Einfluss auf wissenschaftliche Diskurse nehmen.

Literatur

Kellershohn, Helmut (2016): Das Institut für Staatspolitik und das jungkonservative Hegemonieprojekt. In: Braun, Stephan/Geisler, Alexander/Gerster, Martin (Hrsg.): Strategien der extremen Rechten. Hintergründe – Analysen – Antworten. Wiesbaden: VS Verlag für Sozialwissenschaften, S. 439–467.

Lukas Rogner studiert Kulturwissenschaft und Geschichte (Bachelor of Arts) an der Humboldt-Universität zu Berlin.

David Meiering ist Sozialwissenschaftler und promoviert am Lehrbereich für Integrationsforschung und Gesellschaftspolitik an der Humboldt-Universität zu Berlin. Er ist Stipendiat des Evangelischen Studienwerk Villigst. Seine Forschungsschwerpunkte sind Radikalisierungsprozesse (insbesondere im völkischen Nationalismus und der ‚Neuen Rechten'), Ideologien der Ungleichwertigkeit und Politische Theorie (insbesondere Demokratietheorie). Zuletzt erschienen ist das *Leviathan* Special Issue „(Ent-)Politisierung? Die demokratische Gesellschaft im 21. Jahrhundert" (herausgegeben mit Andreas Schäfer, 2020) und „Connecting Structures: Resistance, Heroic Masculinity and Anti-Feminism as Bridging Narratives within Group Radicalization" (mit Aziz Dziri und Naika Foroutan in: *International Journal of Conflict and Violence* 14 (2) 2020).

Carl Schmitt: Der Nomos der Erde

Janek Magister

Zusammenfassung

Der Nomos der Erde stellt den ersten Versuch einer ‚neuen' rechten Raumtheorie der Welt nach 1945 dar. Carl Schmitt übernimmt hierbei die Rolle eines Mittelsmannes, der die Essenz antidemokratischen, antiliberalen und faschistischen Denkens destilliert, in einen historisch wissenschaftlichen Diskurs eingeordnet und somit neu zu etikettieren versucht hat. Obwohl er sich als wertfreier Wissenschaftler präsentiert, etliche historische Beispiele einbettet und sich gleichzeitig vor jeder „Aktualität hüte[t]", werden vor allem über den Subtext transportierte politische Bezüge sowie eine klare ideologische Intention des Buches schnell klar. Diese bestehen u. a. in einem apologetisch-revisionistischen Geschichtsbild, vor allem in Bezug auf die Geschehnisse während und nach dem Zweiten Weltkrieg sowie auf Schmitts eigenem Wirken als Publizist im Nationalsozialismus. Gleichzeitig konzipiert

Die hier entwickelten Positionen sind größtenteils das Ergebnis eines Lesekreises, der sich im Rahmen dieses Buchprojektes mit *Der Nomos der Erde* beschäftigt hat. U. a. haben daran teilgenommen: Maike von Damaros, Dominik Flügel, Konstantin Hokamp, Tim Jorek, Artur Littau, Marie Michel, Lukas Rogner, Anna Sandberger, Eva-Lotte Schwarz und David Meiering. Wir danken Janek Magister, der die Ergebnisse unserer Debatten hier verschriftlicht hat.

J. Magister (✉)
Humboldt-Universität zu Berlin, Berlin, Deutschland
E-Mail: janek.stefan.magister@hu-berlin.de

er ein von Konflikten und Gewalt geprägtes Menschenbild, welches am ehesten mit einer autoritären Rezeption von Hobbes' *Leviathan* beschrieben werden kann, jedoch im Wesentlichen auf mythologisch-esoterischen Grundlagen fußt. Die ‚neue Rechte' bezieht sich häufig auf Schmitt als Grundlage ihrer anti-egalitären Ideologie und ihres proto-völkischen Raumdenkens und nutzt das akademische Prestige, das trotz seiner ambivalenten Rolle im NS immer noch mit seinem Namen verbunden ist, um eine vermeintliche Verwissenschaftlichung ihrer Positionen zu erreichen.

Die zwanziger und frühen dreißiger Jahre des letzten Jahrhunderts in Deutschland sind ein zentraler Bezugspunkt für Akteur*innen der ‚Neuen Rechten'. Autoren wie Ernst Jünger landeten Bestseller, andere hatten Lehrstühle an Universitäten inne oder besetzten hochrangige gesellschaftliche Positionen. Dabei konnten sie auf die Unterstützung weitläufiger Netzwerke von konservativen Eliten und Geldgeber*innen bauen, welche in Opposition zu Demokratie, Sozialismus und vor allem der verhassten Weimarer Republik standen. Die Behauptung, dass die damals entstandenen antidemokratischen Theorien und Schriften klar von den ‚verbrannten' Jahren des Nationalsozialismus trennbar seien, ist die Grundlage für ihren anhaltenden Gebrauch (→Mohler). Diese Behauptung ist jedoch in den meisten Fällen sowohl in theoretischer als auch personeller Hinsicht falsch. Sie passt jedoch sehr gut in die Strategie ‚neurechter' Akteur*innen, sich möglichst als legitimen Teil des theoretisch-wissenschaftlichen bzw. akademischen Diskurses zu präsentieren. Noch dienlicher ist es, wenn bestimmte Autor*innen aus diesem Kontext noch heute zum Literatur-Kanon an den Universitäten gehören. Dies trifft in besonderem Maße auf den Juristen und Staatsrechtler Carl Schmitt zu, dessen Schaffen zwar zu einem großen Teil in die Zeit der Weimarer Republik fiel, der es aber sowohl zwischen 1933 und 1945 als auch nach dem Zweiten Weltkrieg schaffte, weiter publizistisch tätig zu sein und einen gewissen Einfluss auf die politische Theorie und den staatsrechtlichen Diskurs auszuüben. Trotz seiner politischen Positionen, welche ihn vor 1933 vor allem mit Kreisen der sog. ‚Konservativen Revolution' um Ernst→Jünger oder Franz von Papen in Verbindung brachten, wird Schmitt von vielen Seiten rezipiert. Besonders bekannt ist sein *Begriff des Politischen* (1932a), welcher bspw. auch in linksintellektuellen Kreisen ausführlich und nicht nur kritisch besprochen wurde.
   Dabei ist Schmitts Rolle im Nationalsozialismus seit jeher Gegenstand kontroverser Diskussionen. Diese wurde zwar vor allem als opportunistisch gesehen und dadurch relativiert, dass er ab 1936 fast vollständig politisch isoliert gewesen ist (Mehring 2011: 72 ff.). Gleichzeitig wirkte er aktiv an der Ausarbeitung nationalsozialistischer Gesetze mit, referierte über *Die deutsche*

Rechtswissenschaft im Kampf gegen den jüdischen Geist (1936) und begrüßte enthusiastisch die Ermordung Ernst Röhms und anderer innerparteilicher Oppositioneller Hitlers (*Der Führer schützt das Recht*, 1934). Schmitt selbst hat sich nie explizit von diesen Teilen seines Wirkens distanziert. Mit der 1950 erschienenen geopolitischen Abhandlung *Der Nomos der Erde im Völkerrecht des Jus Publicum Europaeum* (1950) versucht er vordergründig, sein Werk zu einer epischen Großdiagnose umzudeuten; bei näherer Betrachtung aber überträgt er Teile der völkischen Lebensraum-Ideologie auf das Gebiet des Völkerrechts und der internationalen Politik. Die ‚Neue Rechte' stilisiert Schmitt dabei zumeist als Intellektuellen und schmückt sich mit der umfangreichen und vielschichtigen Rezeption seiner Theorien, etwa durch den Kreml-nahen Politikberater und Publizisten Alexandr Dugin.

So stammt vom Herausgeber der *Sezession*, Götz Kubitschek, der Ausdruck, Schmitt zu lesen sei „wie Bach zu hören" (Kubitschek 2010). An selber Stelle lobt er dessen theoretische Tiefe und charakterisiert seine Ausführungen zu Demokratie und Politik als präzise Einordnung weltgeschichtlicher Entwicklungen. Bezüge wie dieser sind ein gutes Beispiel für den Versuch einer Verwissenschaftlichung völkisch-nationalistischer und antidemokratischer Positionen, die auf diese Weise entschärft und als legitimer Beitrag zur politischen Debatte dargestellt werden.

1   Raum, Boden & Volk

In Carl Schmitts Werk, welches vornehmlich aus eher kürzeren Artikeln und Denkschriften besteht, stellt *Der Nomos der Erde* mit seinen knapp 300 Seiten eine seiner umfangreichsten Schriften dar. Schmitt nutzt hier die volle Bandbreite seines akademischen Wissens, um nicht weniger als die Geschichte von Staatlichkeit aus seiner Sicht darzustellen. So besteht das Buch zu großen Teilen aus einer sehr detaillierten Rekonstruktion der völkerrechtlichen Debatten vom mittelalterlichen Europa bis zur Nachkriegsordnung der gesamten Erde, welche Schmitt in einen Gesamtkontext scheinbar übergeordneter Prozesse und Gesetzmäßigkeiten einzuordnen versucht. Schmitt entwirft eine Raumtheorie, die implizit auf einem religiös-esoterischen Menschen- und Geschichtsbild beruht und die rassistisch-völkische Lebensraum-Ideologie der nationalsozialistischen Geopolitik fortsetzt (vgl. Köster 2002).

In den fünf einleitenden Corollarien definiert Schmitt mit Bezug auf sehr grundlegende philosophische Fragen die Eckpunkte seiner politischen Anthropologie. Eine besonders wichtige Rolle spielen hierbei Naturzustands-

Konzeptionen: In der Vergangenheit hatte sich Schmitt vor allem durch seine Kritik an Jean-Jacques Rousseau und eine autoritäre Rezeption von Thomas Hobbes *Leviathan* hervorgetan. Im *Nomos der Erde* betont er nun einen „tellurischen Charakter"[1] der Menschheit. Diese Begrifflichkeit hatte Schmitt bereits in seinem 1942 erschienenen Buch *Land und Meer* (1942) eingeführt. Sie bezeichnet eine angeblich natürliche, grundsätzliche Verbundenheit der Menschen zu dem Boden, auf dem sie leben. Die Begründung dieses ‚erdhaften' Charakters nimmt zuweilen sehr spirituelle Züge an:

> „Denn die Mühe und Arbeit, Saat und Bestellung, die der Mensch an die fruchtbare Erde verwendet, wird von der Erde durch Wachstum und Ernte gerecht belohnt. Jeder Bauer kennt das innere Maß dieser Gerechtigkeit" (Schmitt 1950: 15).

Des Weiteren behauptet Schmitt, der nutzbaren Erde liege eine natürliche Form der Einteilung inne, aus welcher sich eine Art ursprüngliche Ordnung ergebe. Diese sei von großer Bedeutung für das Wesen menschlicher Gesellschaften, im Prinzip sei diese Eigenschaft sogar die Voraussetzung für deren Entstehen. Dem folgend ist der Beginn der Sesshaftigkeit für Schmitt ein in besonderem Maße revolutionärer Akt, ein „radical title" (Schmitt 1950: 17) und der eigentliche Beginn der Menschheitsgeschichte, welcher die aus dem Verhältnis der Menschen zum Boden entstandene natürliche Logik zum ersten Mal festsetze. Diese werde somit zur Grundlage für die hieraus entstehenden Staaten, Reiche, Stämme oder andere Formen von Gesellschaft, sowie für das Verständnis jedweder weltgeschichtlichen Entwicklungen: „Die großen Ur-Akte des Rechts [...] bleiben erdgebundene Ortungen. Das sind: Landnahmen, Städtegründungen und Gründung von Kolonien" (Schmitt 1950: 15).

Das Recht sei zunächst vor allem ein Recht „nach Innen" (Schmitt 1950: 16) gewesen, welches durch eine Einteilung und Kategorisierung des vorhandenen Bodens u. a. Privateigentum begründe. Gleichzeitig wirkt es auch „nach außen" (Schmitt 1950: 16) und sorgt für die Definition verschiedener, voneinander abgegrenzter Räume, deren Interaktion untereinander ebenfalls durch ein Rechtssystem in halbwegs stabile Form gebracht werden könne. So entstehe ein ‚Völkerrecht', das ebenfalls vom tellurischen Charakter determiniert werde: „[...] die bisherige Geschichte des Völkerrechts ist eine Geschichte von Landnahmen" (Schmitt 1950: 19).

---

[1] Von ‚tellus' = latein. ‚Erde'.

Landnahmen haben nach Schmitt vor allem eine konstituierende, also schaffende Funktion, die darüber hinaus das Wesen der ‚Völker' und ihrer Beziehungen untereinander bestimme. Schmitt betont hierbei sein Verständnis von Völkerrecht als Raumordnung. Raum meint dabei zunächst vor allem die Gesamtheit des verfügbaren Bodens, da sich auf diesem die ‚natürlichste' Form menschlichen Lebens vollziehe, schließt aber auch andere Elemente wie Wasser und Luft nicht aus. Diese grundlegende Ordnung und den ihr innewohnenden Charakter bezeichnet Schmitt als Nomos:

> „Der Nomos im ursprünglichen Sinne aber ist grade die volle Unmittelbarkeit einer nicht durch Gesetze vermittelten Rechtskraft; er ist ein konstituierendes geschichtliches Ereignis, ein Akt der *Legitimität*, der die Legalität des bloßen Gesetzes überhaupt erst sinnvoll macht" (Schmitt 1950: 42, kursiv i. O.).

Der Inhalt des Nomos bestimme auch über die Legitimität einzelner Landnahmen und ob die von ihnen begründete Ordnung von Dauer ist. Schmitt betrachtet die Weltgeschichte als einen dauerhaft in Bewegung befindlichen Prozess, welcher durch teils spontan entstehende, willkürliche „Gewaltakte" (Schmitt 1950: 50) bestimmt wird. Kontrollierte Landnahmen, also Okkupation freien Landes, wie auch die Eroberung bereits bewohnter Flächen stellten hierbei also so etwas wie ordnende Akte dar, welche ein über längere Zeit stabiles völkerrechtliches System schaffen oder stabilisieren könnten. Das Streben einer hegemonialen Macht nach Expansion wird von Schmitt als in gewisser Weise funktional dargestellt, da diese das ihr innewohnende System von „Ordnung und Ortung" (Schmitt 1950: 50) zu verallgemeinern suche. Schmitt polemisiert hiermit gegen den legalistischen Rechtspositivismus, welcher Fragen der Legitimität von bspw. Landnahmen oder vor der Verfassung liegende Faktoren wie den tellurischen Charakter kaum behandele, weil er Recht nur im Kontext des jeweils konkreten, konstituierten Systems bewerte (Schmitt 1950: 51). Statt die Legitimität der Ordnung in dem freien, rational begründeten Willensakt einer gemeinsamen Verfassungsgebung zu identifizieren, bemüht Schmitt das Bild organisch entstandener patriarchaler Stammesgemeinschaften, welche sich zwar im Laufe der Geschichte weiterentwickelten und abstrahierten, ihr Recht aber stets von einem mythischen Gewaltakt ableiteten und sich so ewig daran banden. Der Staat ist bei ihm das Ergebnis eines blutigen Männerbundes. Er fußt auf einer Art „Naturrecht der tiefsten Sphären tellurischen Daseins" (Faber 2001: 21). Internationale Beziehungen erscheinen dementsprechend als eine Art ‚survival of the fittest'. Dies lässt sich als sozialdarwinistisches Verständnis deuten. Für Schmitt ist dem folgend vor allem die Stabilität eines Nomos bzw. bestehender Ordnungen und

Rechtssysteme entscheidend, deren Aufgabe es sei, Konflikte in einem gewissen Rahmen zu halten. Zentral ist hier der Begriff der „Hegung" des Krieges, was Schmitt als „Rationalisierung, Humanisierung und Verrechtlichung" (Schmitt 1950: 69) definiert und als Hauptaufgabe des Nomos betrachtet. Hieraus erklärt sich auch, dass Schmitt der Feindschaft eine essentielle Bedeutung einräumt. Diese ist wohl das zentrale Motiv von Carl Schmitts politischer Theorie und wird bereits im *Begriff des Politischen* zum generellen Kriterium jedweden politischen Handelns erhoben. So muss auch die Verwendung des Raumbegriffes, als definierendes Merkmal für Völker bzw. deren Rolle als Akteure in der internationalen Politik, in diesem Sinne verstanden werden. Die größte Errungenschaft des erdhaften Nomos sei nämlich eine Normalisierung von Feindschaft: Ihm käme als übergeordnete Raumordnung die Rolle eines Schiedsrichters zu, welcher Landnahmen und die Beziehungen zwischen den Völkern reguliere und einschränke. Dadurch werde eine „Diskriminierung des Feindes zum Verbrecher […] parallel mit der Steigerung der Vernichtungsmittel und mit der Entortung des Kriegsschauplatzes" (Schmitt 1950: 298) verhindert.

2   Geschichtsklitterung mit dem Ziel der Selbst-Apologetisierung

Trotz seiner theoretischen Abstraktion und des historischen Gegenstandes ist die Intention von Schmitt, mit *Der Nomos der Erde* einen Kommentar zu Gegenwart und Zukunft des Völkerrechts sowie zum Ausgang des Zweiten Weltkriegs zu platzieren. So bezeichnet Reinhard Mehring den *Nomos der Erde* auch als „die völkerrechtsgeschichtliche Summe der Kriegserfahrungen" (Mehring 2011: 84). Schmitt ist ein Meister des Subtextes: Er versucht nicht nur, seine dezidiert völkisch-nationalistische Position philosophisch zu ummanteln, sondern auch seine Tätigkeit im Dienste des Nationalsozialismus in einen scheinbar größeren historischen Kontext zu setzen und damit zu rechtfertigen. Seine Strategie ist dabei vor allem, sich unterschwellig als Opfer darzustellen, dessen objektive, vernunftbasierte Theorie aus ideologischen Gründen diskreditiert werde. Dies stellt er schon im Vorwort klar:

> „Es kommt hinzu, dass ich mich vor jeder Aktualität hüte […] um nicht in einen falschen Verdacht zu geraten. Alle Sachverständigen klagen ja über die babylonische Sprachverwirrung unserer Zeit, über die Roheit (sic) des ideologischen Kampfes und über die Zersetzung und Vergiftung selbst der gängigsten und geläufigsten Begriffe unserer heutigen Öffentlichkeit" (Schmitt 1950: 6).

Die Schuldigen hierfür sind schnell gefunden und als Träger*innen einer historischen Entwicklung identifiziert, die die funktionale und stabile Raumordnung der europäischen Nationalstaaten des 18. und 19. Jahrhunderts – also des alten Nomos der Erde – unterminiert hätten. Breuer sieht hier Bezüge zu→ Spenglers Konzept vom Untergang des Abendlandes, welches ebenfalls „in einer Sicht der Kulturen als geschlossener Organismen wurzelt" (Breuer 2012: 262):

> „Die im 19. Jahrhundert vollzogene Industrialisierung, so seine These, habe eine ‚Großraumwirtschaft' geschaffen, die die herkömmlichen staatlichen Grenzen überschreite [...]. In Schmitts Augen hatte weder die völkerrechtliche Theorie noch die politische Praxis mit dieser Entwicklung Schritt gehalten" (Breuer 2012: 259 f.).

Als Ursache hierfür sieht Schmitt eine politische Agenda, welche den von ihm beschriebenen erdhaften Charakter grundsätzlich negiere und stattdessen eine „Idee der Menschheit" (Breuer 2012: 262) als Ganzes voraussetze. Dies wird von ihm als ‚Universalismus' bezeichnet, welcher statt den von Schmitt definierten natürlichen Gesetzen von Ordnung und Ortung eine „Ideologie der früheren Freiheit fortzuführen sucht" (Schmitt 1950: 271). Er fürchtete, dass so bestimmte Völker die ihrem Wesen vermeintlich innewohnenden, konkret raumbezogenen Gesetze verallgemeinern und so zu allgemeinen Regeln menschlichen Zusammenlebens erheben wollten. Die internationale Rechtsdebatte verliere so „jeden Sinn für die Raumstruktur einer konkreten Ordnung und für die ihr wesentlichen und spezifischen Verschiedenheiten des völkerrechtlichen Boden-Status" (Schmitt 1950: 194). Die treibende Kraft hinter dieser Agenda sind Schmitt zufolge die USA. Als Siegermacht des Zweiten Weltkriegs strebten die USA an, ihr liberales Staatsmodell und die abstrakt-universellen Menschenrechte weltweit zu implementieren. Die moralische Komponente des Humanismus aber führe zu einer ‚Kriminalisierung' derer, die sich diesem Modell verwehrten und erkläre diese auch moralisch zu Feinden der Menschheit, die – so seine Befürchtung – zu Rechtlosen verurteilt und daraufhin ausgelöscht werden könnten. Wo der alte Nomos der Erde mit seinem duell-haften, nicht-diskriminierendem Feindbegriff für eine stabile internationale Ordnung gesorgt hätte, entstünde nun die Gefahr eines weltweiten Kriegszustandes ohne jede Hegung. Schmitt richtet sich hier explizit gegen die Idee einer Weltgemeinschaft, welche er als bloße Verallgemeinerung spezifischer Interessen betrachtet. Seine Argumentation ist weiterhin vage auf dem Postulat des natürlichen ‚tellurischen Charakters' aufgebaut und trägt im Rückblick auf Schriften der dreißiger Jahre auch antisemitische Züge, wo die Popularität des ‚Universalismus' dem

Agieren einer verdeckten jüdischen Macht zugeschrieben wird (Schmitt 1938). Außerdem verkehrt Schmitt Täter und Opfer: Nicht die liberalen Kräfte haben ihre Feinde ausgelöscht und einen Weltkrieg entfacht, sondern die antiliberalen, faschistischen und nationalsozialistischen Kräfte haben ganze Menschengruppen im Holocaust vernichtet und die ganze Welt in einen zerstörerischen Eroberungskrieg hineingezogen – der mit eben jener Lebensraumideologie begründet wurde, die Schmitt weiterhin in abgewandelter Form propagiert. Indem Schmitt den Universalismus für eine Enthegung des Krieges verantwortlich macht, klammert er die verbrecherische Politik des Nationalsozialismus und des Faschismus aus und betreibt dadurch Geschichtsklitterung.

Gerade die faschistische Herrschaftsform unter Benito Mussolini in Italien aber war ein wesentlicher Hoffnungsträger der schmittschen politischen Theorie, insbesondere weil Schmitt *Rom* zu einer Metapher für die ideale Raumordnung aufplusterte. Denn seine Suche nach einer neuen Form von Staatlichkeit hatte ihn in immer abstraktere und abstrusere Bereiche getrieben (vgl. Balke 1996). Während er zunächst von Großräumen sprach (Schmitt 1940a, b [1939a], 1941), beschäftigte sich Schmitt bald mit dem Reichsbegriff (1940 [1939b]) (vgl. Mehring 2008). Nachdem Schmitts durchschaubare Anbiederungsversuche bei den Nationalsozialisten erfolglos geblieben waren, abstrahierte er seine Suche nach einer neuen staatlichen Form (vgl. Schmitt 1958 [1941]). So behandelte er – politisch unkonkret und in der literarischen Form einer Erzählung – die Gegensätze von *Land und Meer* (1981 [1942]) und publizierte bis zum *Nomos der Erde* kaum. Seine zunehmend mythisch und esoterisch aufgeladenen Überlegungen kulminierten 1951 in einem Aufsatz *Raum und Rom. Zur Phonetik des Wortes Raum,* in dem er beide Worte auf eine gemeinsame Wurzel zurückführte und damit das Heilige Römische Reich als Idealtypus des räumlich-erdhaft verbundenen Nomos auch etymologisch ‚bewiesen' wissen wollte. Seine Sympathie für den italienischen Faschismus speiste sich dabei nicht nur aus der räumlichen Nähe zu Rom, sondern vor allem aus dem Umstand, dass der italienische Klerus und der faschistische Staat sich trotz anfänglicher Distanz allmählich annäherten und die Wiederherstellung des *Imperium Romanum* anstrebten, was Benito Mussolini vor allem durch seine Expansionspolitik verfolgte. Vereint im Kampf gegen die gemeinsamen Feinde, Sozialismus und Liberalismus, schufen Klerus und Faschisten aus Schmitts Sicht jenen starken Staat, auf den Italien aufgrund seiner sehr späten Nationalstaatsbildung lange hatte warten müssen. Auch wenn Mussolini seinen Faschismus als heidnische Bewegung auffasste, kam es durch politische Zugeständnisse an die Kirche schließlich zur Rechristianisierung Italiens, was Schmitt als Katholik nicht nur aus religiösen Gründen guthieß. Schmitts sah, besonders in seiner *Politischen Theologie* (1922), die Einheit von

Kirche und Staat nicht nur als ein religiöses oder theologisches Problem, sondern als staatsrechtliche Lösung für die zerbröckelnde Staatlichkeit des alten Nomos der Erde. Als Form von Staatlichkeit habe – ganz im Sinne des Hobbes'schen Leviathan – das Römische Reich eine stabile Herrschaft begründen können, in der weltliche und geistliche Macht in einer zentralen Stelle gebündelt waren. Auch wenn das faschistische Italien in Wirklichkeit alles andere war: Der Kirchenstaat ist für Schmitt das Ideal einer stabilen Souveränität (vgl. Faber 2001).

Auch in *Der Nomos der Erde* kommt er auf diese aus seiner Sicht ideale Form der Raumordnung zurück, um sie als Vorbild des neuen Nomos in Stellung zu bringen. Daneben sind diese Passagen auch als verschlüsselte Selbstrechtfertigung Schmitts zu lesen, der insinuiert, sich eine Verwirklichung eines solchen Systems auch durch den Nationalsozialismus erhofft zu haben.

> „Die umfassende völkerrechtliche Einheit des europäischen Mittelalters wurde Respublica Christiana […] genannt. […] Ihr Nomos ist durch folgende Einteilungen bestimmt: Der Boden nicht-christlicher, heidnischer Völker ist christliches Missionsgebiet; er kann einem christlichen Fürsten durch den päpstlichen Auftrag […] zugewiesen werden. […] Der Boden islamischer Reiche galt als feindliches Gebiet, das durch Kreuzzüge erobert und annektiert werden konnte" (Schmitt 1950: 27).

Diese inhaltliche oder ideelle Auffüllung des Raumes ist es, was Schmitt zufolge einen *Großraum* und besonders ein *Reich* ausmache (und es von einem ‚leeren‘, rein auf Herrschaft bezogenen Gebilde wie einem Vielvölkerstaat abgrenze): „Raum ist uns ein Kraftfeld menschlicher Energie, Aktivität und Leistung geworden" (1981 [1942]: 106). Dieser Raum müsse mit einem starken politischen Willen oder einer ‚politischen Idee‘ (Schmitt 1939b: 344) gefüllt werden, um ein Reich zur Existenz zu bringen. Im Falle der Respublica Christiana war dies der christliche Glaube und die Mission, was außerdem eine aktive Abgrenzung zum „Feind der Christenheit" (Schmitt 1939b: 35), dem Islam, bedingte. Kirche, Papsttum und Kaisertum gelten Schmitt somit als Ausdruck einer höheren Form der Wahrheit. Im *Nomos der Erde* wird dies noch um den Aspekt der „konkreten Ortung auf Rom" (Schmitt 1950: 29) erweitert, wodurch der Respublica Christiana der römische ‚Geist‘ „rechtlich und faktisch unlösbar" (Schmitt 1950: 28) innewohne. Diese reichlich diffuse und unwissenschaftlich hergeleitete Figur des ‚Reichs‘ trage als Herrschaftsform am ehesten dem erdhaften Charakter der Menschen Rechnung und nehme die Rolle eines „Aufhalters, des Katechon" ein, welcher „das Erscheinen des Antichrist und das Ende des gegenwärtigen Äon aufzuhalten vermag" (Schmitt 1950: 29). In diesem christlichen Selbstverständ-

nis eines *Kat-echon* sieht Schmitt auch seine eigene Position und Bestimmung.
Schmitts religiöse Reichs-Esoterik, inklusive seiner Ausführungen zur angeblichen etymologischen Verwandtschaft der Begriffe Raum und Rom, ist wohl eine
der seltsamsten Stellen in seinem gesamten Werk, dennoch lassen sich gerade
hierüber einige seiner konkreten Positionen nachvollziehen (vgl. auch Weiß 2017:
190).

Zunächst einmal wird der „tellurische Charakter" hiermit endgültig als
esoterisch-mythologisches Konzept entlarvt, was den Schluss nahelegt, dass
auch andere der als wissenschaftlich präsentierten theoretischen Begriffe einen
ähnlichen Ursprung haben könnten. Darüber hinaus ist die Krisendiagnose des
fehlenden Nomos der Erde mit der Abwesenheit des Reichsgedankens und des
christlichen Glaubens zu übersetzen. Konsequenterweise sieht Schmitt die von
ihm problematisierten Entwicklungen der Neuzeit als „Ent-Theologisierung"
(Schmitt 1950: 112) der Welt. Diese angebliche Entfremdung der Menschen
von ihrem Gebiet führte er auch auf einen „,jüdischen' Einfluss" (Breuer 2012)
zurück. Schmitts politische Selbstdarstellung muss daher als sehr radikale
Konsequenz aus seinen religiös-philosophischen Vorstellungen betrachtet werden.
Diese hätten ihn in den zwanziger Jahren zunächst einen Faschismus nach
italienischem Vorbild und dann den Nationalsozialismus als Träger des Reichs-
gedanken und Antwort auf den liberalen Universalismus sehen lassen. Dieses,
vor allem zwischen 1933 und 1945 bemühte Bild vom späten Erkenntnisgewinn
durch die ‚Erfolge' der Nazis und die Tatsache, dass Schmitt noch kurz vor der
Machtübernahme diese entschieden abgelehnt hatte, lesen viele als Beleg für
Opportunismus. Schmitt stritt dies beharrlich ab: „Er will nicht als Wendehals
gelten und verstrickt sich doch in apologetische Legenden" (Mehring 2011: 87).

Dies kann als eine Art doppelte Rechtfertigungs-Strategie gesehen werden:
Er bezeichnet es nach dem Zweiten Weltkrieg zwar als Fehler, die ‚Radikalität'
des Nationalsozialismus nicht in ihrer Endgültigkeit erkannt zu haben, betont
aber gleichzeitig seine angeblich gute Absicht und „wissenschaftliche Neugier"
(Mehring 2011: 87) an dessen ‚Projekt' als Gegenentwurf zum westlichen Universalismus. In einem Gespräch mit Nicolaus Sombart soll Schmitt geäußert
haben, Hitler sei „ein Golem. Man muß den kleinen Zettel, der unter seiner
Zunge liegt und auf dem die Chiffre seines Geheimnisses steht, in die Hand
bekommen. Dann hat man ihn in seiner Macht" (Sombart 2002: 250). Wenn man
dem Glauben schenken darf, hat sich Schmitt als *Katechon,* als Aufhalter des
Untergangs der souveränen Staatlichkeit gesehen, der durch seine publizistische
und politische Tätigkeit den NS für seine Zwecke einspannen wollte. Dabei
hat Schmitt seine Bedeutung grandios überschätzt. Auch überschätzte er die
Bedeutung einer kohärenten geistigen Untermauerung des NS-Regimes; so hatte

bereits der Jungkonservative Arthur Moeller van den Bruck, der ähnlich wie Schmitt ein Esoteriker des Reichsgedankens war und das Schlagwort vom *Dritten Reich* aufgegriffen und popularisiert hatte (1923a), nach einem Zusammentreffen mit Hitler festgestellt:

> „Hitler ist an seiner proletarischen Primitivität gescheitert. Er verstand nicht, seinen Nationalsozialismus geistig zu unterbauen. Er war verkörperte Leidenschaft, aber ganz ohne Abstand und Augenmaß" (Moeller van den Bruck 1923b).

Gemeinsam war Schmitt und dem NS sicherlich der Feind, was sich auch darin zeigte, dass Schmitt sich nach der Niederlage im Zweiten Weltkrieg bestätigt sah: Die vermeintliche „Kriminalisierung" (Schmitt 1950: 255) der Deutschen deutete Schmitt als ‚absolute Feindschaft', als Entgrenzung der Feindbegriffe und eine Enthegung des Krieges, der, legitimiert durch die liberale Ideologie des Humanismus, zu einer Legitimation jeglicher Interventionen in der Welt führe: „Wer Menschheit sagt, will betrügen" (Schmitt 1932a: 55). Die Paradoxie dieser Aussage ist bei dem Historiker Volker Weiß gut auf den Punkt gebracht:

> „Anklagend gegen die anderen, nicht gegen sich selbst, notierte Schmitt ‚die Verneinung der absoluten Feindschaft' könne nur durch den ‚Verzicht auf die Kriminalisierung des Kriegsgegners' bewirkt werden. […] Dabei unterschlug er schlichtweg, dass die deutsche Seite lange vor Nürnberg selbst alle Formen der absoluten Feindschaft praktiziert hatte" (Weiß 2017: 215).

Dies zeigt gut, dass Schmitts Blick auf die Geschichte rein selektiver Natur ist und durch seine eigene krude Ideologie vom (christlichen) Reich als Katechon des Weltenendes determiniert ist.

3 Eine Blaupause für Raumtheorien der ‚Neuen Rechten'

Die halbherzige Abgrenzung seiner Ansichten von denen des Nationalsozialismus wird durch theoretische Kontinuitäten innerhalb der ‚Neuen Rechten' in sehr starke Zweifel gezogen. Obwohl sie an einigen Stellen erweitert oder leicht angepasst wurden, kulminieren in *Der Nomos der Erde* eine Vielzahl von Konzepten aus Schmitts vorherigen Schriften. Sowohl sein *Begriff des Politischen*, die *Politische Theologie* (1922) als auch Bezüge zu *Legalität und Legitimität* (1932b) lassen sich hier wiederfinden. Aufgrund der Rolle von *Der Nomos der Erde* als Kommentar zur völkerrechtlichen Situation nach dem

Zweiten Weltkrieg kann dieser als eine Art praktische Anwendung Schmitts eigener Theorien gesehen werden. Obwohl sich Schmitts Kritik sehr explizit gegen bestimmte Akteure (England, USA) oder Institutionen (bspw. den Völkerbund) richtet, gibt er mit seinem Konzept des Pluriversums vor, für eine Art friedlicher, globaler Koexistenz der unterschiedlichen Staaten zu stehen. Dies passt zur Selbstpräsentation des Buches, welches Schmitt in der Einleitung als vorrangig wissenschaftlich und nicht ideologisch motiviert darstellt.

Die im Subtext vorhandene politische Intention wird jedoch an diversen Stellen klar, gerade im Rückblick auf Konzepte, welche Schmitt während des Nationalsozialismus noch deutlich offener vertreten hatte. Auch hier ist das Ideal des ‚Reichs' zentral:

> „Jedes Reich hat nach Schmitt ‚einen Großraum, in den seine politische Idee ausstrahlt und der fremden Interventionen nicht ausgesetzt sein darf'. Dieser Raum müsse folgerichtig gegen alle Einflüsse raumfremder Mächte abgeschirmt werden" (Weiß 2017: 204).

Laut Schmitt war Deutschland als traditionell kontinentale und somit erdhafte Macht (im Gegensatz zum englischen ‚Seevolk') der historische Träger des Reichsgedankens und somit prädestiniert für die Rolle der Hegemonialmacht für einen europäischen Großraum. Diese Schlussfolgerung kann als grundlegend für den rechten Chauvinismus betrachtet werden, der Ethno-Nationalismus auch über staatliche Grenzen hinausdenkt. Wenn etwa *PEGIDA* oder die *AfD* vom ‚Abendland' sprechen, so meinen sie im Anschluss an Carl Schmitt einen europäischen Großraum unter deutscher Vorherrschaft (Weiß 2017: 204 f.), der gegen eine ‚Wesensveränderung' durch den Islam verteidigt werden müsse. Eine Schließung der Grenzen wird nur für ‚raumfremde Mächte' gefordert und mit einer Unvereinbarkeit unterschiedlicher Kulturen begründet, ähnlich wie bei Schmitts Betonung des ‚tellurischen Charakters'. Migration als ‚Wechsel der Volkszugehörigkeit' wird somit als unnatürlich und unvereinbar mit einer stabilen Raumordnung gesehen. Das Völkische dieser Ansichten spiegelt sich auch in dem von der *Identitären Bewegung* geprägten ‚Konzept' des Ethnopluralismus: Der Plan von einer internationalen Vereinigung von ‚Patrioten' mit dem Ziel, die jeweilige ‚nationale Identität' zu wahren, schließt punktgenau an das schmittsche Menschenbild an.

Anti-Universalismus und Anti-Amerikanismus sind hier sehr ausgeprägt: Die USA werden nicht nur als raumfremde, imperialistische Macht gesehen, sondern auch als Träger einer liberalen Ideologie, die alles raumhaft Spezifische beseitigen wolle. Der hiergegen heraufbeschworene ‚Kulturkampf' wird zu einem verbindenden Element für einen rechten Internationalismus, in dem französische, deutsche und russische Rechte sich gegen den Universalismus vereinen, um sich anschließend wieder in echter, ‚gerechter Feindschaft' gegenüber stehen zu können.[2] Diese Vorstellung des gemeinsamen Kampfes wird offensiv in Debatten internationaler (Geo-)Politik vertreten (vgl. Himmelreich 2017); bspw. anlässlich der Annektion der Krim durch Russland, welche durch die *AfD* als Maßnahme der Selbstverteidigung gegen die Ausbreitung der *NATO* betrachtet wird (Weiß 2017: 206 f.). Das Motiv des Anti-Amerikanismus hat längst die Basis der ‚Neuen Rechten' übertreten und vermischt sich mit (strukturellem) Antisemitismus bzw. Erzählungen von einer elitär-liberalen Weltverschwörung.[3] Über positive Bezüge auf das Deutsche Reich (oder wie bei Schmitt generell das vorindustrielle Kontinentaleuropa) wird darüber hinaus subtil die postkoloniale Struktur der Welt gerechtfertigt und das christliche Europa zum normativen Ideal stilisiert. All dies zeigt, dass die eher abstrakten Ausführungen im *Nomos der Erde* innerhalb der ‚Neuen Rechten' vielfältig Anwendung finden und äußerst dienlich für Erzählungen von ethnisch ‚reinen' Nationalstaaten, europäischer Vorherrschaft oder einem revisionistischen Geschichtsverständnis sind.

4   Der Versuch einer rechten Ideologie-Kritik und der Verwissenschaftlichung von Positionen

Die Rezeption von Carl Schmitt in der ‚Neuen Rechten' ist ein Musterbeispiel für den Versuch der Verwissenschaftlichung ihrer Positionen. *Der Nomos der Erde* zeichnet sich zunächst durch eine formal-akademische Sprache, exakte Begriffsarbeit und eine enorme Menge an historischen Beispielen aus. Schmitt beschreibt darüber hinaus ausführlich die Entwicklung der internationalen Debatte um das Völkerrecht und stellt dabei das Postulat auf, dass diese

---

[2] Im Anschluss hieran nimmt nach Volker Weiß auch der Begriff des Abendlandes als Kampfbegriff immer mehr die Rolle eines ‚östlichen', explizit vom als ‚westlich' konnotierten Universalismus abgegrenzten Konzeptes ein, was eine Ursache für die oftmals prorussische Ausrichtung innerhalb der ‚Neuen Rechten', bspw. *PEGIDA* darstelle (Weiß 2017: 185 f.).

[3] So nannte sich eine der ersten *PEGIDA*-Abspaltungen „Engagierte Demokraten gegen die Amerikanisierung Europas (Endgame)", s. https://www.deutschlandfunk.de/amerika-gegner-mobilisieren-in-erfurt-nach-pegida-nun-auch-100.html (15.06.2021).

inzwischen stark ideologisch vom Liberalismus beeinflusst sei. Dabei kritisiert er nicht nur die Theorie des Liberalismus an sich, sondern auch dessen Anspruch, das „Universale" (Schmitt 1950: 200), also das allgemein gültige Konzept für die Gestaltung und Einschätzung internationaler Politik darzustellen. Dies ist durchaus als Bezug auf das philosophische Konzept der Ideologiekritik zu verstehen, welches traditionell eher durch die politische Linke bemüht wird und die Idee einer objektiven Wissenschaft bzw. objektiven Handelns generell infrage stellt. Fakt ist, dass auch linke Theoretiker*innen Schmitt immer wieder sehr ausführlich rezipiert und z. B. Anschlüsse an seine Liberalismus-Kritik gesehen haben (Neumann 1983). Gleichzeitig formuliert Schmitt jedoch für sich selbst den Anspruch, ergebener Diener der Wissenschaft zu sein: „Dieses Buch, die wehrlose Furcht harter Erfahrungen, lege ich auf dem Altar der Rechtswissenschaft nieder, einer Wissenschaft, der ich über vierzig Jahre gedient habe" (Schmitt 1950: 5). Weiterhin betont er die angebliche Überparteilichkeit seines Arbeitens, welche daraus bestünde, „das gewaltige Material zu sichten, den neuen Gedanken sachlich darzulegen, unnützen Streit zu vermeiden und die Größe des Themas nicht zu verfehlen" (Schmitt 1950: 6). Wie die inhaltliche Auseinandersetzung gezeigt hat, ist *Der Nomos der Erde* im Gegensatz zu diesem Anspruch voller ideologisch beeinflusster Darstellungen. Diese scheinen zwar zumeist in sich stimmig, fußen aber auf spezifischen, oftmals unbegründeten philosophischen Grundgedanken. Das beginnt bei dem ‚tellurischen' Charakter des Menschen und gipfelt im religiös-esoterischen Reichsbegriff. Schmitts gesamtes Werk ist auf diese Weise ambivalent. Er tätigt viele treffende empirische Beobachtungen und theoretische Reflektionen über die Krise des Nationalstaats, seine Schlüsse sind jedoch in hohem Maße vorbestimmt durch sein antidemokratisches und antiliberales Denken. Die ‚Beweisführung' Schmitts ist dabei in hohem Maße selektiv und mitunter mythisch-esoterisch begründet. Trotz diesem klar ersichtlichen ideologischen Rahmen und seiner Rolle im Nationalsozialismus ist Schmitt auch nach dem Krieg relevant geblieben. Dies hängt stark mit der mangelhaften Entnazifizierung der frühen Jahre der BRD zusammen, welche ihm seinen schwindenden politischen Einfluss nach 1936 und die teilweise Gegnerschaft zur *NSDAP* vor 1933 zugutehielt – trotz seiner privilegierten Position und der zumindest zeitweisen publizistischen Unterstützung Hitlers. Als ‚Mitläufer' blieb er fast komplett straffrei. Er konnte zwar keine akademische Position mehr bekleiden, übte aber über viele seiner Schüler*innen, Kolleg*innen und Theorien weiter einen großen Einfluss über politische Lager hinaus aus. Auch linke Theoretiker*innen wie Chantal Mouffe schließen an Schmitts antagonistisches Denken an (Mouffe 2018). Die ‚Neue Rechte' nutzt dieses scheinbar unbeschadete Image und die wissenschaftliche Debatte, um Schmitt als einen quasi unfehlbaren und über politischen Lagern frei schwebenden Intellektuellen darzustellen. In diesem Sinne ist auch das eingangs erwähnte Zitat von Kubitschek zu verstehen, welcher Schmitts angebliche Vielseitigkeit betont: „Schmitt [war] kein reiner Staatsrechtler [...], sondern ebenso Kulturkritiker wie Geschichtsphilosoph" (Kubitschek 2010).

Das Ziel solcher Aussagen ist es, höchst ideologischen Positionen den Anschein eines wissenschaftlichen Charakters zu geben, bzw. diese als allgemeingültige Wahrheiten darzustellen. Schmitt spielt hier die Rolle eines Mittelsmannes, der die Essenz antidemokratischen und faschistischen Denkens destilliert, in einen historisch wissenschaftlichen Diskurs eingeordnet und somit neu etikettiert hat. Außerdem hatte er nur bedingte Berührungsängste mit den Nationalsozialisten als noch ‚radikaleren' Vertretern dieser Ideologien und stellte sein Schaffen zeitweise gänzlich in deren Dienst. Gleichzeitig bemüht sich gerade *Der Nomos der Erde* um Abgrenzung zur NS-Zeit, sowohl in der Form der Argumentation als auch in der alles überschauenden, ideologiefreien Selbstpräsentation und kann als einer der ersten Gehversuche einer ‚Neuen Rechten' nach 1945 in Deutschland betrachtet werden. Diese Anschlussfähigkeit in verschiedene Richtungen zeigt sich auch an Schmitts unterschiedlicher Rezeption innerhalb der heutigen ‚Neuen Rechten'.

Bewusst wird *Der Nomos der Erde* nicht als grundlegende Abhandlung über politische Theorie dargestellt, sondern scheinbar auf den Fachbereich der internationalen Politik begrenzt. Akteure wie Dugin preisen im Anschluss daran vor allem Schmitts staatsrechtliche Kenntnisse und sehen in dem Buch einen zeitlosen Klassiker für das Verständnis internationaler Geopolitik. Dabei verschweigen sie bewusst die nicht nur unterschwellig vorhandenen ideologischen Positionen, welche sich in einer Kontinuität demokratiefeindlichen und völkischnationalistischen Denkens befinden, die sich bis heute fortsetzt.

Literatur

Primärquellen

Kubitschek, Götz (2010): Warum Carl Schmitt lesen? In: *Sezession* vom 18.03.2010. sezession.de/13269/warum-carl-schmitt-lesen (14.04.2021).

Moeller van den Bruck, Arthur (1923a): Das Dritte Reich. Berlin: Ring Verlag.

Moeller van den Bruck, Arthur (1923b): Kritik der Presse. In: *Gewissen* 5(45).

Schmitt, Carl (1922): Politische Theologie. Vier Kapitel zur Lehre von der Souveränität. Berlin: Duncker & Humblot.

Schmitt, Carl (1932a): Der Begriff des Politischen. Berlin: Duncker & Humblot.
Schmitt, Carl (1932b): Legalität und Legitimität. Berlin: Duncker & Humblot.
Schmitt, Carl (1934): Der Führer schützt das Recht. In: *Deutsche Juristen Zeitung* 15, S. 947–950.
Schmitt, Carl (1936): Die deutsche Rechtswissenschaft im Kampf gegen den jüdischen Geist. In: *Deutsche Juristen Zeitung* 20, S. 1194–1202.
Schmitt, Carl (1938): Der Leviathan in der Staatslehre des Thomas Hobbes. Sinn und Fehlschlag eines politischen Symbols. Köln: Edition Maschke.
Schmitt, Carl (1940 [1939a]). Großraum gegen Universalismus. Der völkerrechtliche Kampf um die Monroedoktrin. In: Schmitt, Carl (Hrsg.): Positionen und Begriffe im Kampf mit Weimar – Genf – Versailles 1923–1939. Berlin: Duncker & Humblot, S. 335–343.
Schmitt, Carl (1940 [1939b]): Der Reichsbegriff im Völkerrecht. In: Schmitt, Carl (Hrsg.): Positionen und Begriffe im Kampf mit Weimar – Genf – Versailles 1923–1939. Berlin: Duncker & Humblot, S. 344–354.
Schmitt, Carl (1950): Der Nomos der Erde im Völkerrecht des Jus Publicum Europaeum. Berlin: Duncker & Humblot.
Schmitt, Carl (1951): Raum und Rom. Zur Phonetik des Wortes Raum. In: *Universitas. Zeitschrift für Wissenschaft, Kunst und Literatur* 6(9), S. 963–969.
Schmitt, Carl (1958 [1941]): Staat als ein konkreter, an eine geschichtliche Epoche gebundener Begriff. In: Schmitt, Carl (Hrsg.): Verfassungsrechtliche Aufsätze aus den Jahren 1924–1954. Materialien zu einer Verfassungslehre. Berlin: Duncker & Humblot, S. 375–385.
Schmitt, Carl (1981 [1942]): Land und Meer. Köln-Lövenich: Hohenheim.

Sekundärliteratur

Balke, Friedrich (1996): Der Staat nach seinem Ende. Die Versuchung Carl Schmitts. München: Fink.
Breuer, Stefan (2012): Ein später Schüler Spenglers? Carl Schmitt und die „Raumrevolution". Berlin: Akademie Verlag.
Faber, Richard (2001): Lateinischer Faschismus. Über Carl Schmitt den Römer und Katholiken. Berlin/Wien: Philo.
Himmelreich, Jörg (2017): Deutsch-Russische Wahlverwandtschaften: Die ‚Neue Rechte'. In: Bundeszentrale für politische Bildung (Hrsg.): Dossier Rechtsextremismus. bpb. de/politik/extremismus/rechtsextremismus/256080/deutsch-russische-wahlverwandtschaften-die-neue-rechte (11.10.2021).
Köster, Werner (2002): Die Rede vom Raum. Zur semantischen Karriere eines deutschen Konzepts. Heidelberg: Synchron.
Mehring, Reinhard (2008): „Raumrevolution" als Rechtsproblem. Zum politischen Kontext und Wandel von Carl Schmitts Großraumdenken. In: Voigt, Rüdiger (Hrsg.): Großraum-Denken. Carl Schmitts Kategorie der Großraumordnung. Stuttgart: Franz Steiner, S. 99–117.
Mehring, Reinhard (2011): Carl Schmitt zur Einführung. Hamburg: Junius Verlag.

Mouffe, Chantal (2018): Für einen linken Populismus. Berlin: Suhrkamp.

Neumann, Volker (1983): Carl Schmitt und die Linke. *Die Zeit* 28. zeit.de/1983/28/carl-schmitt-und-die-linke/komplettansicht (12.06.2021).

Sombart, Nicolaus (2002): Jugend in Berlin 1933–1943. Ein Bericht. Frankfurt a. M.: Fischer.

Weiß, Volker (2017): Die autoritäre Revolte. Die neue Rechte und der Untergang des Abendlandes. Stuttgart: Klett-Cotta.

Weiterführende Literatur

Jurkevics, Anna (2017): Hannah Arendt reads Carl Schmitt's The Nomos of the Earth: A dialogue on law and geopolitics from the margins. In: *European Journal of Political Theory* 16, S. 345–366.

Mehring, Reinhard (2019): Carl Schmitt and the Politics of Identity. In: Sedgwick, Mark (Hrsg.): Key Thinkers of the Radical Right: Behind the New Threat to Liberal Democracy. Oxford: Oxford University Press, S. 36–53.

Schobert, Alfred (2002): Netze, Viren, Ströme – Wurzeln und das Reich oder: Wie Alain de Benoist mit Carl Schmitt der „Dampfwalze der Globalisierung" trotzen will. Siegfried Jäger zum Eintritt in den Unruhestand. In: *kultuRRevolution – Zeitschrift für angewandte Diskurstheorie* 44, S. 23–33.

Janek Magister studiert Sozialwissenschaften im Bachelor an der Humboldt-Universität zu Berlin. Seine Arbeitsschwerpunkte sind u. a. die vergleichende Analyse politischer Ideologien sowie gesellschaftliche Transformationsprozesse in Ostdeutschland nach 1989.

Bernard Willms: Identität und Widerstand – Rede aus dem deutschen Elend

Meret Lu Stellbrink und David Meiering

Zusammenfassung

In den achtziger Jahren arbeitete eine Reihe rechter ‚Intellektueller' daran, den Begriff der ‚nationalen Identität' zu rehabilitieren. Besonders der Politikwissenschaftler Bernard Willms entwickelte sich zum wichtigsten Vordenker der ‚Neuen Rechten'. Als Professor an der Ruhr-Universität Bochum konnte er die nationalistische Rechte mit akademischem Kapital versorgen und arbeitete am Brückenschlag zwischen rechtsextremen und konservativen Kräften. 2013 hat der *Antaios-Verlag* eine aktualisierte und gekürzte Fassung der Text-Sammlung *Identität und Widerstand* herausgegeben und Willms dadurch kanonisiert. Tatsächlich sind diese beiden Schlagworte noch immer die wichtigsten Kampfbegriffe der ‚Neuen Rechten' und besonders der *Identitären Bewegung*. Das Beispiel von Bernard Willms zeigt, dass die sogenannten ‚Neuen Rechten' kein ‚neues' Phänomen sind, sondern seit etwa 50 Jahren kontinuierlich die Normalisierung und Verbreitung antidemokratischer, rassistischer und völkischer Ideen betreiben. Auch die Universitäten und nicht zuletzt der für die politische Bildung besonders wichtige Bereich der

M. L. Stellbrink (✉)
Technische Universität Berlin, Berlin, Deutschland
E-Mail: m.stellbrink@campus.tu-berlin.de

D. Meiering
Humboldt-Universität zu Berlin, Berlin, Deutschland
E-Mail: david.meiering@hu-berlin.de

© Der/die Autor(en), exklusiv lizenziert an Springer Fachmedien Wiesbaden GmbH, ein Teil von Springer Nature 2022
D. Meiering (Hrsg.), *Schlüsseltexte der ‚Neuen Rechten'*, Edition Rechtsextremismus, https://doi.org/10.1007/978-3-658-36453-3_12

Politischen Theorie und Ideengeschichte sind immer schon Schauplätze dieses Kampfes um Hegemonie gewesen. Dieser Beitrag arbeitet zwei größere Themenkomplexe der Texte heraus: erstens das Verschmelzen von Nation und Identität, das die Grundlage des Ethnopluralismus-Konzeptes bildet, und zweitens die Holocaust-Relativierung und der Geschichtsrevisionismus, die wichtige Voraussetzungen für den Neonationalismus und sein Projekt der Wiederherstellung der Nation sind.

„Die Trennlinie zwischen einem rechtsextremen und einem konservativen Diskurs, wie sie für die Jahrzehnte nach 1945 in der Bundesrepublik kennzeichnend war, ist offenbar in Auflösung begriffen" (Klönne 1986: 10).
„Zweifellos müssen wir es positiv veranschlagen, daß man in Deutschland heute auf eine Weise von der Nation reden kann, die vor ein paar Jahren noch nicht möglich war. Im politisch-geistigen Spektrum verschiebt sich das, was man – leichtfertig mit dem Wort – als ‚rechtsradikal' abtun kann, eben nach rechts" (Willms z.n. Klönne 1986: 6).

In den achtziger Jahren arbeitete eine Reihe rechter ‚Intellektueller' daran, „den Begriff der nationalen Identität in den Mittelpunkt zu rücken" (Niethammer 2000: 487). Nachdem Henning Eichberg 1973 den Begriff *Ethnopluralismus* aufgebracht und 1978 einen zentralen Bezugspunkt der ‚Neuen Rechten' mit seinem Buch *Nationale Identität* geschaffen hatte, knüpfte vor allem der renommierte Politikwissenschaftler Bernard Willms an dieses Vorhaben an. Als 1986 sein Buch *Identität und Widerstand – Rede aus dem deutschen Elend* herausgebracht wurde, warb der rechtsextreme *Hohenrain-Verlag* dafür in der neonazistischen und antisemitischen Zeitschrift *Sieg* mit der triumphierenden Feststellung: „Der Nationalismus ist nun wieder wissenschaftlich anerkannt" (z.n. Hundseder 1988). Willms, der beim heute als liberalkonservativ geltenden Philosophen Joachim Ritter[1] über Fichte promoviert hatte, entwickelte sich in den achtziger Jahren zum „führendem Theoretiker des westdeutschen Neonationalismus" (Klönne 1986: 6) und galt damals als einer der „wichtigsten Theorielieferanten der Neuen Rechten" (Hundseder 1988). Als Professor an der Ruhr-Universität Bochum konnte er die nationalistische Rechte mit akademischem Kapital versorgen und arbeitete am Brückenschlag zwischen rechtsextremen und konservativen Kräften. Durch Vorträge bei rechten Gruppierungen, Burschenschaften und Vertriebenenverbänden

---

[1] Zur Ideengeschichte der Ritter-Schule, zu deren Schülern auch eine rechte Gruppe um Bernard Willms, Günter Rohrmoser und Reinhart Maurer gehörte, vgl. Schlak 2008 und Hacke 2006.

verbreitete er Stichworte wie Identität, Nation oder Selbstbehauptung; bei den *Republikanern* arbeitete er am Gründungsprogramm mit. Noch heute dienen diese Begriffe dazu, völkischen Nationalismus zu bewerben. So hat der *Antaios-Verlag* 2013 eine aktualisierte und gekürzte Fassung von *Identität und Widerstand* herausgegeben und Willms dadurch kanonisiert. Tatsächlich sind diese beiden Schlagworte noch immer die wichtigsten Kampfbegriffe der ‚Neuen Rechten' und besonders der *Identitären Bewegung*. Auf Willms beziehen sich heute die Radikalsten unter den völkischen Nationalisten: So etwa Thor von Waldstein, der 1989 bei Willms über Carl Schmitts Pluralismuskritik promovierte und Björn Höcke, der Willms' Hobbes-Interpretation in den Mittelpunkt seines Gemeinwohl-Begriffes stellt (vgl. Höcke 2018: 152 mit Willms 2017: 48). Das Beispiel von Bernard Willms zeigt, dass die sogenannten ‚Neuen Rechten' kein ‚neues' Phänomen sind, sondern seit etwa 50 Jahren kontinuierlich die Normalisierung und Verbreitung antidemokratischer, rassistischer und völkischer Ideen betreiben (→ *Metapolitik*). Auch die Universitäten und nicht zuletzt der für die politische Bildung besonders wichtige Bereich der Politischen Theorie und Ideengeschichte sind immer schon Schauplätze dieses Kampfes um Hegemonie gewesen.

Durch alle drei Texte, die in *Identität und Widerstand* zusammen publiziert wurden, ziehen sich zwei größere Themenkomplexe: erstens das Verschmelzen von Nation und Identität, das die Grundlage des Ethnopluralismus-Konzeptes bildet, und zweitens die Holocaust-Relativierung und der Geschichtsrevisionismus, die wichtige Voraussetzungen für diesen Neonationalismus und sein Projekt der Wiederherstellung der Nation sind.

1   Nation und Identität

Willms positioniert sich klar gegen den Gedanken einer offenen Weltgemeinschaft und die liberale Auffassung des Einzelnen als Träger universeller Menschenrechte. Für ihn liegt die Identität des Individuums in der Gemeinschaft der Nation. Immer wieder ruft er dazu auf, ein Nationalbewusstsein zu erlangen, die Vergangenheit hinter sich zu lassen und Deutschland als starke selbstbestimmte Nation wieder aufzubauen.

Im ersten Kapitel *Die sieben Todsünden gegen die deutsche Identität* beginnt Willms zunächst mit der Problematik der Begrifflichkeiten in der modernen Staatslehre. Er stellt die These auf, dass alle prägnanten Begriffe des modernen Individualismus privatisierte politische Begriffe sind. So auch der Begriff der Identität. Dieser werde heutzutage eher als private Angelegenheit aufgefasst, womit dem Begriff die politische Identität entzogen werde. Dabei setze das „Ich" ein „Wir" voraus, welches nur durch eine nationale Identität gegeben sei (Willms 2017: 9). Die nationale Identität wiederum wird im Sinne des organizistischen Nationsbegriffes durch die Einheit von Volk, Raum und Geschichte gedacht (vgl. Häusler 2016):

> „Die Nation ist ein Volk, das in Bezug auf einen bestimmten Raum durch die Geschichte hindurch das Bewusstsein eines Wir, eines Ganzen, eines Selbst ent-wickelt hat, das als dieses Selbst einen gemeinsamen politischen Willen, das heißt einen Staat, ausbilden will und das in unablässiger Bemühung seine Selbst-bestimmung und seine Selbstbehauptung politisch geltend macht und geschichtlich durchhält" (Willms 2017: 88).

Dieses Verschmelzen von individueller und kollektiver Identität setzt ein homo-genes Volk voraus, das den Staat als Manifestation seines einheitlichen Willens begreift. Erstens wendet sich Willms damit gegen die liberale Vorstellung, die, wenn nicht vom einzelnen Individuum, dann zumindest von *heterogenen* Gruppen innerhalb der Gesellschaft ausgeht. ‚Der Staat' ist aus dieser Perspektive nicht das materialisierte „Bewusstsein eines Wir", sondern ein institutionelles Mittel, dass diese pluralen Gruppen benötigen, um allgemeinverbindliche Entscheidungen durch Mehrheiten treffen zu können. Aus Willms Äußerungen ergibt sich daher ein scharfer Anti-Liberalismus und Anti-Pluralismus. Zweitens wendet er sich gegen die Idee universeller Menschenrechte und der Vorstellung einer ‚abstrakten' Menschheit als Träger dieser Rechte. Während er die Ablehnung universalistischer Prinzipien vor allem Carl Schmitt entlehnt, geht er doch über Schmitt hinaus, indem er die bloße Existenz eines Volkes mit dem Begriff des „Wirklichen" auflädt:

> „Wirklich ist der Einzelne nur dadurch, daß er zu einer bestimmten Gemeinschaft gehört, zu seinem Volk, zu seinem Staat, zu seiner Nation" (Willms 2017: 60).

Das Volk wird mythisch aufgeladen, indem hinter der bloßen Existenz des Einzel-nen noch eine tiefere, wirklichere Seins-Sphäre verortet wird, die nur durch das Aufgehen des Einzelnen in der Gemeinschaft (nicht in der *Gesellschaft*) sicht-bar wird. Diese tendenziell völkisch-partikularistische Sozialontologie geht auf Martin Heidegger zurück (Brumlik 2019), der heute auch für die *Identitäre Bewegung* ein wichtiger Bezugspunkt ist (→ Sellner und Spatz). In seinem Haupt-werk *Sein und Zeit* schrieb Heidegger:

> Wenn aber das schicksalhafte Dasein als In-der-Welt-sein wesenhaft im Mitsein mit anderen existiert, ist sein Geschehen ein Mitgeschehen und bestimmt als Geschick. Damit bezeichnen wir das Geschehen der Gemeinschaft, des Volkes. Das Geschick

setzt sich nicht aus einzelnen Schicksalen zusammen, sowenig als das Miteinander-sein als ein Zusammenkommen mehrerer Subjekte begriffen werden kann. Im Miteinandersein in derselben Welt und in der Entschlossenheit für bestimmte Möglichkeiten sind die Schicksale im vorhinein schon geleitet. In der Mitteilung und im Kampf wird die Macht des Geschickes erst frei. Das schicksalhafte Geschick des Daseins in und mit seiner ‚Generation' macht das volle, eigentliche Geschehen des Daseins aus" (Heidegger 1967: 384).

Hier wird das Schicksal des Einzelnen (sein ‚Geschick') und das des Volkes miteinander identifiziert und seine volle Entfaltung – wie bei Carl Schmitt – im Modus des Kampfes verortet. Willms schließt hier direkt an, wenn er im obigen Zitat etwas verklausuliert schreibt, dass die Selbstbestimmung und Selbst-behauptung des Volkes ‚geschichtlich durchgehalten' werden muss. Wenn aber das wirkliche Sein im Modus des Kampfes, also durch den antagonistischen Wir-Sie-Gegensatz (Willms 2017: 50–53) bestimmt wird, muss die Aussicht auf eine pazifizierte Weltgesellschaft, die nur noch eine einzige Menschheit statt Völker kennt, für die eigene Identität bedrohlicher sein als ein konkreter Feind, den man immerhin noch bekämpfen kann.

Willms entwirft stattdessen die Zukunftsvorstellung einer „Kooperation von freien Nationen" (Willms 2017: 92). Vordergründig soll das Konzept den Einwurf des bellizistischen, chauvinistischen Nationalismus entkräften und einen fried-lichen und pluralistischen Neonationalismus umreißen:

„Das Prinzip der Freiheit im weltpolitischen Sinne ist die Existenz freier Nationen, die sich auf sich selbst beziehen und in ihrer eigenen Selbstbehauptung und in der Entwicklung des Selbstbewußtseins ihrer Freiheit ihre Grenzen nicht zu jenem Nationalimperialismus überschreiten, der das Kennzeichen des alten, ebenfalls ideo-logischen, also religionsersetzenden Nationalismus war und der heute noch das Kennzeichen jener aus dem Kalten Krieg übriggebliebenen Supermacht ist. Wer die Freiheit und den Frieden der Menschen will, muß, wenn er aus einem Wollen nicht nur eine neue Ideologie machen will, auch die politische Realität der Vielfalt der Nationen und ihrer Sinnorientierungen anerkennen, die alle auf dem Wege zur Ver-wirklichung je ihrer Freiheiten sind" (Willms 2017: 61 f.).

Hier klingt das Konzept des Ethnopluralismus an, das bereits in den siebziger Jahren von Henning Eichberg (1973) aufgebracht wurde. Statt eines kämpferischen Imperialismus zwischen den Staaten wird hier die Viel-falt der Nationen vordergründig anerkannt, deren Freiheit darin liege, sich auf sich selbst zu beziehen und sich selbst zu behaupten. Dementsprechend ver-trat Eichberg einen Befreiungsnationalismus für ‚Völker ohne Staat' (ETA, IRA, PLO, etc.). Eine hierarchische Ordnung zwischen den Nationen wird zwar abgewiesen. Das Problematische hinter der Konzeption liegt aber in dem Verständnis von Vielfalt. Vielfalt gibt es im Ethnopluralismus lediglich *zwischen* verschiedenen Nationen. Sie wird aus dem Inneren der Nation nach außen verlagert. Die Grundlage der so verstandenen ‚Vielfalt' bilden nationale Einheiten, die intern homogen, rein und harmonisch sind. Das war aber schon zur Zeit des erwachenden Nationalismus mehr politisches Ideal als Wirklichkeit und ist seit der Globalisierung vollends Makulatur geworden. Solche Nationen, wie Willms sie sich vorstellt, müsste man erst schaffen – durch eine entsprechende Bevölkerungspolitik, die das Eigene und das Andere identifiziert und beides voneinander trennt. In der politischen Realität liefe dies auf rassistische Verfolgung und ethnische Säuberung hinaus. Deswegen ist Willms völkisch-nationalistisches Denken noch nicht dadurch entschärft, dass er das Chauvinistische abzieht und eine internationale friedliche Koexistenz fordert. Auch ein vermeintlich pazifistischer Neonationalismus, wie es der Ethnopluralismus und Patriotismus der *Identitären* heute zu sein vorgibt, tendiert dazu, in der Sorge um die innere Reinheit der Nation Unzugehöriges ausscheiden zu wollen (vgl. Bizeul 2007). „Das zu schaffen, was sich zu erhalten lohnt", der Leitspruch der *Konservativen Bibliothek*,[2] führt daher tendenziell in rassistische Biopolitiken. Der neue Nationalismus, besonders in der identitären Gestalt des Ethnopluralismus und seiner Legitimationserzählung des Großen Austausches können daher für diejenigen, die ihn ernst nehmen, in eine gewaltvolle Radikalisierung münden. Wie zuletzt in Christchurch, Halle oder El Paso, wo Attentäter sich auf diese Theorien beriefen, bevor sie Muslim*innen, Jüd*innen und Mexikaner*innen gezielt attackierten und viele ermordeten.

2 Wiederherstellung der Nation: Schuldabwehr, Holocaust-Relativierung und Geschichtsrevisionismus

Willms Äußerungen sind dabei nur durch einen Rückblick auf die Situation der ‚Neuen Rechten' in den achtziger Jahren zu verstehen, in denen Willms publizistisch tätig ist. Die damalige politische Lage war von Deutschlands Niederlage von 1945 und der damit verbundenen Teilung durch die alliierten

---

[2] bdk-berlin.org/denkfabrik/publikationen/agenda-informationsbrief-der-bibliothek-des-konservatismus/ (20.03.2021).

Siegermächte bestimmt. Daher ging es der ‚Neuen Rechten' zunächst vor allem darum, auf eine Wiederherstellung nationaler Einheit und Souveränität hinzuwirken.[3] Dafür ist laut Willms eine nationale Identität, also ein politischer Wille zu sich selbst, die Grundvoraussetzung. Dieses Vorhaben werde aber behindert durch die „Todsünden gegen die Identität", die Willms aufzählt und ein Gegenprogramm propagiert.

Als größte ‚Todsünde' identifiziert Willms die moralische Verurteilung der Verbrechen des Nationalsozialismus, die ihm zufolge nichts weiter sei als „eine Waffe im fortgesetzten Versuch zur Niederhaltung der Deutschen als Nation" (z.n. Klönne 1986: 9). Entsprechend ruft Willms zu einem Boykott der Vergangenheitsbewältigung auf. Deutschland solle belehrt, aber nicht belastet in die Zukunft blicken (Willms 2017: 84). Willms weist nicht nur die Schuld des gesamten deutschen Volkes am NS und den Holocaust zurück, sondern dividiert moralische und politische Kategorien auseinander. Doch statt seinen eigenen Forderungen zu entsprechen, kehrt er lediglich die Vorzeichen des moralischen Urteils über die deutsche Schuld in beiden Weltkriegen um: „Zweimal im 20. Jahrhundert hat die Welt gegen Deutschland Krieg geführt und am Schluß mit der festen Entschlossenheit, Deutschland so zu schlagen, daß es für immer aus dem Kreis der politisch bestimmenden Mächte ausscheiden sollte" (Willms 2017: 80 f.). Willms stilisiert Deutschland, das im Zweiten Weltkrieg ganz Europa mit einem imperialistischen Krieg überzog und Millionen Menschen in Konzentrationslagern fabrikmäßig ermordete, zum Opfer einer allgemeinen Weltverschwörung. Die Alliierten seien keineswegs Befreier, sondern Besatzer gewesen, die die deutsche Bevölkerung zu Selbsthass und „Nationsvergessenheit" (Willms 2017: 86) erzogen hätten. Willms bedauert, dass der Begriff der Nation kompromittiert sei durch die Assoziation mit dem Nationalsozialismus und dem Holocaust. Das Bedürfnis, der (Kollektiv-)Schuld zu entkommen, führe zur Flucht in etwas Höheres: nach Europa, in eine Weltgemeinschaft oder in den Sozialismus. Die Hoffnung ruht dahingegen für Willms auf der Jugend, denn sie könne gar nicht in die Verantwortung für die Verbrechen des Nationalsozialismus genommen werden. Befreit von der Last der Vergangenheit läge *Die Verantwortung der Jugend für Deutschland*, wie der dritte Text im Band heißt,

---

[3] Dass die Neuauflage vor allem jene Passagen gestrichen hat, die konkret Bezug auf die Teilung und die damals noch ausstehende Wiedervereinigung Deutschlands nehmen, hat nicht wie wohl gewünscht zu einer Verallgemeinerung von Willms' Aussagen beigetragen, sondern zu ihrer Dekontextualisierung geführt. Willms' Ausführungen wirken dadurch an vielen Stellen bizarr anachronistisch.

vielmehr darin, die Freiheit der Völker wiederherzustellen „in der Einheit ihres nationalen Selbst" (Willms 2017: 91).

Heute, drei Jahrzehnte nach der Wiedervereinigung Deutschlands, ist Willms Schlussfolgerung von der Notwendigkeit der politischen Wiederherstellung der Nation und der damit verbundenen Identität als Voraussetzung für einen Sinn des Einzelnen immer noch ein zentraler Bezugspunkt der ‚Neuen Rechten'. Von Walter→ Spatz und Martin→ Sellner über Björn→ Höcke bis hin zu Alexander Gauland werden seine Schlagwörter vom kollektiven Selbsthass, ‚Schuld-Kult' und vom Identitären neu aufgelegt. Die Übergänge zur Relativierung des Holocaust und des NS sind dabei fließend, wie Gaulands Äußerung über den NS als „Vogelschiss der Geschichte" (*Neue Züricher Zeitung*, 2018) zeigt. Willms ans Ende seines ersten Beitrages gestellte Motto „Im Übrigen bin ich der Meinung, dass Deutschland wiederhergestellt werden muss" (Willms 2017: 32)[4] ist auch heute im wiedervereinigten Deutschland noch die beharrlich vorgetragene Forderung. Dies lässt vermuten, dass die Wiederherstellung Deutschlands nicht (nur) die formale Wiedereinsetzung seiner (demokratischen) Institutionen und seine Souveränität meint, sondern darüber hinaus eine Substanz vermisst, die die Einheit Deutschlands *als Nation* erst herstellt. In diesem Sinne hat etwa Rolf Peter→ Sieferle in den neunziger Jahren an Willms angeschlossen, indem er *Das Migrationsproblem* als eigentliches Hindernis für die Wiederherstellung Deutschland identifizierte. In neuerer Zeit gipfelte dies in verschiedenen Untergangsfantasien: *Deutschland schafft sich ab, Finis Germania* oder *Der Große Austausch*. Allen Titeln ist gemein, dass sie ein substanziell-essentialistisches Verständnis von Volk, also einen völkischen Nationalismus beinhalten.

3   Politische Theorie und praktische Politik

Da moralische Kategorien als wesentliches Hindernis für die Hegemonialisierung eines solchen Volks- und Identitätsverständnisses identifiziert wurden, sieht Willms seine Aufgabe offenbar darin, moralische Kategorien aus der praktischen Politik herauszudefinieren. Im Beitrag *Politische Theorie und praktische Politik* legt Willms dazu eine metapolitische Interpretation der politischen Ideengeschichte vor. Drei Phasen identifiziert Willms in der politischen

---

[4] Eine Abwandlung des regelmäßig von Cato dem Älteren (234–149 v. Chr.) im römischen Senat vorgebrachten Kriegsantrags „Ceterum censeo Carthaginem esse delendam" („Im Übrigen bin ich der Meinung, dass Carthago zerstört werden muss").

Ideengeschichte: erstens Politik als Mythos, zweitens Politik als Ideologie und drittens Politik der reinen Praxis. Die letzte Stufe, Politik als reine Praxis, habe als letzten Maßstab das Volk und die Souveränität des Staates, also die Nation. So wird beispielsweise Max Webers Unterscheidung von Gesinnungs- und Verantwortungsethik sowie sein Konzept der Wertfreiheit nach strammrechts gebürstet. Statt des inneren Kampfes zwischen Gesinnungs- und Verantwortungsethik (bei Willms verzwergt zu Moral und Politik), den man in der Politik stets mit sich führen müsse, wird Weber ein letzter Wert angedichtet, der „souveräne Wertmaßstab" (Willms 2017: 51). Letztlich müssten politische Handlungen allein an der Verantwortung für die eigene Nation gemessen werden. So werden auch Machiavelli, Carl Schmitt und zahlreiche andere politische Theoretiker in diese Nationalisierung der Ideengeschichte einbezogen – während liberale oder republikanische Autoren unerwähnt bleiben. Insgesamt versucht Willms so, die Kollektivschuldthese politiktheoretisch zurückzuweisen, indem er eine Tradition des amoralischen, reinen Politiktreibens konstruiert, die darüber hinaus noch nationalistisch codiert wird. Einerseits wird die Politische Theorie und Ideengeschichte dadurch nationalistisch vereinnahmt. Andererseits tarnt und legitimiert Willms seinen eigenen politischen Aktivismus als akademische Tätigkeit und verbirgt so unter dem Deckmantel von Bildung und Bürgerlichkeit seine demokratiefeindlichen Bestrebungen.

Diese Fassade ist aber leicht zu durchschauen. Seine teilweise widersprüchliche und repetitive Argumentation betont immer wieder die Opferrolle Deutschlands und die schweren Schäden, die die Niederlage im Zweiten Weltkrieg für Deutschland hinterlassen hat. Seine Beschreibung der Sieger als Supermächte, die Deutschland insgeheim beherrschen, gleicht beinahe einer Weltverschwörungstheorie. Schon der Titel des Buches deutet diese überspitzte Darstellung an („deutsches Elend"). Die starke politische Stoßrichtung des Textes ist nicht zu übersehen. Immer wieder verfällt Willms in seiner sonst wissenschaftlichen Formulierung in rechten Sprachgebrauch und überzogene Neologismen wie zum Beispiel „Westentaschenmachiavellismus der Parteipolitiker" (Willms 2017: 87). Seine Metaphern (z. B. „Raketenfutter in der Hand der geballten Nationalismen der Supermächte" (Willms 2017: 63)) sind ebenfalls dramatisiert und geben dem Text einen hetzerischen Beigeschmack. Auch der Verweis auf Franz Schönhuber und Hans-Joachim Arndt, die beide im Spannungsfeld zwischen Rechtsextremismus und rechtem Rand des Konservatismus – u. a. für *Die Republikaner* – tätig waren, oder auf Ernst → Jünger, enttarnt Willms' Verflochtenheit im antidemokratischen Netzwerk und Denken. Akademisch unredlich ist nicht zuletzt sein Vorgehen: Er webt sich eine Art Flickenteppich aus den verschiedenen etablierten Theorien berühmter Soziologen und Philosophen, indem er einzelne Sätze aus dem Kontext reißt oder eigentlich neutrale Ansätze aus einer nationalistischen Perspektive betrachtet (z. B. Hobbes, Rousseau, Humboldt).

Willms hat als Bonner Professor für Politikwissenschaft viele Begriffe der damaligen Rechten aufgegriffen und sie mit politischen Theorien und Ideen im Sinne einer ‚Kulturrevolution von rechts' untermauert. Er kann damit als einer der wichtigsten Vordenkenden der ‚Neuen Rechten' gelten. Dabei ist seine Rolle nicht auf die des geistigen Brandstifters im gesellschaftlichen Diskurs beschränkt, sondern als akademischer Lehrer ist er auch für die Indoktrination von Studierenden verantwortlich. Beispielsweise promovierte Thor von Waldstein, ehemaliger NPD-Anwalt und radikaler Verfechter eines völkischen Volksbegriffs, bei ihm. Mit seinem Pamphlet zum *Widerstandsrecht der Deutschen* lieferte von Waldstein (2016) eine pseudo-juristische Rechtfertigung für Angriffe auf Geflüchtete. *Politische Theorie und praktische Politik* hat somit auch eine besorgniserregende Nebenbedeutung: dass Worte zu Taten führen und Hetze zu Gewalt. Besonders die Kombination von *Identität und Widerstand* befeuert immer wieder vigilantistische Selbstjustiz (Meiering und Foroutan 2020).

Literatur

Primärquellen

Eichberg, Henning (1978): Nationale Identität. Entfremdung und nationale Frage in der Industriegesellschaft. München: Langen-Müller.

Eichberg, Henning (1973): Ethnopluralismus. Eine Kritik des naiven Ethnozentrismus und der Entwicklungshilfe. In: *Junges Forum* 5, S. 3–12.

Heidegger, Martin (1967): Sein und Zeit. Tübingen: Max Niemeyer Verlag.

Höcke, Björn (2018): Nie zweimal in denselben Fluss. Björn Höcke im Gespräch mit Sebastian Hennig. Mit einem Vorwort von Frank Böckelmann. Lüdinghausen/Berlin: Manuscriptum.

von Waldstein, Thor (2016): „Wir Deutsche sind das Volk" – Zum politischen Widerstandsrecht der Deutschen nach Art. 20 IV Grundgesetz in der „Flüchtlingskrise". Schnellroda: Institut für Staatspolitik.

Willms, Bernard (2017 [1986]): Identität und Widerstand. Rede aus dem deutschen Elend. Schnellroda: Verlag Antaios.

Sekundärliteratur

Bizeul, Yves (2007): Nationalismus, Patriotismus und Loyalität zur offenen Republik. In: *Aus Politik und Zeitgeschichte* (1–2), S. 30–38. bpb.de/apuz/30737/nationalismus-patriotismus-und-loyalitaet-zur-offenen-republik (11.10.2021).

Brumlik, Micha (2019): Martin Heidegger. Vom wahren Sein zur Volksgemeinschaft. In: Zentrum Liberale Moderne (Hrsg.): Das alte Denken der Neuen Rechten. Die langen Linien der antiliberalen Revolte. Berlin: Zentrum Liberale Moderne, S. 31–37.

Hacke, Jens (2006): Philosophie der Bürgerlichkeit. Die liberalkonservative Begründung der Bundesrepublik. Göttingen: Vandenhoeck & Ruprecht.

Häusler, Alexander (2016): Nation. In: Gießelmann, Bente/Heun, Robin/Kerst, Benjamin/ Suermann, Lenard/Virchow, Fabian (Hrsg.): Handwörterbuch rechtsextremer Kampfbegriffe. Schwalbach/Ts.: Wochenschau Verlag, S. 199–209.

Hundseder, Franziska (1988): Ein gefährlicher Vordenker: Bernard Willms. In: *vorgänge* 91(1), S. 11–13. humanistische-union.de/nc/publikationen/vorgaenge/online_artikel/ online_artikel_detail/back/vorgaenge-91/article/ein-gefaehrlicher-vordenker-bernard-willms/ (04.01.2020).

Klönne, Arno (1986): Zurück zur Nation? Risiken der Suche nach deutscher Identität. In: *Gewerkschaftliche Monatshefte* (1), S. 5–12. library.fes.de/gmh/main/pdf-files/ gmh/1986/1986-01-a-005.pdf (11.10.2021).

Meiering, David/Foroutan, Naika (2020): Widerstand! Ein Brückennarrativ zur Legitimierung von Ungleichwertigkeitsideologien in der Radikalisierung von Gruppen. In: Bozay, Kemal/Borstel, Dierk (Hrsg.): Kultur der Anerkennung statt Menschenfeindlichkeit. Antworten für die pädagogische und politische Praxis. Weinheim: Juventa Beltz, S. 46–64.

Neue Züricher Zeitung (2018): AfD-Chef Gauland relativiert den Holocaust als „Vogelschiss" der deutschen Geschichte. *Neue Züricher Zeitung* vom 02.06.2018. nzz.ch/ international/afd-chef-gauland-hitler-und-die-nazis-sind-nur-ein-vogelschiss-in-ueber-1000-jahren-erfolgreicher-deutscher-geschichte-ld.1391058 (04.05.2021).

Niethammer, Lutz (2000): Kollektive Identität. Heimliche Quellen einer unheimlichen Konjunktur. Hamburg: Rowohlt.

Schlak, Stephan (2008): Wilhelm Hennis. Szenen einer Ideengeschichte der Bundesrepublik. München: C.H. Beck.

Meret Lu Stellbrink schloss 2020 ihren Bachelor in Musikwissenschaften und Physik an der Humboldt-Universität zu Berlin ab und studiert nun im Master Audiokommunikation und -technologie an der Technischen Universität Berlin.

David Meiering ist Sozialwissenschaftler und promoviert am Lehrbereich für Integrationsforschung und Gesellschaftspolitik an der Humboldt-Universität zu Berlin. Er ist Stipendiat des Evangelischen Studienwerk Villigst. Seine Forschungsschwerpunkte sind Radikalisierungsprozesse (insbesondere im völkischen Nationalismus und der ‚Neuen

Rechten'), Ideologien der Ungleichwertigkeit und Politische Theorie (insbesondere Demo-kratietheorie). Zuletzt erschienen ist das *Leviathan* Special Issue „(Ent-)Politisierung? Die demokratische Gesellschaft im 21. Jahrhundert" (herausgegeben mit Andreas Schäfer, 2020) und „Connecting Structures: Resistance, Heroic Masculinity and Anti-Feminism as Bridging Narratives within Group Radicalization" (mit Aziz Dziri und Naika Foroutan in *International Journal of Conflict and Violence* 14 (2) 2020).

Martin Sellner und Walter Spatz: Gelassen in den Widerstand

Lukas Rogner

Zusammenfassung

In *Gelassen in den Widerstand* beschäftigen sich Martin Sellner und Walter Spatz als Anhänger der *Identitären Bewegung* mit dem Philosophen Martin Heidegger, um ihre völkisch-rassistische Ideologie mit dem Denken und den umständlichen Begriffen Heideggers zu verknüpfen. Dabei nutzen sie seine bestehende Reputation, um die eigenen politischen Inhalte als philosophisch fundiert zu inszenieren und vermeintlich aufzuwerten. Die Autoren relativieren das Verhältnis Heideggers zum Nationalsozialismus und ignorieren die aktuellen Forschungsdiskurse, die Heideggers Denken antisemitische und rassistische Prägung nachweisen, um Martin Heideggers als Person eigenhändig zu entnazifizieren. Dies erfolgt aber nur auf einer oberflächlichen Ebene, um zu verschleiern, dass eine versteckte Legitimierung und argumentative Untermauerung des Rassismus der *Identitären Bewegung* (und Heideggers) vorgenommen wird. Der Zweck dieses Vorgehens besteht darin, die gängigen ‚neurechten‘ Konzepte – wie zum Beispiel den Ethnopluralismus – in ein philosophisches Antlitz zu kleiden, um im Sinne der Metapolitik die eigenen Begriffe in akademische Diskurse einzuschleusen. Aber gerade die von den Autoren forcierte Verknüpfung von Heideggers Denken mit der Idee

L. Rogner (✉)
Humboldt-Universität zu Berlin, Berlin, Deutschland
E-Mail: rognerlu@hu-berlin.de

D. Meiering (Hrsg.), *Schlüsseltexte der ‚Neuen Rechten‘*, Edition Rechtsextremismus, https://doi.org/10.1007/978-3-658-36453-3_13

149

des Ethnopluralismus lässt eine starke Fixierung des Konzepts auf ein Paradigma von ‚Blut und Boden‘ offenkundig werden. So kann die von Sellner und Spatz vorgenommene philosophische Inszenierung eigener politischer Inhalte nicht darüber hinwegtäuschen, dass dem identitärem Weltbild eine völkisch-rassistische Ideologie zugrunde liegt.

Martin Sellner ist als führendes Mitglied der *Identitären Bewegung Österreich* in Social Media besonders präsent und erlangte 2019 seinen Höhepunkt an medialer Aufmerksamkeit durch seine Korrespondenz mit dem Attentäter von Christchurch. Seit 2020 ist es um Sellner still geworden, was u. a. daran liegt, dass mit der Sperrung seines *YouTube*-Kanals sein Hauptsprachrohr weggefallen ist (vgl. Barthels 2020).[1] Walter Spatz hingegen ist außerhalb der ‚Neuen Rechten‘ nicht sehr bekannt, obwohl er als Aktivist der *Identitären Bewegung Deutschland* ebenfalls auf *YouTube* einen ‚neurechten‘ Podcast betreibt. Im Buch selbst wird Spatz als Kulturwissenschaftler und Dozent angekündigt (Sellner und Spatz 2015: 2). Beide Aktivisten sind – wie die *Identitäre Bewegung* insgesamt – darum bemüht, ihre radikalen Inhalte und Ziele mit einem philosophisch-intellektuell erscheinenden Duktus zu versehen und so über das eigene Netzwerk hinaus anschlussfähig zu machen. Dazu wird immer wieder Martin Heidegger herangezogen, dem sie mit *Gelassen in den Widerstand* ein ganzes Buch gewidmet haben. Der Politikwissenschaftler Samuel Salzborn stellt zur Rolle Heideggers in der ‚Neuen Rechten‘ fest:

> „Es wird sich aber viel zu selten noch die Mühe gemacht, theoretisch anspruchsvolle Literatur zu rezipieren, so dass phrasenhafte Halbbildung schon als intellektuell gilt. […] Und so erscheinen schon diejenigen, die selbstbespiegelndes Geraune über Martin Heidegger als Flugschrift in rechten Kleinstverlagen veröffentlichen (vgl. Sellner und Spatz 2015), allein deshalb als gebildet, weil sie sich auf den – aufgrund von dessen umständlicher und verquaster Sprache bereits durch Nennung seines Namens für gemeinhin Ehrfurcht einjagenden – Heidegger beziehen“ (Salzborn 2018: 159 f.).

Es ist unvermeidlich an dieses Zitat zu erinnern, wenn – wie in diesem Beitrag– der Anspruch erhoben wird, eine kritische Perspektive auf die intellektuell inszenierte Auseinandersetzung der ‚Neuen Rechten‘ mit prominenten Namen der

---

[1] Auch sein *Twitter-*, *Instagram-*, *Facebook-* und *TikTok*-Account wurden gesperrt. Eine Auflistung weiterer Plattformen und Zahlungsdienstleister finden sich auf Sellners Website (auch zeitweise vom Host abgeschaltet).

deutschen Philosophie einzunehmen. Warum aber bietet sich Martin Heidegger für diese Inszenierung so an? Dazu muss kurz dargestellt werden, wer Martin Heidegger war und welche Forschungsdebatten sein Werk in der Philosophie heute noch auslöst.

Martin Heidegger ist ein deutscher Philosoph des 20. Jahrhunderts, dessen Hauptwerk *Sein und Zeit* aus dem Jahre 1927 der Frage nach dem Sein oder dem Sinn von Sein nachgeht. Diese sogenannte ‚Seinsfrage' ist ein zentrales Thema im Denken Heideggers und mit seinen Auseinandersetzungen zur europäischen Philosophiegeschichte sowie der Reflektion philosophischer Traditionen verbunden. Trotz seiner eigenwilligen Begriffsbildung und unzugänglichen Formulierungen hat sein Werk bis heute prägenden Einfluss auf den philosophischen Diskurs. So sind einige wichtige Philosoph*innen des 20. und 21. Jahrhunderts in unterschiedlicher Intensität durch Heidegger beeinflusst, wie zum Beispiel Jean-Paul Sartre, Jacques Derrida, Hannah Arendt und Michel Foucault. Schon zu Lebzeiten, aber besonders nach seinem Ableben entfalteten sich politische und philosophische Kontroversen, die bis in gegenwärtige Diskussionen um das Werk Heideggers getragen werden (vgl. Heinz und Kellerer (Hrsg.) 2016 für einen Überblick).

Die zentrale Frage der Debatte seit dem Ende der 1980er Jahre dreht sich darum, inwiefern Heideggers Verhältnis zum Nationalsozialismus sein philosophisches Schaffen beeinflusst hat und wie die politische und philosophische Ebene seines Denkens und Handelns zusammenhingen (vgl. Kapfinger 2021). Anlass zu dieser Frage bietet nicht zuletzt seine aktive Unterstützung der Nationalsozialisten durch seinen Eintritt in die *NSDAP* im Jahre 1933. Außerdem musste er sich 1945 einer Entnazifizierungskommission stellen, weil unter anderem der Verdacht vorlag, Heidegger habe im Zuge der Gleichschaltung als Rektor der Universität Freiburg 1934/1935 zur Konsolidierung der nationalsozialistischen Ideologie auf institutioneller Ebene beigetragen. Mit der Veröffentlichung der Bände 94, 95 und 96 der Gesamtausgabe Martin Heideggers, der sogenannten *Schwarzen Hefte,* erreichte 2014 die Auseinandersetzung über den Zusammenhang von Heideggers Rolle im Nationalsozialismus und seiner Philosophie eine neue Dimension, die gänzlich neue Perspektiven, Kritiken und Interpretationen umfasst. Die von Heidegger als Denktagebücher angelegten *Schwarzen Hefte* kennzeichnen sich durch nationalsozialistische, antisemitische und rassistische Inhalte und beweisen für viele Philosoph*innen – bis auf wenige Apolog*innen –, dass Heideggers Philosophie von einer mehr oder weniger schweren Belastung durch den Nationalsozialismus nicht mehr freizusprechen ist. Das Spektrum der Reaktionen reicht von fanatischer Apologie über kritischen

Umgang bis hin zu der Forderung, sich mit Heideggers Werken philosophisch
nicht mehr zu beschäftigen.

Das Buch *Gelassen in den Widerstand. Ein Gespräch über Heidegger* von
Martin Sellner und Walter Spatz (2015) positioniert sich innerhalb dieser
Debatte und gibt Aufschluss darüber, womit sich die politisch rechte Rezeption
Heideggers und die Interpretation seiner Philosophie auszeichnet. Dieses Buch
ist als eine dialogische Abhandlung der beiden Autoren verfasst, die sich über
Heidegger gegenseitig befragen, diskutieren und austauschen. Die Beschäftigung
mit Heidegger und dieses Buch selbst sind in ihrer strategischen Funktionsweise
als metapolitischer Versuch zu verstehen, rechte Inhalte in philosophisch-wissen-
schaftliche Debatten einzuschleusen. Darüber hinaus geht es darum, die eigenen
politischen Positionen aufzuwerten, indem sie durch die Reputation Heideggers
vermeintlich philosophisch fundiert werden. Hinter jeder Aussage, These und
Überlegung steht das Interesse der Autoren, ihre ‚neurechte' Weltsicht in ein
wissenschaftliches Antlitz zu kleiden. Diese Strategie muss durch eine kritische
Analyse entzaubert werden (vgl. Sellner und Spatz 2015: 2, 5; vgl. Schindlbeck
2019).

1   Die Entnazifizierung Heideggers

Das Hauptanliegen des Textes, die gegenwärtigen Probleme mit der
Heidegger'schen Philosophie zu interpretieren, geht mit dem Versuch der
Autoren einher, das Denken Heideggers und ihn als Person zu entnazifizieren.
Das zeigt sich besonders daran, dass die Autoren aktuelle Forschungsdebatten
zu Heideggers Werk und seinen *Schwarzen Heften* ignorieren. So lässt sich die
Auseinandersetzung mit Heidegger durch Spatz und Sellner außerhalb des
wissenschaftlichen Diskurses verorten, weil sie Heideggers Antisemitismus und
seine nationalsozialistischen Tendenzen relativieren und ihn ohne Belege davon
freisprechen.[2] Die wissenschaftliche Debatte wird kaum aufgegriffen, obwohl
sie sehr kontrovers geführt wird: So schlägt Emmanuel Faye in seinem Buch
mit dem Haupttitel *Heidegger. Eine Einführung des Nationalsozialismus in die
Philosophie* vor, die Heideggerschen Werke aus philosophischen Diskussionen
auszuschließen und seine Texte stattdessen aus einer historischen Perspektive

---

[2] Für einen umfassenden Überblick sei auf die Einleitung des von Marion Heinz und
Sidonie Kellerer herausgegebenen Sammelbands *Martin Heideggers „Schwarze Hefte":
eine philosophisch-politische Debatte* verwiesen (vgl. Heinz 2016).

im Kontext des Nationalsozialismus zu behandeln (Faye 2009: 426). Der Titel des Buches kündigt bereits Fayes Hauptthese an, dass Heidegger den Nationalsozialismus in die Philosophie einführte, indem er insbesondere während seiner Rektoratszeit an der Universität Freiburg in den Jahren 1933–1935 sein philosophisches Schaffen mit politischen Fragen insofern verbunden habe, dass er die nationalsozialistische Ideologie in philosophische Themenkomplexe einarbeitete (vgl. Faye 2009: 16 f.). Entgegen Fayes Forderung beschäftigt sich Livia Profeti in dem Sammelbandartikel *Heideggers Daseinsontologie und die Zerstörung der Gleichheit* aus einer philosophischen Perspektive mit Heidegger, jedoch nicht um ihn in Schutz zu nehmen. Sie weist nach, dass bereits die Heidegger'sche Fundamentalontologie, die er 1927 in seinem Werk *Sein und Zeit* entwickelte, das Paradigma der universellen Gleichheit aller Menschen untergräbt und damit anschlussfähig für antisemitische und rassistische Ideen ist. Ihre Analyse fokussiert auf das Existenzial des ‚In-der-Welt-Seins‘ und den Welt-Begriff Heideggers. Als Grundstruktur des Daseins erfülle ‚Welt‘ eine ontologische Funktion, aber trotzdem ist sie auch als „ontische raum-zeitliche Gesamtheit" definiert; also eine „jeweils bestimmte physische, historische und kulturelle Umgebung, in die das Dasein faktisch geworfen ist" (Profeti 2016: 157). In Heideggers Verständnis von ‚Welt‘ gilt diese also nicht ausschließlich ontologisch für das Dasein aller Menschen, sondern wird mit der Bestimmung ontischer Welten verknüpft, denen ein jeweiliges Dasein zugeordnet ist. Dieses jeweilige Dasein beschrieb Heidegger als in den ontischen Welten jeweils ‚verwurzelt‘. Durch diese Wurzel-Metapher wird die jeweils bestimmte ‚Welt‘ an ein Territorium mit ‚geschichtlichem Boden‘ gebunden. Daraus leitet Profeti ihre abschließende Feststellung zu *Sein und Zeit* ab, dass Heidegger mit dem Werk den „Unterboden, auf den sich jedwede rassistische Auffassung berufen kann," (Profeti 2016: 162) liefert. Sie betont zwar, dass Heideggers Weltbegriff nicht identisch mit der rassistischen Ideologie der Nationalsozialisten ist, jedoch die „Vorstellung der ontologischen Zugehörigkeit des Menschen zu seiner jeweiligen physischen, sprachlichen und kulturellen Welt" (Profeti 2016: 163) dem nationalsozialistischen Paradigma von ‚Blut und Boden‘ nicht entgegensteht.

Dass Heideggers Denken antisemitische und nationalsozialistische Tendenzen aufweist, zeigen exemplarisch zwei Überlegungen aus den *Schwarzen Heften:*

> „Was jetzt geschieht, ist das Ende der Geschichte des großen Anfanges des abendländischen Menschen, in welchem Anfang der Mensch zur Wächterschaft des Seyns berufen wurde, um alsbald diese Berufung umzuwandeln in den Anspruch der Vorstellung des Seienden in seinem machenschaftlichen Unwesen. [...] Sobald das Geschichtslose sich ‚durchgesetzt‘ hat, beginnt die Zügellosigkeit des ‚Historismus‘

–, das Bodenlose in den verschiedensten und gegensätzlichsten Gestalten gerät – ohne sich als gleichen Unwesens zu erkennen – in die äußerste Feindschaft und Zerstörungssucht. Und vielleicht ‚siegt‘ in diesem ‚Kampf‘, in dem um die Ziellosigkeit schlechthin gekämpft wird und der daher nur das Zerrbild des ‚Kampfes‘ sein kann, die größere Bodenlosigkeit, die an nichts gebunden, alles sich dienstbar macht (das Judentum)" (Heidegger zit. n. Kaube 2014).

„Das Weltjudentum, aufgestachelt durch die aus Deutschland herausgelassenen Emigranten, ist überall unfaßbar und braucht sich bei aller Machtentfaltung nirgends an kriegerischen Handlungen zu beteiligen, wogegen uns nur bleibt, das beste Blut der Besten des eigenen Volkes zu opfern" (Heidegger zit. n. Kaube 2014).

Trotz solcher offenkundig antisemitischen Stellen gibt es noch immer Philosoph*innen, die Heidegger zur Seite springen. So verteidigt die Professorin Donnatella Di Cesare als Mitglied der *Martin Heidegger Gesellschaft* die philosophische Auseinandersetzung mit Martin Heidegger. Im ihrem Buch *Heidegger, die Juden, die Shoah* stellt sie heraus, der Antisemitismus in Heideggers *Schwarzen Heften* sei metaphysisch und habe „einen philosophischen Rang" (Di Cesare 2016: 9). Trotzdem vertritt sie den Standpunkt, die politische Sphäre sei von der philosophischen Auseinandersetzung mit Heidegger insofern zu trennen, dass seine Philosophie unabhängig von seiner politischen Tätigkeit zu verstehen sei (Di Cesare 2016: 45). Di Cesare ist es außerdem wichtig, den starken Einfluss des Heidegger'schen Denkens auf postmoderne Philosoph*innen wie zum Beispiel Jaques Derrida herauszustellen, um Heidegger eine entscheidende Rolle beim Übergang von der modernen zur postmodernen Philosophie zuzuweisen. Somit bestehe die Gefahr, in vergangene Denkmuster zurückzufallen und „zu jener Moderne zurückzukehren" (Di Cesare 2016: 35), würde die philosophische Arbeit an Heideggers Werk aufhören.

An dem Verhältnis Heideggers zur Moderne sind Spatz und Sellner ebenfalls interessiert. Die beiden Autoren haben mit dem wissenschaftlichen Standpunkt Di Cesares gemein – ohne sich damit explizit auseinanderzusetzen –, Heideggers Denken in Opposition zur Moderne zu verorten und als Versuch zu begreifen, diese Denkepoche zu überwinden. Der maßgebliche Unterschied zur Forschungsposition ist jedoch, dass Sellner und Spatz ein eigenes Interpretationsangebot entwerfen, dass ihrer politischen Haltung angepasst wird. Sie beanspruchen für sich, die von ihnen beklagten Zustände auf der Welt als Probleme der Moderne zu identifizieren. Dabei werden die bekannten Begriffe der ‚Neuen Rechten‘ zur polemischen Problematisierung gesellschaftlicher Vorgänge in Stellung gebracht. Als Anzeichen der Krise der Moderne wird Folgendes benannt: ‚Masseneinwanderung‘, Konsumgesellschaft, ‚Völkersterben‘, globalisierte Mobilität, Individualismus, ‚Heimatverlust‘. Dagegen wollen die Autoren nun mit Heideggers Begriffen ankommen, um eine „Bedeutung von Heideggers Seinsfrage für einen politischen Widerstand" (Sellner und Spatz 2015: 85) zu gewinnen. Diese Bedeutung besteht aus der „letzte[n] Chance auf ein sinnhaftes Leben, die die [...] ‚Menschheit' in der seinsgeschichtlichen Lage des Ge-stells hat" (Sellner und Spatz 2015: 88). Als zentrale These lässt sich bestimmen, dass die von den Autoren ausgemachten Probleme und damit die Moderne selbst mit Heideggers Philosophie zu bewältigen seien. Woran zeigt sich nun der Kontrast zwischen der Bewertung der Autoren von Heideggers Verstrickungen in den Nationalsozialismus und den skizzierten Forschungsmeinungen?

Indem Sellner und Spatz den Nationalsozialismus und Faschismus als „Endform des Nihilismus" (Sellner und Spatz 2015: 10) interpretieren, brandmarken sie beides als Phänomene der Moderne. Heidegger hingegen sei es um eine Überwindung des modernen Nihilismus gegangen. Dementsprechend habe er nach anfänglicher Sympathie schnell die Unterschiede zur nationalsozialistischen Weltanschauung erkannt und radikal mit ihr gebrochen (Sellner und Spatz 2015: 30). Der Antisemitismus in den *Schwarzen Heften* stelle „eine notwendige Irre im Abschnitt seines Denkweges" (Sellner und Spatz 2015: 67) dar. Die Autoren wollen Heidegger als „konservative[n] Kritiker des Nationalsozialismus" (Sellner und Spatz 2015: 10) darstellen, der diesen als Irrweg erkannt hätte, und daraufhin Stalin und Hitler gleichermaßen als Verbrecher ansah (Sellner und Spatz 2015: 43). An dieser Position ist problematisch, dass sie Heidegger in Bezug auf seinen Nationalsozialismus und Antisemitismus eine Absolution erteilt, was im drastischen Gegensatz zu den aktuellen Forschungsdebatten steht. Die Autoren nehmen eine Setzung zugunsten der Argumentationsgrundlage vor, die darauf basiert, dass Heideggers Philosophie ausdrücklich nicht nationalsozialistisch belastet sei. Darauf zu bestehen, ist für die Autoren aber essentiell, um sich gegenüber den Lesenden politisch vom Nationalsozialismus abzugrenzen und eine Verhandlungsbasis zu schaffen, die vermeintlich im Rahmen des allgemein politisch Denk- und Sagbaren liegt und sich vordergründig nicht auf rassistische oder antisemitische Prinzipien herunterbrechen lässt. Dieses Vorgehen lässt vermuten, dass Sellner und Spatz gezielt versuchen, antisemitische und nationalsozialistische Inhalte bei Heidegger zu verschleiern, um sie in den Diskurs einzuschleusen.

Ein weiterer Grund, darauf zu pochen, dass Heideggers Philosophie keine nationalsozialistischen Elemente enthält, ist der Zusammenhang von politischer Handlung und philosophischem Denken, den die Autoren selbst als wichtig erläutern (vgl. Sellner und Spatz 2015: 50, 64). Demnach gäbe es „keine voneinander losgelösten ‚Welten', die Politik, die Philosophie," weil „jede Philosophie in der Weltanschauung und Haltung des ethnokulturellen Dasein wurzelt" (Sellner und Spatz 2015: 64). Schlussendlich verfolgen die Autoren das Ziel, Heideggers Philosophie als nicht rassistisch und antisemitisch darzustellen, um damit die Auseinandersetzung mit Heidegger ebenso vom Verdacht solcher Inhalte zu befreien. Über die vorgenommene Entnazifizierung von Heideggers Denken und der Identifikation mit diesem soll das eigene Denken entnazifiziert werden. Die polemischen Problembeschreibungen und inhärenten Widersprüche des Textes zeigen, dass Sellner und Spatz auf den rassistischen und antisemitischen Inhalten in Heideggers Werken aufbauen.

2 Die rassistische Synthese von Heidegger und der Identitären Bewegung

Die rassistischen Ideen Heideggers werden durch die Autoren reproduziert, mit politischen Auffassungen der *Identitären Bewegung* und ‚neurechten' Begriffen verschmolzen. Das zeigt sich besonders an den geschichtsrevisionistischen Ausführungen, die sich direkt auf die Zeit zwischen 1933 und 1945 beziehen. So formuliert Walter Spatz das angebliche Hauptproblem des ‚deutschen Volkes' auf paradoxe Weise: Deutschland sei „in der wohl dunkelsten Stunde [seiner] Geschichte angelangt", weil die Siegermächte des Zweiten Weltkrieges seine Geschichte geraubt hätten (Sellner und Spatz 2015: 41). An dieser Äußerung lässt sich ein häufig bemühtes Manöver der ‚Neuen Rechten' exemplarisch zeigen. Das Narrativ, dass das deutsche Volk durch die alliierte Besatzung nicht mehr souverän sei, wird hier durch die Heidegger'sche Eigentlichkeits-Philosophie aufgeladen. Die Geschichte des ‚deutschen Volkes' kann doppelt auftauchen, einmal als äußere Zeitgeschichte, die weiterläuft, und einmal als Kategorie des Seins, als eigentliche Geschichte. Diese eigentliche Geschichte des ‚deutschen Volkes' sei durch die Niederlage im Zweiten Weltkrieg gestoppt worden. Damit ist in der Heidegger'schen Philosophie auch der Entzug des Subjekt-Status gemeint. ‚Das deutsche Volk', so der Subtext, sei nunmehr bloßes Objekt, das der Vergänglichkeit der Zeit ausgeliefert werde, statt Zeit als souveränes Subjekt zu gestalten. Damit wird die anti-liberale Erzählung wiederbelebt, dass die USA und ihre Intervention in den Zweiten Weltkrieg „nicht als Versuch zu werten [ist], das Abendland zu retten, sondern es zu zerstören" (Sellner und Spatz 2015: 40). Spatz konstruiert in dieser Passage das Feindbild einer liberalen, kapitalistischen und multikulturellen Gesellschaft, die durch die Kapitulation der Wehrmacht über das europäische Abendland hereingebrochen sei, um dieses zu zerstören. Er sieht das ‚deutsche Volk' unter nationalsozialistischer Herrschaft existierend als ein ‚geschichtliches Volk' an, denn erst nach dem Zweiten Weltkrieg sei jene Geschichte dieses ‚Volkes' durch die Siegermächte geraubt worden (Sellner und Spatz 2015: 41). Also scheint Spatz selbst den Nationalsozialismus nicht als Form des Nihilismus zu betrachten, so wie in der entnazifizierten Darstellung der Autoren für Heidegger behauptet wurde, er habe den Nationalsozialismus als „Endform des Nihilismus" (Sellner und Spatz 2015: 10) angesehen. Hierin tritt nun ein Widerspruch auf, der den Spagat zwischen der NS-Affirmation der Autoren und der nach außen kommunizierten Absolution Heideggers aufzeigt. Dabei fügt sich Spatz' Erzählung über das ‚deutsche Volk' ohne eigentliche Geschichte nach 1945 sehr gut in das Denken Heideggers und seine Haltung zum Nationalsozialismus ein. Denn Heideggers völkisches Volks-Verständnis führt „[v]om wahren Sein zur Volksgemeinschaft" (Brumlik 2019). Ganz grundsätzlich lässt sich mit Brumlik sagen, dass Heidegger zu individualistischen Ideen in Opposition tritt, weil dort das Dasein des Einzelnen priorisiert wird. Heidegger verbindet hingegen das Dasein des einzelnen Menschen mit dem Schicksal der Generation – was ein politischer Existentialismus ist, der eine schicksalhafte Geworfenheit des Menschen in den sozialen und zeitlichen Zusammenhang behauptet. Dabei wird die Freiheit – als freie Wahl der Zugehörigkeit – ausgeschlossen. So hat Heidegger im ‚deutschen Volk' ein politisches Subjekt gesehen, das vermutlich als Volks- und Schicksalsgemeinschaft im National-sozialismus ein wahres Dasein führen und sein geschichtliches Sein entfalten sollte. Genau diesem Aspekt von Heideggers Sicht auf den Nationalsozialis-mus nähert sich Spatz an, wenn er vom ‚geschichtslosen Volk' der Deutschen seit 1945 erzählt. Spatz greift also die NS-Affinitäten Heideggers auf und trans-portiert sie weiter in die Gegenwart.

Spatz' Blick auf den Zweiten Weltkrieg, den Holocaust und den Kolonialismus ist generell kritikwürdig, wenn er von einer „*angebliche[n]* Schuld der Deutschen und d[er] *angeblichen* Schuld der weißen Rasse" (Sellner und Spatz 2015: 37, Herv. Hrsg.) spricht, deren Aufarbeitung die Lösung der aktuellen Probleme ver-hindere (vgl. zum ‚Schuldkult'-Motiv Suermann 2016). Des Weiteren spielt Spatz auf die Kategorie des ‚Rassetypus' im Sinne der physiologischen Anthropologie an, die am Anfang des 20. Jahrhunderts vergeblich versuchte, die Menschen durch Datensammlungen und Körpervermessungen in bestimmte ‚Rassen' zu klassi-fizieren (vgl. Hanke 2000: 192–199). Bei Spatz äußert sich die Rassenideologie durch die krude Behauptung, das Bindeglied zwischen (antikem) griechischem Volk und ‚deutschem Volk' sei, dass „der alte griechische Mensch ein nordischer Typus war" (Sellner und Spatz 2015: 39). Das stellt einen Widerspruch zum Selbstbild der *Identitären* und einigen Aussagen im Buch dar, veranschaulicht aber einen Umgang mit rassistischen Ansichten, der typisch für Texte der ‚Neuen Rechten' ist.

Das Gespräch zwischen Sellner und Spatz ist exemplarisch dafür, wie die ‚Neue Rechte' versucht, Rassismus in salonfähige Sprache zu packen. Das Schema ist dabei oft ähnlich: Zunächst wird eine offen rassistische Aussage zitiert (oft auch, indem sie negiert wird), um dann den Rassismus-Vorwurf zurückzuweisen oder die Aussage so zu relativieren, dass ihre Sprache entschärft, aber der Inhalt beibehalten wird. So versucht Sellner den Vorwurf des chauvinistischen Rassismus auszuräumen: „Das Sein kennt […] keine ‚auserwählten Völker'. Wie kann ein Volk ‚seiender' sein als ein anderes?" (Sellner und Spatz 2015: 91). Walter Spatz relativiert Sellners Aussage daraufhin mit dem Einwand, dass es doch einen „wunderbare[n] deutsche[n] Sonderweg" (Sellner und Spatz 2015: 78–79) gebe, da die Abwendung vom liberalen Zeitgeist nicht als „bewusste Entscheidung […] von jedem Volk getroffen werden kann" (Sellner und Spatz 2015: 78). Auch Sellner pflichtet ihm bei; auch er erkenne „eine ganz besondere Aufgabe" (Sellner und Spatz 2015: 93) für ‚die Deutschen'. Inhaltlich landen die beiden Identitären schlussendlich bei dem, wovon sie sich abzugrenzen behaupteten: Bei dem chauvinistischen Gedanken, dass das deutsche Volk eine herausgehobene Position besitze. Mehr noch: Der Chauvinismus wird unter Rückgriff auf Heidegger mystisch aufgeladen, denn was genau ‚die Deutschen' als ‚Volk' dazu qualifiziere, bleibt im Unklaren. Aber aus dem anfangs angesprochenen „auserwählten Volk" ist nun „eine ganz besondere Aufgabe" geworden – die sprachliche Abschwächung tarnt den nach wie vor rassistischen Inhalt und ermöglicht so die gewünschte „geistige Verschärfung" (Sellner und Spatz 2015: 90). Neben diese strategische Entschärfung der Begriffe tritt aber noch ein weiteres Manöver: die Mystifizierung des Denkens.

Martin Sellner und Walter Spatz nehmen mit der Anordnung von Problematisierungen, Thesen, Behauptungen, politischen Positionierungen und Argumentationsschritten den Versuch vor, eine politische – oder auch reaktionäre – Mythologie aus Heideggers Philosophie zu gewinnen. Nils Markwardt kennzeichnet drei wesentliche Aspekte dieses Begriffs, die charakteristisch für den ‚neurechten' Rechtspopulismus seien und sich auch im Text von Sellner und Spatz wiederfinden ließen: Erstens der „Glaube an Völkerpsychologie und nationale ‚Substanzen'" (Markwardt 2017: 2). Der Volksbegriff werde mystifiziert, sodass als ‚Volk' nicht mehr die Gesamtheit aller Angehörigen eines Staates, sondern der „Träger eines ethnischen Gemeinwillens" (Markwardt 2017: 2) verstanden werde. Zweitens orientiere sich das Geschichtsverständnis an Nationalmythen – wie zum Beispiel die Schlacht im Teutoburger Wald. Und drittens würden romantische Referenzen auf das ‚Abendland' vorgenommen, die nicht auf historischen Gegebenheiten, sondern idealisierten Vorstellungen basierten. Alle drei Aspekte ziehen sich durch das gesamte Buch, jedoch bündeln sich die völkischen Inhalte der Mystifizierung insbesondere im propagierten Konzept des *Ethnopluralismus*.

Ausgangspunkt für den Ethnopluralismus ist bei Sellner und Spatz eine weitere krude Problembeschreibung: eine vermeintliche „Invasion aus Afrika und Vorderasien" (Sellner und Spatz 2015: 32), die von der Regierung geduldet sei, um den ‚Großen Austausch' einzuleiten (vgl. den Beitrag zu→ Camus). Die Problematisierung von Migration speist sich aus einem stark geo-deterministischem Volks- und Menschenbegriff, dem zufolge jedem ‚Volk' als homogene Einheit ein bestimmter Raum zugewiesen ist, worin das Dasein historisch, kulturell und religiös verwurzelt und vorbestimmt ist. Jedes ‚Volk' und deren Individuen sind an eine territoriale Raumeinheit gebunden, die unveränderbar scheint. Einzelne Individuen haben zwar die Möglichkeit die Raumgebundenheit zu überwinden, aber nicht ohne als „Nomaden […] in die Daseinsform des Chamäleons gezwungen" (Sellner und Spatz 2015: 32) zu werden. Die Chamäleon-Metapher soll vermitteln, dass sich Migrierende zwar physisch von der Raumgebundenheit lösen und damit ihre äußere Daseinsform wechseln können, sich jedoch niemals kulturell und religiös im Dasein eines anderen Territoriums zu verwurzeln vermögen, welches nicht das ‚angestammte' ist. Damit verbunden ist die Abwertung einer nomadischen Lebensweise, die zugleich auf die eurozentrische Perspektive der Autoren verweist und eine zentrale Dichotomie des Textes beinhaltet.

3   Die Retribalisierung Europas: philosophisch maskierte Blut-und-Boden-Ideologie

Diese zentrale Dichotomie ist die Privilegierung des Sesshaften und die Margina-lisierung des Nomadischen. Das Nomadische stellt die Ferne zum Sein und die Unmöglichkeit einer Verwurzelung dar. Menschengruppen, denen eine nomadische Lebensweise zugeschrieben wird, wird abgesprochen, ein ‚Volk' mit eigener seinsgeschichtlicher Aufgabe im Sinne Heideggers zu sein (vgl. hierzu auch den Beitrag zu→ Schmitt). Das Nomadische ist mit den Vor-stellungen vom außereuropäischen Anderen oder Fremden verknüpft (Sellner und Spatz 2015: 32). In Zitaten aus den *Schwarzen Heften* (vgl. Kaube 2014) wird Heideggers Antisemitismus vor allem daran deutlich, dass er das Judentum als äußerste Steigerung der ‚Bodenlosigkeit' charakterisiert. Mit der Abwertung des Nomadentums, die mit der Konstruktion der Dichotomie nomadisch/sesshaft ein-hergeht, vollziehen die Autoren eine ähnliche Hinwendung zum Antisemitismus wie Heidegger (s. obiges Zitat), jedoch ohne von Juden in diesem Zusammenhang zu sprechen. Die Einführung der Dichotomie durch die Autoren in Referenz auf Heidegger ist trotzdem, obwohl das Judentum nicht benannt ist, als Ausdruck eines strukturellen Antisemitismus zu verstehen, denn letztendlich wird Heideggers antisemitische Verknüpfung vom jüdischen Volk als ‚Nomaden' und seiner ‚Entwurzelung' oder ‚Bodenlosigkeit' von Sellner und Spatz übernommen (vgl. auch Brumlik 2017: 7 ff.).

Entgegen dem Nomadischen steht das Sesshafte der Verwurzelung im heimatlichen Boden, das die ‚Völker' dazu privilegiere, „Verantwortung im epochalen Verlauf der Seinsgeschichte" (Sellner und Spatz 2015: 47) zu übernehmen. Das Sesshafte meint das europäische Eigene und zielt auf die „Vielfalt Europas, in dem jedes Volk eine eigene Rolle" (Sellner und Spatz 2015: 94) spiele, ab, denn der Begriff des ‚Volkes' wird ausschließlich im europäischen Kontext verwendet. Die Möglichkeit der sesshaften Verwurzelung eines ‚Volkes' wird so an Europa als geografische-territoriale Entität gebunden. Die dichotome Differenzkategorie des Fremden und des Eigenen, die sich in der Differenz des Sesshaften und Nomadischen ausdrückt, wird allerdings noch weiter ausdifferenziert. Das Fremde charakterisiert sich bei Sellner und Spatz seinerseits durch zwei Ebenen der Abstufung. Einerseits gibt es das Fremde mit der Nähe zum Eigenen, das eher ein historisch Fremdgewordenes aufgrund eines gemeinsamen, vergangenen Ursprungs markiert. Als Beispiel dafür kann die behauptete Verbindung zwischen deutschem und altgriechischem Volk angeführt werden. Das Konzept des nahen Fremdgewordenen soll die Differenzen der europäischen Völker an einen gemeinsamen Ursprung binden, um geschlossen gegen das entfernte Fremde zu stehen (vgl. Sellner und Spatz 2015: 39).

Das Fremde mit großer Entfernung zum Eigenen bildet die zweite Abstufung des Fremden, das sich eben nicht durch einen solchen gemeinsamen Ursprung kennzeichnet und somit als Gegensatz zum Eigenen verstanden wird. Als vermeintliche Gefahren des entfernten Fremden werden in ‚neurechtem' Jargon die „heutigen Geschehnisse von Multikulti bis Masseneinwanderung und Islamisierung" (Sellner und Spatz 2015: 88) angeführt. Das Feindbild des entfernten Fremden, das der Text produziert, bildet migrierende Muslime ab, die als Nomaden und „Wirtschafts‚flüchtling[e]'" (Sellner und Spatz 2015: 95) aus Afrika und Vorderasien nach Europa kommen. In diesem Feindbild fließen geografisch-territoriale Grenzziehungen Europas mit rassisch-religiösen Differenzkategorien zusammen, um die Abschottung Europas nach außen zu rechtfertigen und eine Gefährdung des identitären Idealbilds vom Eigenen, eines Europas verschiedener Völker gleichen Ursprungs und jeweils homogener Identität, auszuschließen. Dieser gemeinsame Ursprung wird – so unsinnig dies historisch auch ist – im antiken Griechenland verortet. Das drückt sich auch in der Symbolik des griechischen Buchstaben Lambda aus, der das Wappen der *Identitären Bewegung* ist und nach Sellners Interpretation sinnbildlich für Heideggers Seinsfrage stehen soll (Sellner und Spatz 2015: 87). Die Beschwörung der griechischen Antike, deren Symbolik und eines militärischen Jargons, der von Migranten und Muslimen als Invasoren spricht, lässt eine Analogie vermuten, die an den antiken Konflikt zwischen Griechen und Persern anknüpft, um politische Forderungen auf einem mythisch-historischen Fundament zu gründen und zu plausibilisieren. Solche Mythisierungen finden nicht zufällig statt, sondern stellen bewusste Inszenierungen dar.

Diese heroische Aufladung deutet doch bereits an, dass der Ethnopluralismus, anders als seine Verfechter*innen behaupten, nicht auf eine friedliche Koexistenz der verschiedenen Gleichen ausgerichtet ist. Stattdessen führt die avisierte Retribalisierung Europas (und tendenziell der Welt) in einen permanenten Kampf, durch den die zu Stammesgemeinschaften degradierten Völker Europas ihre Reinheit verteidigen (vgl. Virchow 2008). So projizieren Identitäre wie Sellner und Spatz ihre völkisch-nationalen Reinheitsphantasien auf die europäische Ebene und inszenieren sich als heroische Widerständler gegen eine apokalyptisch anmutende Verschwörung, welche die Auflösung der ‚Völker Europas' zum Ziel habe. Nicht nur, dass niemand, außer die Autoren selbst, es wage, die Probleme als solche zu erkennen und zu benennen, es sei auch das identitäre Denken im Zusammenhang mit Heideggers Philosophie die einzig mögliche Lösung und tatsächlich in der Lage, „das kämpferische Halten der Stellung im notwendigen ‚ontischen', politischen Daseinskampf gegen Masseneinwanderung, Islamisierung, Globalisierung etc. [sic!]" (Sellner und Spatz 2015: 71) zu bewerkstelligen. In der Eigenlogik des Textes werden abstrakte Bedrohungslagen heraufbeschworen und destruktive Untergangsszenarien entworfen, um sich selbst – die Autoren im engeren und die *Identitäre Bewegung* im weiteren Sinne – als Retter in der Not darzustellen. Allerdings gehen die angebotenen Heilsversprechungen des Textes über wirre Drohungen und pathetische Beschwörungen mystischer Deutschtümelei kaum hinaus. Martin Sellner treibt diese Praxis ins Absurde:

„Unser Ziel ist die geistige Verschärfung. Wir wollen die Herzen in Brand setzen, etwas in Bewegung bringen, die entscheidenden Fragen erneut, tiefer und mit politischen Folgen stellen. Die geistige Unruhe, der schlafende Furor teutonicus, das ewig unzivilisierbare, urdeutsche Fieber, das uns aus germanischen Urwäldern wie aus gotischen Kathedralen entgegenstrahlt, versammelt sich in uns. Unsere Gegner wissen das, und sie haben Angst" (Sellner und Spatz 2015: 90).

Zusammenfassend lässt sich feststellen, dass Sellner und Spatz eine einseitig apologetische Position in der aktuellen Debatte um Heidegger einnehmen, seine Philosophie insgesamt und sich selbst von einer nationalsozialistischen, rassistischen und antisemitischen Prägung der Inhalte freisprechen wollen. Die Interpretationsansätze von Sellner und Spatz unterscheiden sich nur im Detail in wenigen Aussagen, sodass die Diskussionsbeiträge auf gemeinsame Thesen hinarbeiten. Die Interpretation der aktuellen politischen Lage durch Heideggers Begriffe führt dazu, dass politische Forderungen und Ansichten, die im Text formuliert sind, mit der Reputation Heideggers, die er trotz der *Schwarzen Hefte* noch genießt, philosophisch legitimiert werden. Geografisch-territoriale Grenzziehungen Europas werden mit rassisch-religiösen Differenzkonstruktionen verknüpft, die aus Heideggers Denken abgeleitet sind. Somit wird ein politisches Interesse deutlich, das hinter der philosophischen Auseinandersetzung mit Heidegger steckt und darauf fokussiert ist, eine strategische Inszenierung der Autoren als relevante Denker und Analytiker für die Probleme der Moderne vorzunehmen. Das Buch steht exemplarisch dafür, wie Akteure der ‚Neuen Rechten‘ versuchen, sich in intellektuellen, akademischen und wissenschaftlichen Diskursen ohne Auseinandersetzung mit existierenden Forschungsmeinungen zu positionieren, um Debatten zu besetzen, diese nach rechts zu verschieben und die angestrebte kulturelle Hegemonie zu erlangen. Der pseudo-philosophische Duktus kann nicht darüber hinwegtäuschen, dass völkisch-nationalistisches Gedankengut wie zum Beispiel der Ethnopluralismus in philosophisch vernebelnde Begriffe gekleidet und damit mystisch-irrational aufgeladen wird.

Literatur

Primärquellen

Sellner, Martin, Spatz, Walter (2015): Gelassen in den Widerstand. Ein Gespräch über Heidegger. Schnellroda: Antaios.

Sekundärliteratur

Barthels, Inga (2020): Youtube und Twitter gehen gegen Identitäre Bewegung vor. *Der Tagesspiegel* vom 14.07.2020. tagesspiegel.de/gesellschaft/medien/accounts-von-martin-sellner-gesperrt-youtube-und-twitter-gehen-gegen-identitaere-bewegung-vor/26004266.html (18.07.2021).

Brumlik, Micha (2017): Zur Aktualität der identitären Ideologie. Die Vordenker einer neuen rechten Internationale. Berlin: Heinrich Böll Stiftung.

Brumlik, Micha (2019): Martin Heidegger. Vom wahren Sein zur Volksgemeinschaft. Berlin: Zentrum Liberale Moderne. gegneranalyse.de/personen/martin-heidegger/# (18.07.2021).

Di Cesare, Donatella (2016): Heidegger, die Juden, die Shoah. Frankfurt a. M.: Klostermann Verlag.

Faye, Emmanuel (2009): Heidegger. Eine Einführung des Nationalsozialismus in die Philosophie. Im Umkreis der unveröffentlichten Seminare zwischen 1933 und 1935. Berlin: Matthes & Seitz.

Hanke, Christine (2000): Zwischen Evidenz und Leere. Zur Konstitution von ,Rasse' im physisch-anthropologischen Diskurs um 1900. In: Bublitz, Hannelore/Hanke, Christine/ Seier, Andrea (Hrsg.): Der Gesellschäftskörper. Zur Neuordnung von Kultur und Geschlecht um 1900. Frankfurt a. M./New York: Campus Verlag, S. 179–235.

Heinz, Marion (2016): Einleitung: Die neue Heidegger-Debatte. In: Heinz, Marion/ Kellerer, Sidonie (Hrsg.): Martin Heideggers „Schwarze Hefte". Eine philosophisch-politische Debatte. Berlin: Suhrkamp Verlag, S. 2–39.

Heinz, Marion/Kellerer, Sidonie (Hrsg.) (2016): Martin Heideggers „Schwarze Hefte". Eine philosophisch-politische Debatte. Berlin: Suhrkamp Verlag.

Kapfinger, Emanuel (2021): Die Faschisierung des Subjekts. Über die Theorie des autoritären Charakters und Heideggers Philosophie des Todes. Wien/Berlin: Mandelbaum.

Kaube, Jürgen (2014): Die Endschlacht der planetarischen Verbrecherbanden. *Frankfurter Allgemeine Zeitung* vom 12.03.2014. faz.net/aktuell/feuilleton/buecher/ martin-heideggers-schwarze-hefte-beweisen-den-antisemitismus-des-philosophen-12844017-p4.html (18.07.2021).

Markwardt, Nils (2017): Im Geisterreich des Völkischen. *Zeit Online* vom 15.04.2017. zeit.de/kultur/2017-04/politische-mythologie-rechtspopulismus-identitaere-bewegung-heimat-volk-fakten/komplettansicht#print (18.07.2021).

Profeti, Livia (2016): Heideggers Daseinsontologie und die Zerstörung der Gleichheit. In: Heinz, Marion/Kellerer, Sidonie (Hrsg.): Martin Heideggers „Schwarze Hefte". Eine philosophisch-politische Debatte. Berlin: Suhrkamp Verlag, S. 156–170.

Salzborn, Samuel (2018): Heidegger für Halbgebildete – Identitäre Heimatideologie zwischen Fiktion und Propaganda. In: *Wissen schafft Demokratie* (3), S. 158–167.

Schindlbeck, Bernhard (2019): Heideggers Volk, die Neue Rechte und ihr Heidegger. In: *Widerspruch. Münchner Zeitschrift für Philosophie* 38, S. 65–90.

Suermann, Lenard (2016): Schuld-Kult. In: Gießelmann, Bente/Heun, Robin/Kerst, Benjamin/Suermann, Lenard/Virchow, Fabian (Hrsg.): Handwörterbuch rechtsextremer Kampfbegriffe. Schwalbach/Ts.: Wochenschau Verlag, S. 269–281.

Virchow, Fabian (2008): Gegen den Zivilismus. Internationale Beziehungen und Militär in den politischen Konzeptionen der extremen Rechten. Wiesbaden: VS Verlag für Sozialwissenschaften.

Lukas Rogner studiert Kulturwissenschaft und Geschichte (Bachelor of Arts) an der Humboldt-Universität zu Berlin.

Renaud Camus: Revolte gegen den Großen Austausch

Max Deltau

Zusammenfassung

Renaud Camus' verschwörungsideologisch aufgeladener Text *Der Große Austausch* behandelt ein Kernthema der ‚Neuen Rechten': die Migration. Camus stellt Migrationsbewegungen als ‚Gegen-Kolonisation' dar, Migrant*innen bezeichnet er als ‚Invasoren' und die europäischen Eliten als ‚Austauscher', die die weiße Bevölkerung der europäischen Staaten durch Migrant*innen ersetzen wollten. So vermengt er völkischen Nationalismus (getarnt als ‚Ethnopluralismus'), Rassismus und Antiliberalismus. Der Beitrag untersucht, wie es Camus gelingt für die extreme Rechte metapolitische Begriffsarbeit und ideologische Historisierungsarbeit zu leisten. Er problematisiert die expliziten Handlungsaufforderungen, die den ‚aufgewachten' Leser zum Widerstand aufrufen soll und zeigt mögliche Resonanzräume für Camus' Begrifflichkeiten in dem allgemeinen Diskurs um das Thema Migration.

Als es 2015 zu starken Migrationsbewegungen aus dem Nahen Osten und dem Norden Afrikas nach Kontinentaleuropa kam, setzte eine öffentliche Debatte um die Gründe, Motive und Folgen dieser Bewegungen ein. In der breiten Öffentlichkeit (von liberalen Zeitungen, kirchlichen, zivilgesellschaftlichen bis hin zu konservativen Gruppen) existiert ein Konsens, der die Ursachen der Migration in

M. Deltau (✉)
Humboldt-Universität zu Berlin, Berlin, Deutschland
E-Mail: deltauma@hu-berlin.de

© Der/die Autor(en), exklusiv lizenziert an Springer Fachmedien Wiesbaden
GmbH, ein Teil von Springer Nature 2022
D. Meiering (Hrsg.), *Schlüsseltexte der ‚Neuen Rechten'*, Edition
Rechtsextremismus, https://doi.org/10.1007/978-3-658-36453-3_14

165

humanitären Katastrophen wie Krieg, Verfolgung, den Folgen des Klimawandels und in unhaltbaren menschenrechtlichen Zuständen in den betroffenen Staaten sieht. Die extreme Rechte greift in diesen öffentlichen Diskurs ein. Sie versucht, die gesellschaftliche Wahrnehmung über Migration umzudeuten. In diesem Zusammenhang ist der Begriff des „Großen Austauschs" gezielt popularisiert worden.

Der Urheber dieses Begriffs ist der französische Schriftsteller Renaud Camus (*1946). Camus, der in Frankreich wegen Volksverhetzung verurteilt wurde, stellt sich selbst als Opfer eines angeblichen „Mainstreams" dar: „Ich bin zum Paria, zum Ausgestoßenen, zum lebenden Toten erklärt worden" (Camus 2017: 36). Tatsächlich haben Camus' politische Publikationen, die fast ausschließlich um den „Großen Austausch" kreisen, großen Anteil daran, Geflüchtete, Migrant*innen und Bürger*innen mit Migrationshintergrund zu Parias und rachsüchtigen Invasoren zu erklären. Dass diese Narrative reale Folgen haben, zeigte sich in den vergangenen Jahren durch antimuslimische Attentate, deren Täter sich auf Camus' Thesen bezogen. Ob in Christchurch, El Paso oder Halle – weltweit rechtfertigen rassistische Terroristen ihre Taten damit, Widerstand gegen den „Großen Austausch" auszuüben. Sein 2016 auf dem Höhepunkt der Debatte um Migration im *Antaios-Verlag* erschienenes Pamphlet ist daher ein Schlüsseltext für die ‚Neue Rechten'.

1   „Die Auflösung der Völker"

Das Buch *Revolte gegen den Großen Austausch* vereint drei Hauptakteure der *Identitären Bewegung* (→Lichtmesz, Camus und→ Sellner) aus zwei verschiedenen Nationen (Österreich und Frankreich) im wichtigsten deutschsprachigen Verlag der ‚Neuen Rechten'. Die Hauptthese des Buches findet sich bereits in der Überschrift von Camus' Beitrag *Der Große Austausch oder: Die Auflösung der Völker:* Die europäische, weiße Bevölkerung werde durch Migranten aus dem arabischen und afrikanischen Raum ausgetauscht. In seinem Vorwort beschreibt der Übersetzer Martin Lichtmesz diesen Vorgang als einen umfassenden Prozess:

> „Nicht nur das Volk wird ausgetauscht, auch die Kultur, die Geschichte, die Sprache, das Recht oder die Begrifflichkeit" (Lichtmesz 2017a: 21).

Camus' Text wird zum Schlüsseltext der extremen Rechten, weil er diese These nicht plump und plakativ in den Raum stellt. Die Mär vom „Großen Austausch" ist zwar keine Erfindung von Camus, sondern lediglich ein neues Framing für ältere Konzepte, Begriffe und Narrative der extremen Rechten (vgl. Weiß 2017b). Aber vor allem die Modernisierung von Begriffen und Konzepten, bezogen auf gegenwärtige gesellschaftliche Phänomene, und die interpretative Reichweite des neuen Begriffes sind entscheidend für die Vernetzung, Konzentration und Rekrutierung des rechten Netzwerkes. Oder, wie Sellner es im Nachwort ausdrückt: „Unsere ‚Feindbegriffe' zergliederten sich […]. Uns fehlte jedoch der entscheidende Sammelbegriff" (Sellner 2017: 190f.).

2   Völkischer Nationalismus

Am Anfang von Camus' Argumentation steht die Konstruktion einer homogenen nationalen Volksgruppe. Camus leitet die Zugehörigkeit zu dieser Gruppe aus dem „Abstammungsprinzip (ius sanguinis)" (Camus 2017: 132) ab. Er rekurriert zwar auf die politische Idee der Nation, die sich von der des Staates unterscheidet. Die Zugehörigkeit zu einem nationalen, politischen Zusammenschluss gründet sich laut dieser Ansicht auf eine gemeinsame Kultur, Zivilisation, Lebensart, Geschichte und einem „Bürgersinn" (Camus 2017: 46 f.). Indem er aber die ‚Abstammung' als wesentlich für die Zugehörigkeit zu einer Nation begreift, setzt er eine essentialistische Kategorie in Zentrum seiner Definition. Camus bestimmt das Staatsvolk demnach im Sinne des völkischen Nationalismus, als vermeintlich kulturell und ‚biologisch' homogene Gruppe, die in einer internationalisierten Welt unter Druck geraten muss. Die Kategorie des ethnisch homogenen Volkes ist die zentrale Kategorie und der Ausgangspunkt in Camus' Denken. Unweigerlich verwendet er diese auch, um Migration zu deuten. Die Vielzahl der Migrant*innen wird folglich als „muslimischer Kulturkreis" (74) ethnisiert. Damit verwischt er alle Differenzen zwischen den verschiedenen religiösen und nicht-religiösen Individuen, die durch die bloße Konfessionszugehörigkeit noch keine Gruppe darstellen. Noch so unterschiedliche Lebensgeschichten, unterschiedliche kulturelle, politische, religiöse, soziale, ökonomische Prägungen oder die unterschiedlichen Gründe der Migration, alles zwängt Camus in einer vermeintlichen und hypostasierenden Gruppenzugehörigkeit zusammen.

Biologistische Kategorien des „alten Rassismus" werden dabei durch kulturalistische Kategorien ersetzt. Beide werden aber nach wie vor essentialisiert und hypostasiert, also als unveränderbare, wesensmäßige Charaktere eines Volkes verstanden. Camus argumentiert mit einem Rassismus ohne Rassen. Eine

Strategie bei der „auf die Rede von unüberwindbaren Differenzen zwischen dem
‚kulturell Eigenen' und dem ‚kulturell Anderen' [...] [verwiesen wird], in der die
‚eigene' Identität erhalten und vom ‚Anderen' notfalls auch räumlich getrennt
werden soll" (Bodjadžijev 2015: 275). Das zeigt sich auch an Camus' Ausführungen zu den Ursachen von Migration. So beschreibt Camus Migration zwar
als Folge von Armut (Camus 2017: 68), nur um kurz darauf die Ursachen von
Armut zu ethnisieren:

> „Sie reproduzieren in ihrem neuen Leben, wovor sie in ihrem alten geflohen
> sind. Dabei begreifen sie nicht, daß ihre ureigenen Neigungen, Sitten, Seh- und
> Handlungsweisen, die für sie als Grundlagen ihrer althergebrachten Kultur
> unabhängig von politischen, wirtschaftlichen und sozialen Strukturen und deren
> Begleiterscheinungen Geltung haben, doch gerade erst den Typ Regierung und
> Gesellschaft ermöglichten, den sie nicht mehr ertragen haben und dem sie ent-
> kommen wollten" (Camus 2017: 127).

Im Gegensatz zu alten rassistischen Kategorien wie Hautfarbe oder Körper-
gestalt kulturalisiert Camus die Ursachen von Armut oder Unrechtsherrschaft
in den Staaten der Migrierten. Sie sind den Migrierten „ureigen", „unabhängig"
von gesellschaftlichen Strukturen oder sozialer Stellung. Dieser Rassismus ist
letztlich auch die Ursache dafür, dass die kulturell ‚Anderen' als unabänderlich fremd und letztlich auch als gefährlich wahrgenommen werden. Integration,
Assimilation oder auch nur ein verständiges Nebeneinander kommen aus dieser
Sicht nicht infrage. Stattdessen droht die ‚unrein' gewordene Einheit sich durch
das Hinzukommen der ‚Anderen' aufzulösen. Bei Camus vollzieht sich dieser
Auflösungsprozess in drei Dimensionen: Erstens durch die Eroberung durch die
‚Invasoren', zweitens mittels der *nocence* der Migrant*innen und drittens durch
eine vermeintliche ‚Diktatur des dogmatischen Antirassismus'.

3   Die Eroberung Europas durch die „Invasoren"

Die erste Dimension des „Großen Austausches" sieht Camus in der Migration
und Demographie, die er als ‚Mittel' zum Zweck der „Eroberung" Europas
darstellt. Eine koordinierte, intendierte Aktion vermutend, spricht er von
„Invasoren" (Camus 2017: 73), Camus' abwertender Begriff für Personen, die
als Migrant*innen markiert sind. Migration ist ihm zufolge eine Strategie zur
„Gegen-Kolonisation" (Camus 2017: 72) Frankreichs bzw. Europas durch den
„muslimische[n] Kulturkreis" (Camus 2017: 74). Aus der Behauptung, dass
‚Frauen mit Migrationshintergrund' durchschnittlich mehr Kinder bekämen

als sog. „Stammfranzösinnen" (Camus 2017: 85), leitet Camus eine weitere Eroberungsstrategie zur Kolonisation Europas ab. Beide Strategien würden durch die herrschenden nationalen, europäischen und internationalen politischen, ökonomischen und kulturellen Eliten unterstützt bzw. erst ermöglicht. Geht also die unmittelbare Gefahr von den migrantischen „Eroberern" aus, so seien doch vor allem die politischen und medialen Eliten ursächlich schuldig. Camus argumentiert in der typisch rechtspopulistischen und verschwörungsmythisch aufgeladenen Dichotomie „Volk gegen eine politisch-mediale Elite". Die Motive der Eliten seien dabei die eigene Machtsicherung und Machtbereicherung.

Diese Erzählung von der vermeintlichen Gegen-Kolonisation Europas wird herangezogen, um in grotesk anmutender Geschichtsakrobatik die Konsequenzen französischer Kolonialherrschaft abzustreiten (Camus 2017: 74 f.). Mehr noch: Camus kehrt hier das Täter-Opfer-Verhältnis um und projiziert die Brutalität des französischen Kolonialregimes auf eine imaginierte Rachsucht der ehemaligen Kolonialsubjekte. Ähnlich wie beim sekundären Antisemitismus wird die Schuld, die Frankreich durch den Kolonialismus auf sich geladen hat, den Kolonisierten selbst angekreidet. In Abwandlung der Formel von Zvi Rex (Siegel 2018) kann man formulieren: Camus wird den ehemaligen Kolonien ihre Kolonialisation nie verzeihen. Komplexe, ineinandergreifende, globale Ereignisse, wie der Syrien-Krieg, die Entstehung des *Islamischen Staates* oder die sog. „failed states" (Camus 2017: 54) in Afrika werden nicht in ihrer historischen Verbundenheit mit dem Kolonialismus reflektiert, sondern auf eine Verschwörung zurückgeführt, die die „allochthonen Bevölkerung" (Camus 2017) ersetzen will. All dies gipfelt in der Schlussfolgerung, die „Invasoren" (Migrant*innen) und „Austauscher" (Eliten) wollten einen Krieg entfachen bzw. einen laufenden vertuschen:

„Die Mächtigen wollen offenbar um jeden Preis verhindern, daß dieser laufende ethnische Territorialkrieg sichtbar gemacht, thematisiert, beim Namen genannt wird – denn wenn sie erst einmal zugegeben haben, daß es ihn tatsächlich gibt, wären sie ja gezwungen, sich seiner anzunehmen und womöglich sogar – horribile dictu – Partei zu ergreifen" (Camus 2017: 92).

4   Nocence

Die zweite Dimension und zentralen Antreiber des „Großen Austausches" bezeichnet Camus mit dem Neologismus *nocence,* abgeleitet vom französischen *nuisance* (Belästigung), dem lateinischen *nocere* (Schaden) und dem veralteten englischen Begriff *nocence* (Schuld, vgl. Lichtmesz 2017a: 13):

> „Mit ‚nocene' bezeichnet Camus die Gesamtheit des asozialen Verhaltens, der Schikanen und Belästigungen bis hin zu Verbrechen und offener Gewalt, die auf die Masseneinwanderung und den Import von nicht assimilierbaren, sozial inkompatiblen oder kriminellen Ausländern zurückzuführen ist" (Lichtmesz 2017a: 13).

Die „nocence" sei ein „objektives Mittel ihrer Eroberungsstrategie" (Camus 2017: 90). Sie sei der „bewaffnete Arm" (Camus 2017: 48) der Gegen-Kolonisation. Einzelne Straftaten, Verbrechen und andere Formen der „Hyperbrutalität" (Camus 2017: 89) seien eine organisierte, intentionale Aktion der „fremde[n] Völker" (Camus 2017: 88), um den „Großen Austausch" voranzutreiben. Damit seien nicht nur gewalttätige oder nicht gewalttätige Verbrechen als Teil der ‚Eroberungsstrategie' zu betrachten, sondern auch islamistischer Terrorismus (Lichtmesz 2017b: 39) und Bandenkriminalität (Camus 2017: 106, 128).

> „Die ‚nocence' tobt sich mit Vorliebe an Orten aus, wo Bevölkerungsgruppen leben, die kurz davorstehen, ausgetauscht zu werden. Diejenigen, die darauf warten, an ihre Stelle zu treten, zwingen sie, das Feld zu räumen, das Terrain zu verlassen, indem sie ihnen das alltägliche Leben zum unerträglichen Alptraum machen. Die Folge ist die berühmte ‚White Flight' […] ein Phänomen [...] das sich inzwischen auch in Frankreich und in ganz Westeuropa bemerkbar macht" (Camus 2017: 90f.).

Die Motive der Migrant*innen seien „bloßes Eigeninteresse, Neid, […] der Wunsch nach Bereicherung" und „Rachsucht" (Camus 2017: 72). Camus beschwört mit all diesen Punkten das apokalyptische Untergangsszenario einer kurz bevorstehenden ‚islamischen Eroberung' herauf: „Europa wird also sowohl von den oberen als auch von den unteren islamischen Schichten erobert, vom Reichtum und von der Armut, von den Prinzen und den Massen" (Camus 2017: 74).

Camus' Argumentation schürt so die europaweit durch den Rechtspopulismus befeuerten Ressentiments gegenüber Migration. Gerade politische und publizistische Eliten haben diese Ressentiments befeuert. Erinnert sei an Horst Seehofers Ausspruch, Migration sei die „Mutter aller Probleme" (Roßmann 2018), oder Thilo→Sarrazin, der versucht, soziale Ungleichheiten wie z. B. die ungleiche Verteilung von Bildungsabschlüssen mit biologistischen und kulturalisierenden Gründen zu erklären. Camus verwebt die Angst der Bevölkerung vor islamistischen Terroranschlägen mit seiner Argumentation. Die Angst vor dieser Gefahr sitzt seit 9/11 und den islamistischen Anschlägen auf dem europäischen Kontinent sehr tief im kollektiven Bewusstsein der europäischen Bevölkerung. Ebenso bietet diese Argumentation die Möglichkeit die Debatte um ‚kriminelle Clans' in das Schema des „Großen Austausch" mit einzubeziehen. Damit öffnet Camus einen Raum, um die Angst der Bevölkerung vor Terror und Kriminalität in den Menschen der Fremdgruppen zu personifizieren. Indem er Brutalität, Kriminalität und Schuldhaftigkeit zu einem unabänderlichen Wesenszug einer nicht änderbaren Kultur erklärt, zwängt er alle Muslim*innen in und außerhalb Frankreichs in ein zutiefst rassistisches Zerrbild und hetzt sein Publikum pauschal gegen Muslim*innen, Ausländer*innen und Politiker*innen auf.

5   Die „Diktatur des dogmatischen Antirassismus"

Unter der „Diktatur des dogmatischen Antirassismus" (Camus 2017: 99) fasst Camus die dritte Dimension und einen wesentlichen Teil seiner Argumentation zusammen. Mit diesem Begriff beschreibt er, dass „ethnische oder allgemeiner gesprochen historische und politische Faktoren durch ökonomische und soziale" (Camus 2017: 95) ersetzt würden. In einer Umkehrung der Realität macht Camus Antirassismus zu einer dogmatischen Ideologie, während Rassismus zu einer unterdrückten Wahrheit stilisiert wird. Camus identifiziert zwei Prämissen des Antirassismus: Erstens, dass Rasseeine obsolete Kategorie sei (Camus 2017: 108 f.); und zweitens die Gleichheit der Menschen (Camus 2017: 113 f.). Damit verwirft Camus essentielle Werte des Republikanismus und des liberalen und demokratischen Rechtsstaats. Dadurch wird die freiheitlich-demokratische Grundordnung zur Diktatur umgewertet – womit implizit ein rassistischer Autoritarismus zur eigentlich freiheitlichen Ordnung pervertiert wird.

In einer Art rechter Ideologiekritik (vgl. die Beiträge zu → Lichtmesz und → Lichtmesz und Sommerfeld) durchkämmt Camus die Kultur als subtilen Herrschaftsmechanismus der „Diktatur des dogmatischen Antirassismus". Dieser materialisiere sich unentwegt in Sprache und sei damit direkt angeschlossen an eine vermeintlich verzerrte Wahrnehmung der Realität:

> „Im Reich des Falschen sind die Franzosen zwangsläufig zu wahren Meistern der Übersetzung und Dechiffrierung der herrschenden Lügensprache geworden, die man ihnen täglich aufnötigt, dieser Sprache, die zu dem einzigen Zweck geschaffen wurde, sie am Sprechen zu hindern und zum Schweigen zu bringen" (Camus 2017: 104f.).

Camus deutet eine nicht diskriminierende Sprache als Teil des „Großen Austausches" und delegitimiert so ihre Verwendung. Das Ersetzen von ethnischen

Kategorien durch soziologische und ökonomische raube den Europäern die Mittel zur Wahrnehmung und verstelle damit den „Stammfranzosen" (Camus 2017: 133) den Zugang zur ‚Wahrheit'. Camus verschärft die Argumentation weiter, wenn er einen „ethnischen Krieg in Frankreich" (Camus 2017: 100) heraufbeschwört, an dessen Verschleierung die „sprachlichen Codes des politisch-medialen Kartells" (Camus 2017: 105) schuld seien.

Neben der unmittelbar gewaltsamen Rhetorik ist das Narrativ des ‚dogmatischen Antirassismus' antiaufklärerisch, antipluralistisch und verschwörerisch. Es propagiert die Ideologie der Ungleichheit und behauptet, dass die Menschen in einem Reich der Lügen leben. Dadurch ist das Narrativ des ‚dogmatischen Antirassismus' anschlussfähig an die kontrovers geführte Debatte rund um den Streitbegriff *political correctness*. Camus delegitimiert gesellschaftliche Liberalisierungen, die sich um Sensibilität gegen sprachliche Diskriminierungen und Ausschlussmechanismen bemühen. Durch den Versuch, dies als ein Dogma, das die Realität des „Großen Austausches" verschleiere, zu diskreditieren, gibt Camus den Liberalisierungstendenzen einen vermeintlich geheimen Hintersinn. Dabei ist nicht die Verschleierung des imaginierten „Großen Austausches" das Ziel des Antirassismus, sondern eine offene Gesellschaft, in der sich Menschen frei entfalten können, fernab von pauschalisierenden Diskriminierungen. Vielmehr wird hier die Absicht von Camus und der ‚Neuen Rechten' deutlich, völkischen Nationalismus durch Sprache und Begriffsarbeit wieder salonfähig zu machen.

Camus' Argumentation lässt sich bis hier folgendermaßen zusammenfassen. Zuerst definiert er mit essentialistischen Kategorien Eigen- und Fremdgruppe. Die Einheit der Eigengruppe wird durch Kolonisation und Eroberung von *außen* bedroht. Die andere Bedrohung lauert auf zweierlei Weise im *Inneren* der Gesellschaften. ‚Neofranzosen' verängstigen und atomisieren die Bevölkerung durch Schikane und Gewalt. Während dem Volk von den herrschenden Eliten das kognitive, linguistische und perzeptive Instrumentarium geraubt wird, um diesen Vorgang zu begreifen.

6 Widerstand!

Unüberwindbare Wesensverschiedenheiten der essentialistisch definierten Völker führen in der Argumentation schlussendlich zu einer Gegenüberstellung. Diese Gegenüberstellung beschreibt Camus in den Worten und Bildern des Kriegs. Die Macht in diesem Krieg sei asymmetrisch verteilt. Migrant*innen und ‚Neofranzosen' wird Omnipotenz zugeordnet, die Eigengruppe („Stammfranzosen",

Camus 2017: 133) als ethnisch und kulturell homogen, aber unorganisiert dargestellt. Das Sprechen vom Angriff auf ‚das Volk‘ durch die Kolonisation Europas, der immer mehr um sich greifenden *nocence* und der Verrat der Eliten an ‚ihrem Volk‘ beschwört das Bild eines aufziehenden Bürgerkriegs (immens verstärkt durch die explizite und omnipräsente Kriegsrhetorik):

> „Hoffen wir, daß dieser neue Unabhängigkeitskrieg primär mit den Mitteln des Gesetzes und durch die Revision von Gesetzen geführt werden kann, mit Verträgen und Vertragskündigungen, mit Politik und Polizei, mit Willen und Beharrlichkeit, und nicht mit Blut und Tränen" (Camus 2017: 131).

Camus Argumentation hat als Fazit eine praktische Handlungsanweisung: Widerstand. Denn wer will schon gern erobert und anschließend politisch und kulturell marginalisiert werden? Verbunden wird das Schlagwort vom Widerstand mit einem Aufruf zum Kampf um die Werte der Freiheit und Unabhängigkeit. Beide seien allerdings schon verloren: die Freiheit durch die *nocence* und der daraus folgenden Einschränkung der „Bewegungsfreiheit"; die Unabhängigkeit durch den „wachsenden Einfluß" der Fremdgruppe. Die Verbindung mit diesen starken Werten macht das Motiv des Widerstandes noch eindrücklicher:

> „Dann befänden wir uns […] in einem Kampf, dessen Endziel die Freiheit und ihre Zwillingsschwester, die Unabhängigkeit, sind" (Camus 2017: 130).

Mit der Darstellung dieses Krieges als eines geschichtsträchtigen Kampfes evoziert Camus einen entscheidenden Schicksalskampf, der angeblich um die Identität Frankreichs bzw. Europas geführt werden müsse (Camus 2017: 136).

7   Mobilisierung und Radikalisierung durch Begriffe

Camus' Erzählung wurde in der ‚Neuen Rechten‘ breit und international aufgegriffen (vgl. Chatterton Williams 2017). Auch Spitzenpolitiker wie Alexander Gauland, Herbert Kickl, Hans Christian Strache und Beatrix von Storch benutzen den Begriff. Dafür sind theoretische wie praktische Gründe ausschlaggebend.

In der Theorie nimmt sich der Begriff entscheidender metapolitischer Fragen an. Die metapolitische Strategie benötigt Sammelbegriffe wie den „Großen Austausch", um die vielfältige historische und tagespolitische Realität zu deuten. Der „Große Austausch" interpretiert breite, massenmedial vermittelte Phänomene und reduziert damit die Unübersichtlichkeit von Verbrechen, Migration und das Bemühen um diskriminierungsfreie Sprache. Vielmehr stellt er sie in einen Zusammenhang. Camus erzählt damit die Historie der Massenmigration seit den 2010er Jahren aus einer extrem rechten Perspektive. Er inkludiert Ursachen, Motivation und Folgen in seine Erzählung und schafft damit ein umfassendes Narrativ.

Gleichzeitig liefert er die für extrem rechte Politik so wichtige Feindunterscheidung zwischen tatsächlichem und absolutem Feind (vgl. Weiß 2017a: 211 ff.). In Anlehnung an Carl → Schmitts Feindbegriff ist der wirkliche Feind eine greifbare Gestalt, die man bekämpfen und zurückdrängen kann. Der absolute Feind aber hat keine greifbare Gestalt und ist daher nur schwer zu bekämpfen. Außerdem verkörpert der absolute Feind nicht nur etwas Anderes, was fern vom Eigenen gefahrlos existieren könnte – sondern der absolute Feind stellt das wesenhafte Gegenprinzip zur eigenen Existenz dar und ist daher immer eine existentielle Bedrohung für das Eigene, gleichwohl wo er sich befindet. Insofern die Fremdgruppe der Migrant*innen in Camus' Erzählung Europa ,kolonisieren', sind sie der aktuelle, wirkliche Feind. Im Sinne des ,Ethnopluralismus' (→de Benoist) genügt es aus der Binnenperspektive der völkischen Nationalisten, wenn diese Gruppe in ihren eigenen Bereich zurückgedrängt wird. Der absolute Feind und personifiziertes Sinnbild für einen globalen Liberalismus aber sind die ,Austauscher', die die Auflösung der europäischen Völker im Geheimen vorantreiben. Sie bestehen aus den politischen und medialen Eliten im In- und Ausland und können daher nur schwer bekämpft werden. Für die ,Neuen Rechten' ist diese Unterscheidung essentiell, weil sie verschiedene strategische Ausrichtungen ermöglicht.

Dazu kommt der praktische Anspruch. Camus' Thesen erzeugeneinen akuten Handlungsdruck und können so zur gewaltsamen Radikalisierung beitragen. Es wimmelt im Text von antiaufklärerischen, Demokratie verachtenden, strukturell antisemitischen und geschichtsrevisionistischen Behauptungen und Formulierungen, die eine Ideologie der Ungleichheit propagieren. Daneben bedient Camus mit seinem Narrativ der Verschwörung von Eliten und Migrant*innen gegen das Volk ein Bedürfnis nach durchschaubaren Verhältnissen. Seine Erzählung von der geplanten „Auflösung der Völker" instrumentalisiert das stark politisierte Themenfeld der Migration für Camus' völkische, antisemitische und antimuslimische Agenda und ist anschlussfähig an die weit verbreitete Vorstellung einer „Islamverschwörung".[1] Das Narrativ vom „Großen Austausch" birgt daher das bedrohliche Potential, das stark aus-

---

[1] 2016 fragten die Autorinnen der *Mitte-Studien*, ob Deutschland vom Islam unterwandert werde. Gut ein Drittel der Bevölkerung (37 %) stimmte den Vorstellungen einer Islamverschwörung zu (Küpper et al. 2016: 155).

differenzierte und heterogene Lager der extremen Rechten im Angesicht eines Bürgerkriegsszenarios zu vereinigen und zum Widerstand aufzuhetzen.

2019 erschütterten drei verheerende rechtsextreme Terroranschläge in Christchurch, El Paso und Halle die Welt. Alle drei Attentäter verwendeten den Begriff des „Großen Austausches". Sie nahmen für sich in Anspruch, in der von Camus *immer* implizierten Situation der „Notwehr" den „Austausch" aufhalten zu wollen. Das verdeutlicht die immense Gefahr, die von Camus' Narrativen ausgeht.

Literatur

Primärquellen

Camus, Renaud (2017): Der Große Austausch – Oder: Die Auflösung der Völker. In: Camus, Renaud (Hrsg.): Revolte gegen den Großen Austausch. Schnellroda: Antaios, S. 44–138.

Lichtmesz, Martin (2017a): Renaud Camus und der Große Austausch – ein Vorwort von Martin Lichtmesz. In: Camus, Renaud (Hrsg.): Revolte gegen den Großen Austausch. Schnellroda: Antaios, S. 7–31.

Lichtmesz, Martin (2017b): Ein Gespräch mit Renaud Camus. In: Camus, Renaud (Hrsg.): Revolte gegen den Großen Austausch. Schnellroda: Antaios, S. 31–44.

Sellner, Martin (2017): Der Große Austausch in Theorie und Praxis. Ein Nachwort von Martin Sellner. In: Camus, Renaud (Hrsg.): Revolte gegen den Großen Austausch. Schnellroda: Antaios, S. 191–220.

Sekundärliteratur

Bodjadžijev, Manuela (2015): Rassismus ohne Rassen, fiktive Ethnizitäten und das genealogische Schema. Überlegungen zu Étienne Balibars theoretischem Vokabular für eine kritische Migrations- und Rassismusforschung. In: Reuter, Julia/Mecheril, Paul (Hrsg.): Schlüsselwerke der Migrationsforschung. Wiesbaden: VS Verlag für Sozialwissenschaften, S. 275–288.

Chatterton Williams, Thomas (2017): The french origins of "You Will Not Replace Us". The european thinkers behind the white-nationalist rallying cry. In: *The New Yorker* vom 04.12.2017. newyorker.com/magazine/2017/12/04/the-french-origins-of-you-will-not-replace-us (01.11.2021).

Küpper, Beate/Häusler Alexander/Zick, Andreas (2016): Die neue Rechte und die Verbreitung neurechter Einstellungen in der Bevölkerung. In: Zick, Andreas/Küpper, Beate/Krause, Daniela/Berghan, Wilhelm (Hrsg.): Gespaltene Mitte – feindselige Zustände. Rechtsextreme Einstellungen in Deutschland 2016. Bonn: Dietz, S. 143–166.

Roßmann, Robert (2018): Seehofer zeigt Verständnis für Demonstranten. *Süddeutsche Online* vom 06.09.2018. sueddeutsche.de/politik/horst-seehofer-chemnitz-1.4118883 (13.10.2021).

Siegel, Anja (2018): „Die Deutschen werden den Juden Auschwitz nie verzeihen" (Zvi Rex) – Sekundärer Antisemitismus in Deutschland. *PRIF Blog* vom 01.08.2018. blog. prif.org/2018/08/01/die-deutschen-werden-den-juden-auschwitz-nie-verzeihen-zvi-rex-sekundaerer-antisemitismus-in-deutschland/ (05.03.2021).

Weiß, Volker (2017a): Die autoritäre Revolte. Die Neue Rechte und der Untergang des Abendlandes. Stuttgart: Klett-Cotta.

Weiß, Volker (2017b): Von der ‚Deutschenauswanderung' zum ‚großen Austausch', oder ‚identitäre Propaganda und ihre völkischen Vorläufer. In: NS-Dokumentationszentrum München/Zentrum für Antisemitismusforschung der TU Berlin/Zentrum Jüdische Studien Berlin-Brandenburg (Hrsg.): Angezettelt. Antisemitische und rassistische Aufkleber von 1880 bis heute. Berlin: Metropol Verlag, S. 125–135.

Max Deltau studiert Sozialwissenschaften im Master an der Humboldt-Universität zu Berlin.

Biedermann und Brandstifter: Antimuslimischer Rassismus und Antisemitismus

Überblick: Biedermann und Brandstifter: Antimuslimischer Rassismus und Antisemitismus

David Meiering

„Wissend auch du, wie brennbar die Welt ist,
Biedermann Gottlieb, was hast du gedacht"
(Frisch 1958, Biedermann und die Brandstifter,
Sz. 3, S. 46).

Zusammenfassung

Der Überblick über den vierten Teil des Buches problematisiert die Rolle von konservativen Parteien und Akteuren in der Normalisierung bzw. Ächtung antidemokratischen Denkens und menschenfeindlicher Hetze.

Die politische Öffentlichkeit ist in den letzten zehn Jahren in besorgniserregendem Maße beschädigt worden. Der politische Diskurs ist extrem polarisiert, das Debattenklima vergiftet, für Politiker*innen sind Beleidigungen, Hass und Drohungen an der Tagesordnung (Röpke 2018; Fielitz et al. 2018). Rassismus und Antisemitismus haben in der deutschen Gesellschaft wieder zugenommen, ebenso wie demokratiefeindliche Einstellungen (Decker und Brähler 2018). Zick et al. sprechen von der „Verlorene[n] Mitte" (2019). Worte, Ideen und Einstellungen führen dabei zu Taten, wie man an den antisemitischen und antimuslimischen Terroranschlägen von Hanau und Halle sowie am Mordanschlag auf den Kasseler Regierungspräsidenten Walter Lübcke ablesen kann.

D. Meiering (✉)
Humboldt-Universität zu Berlin, Berlin, Deutschland
E-Mail: david.meiering@hu-berlin.de

D. Meiering (Hrsg.), *Schlüsseltexte der ‚Neuen Rechten'*, Edition
Rechtsextremismus, https://doi.org/10.1007/978-3-658-36453-3_15

Als entscheidende Zäsur erscheint im Rückblick Thilo Sarrazins Buch *Deutschland schafft sich ab,* das 2010 eine hitzige Debatte über Integration, den Islam und Rassismus auslöste. Die rassistischen Thesen des ehemaligen sozialdemokratischen Bundesbankers und Berliner Finanzsenators wurden breit diskutiert und sickerten so in Talkshows und Feuilletons. Dabei trafen sie auf ein hohes Potential von rassistischen Einstellungen in der Bevölkerung, die nun durch den bürgerlich scheinenden Beamten mit der vermeintlichen ‚Objektivität' von Statistiken legitimiert wurden. Das Buch wurde zum Bestseller und hat die Salonfähigkeit von antimuslimischem Rassismus und Sozialchauvinismus immens befördert. Der Stereotyp vom unproduktiven und gefährlichen Migranten, der Topos vom Untergang des (christlichen) Abendlandes, die Ethnisierung von Religion und kollektiver Identität sind von Sarrazin populär gemacht worden. Schnell wurden diese Narrative und Stereotype von völkischen Nationalist*innen, libertären Demokratiefeind*innen und Antisemit*innen aufgegriffen. Die biologischen Rassismen, die in Sarrazins Buch noch eingestreut waren, wurden nun gänzlich fallen gelassen. Stattdessen knüpfte die ‚Neue Rechten' aus strategischen Gründen an den kulturalistischen „Rassismus ohne Rassen" an, den Sarrazin auch vorbereitet hatte. Bei ihrem antimuslischen Rassismus handelt es sich daher um einen „Rassismus, dessen vorherrschendes Thema nicht mehr die biologische Vererbung, sondern die Unaufhebbarkeit der kulturellen Differenzen ist; [um einen] Rassismus, der – jedenfalls auf den ersten Blick – nicht mehr die Überlegenheit bestimmter Gruppen oder Völker über andere postuliert, sondern sich darauf ‚beschränkt', die Schädlichkeit jeder Grenzverwischung und die Unvereinbarkeit der Lebensweisen und Traditionen zu behaupten" (Balibar 1990: 28). Das ‚neurechte' Konzept des Ethnopluralismus (vgl. den Beitrag zu → Camus und → Willms) ersetzt so die Rede von der ‚Rasse' mit der Hypostasierung von ‚Kultur' (vgl. Bodjadžijev 2015). Mit dem Antisemitismus ist er auf komplexe Art verflochten, indem Muslim*innen als Ersatzfeindbild anstelle der Jüd*innen genutzt und antisemitische Einstellungen auch auf Muslim*innen gerichtet werden (Brumlik 2012; Shooman 2016; Keskinkılıç 2016).

Letztlich konnte auch die 2013 als eurokritische Partei gegründete *AfD* von der gesellschaftlichen Renaissance des Ressentiments profitieren und die von Sarrazin begonnene Verschiebung des Sagbaren weiter vorantreiben. Der rasante Aufstieg der Rechtspopulisten war dabei von lange bestehenden rechten Netzwerkstrukturen begleitet, die sich rund um die *Junge Freiheit* und das *Institut für Staatspolitik* entwickelt hatten. Zuletzt ist die flächenbrandartige Verbreitung dieser Ideen auch daran ablesbar, dass rechte Klein-Verlage wie *Manuscriptum* und *Antaios* Erfolge mit rechtsextremistischen Publikationen machen konnten –

bezeichnenderweise auch mit bis dato als bürgerlich geltenden Autoren. So griff der bis dahin als Katzenkrimi-Autor bekannte Akif Pirinçci die Thesen Sarrazins auf und spitzte sie mit dem völkischen Begriff der „Umvolkung" zu, der bereits in der französischen ‚Neuen Rechten' zum zentralen Bezugspunkt der *identitären Bewegung* geworden war (Kellershohn 2016). Pirinçci kümmert sich um die offensichtlich nationalsozialistische Prägung des Begriffs nicht – anders als die *Identitären,* die ihn durch das Konzept des Großen Austauschs maskiert haben. Das zeigt, dass sozialdarwinistische und biologistisch-rassistische Ansichten ganz offen verbreitet werden können – und damit erfolgreich sind. Ein wichtiger Teil dieses Erfolgs ist gerade die Provokation mit Tabu-Brüchen und radikalen Inhalten. Dies trifft auch auf die postumen Veröffentlichungen *Finis Germania* und *Das Migrationsproblem* des Geschichts-Professors Rolf-Peter Sieferle zu, die 2017 zum *Spiegel*-Bestseller wurden. Auch hier haben antimuslimischer Rassismus, offener Antisemitismus und Holocaust-Relativierung sowie auch der Umgang mit den Büchern eine Empörungsökonomie angetrieben, die die Aufmerksamkeit für die ‚Neue Rechte' erhöht hat.

Sieferle, Pirinçci und Sarrazin sind exemplarisch dafür, wie banaler Buchhalter-Charme und enthemmte Destruktionslust zusammenarbeiten können. In seinem Theaterstück *Biedermann und Brandstifter* brachte der Schweizer Schriftsteller Max Frisch das Verhältnis zwischen konservativen Bürgerlichen und ordinären Radikalen in die Form einer tragikomischen Allegorie, denn die Brandstifter *Eisenring* und *Schmitz* machen aus ihrem Vorhaben keinen Hehl (Frisch 1958: 79):

Schmitz	Wir scherzen ja nicht, Herr Biedermann.
Eisenring	Wir sind Brandstifter.
Biedermann	Meine Herren, jetzt ganz im Ernst –
Schmitz	Ganz im Ernst.
Eisenring	Ganz im Ernst.
Schmitz	Warum glauben Sie uns nicht?

Tragisch ist der Biedermann, weil er das zerstörerische Treiben der Brandstifter durchschaut, aber aus Angst die Augen davor verschließt. Indem er sich ihnen ankumpelt, versucht er seiner Zerstörung zu entgehen, was diese aber erst ermöglicht. Diese aus Feigheit und Opportunismus geborene Naivität wird von den Brandstiftern schamlos ausgenutzt:

„Scherz ist die drittbeste Tarnung. Die zweitbeste: Sentimentalität. Was unser Sepp so erzählt: Kindheit bei Köhlern im Wald, Waisenhaus, Zirkus und so. Aber die beste und sicherste Tarnung (finde ich) ist immer noch die blanke und nackte Wahrheit. Komischerweise. Die glaubt niemand" (so der Brandstifter *Eisenring* in Frisch 1958: 54).

Auch die geistigen Brandstifter in diesem Teil machen aus ihren menschen-feindlichen und antidemokratischen Bestrebungen keinen Hehl. Frischs *Lehr-stück ohne Lehre* – so der Untertitel – adressiert heute vor allem diejenigen gesellschaftlichen Teile, die es eigentlich besser wissen, aber im entscheidenden Moment die Verbrüderung mit radikalen Kräften suchen, um die eigene Position halten zu können. Eine solche Zäsur war beispielsweise die Wahl des *FDP*-Abgeordneten Kemmerich zum Ministerpräsidenten von Thüringen, die nur mit den Stimmen von *CDU* und *AfD* möglich war. Der Vorfall, der aufgrund des öffentlichen Aufschreis und durch Intervention der Bundes-*CDU* hastig rück-gängig gemacht wurde, offenbart, dass die Widerstandskräfte in Politik und Gesellschaft nachgelassen haben. Daher kommt den konservativen Parteien eine Schlüsselrolle in der Verteidigung der liberalen Demokratie zu. Denn sie beschaffen parlamentarische Mehrheiten und definieren den rechten Rand des Sagbaren – oder aber sie normalisieren menschenfeindliche Hetze und werden zu den Steigbügelhaltern und Türöffnern der antidemokratischen Brandstifter. Sodass am Ende die Warnung des Chores in Frischs Stücks zuträfe:

„Was nämlich jeder voraussieht
Lange genug,
Dennoch geschieht es am End:
Blödsinn,
Der nimmerzulöschende jetzt,
Schicksal genannt" (Frisch 1958: 83).

Literatur

Primärquellen

Frisch, Max (1958): Biedermann und die Brandstifter. Frankfurt a.M.: Suhrkamp.

Sekundärliteratur

Balibar, Étienne (1990): Gibt es einen „Neo-Rassismus"? In: Balibar, Étienne/Wallerstein, Immanuel (Hrsg.): Rasse – Klasse – Nation. Ambivalente Identitäten. Hamburg: Argu-ment-Verlag, S. 23–39.
Bodjadžijev, Manuela (2015): Rassismus ohne Rassen, fiktive Ethnizitäten und das genea-logische Schema. Überlegungen zu Étienne Balibars theoretischem Vokabular für eine kritische Migrations- und Rassismusforschung. In: Reuter, Julia/Mecheril, Paul (Hrsg.):

Schlüsselwerke der Migrationsforschung. Wiesbaden: VS Verlag für Sozialwissenschaften, S. 275–288.

Brumlik, Micha (2012): Kontinuitäten von Antisemitismus und Berührungsflächen zur Islamophobie. In: Botsch, Gideon/Glöckner, Olaf/Kopke, Christoph/Spieker, Michael (Hrsg.): Islamophobie und Antisemitismus – ein umstrittener Vergleich. Berlin/Boston: de Gruyter, S. 65–80.

Decker, Oliver/Brähler, Elmar (2018): Flucht ins Autoritäre. Rechtsextreme Dynamiken in der Mitte der Gesellschaft. Die Leipziger Autoritarismus-Studie 2018. Gießen: Psychosozial-Verlag.

Fielitz, Maik/Ebner, Julia/Guhl, Jakob/Quent, Matthias (2018): Hassliebe: Muslimfeindlichkeit, Islamismus und die Spirale gesellschaftlicher Polarisierung. Jena/London/Berlin: Institut für Demokratie und Zivilgesellschaft.

Kellershohn, Helmut (2016): Umvolkung. In: Gießelmann, Bente/Heun, Robin/Kerst, Benjamin/Suermann, Lenard/Virchow, Fabian (Hrsg.): Handwörterbuch rechtsextremer Kampfbegriffe. Schwalbach/Ts.: Wochenschau Verlag, S. 282–297.

Keskinkılıç, Ozan Zakaria (2016): Antimuslimischer Rassismus: Figuren, Funktionen und Beziehungen zum Antisemitismus. In: *Heimatkunde. Migrationspolitisches Portal. Heinrich Böll Stiftung* vom 24.11.2016. heimatkunde.boell.de/de/2016/11/24/antimuslimischer-rassismus-figuren-funktionen-und-beziehungen-zum-antisemitismus (01.11.2021).

Röpke, Andrea (2018): 2018 Jahrbuch rechte Gewalt: Chronik des Hasses. München: Knaur.

Shooman, Yasemin (2016): Zur Debatte über das Verhältnis von Antisemitismus, Rassismus und Islamfeindlichkeit. In: Fritz Bauer Institut (Hrsg.): Antisemitismus und andere Feindseligkeiten, S. 125–156.

Zick, Andreas/Küpper, Beate/Berghan, Wilhelm (2019): Verlorene Mitte – Feindselige Zustände. Rechtsextreme Einstellungen in Deutschland 2018/19. Friedrich-Ebert-Stiftung. Bonn: Dietz.

David Meiering ist Sozialwissenschaftler und promoviert am Lehrbereich für Integrationsforschung und Gesellschaftspolitik an der Humboldt-Universität zu Berlin. Er ist Stipendiat des Evangelischen Studienwerk Villigst. Seine Forschungsschwerpunkte sind Radikalisierungsprozesse (insbesondere im völkischen Nationalismus und der ,Neuen Rechten'), Ideologien der Ungleichwertigkeit und Politische Theorie (insbesondere Demokratietheorie). Zuletzt erschienen ist das *Leviathan* Special Issue „(Ent-)Politisierung? Die demokratische Gesellschaft im 21. Jahrhundert" (herausgegeben mit Andreas Schäfer, 2020) und „Connecting Structures: Resistance, Heroic Masculinity and Anti-Feminism as Bridging Narratives within Group Radicalization" (mit Aziz Dziri und Naika Foroutan in: *International Journal of Conflict and Violence* 14 (2) 2020).

Thilo Sarrazin: Deutschland schafft sich ab/Feindliche Übernahme

Artur Littau

Zusammenfassung

Sarrazin gehört bereits seit über zehn Jahren zu den Fahnenträgern der besorgten Bürger*innen, die Angst vor einer „schleichenden Islamisierung" haben. Im Jahr 2010 mit wenigen Passagen in *Deutschland schafft sich ab* begonnen, widmete er sich in *Feindliche Übernahme* vollständig dem Islam, dem Koran als dessen Grundlage und den vermeintlichen Gefahren, die daraus für ‚Deutschland und die westliche Welt' resultieren würden. Beide Bücher haben sich sehr erfolgreich verkauft, was Sarrazins Funktion als Bezugspunkt der ‚Neuen Rechten' Gewicht verleiht. Politik- und Sozialwissenschaftler*innen werfen Sarrazin vor, einen künstlichen, statischen Gegensatz von ‚westlicher' und ‚muslimischer' Kultur zu konstruieren, bewusst unwissenschaftlich zu arbeiten und „Fakten-Selektion" zu betreiben. Gerade weil Sarrazin peinlich darauf achtet, seine Thesen mit Quellen jeglicher Art zu untermauern, gelingt es ihm dennoch, bei vielen Leser*innen einen Eindruck der Wissenschaftlichkeit und vermeintlich vorurteilsfreien Befassung mit dem Themen Islam und Integration zu erwecken. Sarrazins Biedermeier-Image verschleiert dabei aber antimuslimischen Rassismus und radikalen Sozialchauvinismus und macht diese anschlussfähig für islamfeindliche Vereine wie PEGIDA oder Parteien wie die AfD, die seit Jahren auch in der sog. ‚Mitte'

A. Littau (✉)
Humboldt-Universität zu Berlin, Berlin, Deutschland
E-Mail: artur.littau@hu-berlin.de; littau.veroeffentlichung2022@web.de

© Der/die Autor(en), exklusiv lizenziert an Springer Fachmedien Wiesbaden GmbH, ein Teil von Springer Nature 2022
D. Meiering (Hrsg.), *Schlüsseltexte der ‚Neuen Rechten'*, Edition Rechtsextremismus, https://doi.org/10.1007/978-3-658-36453-3_16

der Gesellschaft Erfolg hat. Dieser Beitrag nimmt Sarrazins Thesen kritisch unter die Lupe, ordnet seine Argumente und Motive ein und regt zur weiteren kritischen Auseinandersetzung mit Sarrazins Werken an.

1   Muslimfeindlichkeit in Deutschland

Schon seit Jahren wird hierzulande diskutiert, ob der Islam als Religion und die Muslime als Gruppe zur deutschen Gesellschaft gehören. Fakt ist: Zwischen 5,3 und 5,6 Mio. Muslim*innen leben in Deutschland und machen somit einen Anteil zw. 6,4 und 6,7 % an der Gesamtbevölkerung aus.[1] cccvBereits 2010 hat der frühere Bundespräsident Christian Wulff diese Frage in einer Rede zum Tag der deutschen Einheit mit ,Ja' beantwortet. Meinungsumfragen zeichnen jedoch ein anderes Bild: Laut *Wissenschaftszentrum Berlin für Sozialforschung (WZB)* waren im Juni 2021 45 % der Befragten der Meinung, dass der Islam „gar nicht zu Deutschland gehöre". Besonders die über 60-Jährigen äußern sich mehrheitlich ablehnend.[2]

Ein knappes Vierteljahr nach Erscheinen von *Deutschland schafft sich ab* wollte das Marktforschungsunternehmen *TNS Infratest Forschung* von den Befragten wissen, ob sie Sarrazins Kernthesen zustimmen, wonach „Deutschland [sich] durch falsche Zuwanderungs- und Integrationspolitik, durch fremde kulturelle Einflüsse und verbreiteten Missbrauch des deutschen Sozialsystems im Niedergang" befände.[3] Zwei Drittel bejahten dies teilweise, jede sechste Person sogar voll und ganz. Die *Alternative für Deutschland (AfD)*, die sich laut Hajo Funke „vom gärigen Haufen zur rechtsextremen ,Flügel'-Partei" (2020) entwickelt habe, schürt bereits seit dem Herbst 2015 Ressentiments gegen Muslim*innen hierzulande. Dennoch wurde sie 2017 von den Wähler*innen mit dem Einzug in den Deutschen Bundestag belohnt und konnte sich bei den Bundestagswahlen 2021 mit geringen Stimmverlusten konsolidieren. Als eurokritische Partei im März 2013 gestartet, hat sie im Zuge der sog. ,Flüchtlingskrise' schnell erkannt, dass eine vermeintlich drohende ,Islamisierung' stärkere Gefühle weckt als die

---

[1] https://www.deutsche-islam-konferenz.de/SharedDocs/Anlagen/DE/Publikationen/ Studien/mlid-2020-lang.html;jsessionid=FE04EC9E4D15D2C287401148576A7BEC. internet571 (11.04.2022)

[2] alice-schwarzer-stiftung.de/2021/06/11/umfrage-islam-und-islamismus/ (13.10.2021).

[3] de.statista.com/statistik/daten/studie/169286/umfrage/meinung-zu-den-thesen-von-thilo-sarrazin/ (01.08.2022).

Währungspolitik der Eurozone. Innerhalb weniger Monate suchten überdurchschnittlich viele Menschen Schutz in Deutschland, überwiegend aus mehrheitlich muslimischen Ländern wie Syrien und Afghanistan. Dies wurde von den Rechtspopulist*innen dazu genutzt, den Islam verstärkt als Problem in der politischen und gesellschaftlichen Debatte zu platzieren. Negativ verstärkt wurde dies zudem durch die sexuellen Übergriffe zum Jahreswechsel 2015/2016 von Männern aus mehrheitlich muslimischen Ländern (vgl. Lauter 2017) und den islamistischen Anschlag am Breitscheidplatz in Berlin. Überall in Westeuropa werde der Islam von der Mehrheit der Bürger*innen als gefährlichste Religion angesehen – in Deutschland schätzen knapp zwei Drittel „bestimmte Gruppen" des Islam als Bedrohung ein, fast ein Drittel stuft den Islam als Ganzes als Bedrohung ein.[4]

Unterschiedliche Begriffe und Ansätze versuchen antimuslimische Ressentiments zu fassen und zu erklären (vgl. Quent et al. 2018: 16–17). Im internationalen Kontext wird oft der Begriff „Islamophobie" verwendet, wenn man allgemein von der (unbegründeten) Feindschaft gegenüber Muslimen spricht. Jedoch entsteht dadurch der Eindruck, dass sich dahinter (begründete) Angstgefühle verbergen, und nicht radikale Einstellungen. Das Konzept des antimuslimischen Rassismus bezeichnet jede Form von Rassismus, bei der Personen auf ihre (vermeintliche) Zugehörigkeit zur muslimischen Religionsgemeinschaft reduziert und abgewertet werden. Zentral dabei ist, dass Muslim*innen als das absolut Fremde dargestellt werden. Der engere Begriff der „Muslimfeindlichkeit" umfasst insbesondere die Verweise auf Kultur und Religion ‚des Islam'. Dieser wird beschrieben als eine ‚Religion der Gewalt' und als politische Ideologie, welche die Vorherrschaft über die westliche Welt erlangen möchte. Die daraus resultierende pauschale Abwertung des Islam rechtfertigt die pauschale Abwertung der Personen, die diesem Kreis (vermeintlich) angehören. In Anlehnung an die Arbeiten von Yasemin Shooman sowie Behrouz Alikhani und Inken Rommel verwende ich nachfolgend den Begriff des antimuslimischen Kulturrassismus (vgl. Shooman 2012; Alikhani und Rommel 2018)

2   Sarrazin als Autor

Thilo Sarrazin gehört als Politiker und Buchautor seit mindestens zehn Jahren zu den umstrittensten Figuren der deutschen Öffentlichkeit. Trotz seiner Überzeugung, dass er dem Land Berlin in seiner Zeit als Finanzsenator wertvolle

---

[4] https://alice-schwarzer-stiftung.de/2021/06/11/umfrage-islam-und-islamismus/ (11.04.2022)

Dienste geleistet habe, war er doch in etliche Skandale verwickelt, konnte (straf-) rechtlichen Konsequenzen dabei jedoch stets entgehen.[5] Im Juli 2020 bestätigte das Bundesschiedsgericht der *SPD* den Parteiausschluss von Sarrazin. Die von ihm getätigten „Äußerungen und Forderung[en] seien mit den Grundsätzen und Werten der Sozialdemokratie nicht vereinbar."[6]

Die gesellschaftliche Grundstimmung gegen Muslim*innen schwelte allerdings schon vor 2015. Sarrazin hat sie mit seinem Buch *Deutschland schafft sich ab* wesentlich vorbereitet. Das Buch sorgte bereits vor seinem Erscheinen für hitzige Diskussionen in der öffentlichen Debatte; bestimmte Thesen wurden vorab beim *Spiegel* und der *Bild* veröffentlicht. Besonders diskutiert wurde die Behauptung in einem Interview, dass alle Juden, ebenso wie Basken und andere Völker, ein bestimmtes Gen hätten.[7] Neben dem biologischen Rassismus, der hier anklang, ist das Buch zusätzlich geprägt von antimuslimischen Ressentiments. Denn Sarrazin erklärt die vermeintlich mangelnde Integration der muslimischen Bürger*innen mit ihren „kulturellen Einstellungen" (Sarrazin 2018: 289; Sarrazin 2010: 288). Sein mit Zahlen und Tabellen gespicktes Buch beanspruchte dabei das Renommee der Wissenschaftlichkeit für sich, konnte aber der Überprüfung nicht standhalten. So verneinte der Migrationsforscher Klaus Bade anhand von Studienergebnissen einen Zusammenhang von ethnischer Herkunft und Integrationsdefiziten und nannte Publizierende wie Sarrazin „als Aufklärer getarnte Brandstifter und Friedensbrecher in der Einwanderungsgesellschaft".[8] Die Sozialwissenschaftlerin Naika Foroutan hat Sarrazins Thesen genau untersucht und widerlegt (vgl. Foroutan 2011).

Trotz (oder gerade wegen) der vielen Kritik und medialen Öffentlichkeit hat sich das Buch bis Anfang 2012 eineinhalb Mio. Mal verkauft und stand mit mindestens 16 Auflagen mehrere Wochen auf der *Spiegel*-Bestsellerliste.[9]

---

[5] https://www.tagesspiegel.de/berlin/landespolitik/ex-finanzsenator-sarrazin-drei-millionen-euro-verschenkt-zugunsten-eines-golfclubs/1563546.html; https://www.tagesspiegel.de/berlin/landespolitik/ex-finanzsenator-sarrazin-drei-millionen-euro-verschenkt-zugunsten-eines-golfclubs/1563546.html (11.04.2022).

[6] tagesschau.de/inland/spd-sarrazin-ausschluss-105.html (26.03.2021).

[7] morgenpost.de/berlin-aktuell/article104530856/Thilo-Sarrazin-Ich-bin-kein-Rassist.html (01.11.2021). Nach öffentlicher Kritik distanzierte sich Sarrazin von dieser Aussage.

[8] welt.de/politik/deutschland/article13327544/Migrationsexperte-nennt-Sarrazin-einen-Brandstifter.html (01.11.2021).

[9] https://www.handelsblatt.com/unternehmen/it-medien/lukratives-buch-wie-sarrazin-millionaer-wurde/6647994.html?ticket=ST-2498140-T0lagxzxqM7hw23Dp2cY-ap4 (11.04.2022).

Auch in seinem Buch „Feindliche Übernahme", welches das viererfolgreichste Buch des Jahres 2018 war,[10] beschreibt er die vermeintlichen „Gefahren des Islam" für Deutschland und die westlichen Gesellschaften und warnt vor einer „schleichenden Islamisierung" (Sarrazin 2018: 361). Sarrazins früherer Verleger von der *DVA* wollte es nicht veröffentlichen, da er die Befürchtung hatte, dass dadurch „antimuslimische Ressentiments verstärkt werden" könnten.[11]

Durch beide Bücher hat Sarrazin muslimfeindliche Thesen in die Mitte der Gesellschaft eingeführt und so dabei geholfen, den antimuslimischen Kulturrassismus in Deutschland zu festigen. Er hat dadurch wesentlich zur Anschlussfähigkeit der ‚Neuen Rechten' beigetragen.

3　Kultureller Rassismus

Ähnlich wie beim biologischen Rassismus wird auch beim Kulturrassismus eine Person aufgrund ihrer Zugehörigkeit zu einer bestimmten Gruppe bewertet und als Folge dessen herabgesetzt. Während beim klassischen Rassismus die (imaginierte) ‚Rasse' der Person der Ansatzpunkt ist, ist es hier die Zugehörigkeit zu einer anderen Kultur und der damit verbundenen Religion. Dabei werde jede negative Handlung von Menschen (vermeintlich) muslimischen Glaubens als natürliche, von den Gläubigen nicht veränderliche Folge ‚des Islam' angesehen und im Folgenden das „Denken, Fühlen und Handeln jedes Muslims und jeder Muslimin" daraus abgeleitet – so Yasemin Shooman, Historikerin an der Technischen Universität Berlin (vgl. Shooman 2012). Grundlage hierfür sei eine statische Konstruktion von ‚westlicher' und „muslimischer" Kultur, die sich als unvereinbar gegenüberstehen würden; der Westen werde dabei als „emanzipativ, aufgeklärt, demokratieaffin und fortschrittlich" (Shooman 2012) dargestellt, während *der* Islam als „rückständig, frauenfeindlich, unwandelbar, irrational und gewaltbereit" (Shooman 2012) gilt. Laut dem amerikanischen Historiker Paul Spickard wurde der von den Nazis negativ besetzte Begriff der „Rasse" durch Publizierende wie Sarrazin einfach durch den unbelasteten Begriff der „Kultur" ersetzt (vgl. Alikhani und Rommel 2018: 17). Theoretisch konzipiert und in Umlauf gebracht wurde diese Form von Rassismus ab Ende der sechziger Jahre von der sogenannten ‚Neuen Rechten' um den französischen Autoren Alain → de

---

[10] boersenblatt.net/archiv/1578402.html (01.08.2022).

[11] bz-berlin.de/deutschland/darum-wollte-der-ex-verleger-sarrazins-islam-buch-nicht-raus-bringen (01.11.2021).

Benoist. Prägend wurde hier der Begriff des „Ethnopluralismus" (→ Willms). Demnach habe jedes Volk eine spezifische kulturelle Identität, die vor fremden Einflüssen geschützt werden müsse. Statt einer Über-/Unterordnung wie beim biologischen Rassismus geht der Begriff von der Gleichwertigkeit der Kulturen und Völker aus, welche aber räumlich getrennt bleiben müssten. Nur so könnten die Eigenheiten jeder Kultur erhalten bleiben (vgl. Koller 2015). Problematisch daran ist die Konstruktion einer einheitlichen, ungemischten und ursprünglichen nationalen Identität, die als unveränderlich dargestellt wird – was nicht nur bei den heutigen postmigrantischen Gesellschaften (vgl. Foroutan 2019) unzutreffend ist; die Folge hiervon wäre auch, diese Reinheit (durch Exklusion und Austilgung alles Unpassenden) erst herbeiführen zu müssen.

Wie bereits erwähnt, begann Sarrazin seinen ‚Feldzug' gegen die muslimische Minderheit in Deutschland bereits im Jahr 2010 mit *Deutschland schafft sich ab*. Die grundlegende Essenz des mehrere hundert Seiten langen Buches lässt sich mit einer simplen Schlussfolgerung zusammenfassen: Die deutsche Kultur sei durch die muslimische in ihrem Wesenskern gefährdet, weshalb ein weiterer Zuzug von Muslimen nach Deutschland strikt zu unterbinden sei. Anderenfalls würde sich unsere Kultur auf eine Art und Weise verändern, die wir uns laut Sarrazin „gar nicht wünschen" würden (vgl. Sarrazin 2010: 330).

Hier kommt der Unterschied zwischen der These des Ethnopluralismus und Sarrazins Ansichten zum Tragen. Während ersterer die Gleichwertigkeit der Kulturen (formal) anerkennt, konstruiert Sarrazin ein Über- bzw. Unterordnungsverhältnis von deutscher (bzw. europäisch-christlicher) und muslimischer Kultur und gibt sich damit als Chauvinist zu erkennen.[12] Um die Unterlegenheit der muslimischen Kultur zu belegen, zitiert er z. B. Statistiken zur Erwerbstätigkeit und Bildung von Muslim*innen. Demnach seien diese viel weniger erwerbstätig und würden viel häufiger Sozialhilfe beziehen als Deutsche ohne Migrationshintergrund und nichtmuslimische Migrant*innen aus anderen Staaten der Europäischen Union (EU). Eine starke muslimisch-religiöse Bindung wirke sich zudem negativ auf die Bereitschaft zur Arbeitsaufnahme aus, wohingegen Religiosität bei Christ*innen sogar einen positiven Einfluss hätte. Auch was die Bildungsabschlüsse betrifft, würden die muslimischen Migrant*innen – selbst noch in der zweiten und dritten Generation – das Schlusslicht bilden. ‚Der Islam'

---

[12] Als Chauvinismus wird eine übersteigerte Form des Stolzes auf das eigene Land und die damit verbundene Ablehnung anderer Nationalitäten bezeichnet. Diese werden als nicht ebenbürtig und nicht rechtschaffen oder sogar als nichtswürdig angesehen. Vgl. bpb.de/ nachschlagen/lexika/das-junge-politik-lexikon/171.169/chauvinismus (01.11.2021).

sei anti-demokratisch und frauenfeindlich, da er ein Gesellschaftsbild propagiere, das Frauen in Kopftücher zwingen und somit eine „direkte Bedrohung unseres Lebensstils darstellen" würde (Sarrazin 2010: 266).

Sarrazin konstruiert hiermit bewusst einen Gegensatz zwischen den guten fleißigen, erfolgreichen (deutschen) Christ*innen auf der einen Seite und den faulen, erfolglosen, den Sozialstaat ausnutzenden Muslim*innen auf der anderen Seite (Sarrazin 2018: 256–257, 278–291; 2010: 265, 282–287). Mögliche Gründe für die schlechte Integration letzterer außer ihrer Zugehörigkeit zu ebendieser ‚fremden' muslimischen Kultur lässt er nicht gelten (und ist an diesen wohl auch nicht interessiert). Ziel ist es, eine Differenz zwischen ‚uns' und ‚denen' zu konstruieren, die letzten Endes auch zu „Aggressionen der autochthonen Mehrheitsbevölkerung gegen diese fremde Bevölkerungsgruppe" führen könne (Sarrazin 2010: 265). Hier zeigt sich exemplarisch Sarrazins Rolle als rhetorischer Scharfmacher. Ohne explizit zur Gewalt an Muslimen aufzurufen, liefert er dem zur Gewalt bereiten Teil der Bevölkerung die Rechtfertigung für ihre Taten.

Sarrazins Zustandsbeschreibung ist am schärfsten von Naika Foroutan angegriffen worden. Ihrer Untersuchung zufolge konstruieren seine Thesen nicht nur künstlich einen kulturellen Gegensatz zwischen Christ*innen und Muslim*innen, sondern seien auch „empirisch nicht haltbar" (Foroutan 2011: 15). Demnach würden muslimische Mitbürger*innen mit Migrationshintergrund in der zweiten Generation sowohl bei den Schulabschlüssen als bei der beruflichen Qualifikation höhere Werte aufweisen als ihre Elterngeneration (vor allem bei höheren Abschlüssen wie dem Abitur). Zwar lägen sie nach wie vor hinter den Deutschen ohne Migrationshintergrund, jedoch seien der PISA-Studie von 2009 zufolge bei den Jugendlichen beider Gruppen keine Unterschiede mehr festzustellen. Von einem statischen Zustand, wie Sarrazin ihn beschreibt, kann daher keine Rede sein. Ebenso sei die Quote der Hartz-IV-Leistungsbezieher*innen bei dieser Personengruppe im Vergleich zu Menschen ohne Migrationshintergrund zwar höher, jedoch bei weitem nicht so hoch wie von Sarrazin unterstellt (9,5 % statt 40 %) (vgl. Foroutan 2011: 15–17). Foroutan weist ihm erhebliche statistische Fehler nach. Zum Beispiel nutze er bei den Bildungsabschlüssen nur die Daten für Westdeutschland und Berlin, setze Menschen mit türkischem Migrationshintergrund mit allen Muslimen gleich oder ziehe für seine Analyse fehlerhafte, weil wissenschaftlich unübliche Vergleichsgruppen heran (vgl. Foroutan 2011: 26, 29).

Auch die Behauptung, der Islam und damit die Muslim*innen seien eine Gefahr für Deutschland (und Europa insgesamt), entpuppte sich als Angstmache.

Sarrazin mutmaßte, dass der Hass gegen Nicht-Muslim*innen und die Gewaltbereitschaft „eine zentrale Bedeutung" im Koran und im Islam insgesamt hätten
(vgl. Sarrazin 2018: 36–39, 70–71, 233–239). Jede und jeder Gläubige würden
den Koran fundamentalistisch, also wortwörtlich und islamistisch auslegen
(vgl. Lewis 1988: 177, Fußnote, zitiert in Sarrazin 2018: 53). Aufgrund dessen
ließe sich auch eine überdurchschnittlich höhere Kriminalität bei muslimischen
Migrant*innen feststellen (Sarrazin 2018: 297–317; 2010: 264, 296–299).
Auch das stimmt so nicht. Die von Foroutan zusammengetragenen Forschungs-
ergebnisse und Studien kamen zum Ergebnis, „dass ein Zusammenhang von
[islamischer] Religionszugehörigkeit und Gewalttäterschaft nicht nachgewiesen
werden kann" (Foroutan 2011: 42–43). Auch ein Schreiben des Berliner Polizei-
präsidenten stellte klar, dass die Aussage von Sarrazin, wonach in Berlin „20 %
aller Gewalttaten von nur 1000 türkischen und arabischen jugendlichen Tätern"
begangen würden, von der polizeilichen Kriminalstatistik nicht belegt werden
könne (Foroutan 2011). Erhart Koerting, früherer *SPD*-Genosse und Kollege im
Berliner Senat, bezeichnet Sarrazins Vorgehensweise als „Fakten-Selektion": Er
würde in der Integrationsdebatte nur die Statistiken nutzen, die ihm „ins Feindbild passen".[13]

4   Die Legende der ‚Umvolkung'

Im Zusammenhang mit dem beschriebenen antimuslimischen Kulturrassismus
Sarrazins steht auch die von der ‚Neuen Rechten' verbreitete Verschwörungstheorie der ‚Umvolkung' bzw. des ‚Großen Austausches'. Demnach solle das
ethnisch homogene deutsche Volk durch Masseneinwanderung und höhere
Geburtenraten von Ausländer*innen entsprechend eines Plans der Regierung
allmählich ausgetauscht werden.[14] Lange im Elfenbeinturm der ‚neurechten'
Publizistik verschollen, ist die Theorie mit dem Verein *Patriotische Europäer
gegen die Islamisierung des Abendlandes (PEGIDA)* im Herbst 2014 auf der

---

[13] spiegel.de/politik/deutschland/spd-politiker-koerting-thilo-driftet-ab-a-714305.html
(01.11.2021).

[14] bpb.de/themen/parteien/rechtspopulismus/240831/rechtspopulistische-lexik-und-die-
grenzen-des-sagbaren/ (01.11.2021).

Straße angekommen – auch wegen der Schriften von Publizist*innen wie Thilo Sarrazin und Akif Pirinçci.[15]

Sarrazin greift den Begriff sowohl in *Deutschland schafft sich ab* als auch in *Feindliche Übernahme* auf. Ihm zufolge laufe das „deutsche Gesellschafts-programm auf die Abschaffung der Deutschen" (Sarrazin 2010: 18) und eine „schleichende Islamisierung" hinaus (Sarrazin 2018: 361). Konkret schreibt er, dass die im Koran verankerte Unterwerfung der Frau unter den Mann auch in Deutschland eine höhere Geburtenrate von Muslim*innen mit sich bringen würde. Wenn diese anhalte, führe dies in Verbindung mit Zuwanderung aus muslimischen Ländern dazu, dass diese irgendwann die Mehrheit der Bevölkerung in Deutschland stellen würden. Langfristig wirke sich dies dann auch an der Wahlurne aus (Sarrazin 2018: 246–264, 351–360). Sprich: Muslimische Bürger*innen würden über kurz oder lang zur Mehrheit im Land, wodurch sie über die Gesetzgebung die künftige politische Ausrichtung maßgeblich mitbestimmen könnten. Die Deutschen würden „zur Minderheit in einem mehrheitlich muslimischen Land mit einer gemischten, vorwiegend türkischen, arabischen und afrikanischen Bevölkerung" (Sarrazin 2010: 18, 259, 360). Der Bedrohung durch den Islam solle durch die „demografische Überwältigung vorausschauend" entgegengetreten werden (Sarrazin 2018: 382–388). Hier zeigt sich auch Sarrazins völkische Definition des Staatsvolkes. Das deutsche Volk ist für Sarrazin nicht die Gesamtheit der Staatsbürger*innen, sondern Träger einer wesensmäßigen und einheitlichen „Kultur", die Sarrazin als etwas schicksalhaft Gegebenes auffasst, das man nicht ablegen kann. Mehr noch: Kultur erscheint bei ihm als etwas innerhalb einer Gruppe Vererbtes. Da die Eigen-Gruppe hierüber vollumfänglich definiert wird, ist die Verunreinigung des Reproduktionsvorganges eben jene Gefahr, die Deutschland (als Ganzes) abzuschaffen droht. Bei der Verschleierung seines biologistischen, völkischen Gedankenguts mit dem Wort „Kultur" hat Sarrazin sich nicht allzu sehr bemüht. Damit hat er rassistischen und völkischen Nationalisten den Boden bereitet. Die *AfD* schließt etwa auf ihrer Homepage an Sarrazin an: Dem „Trend zur Selbst-abschaffung" durch „Schrumpfung unserer angestammten Bevölkerung" soll eine „aktivierende(n) Familienpolitik" (AfD 2017: 37) entgegengesetzt werden, die Familien mit Kindern belohnt, Abtreibungen verbietet und die (scheinbar) gegen die Familie gerichtete „Gender-Ideologie" bekämpft (AfD 2017: 40). Von *PEGIDA* bis zur *AfD:* Es zeigt sich, dass Sarrazins Thesen muslimfeindlichem

---

[15] Akif → Pirinçci veröffentlichte 2016 bei *Antaios* ein Buch mit dem Titel *Umvolkung. Wie die Deutschen still und leise ausgetauscht werden.*

Denken und kulturellem Rassismus die Tür zur gesellschaftlichen Mitte geöffnet haben.

Anders als die Vertreter der ‚Neuen Rechten' vermeidet Sarrazin den Begriff der ‚Umvolkung' in seinen Büchern, verwendet jedoch die gleichen Argumente. Auch wenn Sarrazin generell die persönliche Verbindung zu diesem Milieu meidet, gab er dem rechtspopulistischen Magazin *Compact* (vgl. Häusler und Roeser 2015: 29–30) 2013 ein Interview zur Familienpolitik,[16] kurz vor seiner Rede bei der *2. Compact-Konferenz für Souveränität.*

5   „Sarrazin und der Extremismus der Mitte"[17]

Sarrazins *Deutschland schafft sich ab* hat ohne Zweifel zur sprachlichen Enthemmung der letzten Jahre beigetragen. Laut dem Rechtsextremismus-Experten und Publizisten Andreas Speit hätte es ohne „die Entgrenzungen des Sagbaren durch Personen wie Thilo Sarrazin bis hin zu Akif Pirinçci" nie zu einer solchen Verrohung kommen können (vgl. Speit 2016: 318). Besonders deutlich zeigt sich dies im Netz. Dort wird ungeniert beleidigt, bedroht, gehasst. Verschwörungstheorien haben einen radikalen Zulauf erhalten (Nocun und Lamberty 2020).

Dass dieser Hass seinen Weg auch in die analoge Welt gefunden hat, sieht man am deutlichsten an dem Einzug der *AfD* in den Bundestag. Sarrazin hat der *AfD* dabei maßgeblich den Weg bereitet, indem er den in der Bevölkerung vorhandenen antimuslimischen Kulturrassismus mit wissenschaftlichem Prestige versehen und es somit für die bürgerlichen Schichten salonfähig und öffentlich sagbar gemacht hat. Selbst in die Reihen der *CDU/CSU*-Fraktion im Deutschen Bundestag ist der Begriff schon vorgedrungen. Eine sächsische Abgeordnete nutzte auf Twitter den Begriff der ‚Umvolkung', um damit gegen die Flüchtlingspolitik der Kanzlerin zu protestieren.[18] Der Politikwissenschaftler Frank Decker hat Sarrazin daher folgerichtig als „Spiritus rector der AfD" bezeichnet (Decker 2016: 15).

Wie sehr sich der Diskurs nach Rechtsaußen verschoben hat, sieht man an den zeitweise sehr hohen Umfragewerten und Wahlergebnissen der *AfD* in Bund

---

[16] projektwerkstatt.de/media/text/debatte_rechts_compact1309s35sarrazin.pdf (01.08.2021).

[17] Vgl. Ahlheim 2011.

[18] spiegel.de/politik/deutschland/cdu-abgeordnete-kudla-twittert-ueber-umvolkung-a-1113792.html (01.11.2021).

und Ländern; und dies trotz oder vielleicht wegen zahlreicher rassistischer und speziell antimuslimischer Rhetorik sowie Verbindungen ins rechtsextreme und ‚neurechte' Lager (vgl. Biermann et al. 2018; Fiedler 2019). Im September 2019 holte der nachweisliche Neonazi Andreas Kalbitz[19] bei der Landtags-wahl in Brandenburg 23,5 % der Stimmen. Kalbitz war führendes Mitglied des radikalen *Flügels* in der *AfD*, welcher bereits im März 2020 vom Bundes-amt für Verfassungsschutz (BfV) als Beobachtungsfall gelistet wurde. Um eine Beobachtung der gesamten Partei zu verhindern, hat sich dieser daraufhin auf Druck des Bundesvorstandes offiziell aufgelöst. Aus Sicht des BfV „jedoch nur zum Schein".[20] *Flügel*-Funktionäre wären weiterhin aktiv und würden nach wie vor „über erheblichen personellen und ideologischen Einfluss" auf die Partei verfügen. Im März 2021 hat das Bundesamt für Verfassungsschutz die *AfD* als „rechtsextremistischen Verdachtsfall" eingestuft. Die *AfD* propagiere „die Vor-stellung von einem ethnisch-biologischen bzw. ethnisch-kulturellen, homo-genen Volk" und „Flüchtlinge würden pauschal als Gruppe abgewertet und deren Menschenwürde eindeutig in Frage gestellt."[21] Wenn Alice Weidel Muslim*innen im Deutschen Bundestag als „Burkas, Kopftuchmädchen, alimentierte Messer-männer und sonstige Taugenichtse" diffamiert (z. n. Deutscher Bundestag 2018: 2972) oder Alexander Gauland davon fantasiert, die damalige Staatsministerin Aydan Özoğuz „in Anatolien [zu] entsorgen" (z. n. Fiedler 2017), ist das bei der *AfD* mittlerweile eher die Regel als die Ausnahme. Das alles hat deren Wähler*innen bisher jedoch nicht abschrecken können. Eine Umkehr des Auf-wärtstrends ist erst seit der Corona-Krise erkennbar – es ist aber keineswegs aus-gemacht, dass sie anhält.

Denn viele Menschen in Deutschland hegen nach wie vor Ressentiments gegen ‚Fremde' bzw. als ‚fremd' Markierte. Dies zeigt die Langzeit-Mitte-Studie der Friedrich-Ebert-Stiftung (vgl. Zick et al. 2019: 4; Abb. 3.2 und 3.3). Diese erhebt seit 2002 alle zwei Jahre mittels einer telefonischen Befragung die Zustimmung zu rechtsextremen und rechtspopulistischen Aussagen. Instrument ist hier u. a. der Ansatz der „Gruppenbezogenen Menschenfeindlichkeit" (GMF) des Instituts für Interdisziplinäre Konflikt- und Gewaltforschung der Universität Bielefeld (IKG) und des Soziologen Wilhelm Heitmeyer (vgl. Heitmeyer (Hg.)

---

[19] spiegel.de/politik/deutschland/afd-andreas-kalbitz-war-mit-npd-funktionaeren-bei-neonazi-aufmarsch-in-athen-a-1284319.html (01.11.2021).

[20] tagesschau.de/investigativ/ndr-wdr/afd-verdachtsfall-101.html (27.03.2021).

[21] mdr.de/nachrichten/hintergrund-verdachtsfall-afd-100.html (27.03.2021).

2002–2011). Mithilfe der GMF wird die Abwertung bestimmter Personengruppen anhand von Merkmalen wie z. B. Herkunft, Geschlecht, Religion etc. analysiert. Elemente der GMF wie Fremdenfeindlichkeit, Muslimfeindlichkeit oder israel-bezogener Antisemitismus hatten von Beginn an hohe Zustimmungswerte. Im Jahr 2018/2019 ist demnach fast jede fünfte Person fremden- und muslimfeind-lich, fast jede vierte antisemitisch (israelbezogen) und mehr als jede zweite Person wertet Asylsuchende ab.

Der Erziehungswissenschaftler Klaus Ahlheim hat in einem Beitrag von 2011 festgestellt, dass es – artikuliert durch Politik und Medien – bereits Anfang der 2000er-Jahre einen Hang zum Nationalstolz und damit verbunden zum Rassismus in der Gesellschaft gab. Unterstützung erfuhren die rassistischen Aussagen mit unterschiedlicher Intensität von Wähler*innen aller politischen Richtungen – von ganz links bis ganz rechts (vgl. Ahlheim 2011: 13–32). Die Einstellungen seien eben kein Phänomen des politischen Randes, sondern schon lange in der ‚Mitte‘ der Gesellschaft angekommen. Ahlheim zufolge bediene Sarrazin diese Grund-stimmung, indem er z. B. muslimische Bürger*innen als ‚Fremde‘ markiere und den Rassist*innen die rhetorische Rechtfertigung für ihre Abneigung gegenüber den so ‚Fremdgemachten‘ liefere. Mit *Deutschland schafft sich ab* habe es der „Nadelstreifen-Extremist" (Ahlheim 2011: Klappentext) geschafft, mit einer „Mischung aus Realitätsbeschreibung und vorurteilsbeladener Interpretation" die Themenfelder Migration und Islam ins Zentrum der gesellschaftlichen Debatte zu rücken (Ahlheim 2011: 29–33).

Diesem Versuch, Rassismus und völkisches Denken mehrheitsfähig zu machen, kann nur begegnet werden, wenn die rhetorischen Strategien aufgezeigt und die begrifflichen Verschleierungen enttarnt werden. Damit es nicht wieder heißt: „Diesmal waren es wir Juden, die zum Prügelknaben wurden. Wer wird es beim nächsten Mal sein? Vielleicht sind es rothaarige Katholiken oder schielende Protestanten? Praktisch kann es jeder sein!" (Ross 2004: 280–281).

Literatur

Primärquellen

AfD (2017): Wahlprogramm der Alternative für Deutschland für die Wahl zum Deutschen Bundestag am 24. September 2017.

Deutscher Bundestag (2018): Protokoll der 32. Sitzung, 19. Wahlperiode, 16.05.2018. bundestag.de/protokolle#url=L2Rva3VtZW50ZS9wcm90b2tvbGxlL2FtdGxpY2hlHJvdG9rb2xsZS9hcDE5MDIzLTU0OTAyMg==&mod=mod442098 (30.03.2021).

Sarrazin, Thilo (2010): Deutschland schafft sich ab. 16. Auflage. München: Deutsche Verlagsanstalt (DVA).
Sarrazin, Thilo (2018): Feindliche Übernahme. Wie der Islam den Fortschritt behindert und die Gesellschaft bedroht. München: FinanzBuch Verlag.

Sekundärliteratur

Ahlheim, Klaus (2011): Sarrazin und der Extremismus der Mitte. Empirische Analysen und pädagogische Reflexionen. Hannover: Offizin-Verlag.
Alikhani, Behrouz/Rommel, Inken (2018): Aufstieg des Kulturrassismus: Von Huntington zu Sarrazin. In: *Zeitschrift für vergleichende Politikwissenschaft* (12), S. 9–24.
Biermann, Kai/Geisler, Astrid/Radke, Johannes/Steffen, Tilman (2018): AfD-Abgeordnete beschäftigen Rechtsextreme und Verfassungsfeinde. *Zeit Online* vom 21.03.2018. zeit. de/politik/deutschland/2018–03/afd-bundestag-mitarbeiter-rechtsextreme-identitaere-bewegung/komplettansicht (04.01.2020).
Decker, Frank (2016): Die ‚Alternative für Deutschland‘ aus der vergleichenden Sicht der Parteienforschung. In: Häusler, Alexander (Hrsg.): Die Alternative für Deutschland. Programmatik, Entwicklung und politische Verortung. Wiesbaden: VS Verlag für Sozialwissenschaften, S. 7–23.
Fiedler, Maria (2017): Gauland will Integrationsbeauftragte Özoguz „in Anatolien entsorgen". *Der Tagesspiegel* vom 28.08.2017. tagesspiegel.de/politik/afd-spitzenkandidat-gauland-will-integrationsbeauftragte-oezoguz-in-anatolien-entsorgen/20244934.html (05.01.2020).
Fiedler, Maria (2019): Kalbitz im AfD-Vorstand. Der rechte „Flügel" kann zufrieden sein. *Der Tagesspiegel* vom 01.12.2019. tagesspiegel.de/politik/kalbitz-im-afd-vorstand-der-rechte-fluegel-kann-zufrieden-sein/25289132.html (05.01.2020).
Foroutan, Naika (2011): Sarrazins Thesen auf dem Prüfstand. Ein empirischer Gegenentwurf zu Thilo Sarrazins Thesen zu Muslimen in Deutschland. edoc.hu-berlin.de/handle/18452/5746;jsessionid=6661B45B51474827B9728A373286A9BB (01.11.2021).
Foroutan, Naika (2019): Die postmigrantische Gesellschaft. Ein Versprechen der pluralen Demokratie. Bielefeld: transcript.
Funke, Hajo (2020): Die Höcke-AfD: vom gärigen Haufen zur rechtsextremen „Flügel"-Partei. Eine Flugschrift. Hamburg: VSA-Verlag.
Häusler, Alexander/Roeser, Rainer (2015): „Erfurt ist schön deutsch – und schön deutsch soll Erfurt bleiben!" Das politische Erscheinungsbild der Partei „Alternative für Deutschland" (AfD) in Thüringen. library.fes.de/pdf-files/bueros/erfurt/12166.pdf (01.11.2021).
Heitmeyer, Wilhelm (Hrsg.) (2002–2011): Deutsche Zustände, Folge 1–10. Berlin: Suhrkamp Verlag.
Koller, Christian (2015): Was ist eigentlich Rassismus? bpb.de/politik/extremismus/rechtsextremismus/213678/was-ist-eigentlich-rassismus (24.11.2019).
Lauter, Rita (2017): Kölner Silvesternacht. Zwei Jahre und 36 Verurteilungen später. *Zeit Online* vom 31.12.2017. https://www.zeit.de/gesellschaft/zeitgeschehen/2017-12/koelner-silvesternacht-2015-sexuelle-uebergriffe-ermittlungen (11.04.2022).

Nocun, Katharina/Lamberty, Pia (2020): Fake Facts. Wie Verschwörungstheorien unser Denken bestimmen. Köln: Quadriga.

Quent, Matthias (2018): Hassliebe. Muslimfeindlichkeit, Islamismus und die Spirale gesellschaftlicher Polarisierung. Jena/London/Berlin: Institut für Demokratie und Zivilgesellschaft. idz-jena.de/fileadmin/user_upload/IDZ_Islamismus_Rechtsextremismus. pdf (01.11.2021).

Ross, Carlo (2004): Im Vorhof der Hölle. Ein Buch gegen das Vergessen. München: Deutscher Taschenbuch Verlag.

Shooman, Yasemin (2012): Das Zusammenspiel von Kultur, Religion, Ethnizität und Geschlecht im antimuslimischen Rassismus. bpb.de/apuz/130422/das-zusammenspiel-von-kultur-religion-ethnizitaet-und-geschlecht-im-antimuslimischen-rassismus?p=all (01.11.2021).

Speit, Andreas (2016): Bürgerliche Scharfmacher. Deutschlands neue rechte Mitte – von AfD bis Pegida. Zürich: Orell Füssli Verlag.

Zick, Andreas/Küpper, Beate/Berghan, Wilhelm (2019): Verlorene Mitte – Feindselige Zustände. Rechtsextreme Einstellungen in Deutschland 2018/19. Friedrich-Ebert-Stiftung: Berlin. fes.de/index.php?eID=dumpFile&t=f&f=39654&token=b08856154 99aae36a49159101cc5a114769827c4 (01.11.2021).

Artur Littau studiert Sozialwissenschaften (Bachelor of Arts) an der Humboldt-Universität zu Berlin. Seinen ersten Bachelor im Wirtschaftsrecht (Bachelor of Law) hat er im Jahr 2016 an der Hochschule Wismar erworben. Seine Arbeitsschwerpunkte liegen im Bereich Geschichte und Formen von Rassismus, soziale Ungleichheit sowie Arbeitsmarkt- und Sozialpolitik, insbesondere im Bereich der prekären Beschäftigung. Nach seinem Studium strebt er eine Tätigkeit in der Gewerkschaftsarbeit an

Akif Pirinçci: Deutschland von Sinnen/ Umvolkung

Christian Glaß und Janek Magister

Zusammenfassung

In *Deutschland von Sinnen* und *Umvolkung* präsentiert Akif Pirinçci eine clowneske Show willkürlich aneinandergereihter Polemiken, obszöner Beleidigungen sowie mehr oder weniger unverpackter Rassismen, Sexismen und anderer Menschenfeindlichkeiten. Obwohl der Inhalt seiner Schriften auch darüber hinaus sehr konfus ist und wenig theoretischen Anspruch hat, wurde Pirinçci gerade in den großen bürgerlichen Medien teils sehr ausführlich besprochen. Es handelt sich dabei um ein Phänomen, welches auch auf die Sonderrolle zurückzuführen ist, die Pirinçci im öffentlichen Diskurs einnimmt. Als erfolgreicher Krimi-Autor, selbst mit migrantischem Hintergrund, der sich quasi über Nacht zum rassistischen Scharfmacher wandelte, erregt er das voyeuristische Interesse einer Öffentlichkeit, die ihn zwar vor allem verspottet, seine Äußerungen aber gleichzeitig verharmlost, indem sie sich vornehmlich auf deren bizarren Stil konzentriert. Gleichzeitig nutzen Pirinçci und seine Gesinnungsgenossen diese Aufmerksamkeitsökonomie geschickt, um ihre Agenda gezielt in den demokratischen Diskurs einzuspeisen und die demokratische Debatte zu sabotieren. Die öffentlichkeitswirksame Inszenierung der Person Pirinçci ist ein gutes Beispiel für diese grundlegende Strategie der ,Neuen Rechten'.

C. Glaß (✉) · J. Magister
Humboldt-Universität zu Berlin, Berlin, Deutschland
E-Mail: christian.glass@student.hu-berlin.de

J. Magister
E-Mail: janek.stefan.magister@hu-berlin.de

D. Meiering (Hrsg.), *Schlüsseltexte der ,Neuen Rechten'*, Edition Rechtsextremismus, https://doi.org/10.1007/978-3-658-36453-3_17

„Dieses Buch hat kaum Quellenangaben und schon gar keine Fußnoten. Es kann sein, daß ich bei einigen Zahlen und Daten daneben liege, aber im Ganzen wird es schon stimmen", und weiter: „In den ersten Zeilen schrieb ich, daß man dich [Mutter Deutschland] geschändet hätte. Ich gebe zu, das war ein bißchen wegen der Dramatik" (Pirinçci 2014: 275f.).

Diese Zeilen am Ende des Buches *Deutschland von Sinnen* sind in vielerlei Hinsicht bemerkenswert. Unverhohlen zeigt der Schriftsteller Akif Pirinçci hier seinen instrumentellen Umgang mit Zahlen und seine auf Anstößigkeit angelegte Polemik. Seine Bücher wie auch seine öffentlichen Auftritte bestehen aus einem Nebeneinander von Obszönitäten und Rassismen. So ist dort z. B. von einem „schleichenden Genozid" mit der „Opferanzahl eines veritablen Bürgerkrieges" (Pirinçci 2014: 232, 233) die Rede; kurz zuvor vergleicht Pirinçci seinen Penis mit dem des damaligen taz-Journalisten Deniz Yücel (vgl. Pirinçci 2014: 215). Angesichts solcher kalkulierten Falschbehauptungen und peinlich anmutenden Provokationen stellt sich die Frage, ob eine inhaltliche Auseinandersetzung mit Pirinçci überhaupt sinnvoll ist. Sie ist es, denn in Pirinçcis clownesker Show treten völkische Fantasien, Frauenhass und enthemmte Antibürgerlichkeit ungeschminkt auf. Anders als in der ‚Neuen Rechten', die um den bürgerlichen Schafspelz besorgt ist, entfällt die Tarnung von Menschen- und Demokratiefeindlichkeit hier von vornherein. Die Auseinandersetzung mit den keineswegs neuen Inhalten sollte aber verknüpft werden mit einer Analyse der Diskursdynamiken, die Pirinçci mit kalkulierten Provokationen zu lenken versucht.

1   Empörungsökonomie: Kalkulierte Provokation

Besonders das erste Sachbuch des Roman-Autors *Deutschland von Sinnen* löste eine breite Debatte und eine Reihe von Besprechungen in verschiedenen Feuilletons auch größerer Zeitungen aus. Trotz der offensichtlich obszönen Sprache, der rechtsradikalen Inhalte und der plumpen Beleidigungen (die *GRÜNEN* werden bspw. wiederholt als „Kindersexpartei" bezeichnet, s. Pirinçci 2014: 13), veröffentlichten sogar bürgerliche, liberale oder linke Zeitungen mehrseitige Analysen (Mangold 2014; Serrao 2014; Sundermaier 2014). Neben den tatsächlich hohen Verkaufszahlen dürfte der Vergleich mit Thilo→ Sarrazin dafür mitverantwortlich sein. Der frühere Berliner Finanzsenator hatte 2010 mit seinem Buch *Deutschland schafft sich ab* rassistische und nationalchauvinistische Theorien vertreten. Der *SPD*-Politiker galt ebenso wie Pirinçci, der mit Katzen-Romanen reich und prominent geworden war, als bürgerlich und unauffällig.

Beide standen mit ihrem Übertritt vom bürgerlichen ins offen rechte Lager für eine Polarisierung und Radikalisierung des politischen Diskurses in Deutschland. Während sich Sarrazin jedoch gern möglichst rational gibt und auf seine Erfahrungen als Banker und Finanzsenator beruft, ist Pirinçci oft schrill, laut und geht offen mit seinen eigenen Unzulänglichkeiten hausieren (so thematisiert er u. a. in *Deutschland von Sinnen* lang und breit das Scheitern seiner Ehe und versucht davon ausgehend seinen tiefsitzenden Frauenhass zu rechtfertigen). Die FAZ bezeichnete Pirinçci dementsprechend als „Sarrazin auf Speed" (Staun 2014). Der schärfere Ton im Vergleich zu Sarrazin folgt dabei einem Kalkül von Pirinçci und seinen Verlegern. Sowohl bei *Umvolkung* (Pirinçci 2016) als auch bei *Deutschland von Sinnen* (Pirinçci 2014) werden Grenzüberschreitungen bewusst platziert, die Bücher gezielt als ‚Tabu-Bruch' inszeniert. Äußerst zweckdienlich für die ‚Neue Rechte' um den Verleger Götz Kubitschek ist dabei die scheinbare Legendenbildung um den Deutsch-Türken Pirinçci, der ‚Klartext' redet. Die sprachlichen Entgleisungen, ironischen Wortneuschöpfungen und plumpen Beleidigungen sind rhetorische Offensivmittel, die dem Pamphlet Aufmerksamkeit verschaffen sollen, indem sie Gegenreaktionen provozieren. Die so entzündete moralische Empörung der ‚Mitte' wird in diese Aufmerksamkeitsökonomie zurückgespeist, indem sie als Zensur, Meinungsdiktatur oder Diskurspolizei aufgeblasen wird. Der darauf begründete Trotz gegen dieses vermeintlich moralistische Lager führte dazu, dass Pirinçcis Pamphlet nicht nur Empörung erntete, sondern auch in konservativen und bürgerlichen Zirkeln wohlwollende Besprechungen erhielt: So bezeichnete der Cicero-Autor Alexander Marguier *Deutschland von Sinnen* als ein „gelungenes Buch" (Marguier 2014). Er äußert zwar Verständnis für jene, die Pirinçcis Stil kritisierten, stellt diesen jedoch als teilweise ironisiert, bzw. der inhaltlichen Aussage untergeordnet dar (vgl. Marguier 2014). Bettina Röhl ging in der WirtschaftsWoche sogar so weit, die ganze Diskussion um den Stil des Buches als „Phantomdebatte" zu betrachten und bescheinigt Pirinçci, Inhalte transportieren zu wollen, „von denen er weiß, dass sie von der herrschenden Nomen Klatura, die dem politisch korrekten Mainstream folgt, nicht gern gesehen werden" (Röhl 2014). Sie lobt das Buch als „eine Art literarisches Sachbuch mit viel Humor und einer guten Portion Poltergeist geschrieben" (Röhl 2014). Kaum beachtet wurden dabei Pirinçcis vorherige Veröffentlichungen in bekannten Medien der ‚Neuen Rechten', wie in der *Sezession* und der *Jungen Freiheit,* oder sein einschlägiger Verleger André F. Lichtschlag (Herausgeber der Monatszeitschrift *eigentümlich frei*). Vielmehr bescheinigen viele bürgerliche Rezensent*innen Pirinçci eine Form von politischer Naivität und leugnen den tieferliegenden Anspruch des Buches. Damit unterstützen sie aktiv das von Autor und Verleger angestrebte Narrativ, welches offen rassistische

und chauvinistische Aussagen als notwendigen Tabubruch darstellt und recht-
fertigen auch dessen Stil, welcher für einen ‚frischen Wind' in der öffentlichen
Debatte sorge. Das Beispiel Pirinçci zeigt daher, wie salonfähig rechtes
Gedankengut nur wenige Jahre nach Sarrazins Publikation geworden war.

2   Akif Pirinçcis Radikalisierung

Wer genau ist also Akif Pirinçci und worin begründet sich der besondere
Umgang mit seiner Person? Der heute in Bonn lebende Autor wurde durch den
internationalen Bestseller *Felidae,* in dem eine Katze Kriminalfälle löst, einer
breiten Öffentlichkeit bekannt. Aus dieser Berühmtheit resultiert die scheinbare Relevanz Pirinçcis, schließlich wurde das Buch in diverse Sprachen übersetzt und hat ihm nach eigenen Angaben mehrere Millionen Euro eingebracht.
Akif Pirinçci besitzt selbst einen Migrationshintergrund, ist er doch 1959 in der
Türkei geboren und mit zehn Jahren zunächst in die Eifel emigriert. Politisch
aktiv wurde er erst lange nach seinem schriftstellerischen Erfolg im Alter von
etwa 50 Jahren. Seine ersten politischen Äußerungen erscheinen online, u. a. in
dem von Henryk M. Broder mitbetriebenen Blog *Die Achse des Guten.* Hier entstand auch sein erster mit größerer medialer Aufmerksamkeit bedachter Artikel
Das Schlachten hat begonnen (Pirinçci 2013). Der Text stellte eine Reaktion auf
ein Tötungsdelikt in Niedersachsen dar, bei dem 2013 ein Jugendlicher deutscher
Staatsangehörigkeit ums Leben gekommen war. Pirinçci deutete diesen Fall als
Ausdruck einer fortlaufenden Entwicklung in Deutschland: Immer mehr junge
deutsche Männer würden gezielt von migrantischen, vor allem muslimischen
Altersgenossen attackiert und nicht wenige kämen dadurch zu Tode. Gleichzeitig werde der komplette Sachverhalt von den Medien verschleiert oder falsch
dargestellt. Laut Pirinçci versuche man zunächst, Vorkommnisse dieser Art zu
verschweigen, gelinge dies nicht, wie im von ihm beschriebenen Fall, versuche
man die Tat mit vorgeschobenen Argumenten zu relativieren. Verursacht würde
dies durch eine systematische Bevorteilung von Migranten in der allgemeinen
Öffentlichkeit, die Pirinçci auf einen vermeintlichen „Hass auf die eigene Volkszugehörigkeit" zurückführt, der den Menschen „vom Kindergarten an […] antrainiert
wurde" (Pirinçci 2013). Verantwortlich dafür macht er die „geisteskranken linken
Medienleute", welche von „einer kleinen, aber in den Medien, in der Bildung und
in der gesellschaftlich anerkannten Geisteshaltung einflußreichsten Partei, nämlich
der der Grünen" (Pirinçci 2013) indoktriniert werden. Zusätzlich wendet er sich
ausdrücklich gegen die Idee universeller Menschenrechte, ‚politische Korrekt-
heit' und den aus seiner Sicht zu oft verwendeten Begriff des Rassismus. Dem

entgegen stellt Pirinçci ein darwinistisches Bild vom ‚Überlebenskampf' des deutschen Volkes, welches von außen angegriffen werde. Hauptfeind seien dabei ‚Migranten', wobei er den Begriff ‚Muslims' teilweise gleichbedeutend verwendet: „Die meisten Vergewaltiger sind in Europa inzwischen Muslims" (Pirinçci 2013).

Mit dem Narrativ vom ‚Selbsthass' der Deutschen knüpft Pirinçci an ein verbreitetes Motiv der ‚Neuen Rechten' an, dass bereits in den siebziger und achtziger Jahren dazu genutzt wurde, um die Deutschen moralisch zu entlasten und den Weg für einen neuen Nationalismus zu bereiten (vgl. den Beitrag zu Bernard→Willms). Während damals noch die vermeintlichen ‚Besatzer', also die alliierten Siegermächte des Zweiten Weltkrieges, dafür verantwortlich gemacht wurden, die Deutschen durch die Etablierung der Kollektivschuld-These zum Selbsthass zu erziehen, wird heute der Feind im Inneren ausgemacht: der gesellschaftliche Pluralismus und Liberalismus, den die Generation von 1968 erfolgreich lanciert hätten. So spricht Pirinçci in *Deutschland von Sinnen* davon, dass die deutsche ‚Kultur' gezielt untergraben werde. Hier bedient sich Pirinçci der Taktik postfaktischer Populisten (McComiskey 2017): Fakten und Belege erklärt er für überflüssig, denn „Man kann die Statistiken hinbiegen, wie man lustig ist" (Pirinçci 2014: 241). Außerdem bewegt er sich teilweise sehr sprunghaft zwischen den von ihm angesprochenen Themen und Argumenten, was es schwierig macht, seine Position kohärent zu bestimmen. Einen wichtigen Teil seiner Rhetorik bilden die vulgären Beleidigungen, die von einer Auseinandersetzung auf der inhaltlichen Ebene ablenken und die Debatte durch Provokation emotionalisieren. Dieses ‚Stilmittel' ist bei Pirinçci allgegenwärtig. In Interviews stellt er es oft als seine persönliche Form von ‚Humor' dar. Es ist vielmehr ein Vorwand, um erneute Grenzüberschreitungen zu legitimieren. Das harmlose Label des Witzes ist indes als Vorgriff auf kritische Reaktionen zu sehen, welche somit leicht als ‚verklemmt' oder übertrieben dargestellt werden können. Innerhalb kürzester Zeit ist so aus dem Katzenkrimi-Autoren ein rassistischer Provokateur geworden.

3 Opferinszenierung in *Deutschland von Sinnen*

Das Schlachten hat begonnen markiert den Beginn von Pirinçcis scheinbarer politischer Relevanz und kann als Blaupause für sein zukünftiges Schaffen gesehen werden. In *Deutschland von Sinnen* wird dem Artikel ein Kapitel gewidmet, welches die hervorgerufenen Reaktionen kommentiert und seine Person zum Träger einer heldenhaften Auseinandersetzung mit der deutschen Medienlandschaft stilisiert.

Auffallend ist dabei die Formulierung in der Ankündigung des Artikels, er sei „über Bande" (Pirinçci 2014: 231) für diesen Artikel zu einer Geldstrafe verurteilt worden, obwohl er später zugibt, die Strafe für die persönliche Beleidigung einer Universitätsprofessorin erhalten zu haben (Pirinçci 2014: 244). Diese spielt er zunächst als ironische Übertreibung herunter, um sich dann jedoch auf mehreren Seiten über die angebliche Dummheit seiner Kontrahentin auszulassen. Er fährt damit gezielt eine Doppelstrategie: Zum einen spielt er die Aussage herunter („Satirische Schmähschrift", Pirinçci 2014: 244), gleichzeitig rechtfertigt er sie als notwendige Reaktion auf „Lügenmärchen von Scharlataninnen" (Pirinçci 2014: 266). Seine daraufhin erfolgte Verurteilung stellt er so als Ersatz dafür dar, dass man ihn für den *Das Schlachten hat begonnen* nicht habe belangen können. Er inszeniert sich daraufhin als Opfer einer orwellschen Gedankenpolizei (vgl. Pirinçci 2014: 231), was für ihn zu dem Schluss führt, jede Kritik würde lediglich versuchen, ihn mundtot zu machen. Seine Parole „Fickt ihr mich, ficke ich euch" (Pirinçci 2014: 243) illustriert exemplarisch die Argumentationsweise Akif Pirinçcis. Jedes Kapitel in *Deutschland von Sinnen* hat einen anderen Schwerpunkt, die Argumentation ist nur geringfügig aufeinander aufbauend. In allen Kapiteln lassen sich sehr ähnliche Behauptungen wiederfinden, sie sind lediglich sprachlich anders formuliert.

4   *Umvolkung* als Argumentationsmuster

Eine ähnliche Herangehensweise findet sich auch beim Nachfolger von *Deutschland von Sinnen*, *Umvolkung – Wie die Deutschen still und heimlich ausgetauscht werden:* Inhaltlich leistet das Buch keinen neuen Beitrag, da die Argumentation nahezu identisch mit Renaud → Camus' *Revolte gegen den Großen Austausch* (2016) ist. Tatsächlich gehen Pirinçcis Texte über Plattitüden, Stereotype und den rechten Zeitgeist nicht hinaus. Relevanz für die ‚Neue Rechte' gewinnt das Buch jedoch durch die Emotionalisierung der Debatte und das Etablieren von provokativen Wortneuschöpfungen. Gegenstand des Buches sind vor allem wenig originelle Feindbilder, eine angebliche ideologische Verblendung der Bevölkerung, eine drohende Gefahr durch Einwanderer und der schwache Staat.

Um diese Themen inhaltlich zu bestimmen, problematisiert Pirinçci den Mittelstand als Akteur. Dieser wird auf der einen Seite als besonders wirkmächtig, jedoch zugleich als besonders ohnmächtig beschrieben, da er ideologisch verblendet sei. Er könne somit nicht seine eigentliche Rolle als wichtigster Teil des Volkes ausfüllen. Pirinçci skizziert das Bild einer absoluten Katastrophe: Das ‚Deutsche Volk' erleide eine ‚Umvolkung'. Die Begriffe könnten dabei nicht symbolträchtiger sein: ‚Umvolkung' ist in seiner Entstehung und Bedeutung untrennbar verbunden mit der Sprache der Nationalsozialisten und fand seine Verwendung vor allem im Zusammenhang mit der ‚Germanisierung' östlicher Gebiete. Er ist heute ein zentraler Kampfbegriff im völkischen Nationalismus (Kellershohn 2016).[1] In der Verlagsbeschreibung des Buches wird auf diese Verbindung auch direkt Bezug genommen, jedoch in dem Sinne, dass die aktuelle Entwicklung mit der Umsetzung der ‚Idee' der Nazis gleichgesetzt wird.[2] In dieser scheinbaren Abgrenzung offenbart sich jedoch eine starke Ähnlichkeit zu deren rassistischem Menschenbild. In diesem Zusammenhang hat auch der Begriff des ‚Volkes', als eine homogene, ethnisch ‚reine' Einheit, welche ausgetauscht werden kann, eine starke ideologische Komponente. Er steht stellvertretend für Ungleichbehandlung aufgrund rassistischer Merkmale und bildet die Grundlage für Begriffe wie ‚Volkskörper' und das Konzept der Rassenlehre. Christian Geulen schreibt dazu:

> „Sein [des Rassenbegriffs] impliziter Verweis auf eine natürliche Ordnung macht ihn zu einem Legitimations- und Begründungsbegriff, der Menschengruppen fundamental voneinander abgrenzt. Insbesondere seitdem es die moderne Vorstellung von der einen, universalen Menschheit gibt und sich parallel zu ihr das Spektrum jener Begriffe herausbildete, mit denen wir ihre partikulare Unterteilung markieren (Nation, Volk, Kultur, Ethnie, Gesellschaft, Klasse, Geschlecht etc.), hat sich der Rassenbegriff immer wieder in diese Partikularideen eingeschrieben, sich ihnen anverwandelt, um solchen eigentlich politischen, kulturellen und sozialen Unterscheidungen eine pseudonatürliche Grundlage und Legitimation zu verleihen" (Geulen 2018: 23).

Pirinçcis Ansicht nach seien drei wesentliche Dinge für den Prozess der ‚Umvolkung' verantwortlich: der in seinem Nichtstun versagende Staat, welcher die Entwicklung nicht aufhält; die mit den Deutschen unvereinbar wesensverschiedenen und ‚nutzlosen' Einwanderer (vgl. Pirinçci 2016: 48); und die manipulierenden Medien, welche den fatalen Prozess gutheißen und legitimieren würden. Allgemein würden die gesellschaftlichen ‚Eliten' aus einer schlechten Absicht heraus handeln, mit dem Zweck, das eigene ‚Volk' zu vernichten. Dieses Verhalten ist für Pirinçci Zeichen einer geistigen Krankheit und einer daraus

---

[1] zeit.de/gesellschaft/zeitgeschehen/2016–09/cdu-bettina-kudla-nazi-sprech-umvolkung-twitter (05.01.2020).

[2] antaios.de/gesamtverzeichnis-antaios/einzeltitel/27993/umvolkung.-wie-die-deutschen-still-und-leise-ausgetauscht-werden(05.01.2020).

resultierenden fehlerhaften Weltanschauung. Er schreibt dazu: „Man kann seine eigene Abschaffung auch lieben lernen, sie gewissermaßen zu Tode lieben, sich anverwandeln" (Pirinçci 2014: 158). Die abgeschlossene ‚Umvolkung' wird von ihm als endgültiger Zustand beschrieben, in dem die ursprünglichere Bevölkerung vollständig verschwunden ist oder sich an einem anderen Ort befindet. Um dies zu verhindern, müssten die Außengrenzen mit Waffengewalt geschützt werden und sich im Land befindliche Migranten dieses Verlassen oder vollständig ihre Kultur ablegen. Abschottung nach außen und ethnische Reinigung im Inneren sind also die politischen Fluchtpunkte dieser Ideologie.

5   Sein Deutschsein „fühlen und beweisen": die Überassimilation Pirinçcis

Hieraus ergibt sich die Frage, wie Pirinçci diese Ansichten mit seiner eigenen Identität als Einwanderer vereinbart:

> „Ein Volk dagegen ist eine dem Lande über Generationen hinweg natürlich gewachsene Menschenmenge mit mehr oder weniger ins Auge springenden Umgangsformen, Bräuchen, Schrulligkeiten, Gepflogenheiten und Lebensweisen, vor allem jedoch mit einer alle verbindenden gemeinsamen Identität. Darunter kann selbstredend auch der neu Hinzugekommene fallen, der anerkennt, daß diese landestypische Manier ihm weit mehr behagt als seine alte und abgelegte. Er müßte es jedoch nicht nur anerkennen, sondern auch fühlen und beweisen" (Pirinçci 2016: 111f.).

Diesen Zugehörigkeitsbeweis, so könnte man Pirinçci deuten, versucht er in seinen Publikationen zu erbringen. Pirinçcis Assimilierungsgebot führt zur unbedingten Übernahme überzogener Stereotypen von ‚Deutschsein'. Sozialpsychologisch handelt es sich dabei um eine Form des autoritären Charakters, der seine soziale Stellung durch Konformität bewahren und Anerkennung durch die Identifikation mit etwas Mächtigem erlangen will (sekundärer Autoritarismus, vgl. Decker und Brähler 2018: 44 f.). Gleichzeitig werden diejenigen abgewertet, welche nicht bereit sind, dies zu tun. Die Überidentifikation mit der rassistischen Aggression ist aus dieser Perspektive der beste Schutz gegen sie. Ähnlich verhält es sich mit der Religion: Die zwanghafte Betonung seines Atheismus wird zu einem strikten Antitheismus, der sich in einer pauschalen Verurteilung und Dämonisierung des Islam ausdrückt.

Darüber hinaus wird Pirinçci bei diesen Themen aufgrund seines Migrationshintergrundes in der Öffentlichkeit eine Art ‚Expertenrolle' zugestanden. Durch

diese Tatsache erweist er sich für die Bewegung der ‚Neuen Rechten' als Tür-
öffner für neue Teile des öffentlichen Diskurses. Als Beispiel dafür kann ein
Auftritt Pirinçcis im ZDF-Mittagsmagazin gesehen werden, bei dem er mit
den Worten „So schonungslos hat noch keiner über Türken in Deutschland
geschrieben" angekündigt wird und Migranten empfiehlt, sie sollten einfach
zurückgehen, wenn sie sich in ihrer Identität zerrissen fühlten. Die Moderatorin
geht inhaltlich kaum auf die Antworten ein und weist lediglich darauf hin, dass
diese nicht ganz politisch korrekt seien.[3] Die Sendung wurde später zu Recht
von Stefan Niggemeier als „trauriges und eines öffentlich-rechtlichen Rund-
funks unwürdiges Spektakel" (Niggemeier 2014) bezeichnet. Das ZDF entfernte
sie nachträglich aus der Mediathek. Dies nahm Pirinçci zum Anlass, sich erneut
als Opfer staatlicher Zensur zu präsentieren, was ein gutes Beispiel dafür ist,
wie er konkret von öffentlicher Empörung profitiert. Bezeichnend für Pirinçcis
Instrumentalisierung durch die ‚Neue Rechte' ist ironischerweise ein Kommentar
unter einem auf YouTube gestellten Mitschnitt des ZDF-Interviews: „Das geile
[sic] ist einfach, ihm können sie als Türke nicht mit der Nazikeule [sic] kommen,
oder das [sic] er ein Rassist wäre. Die können ihm gar nichts".[4]

Ob gewollt oder ungewollt, das Argument der Sonderrolle Pirinçcis als
jemand der selbst Mitglied der von ihm diffamierten Gruppe ist bzw. war, scheint
eine Wirkung zu haben. Zum einen wird er von den ‚Neuen Rechten' als Ent-
lastungszeuge genutzt, denn wenn selbst Menschen mit Migrationshintergrund
auf ihrer Seite wären, könnten sie ja keine Nazis sein, so das gewitzte Argument.
Zum anderen erregt das Paradoxon eines ausländerfeindlichen türkischen Ein-
wanderers Aufsehen: Als Kuriosum wird er eingeladen, was ihm aber wiederum
die Möglichkeit gibt, seine Verschwörungstheorien und völkischen Thesen zu
verbreiten. Zugleich spiegelt sich der latente Rassismus der Mehrheitsgesellschaft in dieser Ungleichbehandlung, welcher Pirinçci im Prinzip die Fähigkeit abspricht, wirklich rassistische Einstellungen zu entwickeln. Außerdem
schwingt dabei eine Art voyeuristisches Interesse mit, was diesen Menschen
denn zu solch einem bedauernswerten ‚komischen Kauz' hat werden lassen, der
so gerne Fäkalsprache benutzt. Damit einher geht eine gewisse Relativierung
seiner Äußerungen, was von ihm und seinen Gesinnungsgenossen geschickt
dazu missbraucht wird, ihre Positionen in den öffentlichen Diskurs einzuspeisen.
Gleichzeitig hilft Pirinçcis zotige und skurrile Art auch unterschwellig dabei,

---

[3] youtube.com/watch?v=6TZcK9ZGFYU (29.11.2021).
[4] youtube.com/watch?v=6TZcK9ZGFYU (29.11.2021, Kommentar mittlerweile gelöscht).

die Rassismen gegenüber türkischen und muslimischen Menschen innerhalb der Rechten zu bestärken, da er diesen scheinbar Ausdruck verleiht. Pirinçci wird gezielt als Clown inszeniert und als ungehemmtes, triebhaftes Subjekt öffentlich zur Schau gestellt. Wie Pirinçci auftritt und was er schreibt, steht dabei im direkten Gegensatz zueinander. Eine wichtige Rolle spielt dabei Pirinçcis Bild von sich als ‚Mann' und seiner persönlichen Sexualität. Allgemein geht es in seinen Werken sehr oft um Sex bzw. um Pirinçcis normative Vorstellung davon. Heterosexualität betrachtet er als das Natürliche, alles davon Abweichende tue sich laut ihm vor allem durch ‚Abartigkeiten' hervor. Pirinçci begründet dies mit einem angeblichen Hang zur Promiskuität oder mit einer verstärkten Zurschaustellung der Sexualität, was er als ‚unnatürlich' ansieht (vgl. Pirinçci 2014: 19 ff.). Dies dient aber nur als Vorwand, um nicht-heterosexuelle Handlungen als grundsätzlich ‚pervers' herabzuwerten. Wie in *Umvolkung* sieht er auch hier eine versteckte Agenda der Eliten am Werk, welche darin bestünde, das ‚Abnormale' zum ‚Normalen' zu transformieren. Dieser Ansicht gegenüber stehen Pirinçcis Fixierung aufs Obszöne, der Fäkalhumor eines Grundschülers und seine ostentative Zurschaustellung als Freier von Prostituierten (Pirinçci 2018). An vielen Stellen wirkt es so, als würde Pirinçci vieles von dem, was er an anderen Stellen verurteilt, selbst verkörpern.

Weiterhin wird es paradox, wenn er die negativen Auswirkungen des Islams vor allem in seinem am Kollektiv verübten Schaden sieht, sich aber gleichzeitig in konkreten politischen Fragen durch ausgeprägten Sozialchauvinismus hervortut: Er kritisiert dabei vor allem gängige Vorstellungen sozialer Gerechtigkeit. Denen setzt er ein Konzept individualistischer Freiheit entgegen, welches neoliberal anmutet: Er lehnt eine progressive Art der Besteuerung ab, bis hin zu der Forderung, Steuern ganz abzuschaffen oder zumindest eine Art mehrklassiges Wahlsystem einzuführen, wie es zu Feudalzeiten existierte. Dies wird damit begründet, dass der ärmere Teil der Bevölkerung ja kaum etwas zum nationalen Wohlstand beitrage. Hier zeigt sich wieder das Narrativ von der negativen Entwicklung eines in seinen Augen ideellen Deutschlands hin zu einer degenerierten modernen Dystopie. Weg von einer Gesellschaft, die Leistung honoriere, hin zu einer, die von der Ideologie besessen sei, jeden ‚durchfüttern' zu müssen (vgl. Pirinçci 2014: 62). Wie viele libertäre, sozialchauvinistische Rechte ist er dabei selbst in einer privilegierten Stellung. Obwohl das ganze Buch sehr ich-bezogen geschrieben ist, kommt kaum zur Sprache, dass Pirinçci sich vom Einwandererkind aus der Arbeiterschicht hin zu einer privilegierten Position als international anerkannter und finanziell erfolgreicher Autor entwickelt hat. An einer Stelle erwähnt er zwar, dass er inzwischen sehr wohlhabend ist, reflektiert dies aber in keiner Weise im Hinblick auf seine gesellschaftliche Stellung. Für seine

Ansichten spielt das jedoch eine starke Rolle, da er Maßnahmen fordert, welche einer finanziell privilegierten Schicht zugutekommen würden. Pirinçci schließt hier an den rechtskonservativ-libertären Strang der ‚Neuen Rechten' an, der besonders in der *AfD* institutionalisiert ist (Kemper 2013).

6 Provokation und Öffentlichkeit

Über die Provokation als Kern der rechten Diskursstrategie hat Götz Kubitschek bereits 2007 deutlich und offen formuliert:

> „Unser Ziel ist nicht die Beteiligung am Diskurs, sondern sein Ende als Konsensform, nicht ein Mitreden, sondern eine andere Sprache, nicht der Stehplatz im Salon, sondern die Beendigung der Party" (2018 [2007]: 25). „Uns liegt nicht viel daran, daß Ihr unseren Vorsatz versteht. Wozu sich erklären? Wozu sich auf ein Gespräch einlassen, auf eine Beteiligung an einer Debatte? Weil Ihr Angst vor der Abrechnung habt, bittet Ihr uns nun an einen Eurer runden Tische? Nein, diese Mittel sind aufgebraucht, und von der Ernsthaftigkeit unseres Tuns wird Euch kein Wort überzeugen, sondern bloß ein Schlag ins Gesicht" (Kubitschek 2018 [2007]: 28).

Es ist offenbar, dass es der ‚Neuen Rechten' um eine Zerstörung demokratischer Diskursregeln und eine Eskalation des Politischen geht. Pirinçci treibt dies unverhohlen voran. Die Schwäche der Öffentlichkeit liegt an ihrem unverkennbaren Interesse an der Provokation. Die Besprechungen von *Deutschland von Sinnen,* seinem populärsten politischen Buch, konzentrierten sich im Wesentlichen auf den vulgären Stil und die bizarre Autorenpersönlichkeit und ließen oft außer Acht, dass das Buch sowohl inhaltlich als auch argumentativ und methodisch sehr dürftig ist. Behauptungen werden nicht belegt, wichtige Aspekte bewusst falsch dargestellt und an einigen Stellen zeigen sich offensichtliche Widersprüche. Wie das Eingangszitat von Pirinçci zeigt, ist ihm all das auch herzlich egal; es geht allein darum, die Erregungsspirale anzutreiben und so eine noch größere Öffentlichkeit für seine menschenfeindlichen Inhalte zu bekommen. Nichtsdestotrotz wird Pirinçci als relevant für die Debatte betrachtet. Über den scheinbar fehlgeleiteten Menschen Akif Pirinçci wird Bestürzung geäußert oder Hohn und Spott ausgeschüttet, so z. B. in der ZDF-Sendung *Heute Show.*[5] Pirinçci bloß als einen durchgedrehten Spinner zu betrachten, ignoriert aber die

---

[5] youtube.com/watch?v=qJmdS9prDM4&feature = youtu.be (01.11.2021).

politische Agenda eines reaktionären, rechtslibertären Millionärs, der Ungleichheit als natürlich und gerecht betrachtet. Pirinçcis Rhetorik zielt nicht auf Lösung oder einen gemeinsamen Austausch ab, sondern auf eine rechte Deutungshoheit im öffentlichen Diskurs. Die wiederholte Behauptung, die Vertreter anderer Meinungen als der eigenen seien wahnhaft, böswillig oder irrational, ist eine gezielte Absage an jede Form der politischen Debatte. Gerade deshalb sollte Pirinçcis Wirkung ernst genommen werden, auch wenn der Inhalt und Stil seiner Bücher noch so hanebüchen erscheinen. Gleichzeitig müssen dabei in besonderer Weise seine Sonderrolle innerhalb des gesamtgesellschaftlichen Diskurses sowie deren Instrumentalisierung durch die ‚Neue Rechte' betrachtet werden. In deren Kontext sorgt Pirinçci nicht für wesentliche theoretische Ergänzungen, sondern erweitert vielmehr deren öffentlichkeitswirksame Inszenierung.

Literatur

Primärquellen

Camus, Renaud (2016): Revolte gegen den Grossen Austausch. Schnellroda: Antaios.
Kubitschek, Götz (2018): Provokation. 2. überarbeitete Aufl. Schnellroda: Antaios.
Pirinçci, Akif (2013): Das Schlachten hat begonnen. achgut.com/artikel/das_schlachten_hat_begonnen (01.11.2021).
Pirinçci, Akif (2014): Deutschland von Sinnen. Der irre Kult um Frauen, Homosexuelle und Zuwanderer. Edition Sonderwege. Waltrop: Manuscriptum.
Pirinçci, Akif (2016): Umvolkung. Wie die Deutschen still und leise ausgetauscht werden. Schnellroda: Antaios.
Pirinçci, Akif (2018): Akif allein im Puff. der-kleine-akif.de/2018/01/14/akif-allein-im-puff/ (01.11.2021).

Sekundärliteratur

Decker, Oliver/Brähler, Elmar (2018): Flucht ins Autoritäre. Rechtsextreme Dynamiken in der Mitte der Gesellschaft. Die Leipziger Autoritarismus-Studie 2018. Gießen: Psychosozial-Verlag.
Fleischhauer, Jan (2014): Mehr als Hitler geht nicht. *Der Spiegel* vom 10.04.2014. spiegel.de/politik/deutschland/fleischhauer-kolumne-das-skandalbuch-von-akif-pirin-ci-a-963623.html (01.11.2021).
Geulen, Christian (2018): Der Rassenbegriff. Ein kurzer Abriss seiner Geschichte. In: Foroutan, Naika/Geulen, Christian/Illmer, Susanne/Vogel, Klaus/Wernsing, Susanne (Hrsg.): Das Phantom „Rasse". Zur Geschichte und Wirkungsmacht von Rassismus. Wien/Köln/Weimar: Böhlau-Verlag, S. 23–32.

Kellershohn, Helmut (2016): Umvolkung. In: Gießelmann, Bente/Heun, Robin/Kerst, Benjamin/Suermann, Lenard/Virchow, Fabian (Hrsg.): Handwörterbuch rechtsextremer Kampfbegriffe. Schwalbach/Ts.: Wochenschau Verlag, S. 282–297.

Kemper, Andreas (2013): Rechte Euro-Rebellion. Alternative für Deutschland und Zivile Koalition e.V. Münster: edition assemblage.

Mangold, Ijoma (2014): Volle Ladung Hass. *Zeit Online* vom 03.04.2014. zeit.de/2014/15/pirincci-deutschland-von-sinnen (27.04.2021).

Marguier, Alexander (2014): Der ultraliberale Romantiker. *Cicero* vom 20.05.2014. cicero.de/kultur/akif-pirincci-der-ultraliberale-romantiker/57607 (01.11.2021).

McComiskey, Bruce (2017): Post-Truth Rhetoric and Composition. Boulder: University Press of Colorado.

Niggemeier, Stefan (2014): ZDF geht Hassprediger Pirinçci auf den Leim. *Migazin* vom 04.04.2014. migazin.de/2014/04/04/zdf-hassprediger-pirincci-leim/2/ (01.11.2021).

Röhl, Bettina (2014): Ist Deutschland von Sinnen? *Wirtschaftswoche* vom 25.03.2014. wiwo.de/politik/deutschland/bettina-roehl-direkt-ist-deutschland-von-sinnen/9662964.html (01.11.2021).

Serrao, Marc Felix (2014): Liebe Landsleute. *Süddeutsche Zeitung* vom 22.03.2014. https://www.sueddeutsche.de/kultur/schriftsteller-akif-pirincci-liebe-landsleute-1.1919409-2 (27.04.2021).

Staun, Harald (2014): Wie Sarrazin auf Speed. *Frankfurter Allgemeine Zeitung* vom 05.04.2014. faz.net/aktuell/feuilleton/der-populismus-des-akif-pirincci-wie-sarrazin-auf-speed-12881608-p2.html (01.11.2021).

Sundermaier, Jörg (2014): Ein nützlicher Idiot. *taz Online* vom 08.04.2014. taz.de/Akif-Pirinccis-Deutschland-von-Sinnen/!5044762/ (27.04.2021).

Christian Glaß studiert Philosophie/Ethik und Informatik an der Humboldt-Universität zu Berlin. Seinen ersten Bachelorabschluss im Studienfach Kultur und Technik mit Schwerpunkt Philosophie hat er an der Technischen Universität Berlin erworben. Seine Bachelorarbeit beschäftigte sich mit der Anerkennungstheorie Axel Honneths in Bezug auf bioethische Fragestellungen. Neben seinem Studium arbeitet er als Pädagoge in der Eingliederungshilfe für Menschen mit psychischer Erkrankung.

Janek Magister studiert Sozialwissenschaften im Bachelor an der Humboldt-Universität zu Berlin. Seine Arbeitsschwerpunkte sind u.a. die vergleichende Analyse politischer Ideologien sowie gesellschaftliche Transformationsprozesse in Ostdeutschland nach 1989.

Rolf Peter Sieferle: Finis Germania/Das Migrationsproblem

Anna Sandberger und Alexa Krugel

Zusammenfassung

Dieser Beitrag analysiert zwei Werke von Rolf Peter Sieferle: *Das Migrationsproblem* und das posthum veröffentlichte *Finis Germania*. Letzteres löste – im Gegensatz zum Gros ‚neurechter' Texte – eine breite öffentliche Debatte aus, die dem zuvor nicht einmal in ‚neurechten' Kreisen gewürdigten Autor erst zu seiner Bekanntheit verhalf. Folglich eröffnet der Beitrag die höchst aktuelle Diskussion um einen angemessenen Umgang mit ‚neurechten' Texten, der nicht zu deren Verbreitung beiträgt und diese dennoch hinreichend skandalisiert. In beiden Werken bedient sich Sieferle typisch neurechter Narrative, die jedoch keineswegs neu sind: Die heutige Gesellschaft sei durch moralischen Verfall, Überfremdung und korrumpierte Eliten geprägt – Entwicklungen, die sich lediglich durch die Rückkehr zu einer hierarchisch-elitären Gesellschaftsordnung aufhalten ließen. Dieser Beitrag problematisiert Sieferles geschichtsrevisionistische, sozialdarwinistische und antidemokratische Thesen besonders hinsichtlich ihrer Anschlussfähigkeit und ihrer Funktion als Bindeglied zwischen ‚neurechtem Milieu' und breiter medialer Öffentlichkeit.

A. Sandberger (✉) · A. Krugel
Humboldt-Universität zu Berlin, Berlin, Deutschland
E-Mail: sandbera@hu-berlin.de

A. Krugel
E-Mail: krugelal@hu-berlin.de

© Der/die Autor(en), exklusiv lizenziert an Springer Fachmedien Wiesbaden
GmbH, ein Teil von Springer Nature 2022
D. Meiering (Hrsg.), *Schlüsseltexte der ‚Neuen Rechten'*, Edition
Rechtsextremismus, https://doi.org/10.1007/978-3-658-36453-3_18

Es erscheint absurd, dass ‚neurechte' Verlage wie *Antaios* oder *Manuscriptum* mit dem Aufkleber *Spiegel*-Bestseller für sich werben können. 2017 ist dies mit zwei Publikationen aus dem Nachlass des Historikers Rolf Peter Sieferle geschehen. Die heftige mediale Kontroverse entzündete sich an der Platzierung der Essay-Sammlung *Finis Germania* (2017a) in der *Spiegel*-Bestseller-Liste. Zum Aufmerksamkeit erregenden Skandal wurde der Vorfall allerdings erst, als das Buch auf denkbar ungeschickte und intransparente Weise von der Bestellerliste gestrichen wurde. In der Folge kann auch das zeitgleich erschienene Pamphlet *Das Migrationsproblem* (2017b) mit dem Prestige des *Spiegels* für sich werben. Der habilitierte Historiker Sieferle, der sich 2016 das Leben nahm, zeigt sich in den beiden Texten posthum als Antisemit, Rassist und Sozialchauvinist. Der Umgang mit diesen Texten steht vor der aufmerksamkeitsökonomischen Zwickmühle, derartig demokratie- und menschenfeindliche Inhalte einerseits skandalisieren zu müssen, andererseits aber nicht zu ihrer Verbreitung beitragen zu wollen. Nichtsdestotrotz bleibt die Auseinandersetzung mit *Finis Germania* zwingend, und das nicht nur, wenn man der Einschätzung Volker Weiß' folgen möchte, das Buch sei „der erste antisemitische Bestseller seit 1945" (Platzdasch 2018). Tatsächlich hielt sich *Finis Germania* über Wochen auf dem ersten Platz der Amazon-Bestseller-Liste und die *FAZ* spricht von 35.000 verkauften Exemplaren (Platzdasch 2018). Dennoch ist Weiß' Urteil zumindest deswegen überspitzt, weil Sieferle nicht der erste gewesen ist, der mit einem antisemitischen Buch nach dem Zweiten Weltkrieg für Furore sorgt (siehe auch → Willms). Ist *Finis Germania* vielleicht nicht in dieser Hinsicht neuartig, so hat es dennoch wegbereitend und normalisierend für weitere ‚neurechte' Texte gewirkt.

1   Demokratiefeindlichkeit: Bürgerlich-elitäre Verachtung des Ordinären

Finis Germania ist in vier Teile gegliedert, deren logische Struktur und Zusammengehörigkeit nicht nur im letzten, als „Fragmente" betitelten Teil nicht wirklich ersichtlich wird. Anstelle einer klaren Gliederung ziehen sich unterschiedliche Themenschwerpunkte durch das gesamte Buch. Dies liegt auch darin begründet, dass der Autor keine zusammengehörige Veröffentlichung der Essays geplant hatte, sondern diese posthum gegliedert und publiziert wurden. In den Kapiteln des ersten Teils bietet Sieferle, der einst mit einer Arbeit über Karl Marx promoviert wurde, eine zumindest in Teilen evidente Gesellschaftsanalyse. Diese vorwiegend kultur-, establishment- und kapitalismuskritischen Passagen geben inhaltlich jedoch wenig her, was nicht auch schon an anderer Stelle auf weniger zynische und mystifizierende Art und Weise benannt worden wäre und weisen stark nationalkonservative Züge auf. Es zieht sich ein Muster durch die Essaysammlung, bei welchem der Autor in einem ersten Schritt gesellschaftliche Pathologien und Machtstrukturen (zutreffend) analysiert und kritisiert, diese dann jedoch in einem zweiten Schritt verschwörungsideologisch zu erklären versucht, wie etwa durch klandestine, im Hintergrund wirkende Kräfte.

Sieferle beansprucht für sich, eine ungewöhnliche, provokante Kritik an der (post-)modernen Gesellschaft zu bieten. In diesen Passagen äußert sich das rechtspopulistische Element eines herbeizuführenden Elitenaustauschs (Straßenberger und Wassermann 2018) sehr direkt. So kritisiert Sieferle einen universellen, zwanghaften Moralismus und unhinterfragtes Fortschrittsdenken und wendet sich gegen Massenkultur und politische wie ökonomische Eliten. Seine mit Polemik und Zynismus gespickte Rhetorik impliziert zunächst indirekt, was dann im Verlauf des Buches immer offensichtlicher wird: Sieferle inszeniert sich als Teil eines intellektuellen „Geistesadels", der sich durch eine „neue härtere, weil natürliche Hierarchie" (Sieferle 2017a: 93) vom historischen Blutsadel absetze und mit seiner Kritik absondere von der nichtssagenden „Massendemokratie" (Sieferle 2017a: 22), dem „kulturellen Nichts" (Sieferle 2017a: 25) und der „kleinbürgerlichen Unsicherheit" (Sieferle 2017a: 21). Immer wieder unterscheidet der Autor zwischen seiner eigenen Position und der einer vermeintlichen Masse, um sich selbst in die verkannte Außenseiterposition zu bringen. Den öffentlichen Diskurs bewertet er als eine „umfassende intellektuelle Verschnullerung [als Ausweg aus einer] selbstverschuldeten Unmündigkeit" (Sieferle 2017a: 76). Indirekt wirkt es hier so, als würde sich Sieferle Immanuel Kants aufklärerischen Projekt anschließen wollen, wenn er den Philosophen wörtlich zitiert. Etwas subtiler macht er hier auf die selbstzugeschriebene Zugehörigkeit zur intellektuellen Elite aufmerksam.

Sieferles Position ist aber nicht nur elitär, sie nimmt auch antidemokratische Züge an: Er bezeichnet die moderne, zivilisierte Gesellschaft zwar insofern als demokratisch, als dass „der kleine Mann" (Sieferle 2017a: 92) regiere und diese Gesellschaft präge. Dennoch belächelt Sieferle diese Volksherrschaft als primitiv und ordinär und fühlt sich besagtem „kleinen Mann" intellektuell und ganz generell überlegen. Diese Einstellung unterstreicht er mit seiner Ausführung: „[die] Massenzivilisation ist deshalb so unkultiviert (und merkt es nicht einmal), weil in ihr ein vulgärer Typus an der Macht ist: der Massenmensch" (Sieferle 2017a: 92).

In anderen Kapiteln richtet sich Sieferle gegen den „vielbelächelten" und „kleinbürgerlich-amorphen Politikstil" (Sieferle 2017a: 23), den er als direkte Folge der beschriebenen Massenkultur und des damit einhergehenden Fehlens einer politisch herrschenden Klasse begreift. Weiterhin führt er aus, das spezifisch deutsche an dieser Politik sei eine fundamentale, von ihm als „sozialdemo-kratisch" bezeichnete Ideologie der „Angleichung der Lebensverhältnisse" (Sieferle 2017a: 25); eine Gleichmachung also, die den „Untergang" (Sieferle 2017a: 57) von allem Besonderen mit sich bringe und im gesamten politischen Spektrum zu finden sei. Insgesamt spricht aus Sieferle eine bürgerliche Verachtung des Ordinären und der Wunsch danach, soziale Hierarchien zu konservieren.

2 Kulturpessimismus, dekadente Moderne und Kapitalismuskritik

Sieferle versieht seine Kritik an der Massenkultur mit kapitalismuskritischen Elementen. Im Zuge seiner Kulturkritik bemängelt er, dass die „sogenannte ‚Prominenz'" (Sieferle 2017a: 23) keinerlei kulturellen Anspruch mehr für sich erhebe und sich immer ausschweifenderem Luxus hingebe: „Die Reichen sind einfach nur reichgewordene kleine Leute, deren Leben keinerlei Attraktivität ausstrahlt, die über die schiere Quantität des Geldes hinausginge" (Sieferle 2017a: 24). Er macht sich auf polemische und populistische Weise eine durchaus stichhaltige Kritik an einem Fortschrittsdenken zu Nutze, bei welchem der politische Erfolg nur anhand des Wirtschaftswachstums gemessen wird. Diese vermeintlichen Erfolge würden dann auf die politischen Eliten projiziert, ökologische und soziale Folgen gerieten aus dem Blickwinkel: „[D]er Strand [hier metaphorisch gemeint] ist von einem dichten Teppich an Zivilisationsmüll bedeckt" (Sieferle 2017a: 61 f.). Sieferles Argumentation ist symptomatisch für die rhetorische Strategie der ‚Neuen Rechten': Er verschmilzt Kulturkritik, Kapitalismus- und Wachstumskritik mit ökologischen Themen. Grundlage ist dabei stets eine z. T. materialistische Analyse gesellschaftlicher Probleme, die in einem zweiten Schritt eine nationalistische, rassistische oder völkische Wendung erfährt. Die Ursprünge dieser politisch-theoretischen Strategie gehen in die Zeit der *APO* und den neuen sozialen und ökologischen Bewegungen zurück. Sieferle selbst war zu Studienzeiten Vorstand des *Sozialistischen Deutschen Studentenbundes (SDS)* und prägte die damals neu entstehende wissenschaftliche Disziplin der Umweltgeschichte entscheidend mit. Neben anderen, heute ‚neurechten' Publizisten wie Bernd Rabehl, Jürgen Elsässer oder Günther Maschke liegen Sieferles politische Wurzeln in einem Mischmilieu, das sich in den siebziger und achtziger Jahren durch eine relativ undifferenzierte Vermengung rechter, linker und ökologischer Gruppen auszeichnete. Ein Beispiel dafür ist Frank Böckelmann, der in den siebziger Jahren eine weitere, dezidiert linke Zeitschrift *Tumult. Zeitschrift für Verkehrswissenschaft* u. a. mit dem späteren Merve-Verleger

Peter Gente gegründet und jahrzehntelang mitgeleitet hatte, bevor er 2015 in Reaktion auf die Migrationspolitik eine gleichnamige Abspaltung mitinitiierte und seitdem als Organ der ‚Neuen Rechten' etablierte. Böckelmann hat nicht nur Sieferles *Das Migrationsproblem* herausgegeben,[1] sondern auch ein Vorwort zu Björn → Höckes Buch beigetragen. Insofern ist die Arbeit an einer antikapitalistischen, ökologischen Querfront nicht nur eine rhetorische Strategie, sondern ist in gewisser Weise die Wiederaufnahme der politischen Sozialisation im Mischmilieu der neuen sozialen Bewegungen der siebziger Jahre. Während sich ein Teil dieses Mischmilieus in Richtung emanzipatorischer, universalistischer Werte entwickelte (z. B. die *GRÜNEN*), wendete sich ein anderer Teil nationalistischen oder partikularistischen Werten zu. Während Sieferle in seinen frühen umwelthistorischen Schriften bereits konservative Argumente im Sinne des Bewahrens der Ökologie der Erde formuliert hat, ist sein Umweltbegriff in späteren Texten, wie den entsprechenden Essays aus *Finis Germania*, weiter gefasst und bezieht sich auch auf die politische Umwelt.

Bei aller Kritik an der „kulturelle[n] und materielle[n] Homogenisierung der Menschheit", die immer weiter voranschreite und einer „neue[n] Religion", nämlich einer „multikulturellen Gesellschaft" (Sieferle 2017a: 83) folge, wird deutlich, dass Sieferle diese selbstdiagnostizierte Entwicklung aufhalten und eine bestehende gesellschaftliche Ordnung (oder eine vergangene) bewahren möchte. Diese kulturpessimistischen Ausführungen stehen auch in der Tradition Friedrich Nietzsches, der von Sieferle in vielen Kapiteln ex- und implizit bemüht wird. Da ist zum einen das Bild des „Hühnervolks" (Sieferle 2017a: 57), das in Anlehnung an Nietzsches Vorstellung einer Herde, die die Moral einer Gesellschaft forme, zu sehen ist. Auch hier zeichnet sich auf zynische Weise der (in diesem Fall moralische) Verfall ab, den Sieferle festmachen will. Zum anderen kritisiert Sieferle „die Deutschen" für ihre Unfähigkeit zur kritischen Reflexion, welche in einer tief verankerten Angst begründet sei. Angst als Charakteristikum deutscher Kultur sei zwar historisch erwachsen (s. u. *Antisemitismus und Geschichtsrevisionismus*), erstrecke sich nun aber auf alle Lebensbereiche: „Nur ein Deutscher konnte auf die Idee kommen, den Zustand der Herde, die bis ins Letzte sozial-, kranken-, hausrat-, unfall- und feuerversichert ist, mit dem Begriff einer ‚Risikogesellschaft' zu belegen" (Sieferle 2017a: 58). Sieferle spielt hier auf die

---

[1] Die Geschichte des *Manuscriptum*-Verlegers und ehemaligen *Manufactum*-Unternehmers Thomas Hoof weist starke Parallelen zur Person Sieferle und teilweise auch Böckelmann auf: eine anfängliche (unterschiedlich lange) linke politische Sozialisation, die eng mit ökologischen Impulsen verknüpft ist, aber letztlich ins National-Konservative abdriftet.

prominente Diagnose des Soziologen Ulrich Beck an, die mit seiner sarkastischen Verfallsdiagnose wenig gemein hat.

Solche konservativen Elemente ziehen sich durch Sieferles gesamte Kultur- und Modernekritik, welche in diesem Essayband ins Apokalyptische gesteigert wird: So kritisiert der Historiker pauschalisierend „den Westen" für dessen „Programm des atomistisch-individualistischen Universalismus" (Sieferle 2017a: 46) und führt aus, die abnehmende Bedeutung von Familie als identitätsstiftender Ort der Zugehörigkeit ließe die einzelnen Individuen als „Elementarteilchen im finsteren, dunklen Raum" (Sieferle 2017a: 56) zurück. Er betont die entscheidende Rolle historischer Verwurzelung, die mit diesem Rückgang einhergehe, Individuen von „allem Absoluten" abschneide, weswegen diese nur noch emanzipatorische Eigeninteressen verfolgen würden. Hier nimmt Sieferle Bezug auf die gesellschaftsvertraglichen Konzeptionen von Thomas Hobbes, der die Notwendigkeit von Ordnung in Form von souveräner Machtausübung (symbolisch verkörpert durch das Seeungeheuer Leviathan) aus einem Naturzustand, einem „Krieg aller gegen alle" ableitet. Sieferles alarmistische Sichtweise dreht den Gesellschaftsvertrag um: „Der Naturzustand steht am Ende, nicht am Anfang der bürgerlichen Gesellschaft. Nachdem das Aas des Leviathans verzehrt ist, gehen sich die Würmer an den Kragen" (Sieferle 2017a: 93). Auch in *Das Migrationsproblem* greift Sieferle auf Hobbes zurück. Dort behauptet er, dass eine vermeintliche ‚Kolonialisierung' Europas durch Menschen aus ‚Stammesgesellschaften' zu „Ordnungen des Behemoth[s]", also einer „Herrschaft der Clans" führe (Sieferle 2017b: 107–114). Bezüge zum autoritären Staatsmodell Thomas Hobbes' sind breit gestreut in der ‚Neuen Rechten' (siehe nur → Willms 2017: 48 oder → Höcke). Perfide ist hier aber vor allem die Umdeutung des Behemoths, der doch seit Franz Neumanns Analysen über die Struktur und Praxis des Nationalsozialismus als Symbol für den „Unstaat" der Nazis galt (Neumann 1977). Im Subtext vergleicht Sieferle hier die Bundesrepublik Deutschland mit einer totalitären Diktatur.

3 Zyklisches Ordnungsdenken und der Austausch der Eliten

Der gesellschaftliche „Verfall", den Sieferle ausmachen will, schreite unaufhaltsam voran, denn er sei eingebettet in einen zyklischen Geschichtsverlauf. Wie schon Oswald → Spengler in *Der Untergang des Abendlandes* sieht auch Sieferle die Entwicklung einer Kultur auf schicksalhafte Weise in Analogie zum menschlichen Lebenszyklus. Das Bemühen, die eigenen apokalyptischen Szenarien mit Modellen zu unterfüttern, ist in der ‚Neuen Rechten' weit verbreitet. Wie → Höcke geht Sieferle in *Das Migrationsproblem* näher auf den Verfassungskreislauf des Polybios ein. Demzufolge wechseln positive, gemeinwohlorientierte Staatsformen nach einer historischen Gesetzmäßigkeit stets mit negativen, eigenwohlorientierten Staatsformen (vgl. Podes 1991: 382). Sieferle zufolge befindet sich Deutschland in einer Transformation von einer Demokratie hin zu einer degenerierten Ochlokratie. Als einzige Lösung schlägt Sieferle die „Expertenherrschaft" (Technokratie) als moderne Form der Aristokratie vor. In dieser sollen Techniker*innen und Ingenieur*innen nach dem Prinzip der Selbstgerechtigkeit herrschen. An dieser Stelle bricht Sieferle mit dem Verfassungskreislauf, an welchem er sich zuvor orientiert hat (Sieferle 2017b: 89–93): „Jede Technokratie bezieht ihre Legitimität daher, daß sie das Gemeininteresse besser vertreten kann als die Volksmenge" (Sieferle 2017b: 99). Wie Höcke versucht Sieferle, die Demokratie ihrer Legitimation zu entheben, indem dem empirischen, in Wahlen ermittelten Volkswillen ein eigentlicher, verborgener Gemeinwille gegenübergestellt wird, den es auszulesen gilt. Dabei unterscheiden sich Höcke und Sieferle in der Konzeption dieser Auslese. Während Höcke die Intuition eines starken Steuermannes und den spezifisch deutschen sechsten Sinn für die Wahrnehmung einer verborgenen Realität bemüht (Höcke 2018: 150 ff.), entpersonalisiert Sieferle diesen Prozess in einer optimierten, entpolitisierten Verwaltungstätigkeit. Beide aber offenbaren ein Element, das typisch für den Rechtspopulismus ist: Sie entmündigen die Bürger*innen, indem sie diese als degeneriert und ahnungslos erklären, wollen sie aber nicht im Sinne eines emanzipativen Projekts aus dieser Unmündigkeit herausführen und wieder ermächtigen, sondern lediglich die herrschenden Eliten austauschen (Straßenberger und Wassermann 2018). Darin drückt sich der zutiefst undemokratische und paternalistische Drang aus, den der vermeintliche wissenschaftliche Fachmann Sieferle mit dem politischen Steuermann Höcke teilt. In diesem Sinne reihen sich die kulturpessimistischen Schilderungen in die Untergangsfantasien und Dekadenznarrative von *PEGIDA*, der *Identitären Bewegung* und rechtskonservativer Kreise ein (→ Sarrazin) – und entpuppen sich bei genauerer Betrachtung als Versuche, die Selbstermächtigung einer auserlesenen Führer-Clique zu legitimieren.

4   Antisemitismus und Geschichtsrevisionismus

Sieferle kritisiert aber nicht nur die Bevölkerung, sondern wendet sich auch gegen Berufspolitiker*innen, welche mit der Zeit immer handlungsunfähiger geworden seien. Entweder aus Angst oder weil sie immer weiter degeneriert

seien, um ihrer politischen Funktion als Entscheidungsträger*innen und Gesetz-
geber*innen überhaupt noch gerecht zu werden: „Die Politiker bilden nur noch
den Scheitelkamm großer Wanderdünen, die von Elementarkräften bewegt
werden" (Sieferle 2017a: 52). Das unterschlägt die Entscheidungsfreiheit und
-fähigkeit der Politiker*innen und nimmt verschwörungstheoretische Formen
an. Der Historiker meint mit diesen „Elementarkräften", die die Politik lenkten,
einschneidende historische Ereignisse. Die Reduktion von Geschichte auf klar
benennbare „absolute Täter und absolute Opfer" (Sieferle 2017a: 85) spitzt
Sieferle dann auf einen letzten „unzeitgemäßen Bösewicht", nämlich Adolf Hitler
(Sieferle 2017a: 54) zu. Für Sieferle ist Geschichte etwas Schicksalhaftes, er
spricht von „tragischen Völkern" wie „den Juden und den Deutschen" (Sieferle
2017a: 9). Sieferle bemängelt, „die moderne Gesellschaft" sei „von Relativismen
[…] aller Art zerfressen" (Sieferle 2017a: 82) und daher unfähig zu Kritik. Doch
laut Sieferle gebe es ein ur-menschliches Bedürfnis nach Absolutem (Sieferle
2017a: 36), weil nur so Orientierung vermittelt werden könne. In Deutschland sei
das einzig übriggebliebene Absolute die „Festschreibung des Auschwitz-Mythos"
(Sieferle 2017a: 82); die moderne Gesellschaft brauche eine „Negativfolie, vor
der sich selbst rechtfertigen kann" (Sieferle 2017a: 66). Sieferle sieht Auschwitz
also als den Siedepunkt deutscher Identität an.

Sieferle leugnet den Holocaust zwar nicht explizit, verknüpft ihn aber durch
die Bezeichnung „Mythos" (wörtlich übersetzt: „märchenhafte Geschichte")
mit etwas, das mehr einen symbolischen als faktischen Wahrheitsgehalt hat.
Bernhard et. al weisen zudem auf den politischen Deutungsgebrauch, welcher
vom Alltagsverständnis abzugrenzen sei, hin. Hier werde ein Mythos als „aus-
geschmückte Geschichte, die Herrschaft festigen soll" verstanden und rücke
somit begrifflich in die Nähe der Ideologie (Bernhard et. al 2017: 12). Diese
Bezeichnung des Holocaust als ‚Mythos' ist für sich stehend schon äußerst
kritisch, doch im Kontext der Kapitel „Mythos VB" (Sieferle meint hier Vergangenheitsbewältigung) wird verständlich, wie Bewertungen des Buchs als
„zynisch, reaktionär, paranoid, rechtsradikal, antisemitisch und geschichts-
revisionistisch" zustande gekommen sind (Eder 2017). Sieferle behauptet, das
einzige bestehende Tabu in Deutschland, der Antisemitismus, und die damit einhergehende „Kollektivschuld", der „Aufruf zur permanenten Buße" (Sieferle
2017a: 66) seien zur neuen „Staatsreligion" in einer ansonsten säkularisierten
Welt erhoben worden. Ihm missfällt, dass der Holocaust als singuläres Ereignis
niemals vergeben werden könne – im Gegensatz zu Religionen, die „Gnade und
Liebe" (Sieferle 2017a: 65) kennen würden. Implizit steckt dahinter, dass er den
Holocaust gern als „vergeben" sehen würde. Dies wird z. B. an den Anführungszeichen deutlich, die Sieferle nutzt, um sich von Begriffen wie „Unvergleichbar-

keit" oder „Schuld" (Sieferle 2017a: 68 f.) abzugrenzen und diese somit implizit anzuzweifeln. Sieferle postuliert auf zynische Weise seine Deutung der Gedenkkultur als Fakten und behauptet, es herrsche ein zwanghafter Drang zur „endlosen liturgischen Repetition der immergleichen Geschichte" (Sieferle 2017a: 70), die nur durch „reinigende Rituale", die mit fanatischem Eifer verfolgt würden, gemildert werden könne (Sieferle 2017a: 65). Als würde er historische Ereignisse beschreiben, leitet Sieferle die „Erbsünde" (z. B. Sieferle 2017a: 65) der Juden daraus ab, dass diese für den Tod des christlichen Gottessohnes verantwortlich seien, was neben dem Verstoß Adams aus dem Paradies eine von zwei „ungeheuerlichen (wenn auch heilsgeschichtlich notwendigen) Verbrechen" (Sieferle 2017a: 67) darstelle. Diese Argumentation ist typisch für mittelalterlichen Antijudaismus und es wird nicht ganz ersichtlich, ob der Historiker sie wirklich ernsthaft verfolgt. Fest steht jedoch, dass er aus dieser religiös geprägten Vorstellung von vererbbarer Schuld schließt, „die Juden" hätten keinen Anteil an „der christlichen Ehre" haben können, seien geduldet worden und hätten sich „in den Nischen der Gesellschaft" als „Wucherer und Händler"[2] eingenistet (Sieferle 2017a: 68). Sieferle bedient sich also zutiefst antisemitischer Stereotype. Völlig unabhängig von jeder inhaltlichen Bewertung sind diese Kapitel platt und vulgär argumentiert. Sieferles Ausführungen passen zu dem geschichtsrevisionistischen Motiv eines „Schuldkults". Er spitzt dies durch Täter*innen-Opfer-Umkehrungen sogar noch zu, wenn er „die Juden" für den deutschen Identitätsverlust verantwortlich macht. Da das Narrativ des „Schuldkults" häufig von rechts bemüht wird (und nicht nur aus rechtsextremen Kreisen), sind Sieferles Ausführungen zum Umgang mit der deutschen Geschichte vor allem aufgrund ihrer Anschlussfähigkeit gefährlich. Neuartig sind sie jedenfalls nicht. Möglicherweise hat Sieferle sogar zur Normalisierung geschichtsrevisionistischer Aussagen beigetragen, man denke da nur an die Forderung des Thüringer *AfD*-Vorsitzenden Björn Höcke nach einer „erinnerungspolitischen Wende" (z. B. *Die Zeit* 2017) oder auch die Aussage Alexander Gaulands, die NS-Zeit sei nichts als „ein Vogelschiss in über 1000 Jahren erfolgreicher deutscher Geschichte" (z. B. Neue Züricher Zeitung 2018).

---

[2] Für ausführlichere Ausführungen zum mittelalterlichen Antijudaismus und dessen Einfluss auf bis heute bemühte antisemitische Ressentiments vgl. Imhoff 2020: 70 ff.

5   Rassistischer Chauvinismus und Sozialdarwinismus

Zum Antisemitismus in *Finis Germania* tritt in *Das Migrationsproblem* ein rassistischer Chauvinismus und Sozialdarwinismus hinzu. Der Text ist durchzogen von rassistischen Denkmustern, die Migrierende als einheitliche Masse homogenisieren (vgl. Williams 2010: 72). Wie schon → Sarrazin verknüpft er bestimmte Menschengruppen mit besonderen Fähigkeiten und versucht so, das Konzept von Rassen ‚wissenschaftlich' zu legitimieren (vgl. Sieferle 2017b: 116 ff.). So könnten Menschen aus bestimmten Regionen nicht angelernt und somit ‚integriert' werden, da ihnen – bedingt durch ihre Sozialisation – das „formal-operative Denken" fehlen würde (Sieferle 2017b: 48 ff.). Als Angehörige von ‚Stammesgesellschaften' seien sie insgesamt nicht in moderne Rechtsstaaten zu integrieren: „Es haben im Zuge der Migration Phänomene der Gendrift, der Umweltselektion, der innerartlichen Selektion und der Mutation stattgefunden, was dazu geführt hat, daß die Menschen sich zu unterschiedlichen Rassen ausgeprägt haben" (Sieferle 2017b: 116). Derart biologistische, rassistische Erklärungsmuster zieht Sieferle auch heran, um zu begründen, warum Migrierende in ihrem Reproduktionsverhalten nicht auf die endlichen Ressourcen der Welt bedacht sind. Er folgert daraus:

> „Nur in Barbarengebieten (Afrika, muslimische Welt) findet diese Anpassung [der Menschen an die ökologischen Herausforderungen] nicht statt. Die zivilisierten Länder müssen darauf reagieren, indem sie sich gegen die Invasion der Barbaren abschotten und verteidigen und diese im eigenen Saft schmoren lassen, um sie damit zur Anpassung zu motivieren" (Sieferle 2017b: 40).

Sieferle steht exemplarisch für rassistisches, sozialdarwinistisches und eurozentristisches Denken. Konsequent verwendet er kolonialistische Denkmuster, indem er westliche Regionen Afrika und dem Nahen Osten gegenüberstellt, die Zivilisierten den unzivilisierten ‚Barbaren', das Gewaltmonopol des Staates der Stärke des Einzelnen und die Vernunft und Zurückhaltung der (sexuellen) Trieb-Gesteuertheit (vgl. Sieferle 2017b: 132). Zudem entsteht der Eindruck, als sehne Sieferle sich nach einer stark hierarchisierten Gesellschaft, in der jede Person ihren Platz kennt. Er romantisiert die (vorindustrielle) Armut, welche angeblich ein gewisses Gleichgewicht der Erwartungen kreiert hätte: „Zwar gibt es enorme Unterschiede zwischen arm und reich, doch befinden sich diese in unterschiedlichen sozialen Kategorien. Der arme Bauer vergleicht sich vielleicht mit seinem Nachbarn, nicht aber mit dem Fürsten" (Sieferle 2017b: 14). In Sieferles Weltbild soll diese Hierarchie nicht nur innerhalb von Gesellschaften, sondern auch zwischen verschiedenen Gesellschaften wiederhergestellt werden: Die ‚Barbaren' sollen ‚im eigenen Saft schmoren'.

Die offensichtlichen Parallelen zu → Sarrazin, → Pirinçci und → Rabehl werfen die Frage auf, inwiefern Sieferles radikal-chauvinistische Positionen mit gesellschaftlich akzeptierten Denkstrukturen verbunden sind. Denn Sieferles Konstruktion der Migration als Gefahr für den Wohlfahrtsstaat ist ein weit verbreitetes Narrativ. „Wie im Rassismus gilt es hier, das undefinierbare ‚Eigene' vor dem drohenden, kostenintensiven oder verderblichen Zugriff des imaginären Fremden zu schützen" (Ha 2003: 91). In den Ländern des globalen Nordes ist beispielsweise die Angst verbreitet, dass Migration durch Heirat den Sozialstaat belasten könnte (vgl. Gutekunst 2018: 53). Diese Befürchtung ist unbegründet, zeigen doch Studien, dass vor allem gebildete und besserverdienende Schichten migrieren (vgl. Williams 2010: 72). Auch wenn dies nicht der Fall wäre, bleibt die Bewertung von Menschen auf Grund ihrer ökonomischen Verwertbarkeit eine fragwürdige Praxis. Dahinter steht die „nationalökonomische Ideologie, die […] nationale Überlegenheitsgefühle und das massenwirksame Bild der ‚Schicksalsgemeinschaft' in den ungewissen Zeiten der Globalisierung revitalisiert" (Ha 2003: 92). Dadurch sei sie „als öffentlich anerkanntes Dogma hegemonial" geworden (Ha 2003: 92). Sieferles rassistischer Sozialchauvinismus und -darwinismus schließt an derlei ökonomistischen Ideologien der Ungleichwertigkeit an. Die hier aufgezeigten Ansichten sind keinesfalls neu, ihre Gefahr besteht im Falle Sieferles jedoch einerseits in der Ausweitung des Sagbaren im akademischen Milieu und andererseits im Erreichen eines breiteren Publikums durch die Platzierung auf der *Spiegel*-Bestseller-Liste. Es stellt sich die Frage, inwieweit die Umstände der Veröffentlichung *Finis Germanias* zur Popularität des Buchs und somit Sieferles Texten im Allgemeinen beitrugen.

6 Posthume Veröffentlichung: ‚neurechte' Stilisierung eines zuvor unbeachteten Autors

Wer die posthume Veröffentlichung von *Finis Germania* veranlasst hat, wird weder direkt im Nachwort noch vom *Antaios-Verlag* transparent gemacht. Auch allgemein werden die Umstände der Veröffentlichung und die Entstehung und Zusammensetzung des Essaybandes nicht benannt, was die mystifizierende Deutung des Buches von ‚neurechter' Seite stark begünstigt. Dies lässt sich zum Beispiel an der Reaktion des Verlegers Götz Kubitschek auf die scharfen Antisemitismusvorwürfe

des Politikwissenschaftlers Herfried Münkler (DLF-Kultur 2017)[3] illustrieren:
„Bedenken Sie, Herr Münkler, bitte nur ein einziges Mal, […] was Sie durch solche
Spekulationen und Erfindungen mit der Witwe Sieferles und mit uns Verlegern
anrichten. Weder Regina Sieferle noch wir können über den Deutschlandfunk Ihre
verlogenen Spekulationen zurückweisen oder Sie in einem öffentlichen Gespräch
konfrontieren und Belege fordern" (Kubitschek 2017). Kubitschek bedient die
typische Strategie einer Täter*innen-Opfer-Umkehrung, immunisiert sich durch
pathetische Emotionalisierung und versucht so, die Aufmerksamkeit von den
eigentlich skandalösen Kritikpunkten abzulenken. Dabei sprechen die offenkundig
antisemitischen Passagen für sich.

Fest steht zudem, dass Rolf Peter Sieferle vor dem Skandal um die *Spiegel*-
Bestellerliste von (‚Neu'-) Rechten wenig Beachtung gefunden hat, obwohl er
bereits in dem 1994 veröffentlichten Essay *Epochenwechsel* ähnliche, wenn
auch etwas weniger zugespitzte Thesen vertreten hat. Dies könnte daran liegen,
dass Sieferle erst durch den Suizid und posthumen Skandal zu einer ausreichend provokanten und unverständlichen (bzw. angeblich unverstandenen)
Figur stilisiert wurde, um strategisch für ‚neurechte' Kreise interessant zu sein.
Sieferle beschäftigte sich schwerpunktmäßig mit ökologischen Fragen, welche
dort nur sehr selektiv aufgegriffen werden. Zu dieser Einordnung kommt auch
Volker Weiß, wenn er festhält: „Die interessiert überhaupt nicht die Ökologie, die
interessiert nur die Krise" (Platzdasch 2018).

Zu den ungeklärten Umständen der Publikation zählt auch das Verfassungs-
datum einiger Kapitel: Wie die *taz* in einer Kritik aufzeigt, sind viele Teile ver-
altet (Eder 2017). Dies macht eine ohnehin schon problematische Deutung als
Kritik an gegenwärtigen gesellschaftlichen Phänomenen und Debatten in mehrfacher Hinsicht problematisch: Nicht nur hat sich der Diskurs verändert, sondern
auch die Themen, Implikationen und vielfache Anspielungen lesen sich anders,
wenn man berücksichtigt, wann sie geschrieben wurden. Von der damals heftig
umstrittenen Rede des Bundestagspräsidenten Jenninger anlässlich des 50.
Jahresgedenken der Novemberpogrome ist heute kaum noch die Rede und es ist
schwer zu übersehen, dass Sieferles Ausführungen zum Holocaust in Anschluss
an den sogenannten ‚Historikerstreit' verfasst wurden. Das vielbemühte Motiv
um das identitätsstiftende Geschichtsbild ‚der Deutschen' und geschichtsrevisionistische Elemente erklären sich nicht zuletzt dadurch, dass Rolf Peter

---

[3] Münkler bezeichnete das Buch im *Deutschlandfunk Kultur* als ein „schlechtes Buch", das
möglicherweise sogar „strafrechtlich relevante Passagen" enthalte und „zutiefst von antisemitischen Vorstellungen getränkt" sei (*DLF* 2017).

Sieferle Schüler von Ernst Nolte gewesen ist, welcher den ‚Historikerstreit'
ausgelöst hatte. Nolte hatte die Singularität des Holocaust infrage gestellt und
erntete dafür heftige Kritik, u. a. von Jürgen Habermas. Wichtiger Subtext für die
Debatte war auch die Frage, welche Bedeutung die Vergangenheitsbewältigung
und der Holocaust für das historische Selbstverständnis Deutschlands hatte.
Warum Sieferle die Texte nicht zu Lebzeiten publiziert hat, darüber kann nur
spekuliert werden. Eine Vermutung wäre, dass sich aus den Debatten der achtziger Jahre ein Konsens erhärtet hat, der solchen geschichtsrevisionistischen
Positionen die Salonfähigkeit entzog. Dass *Finis Germania* nun öffentlich
Anklang findet, wäre vor diesem Hintergrund symptomatisch für die Verschiebung des Diskurses um das Erbe des Nationalsozialismus in Deutschland
und für die erneute Salonfähigkeit antisemitischen Gedankenguts.

Besonders erschreckend ist die Tatsache, dass trotz veralteten Datums *Finis
Germania* über das gesamte politische Spektrum hinweg als aktuelle Kritik
gelesen wurde. So stellt Raimund Kolb im Nachwort („Persönliche Confessio")
die Anschlussfähigkeit in Bezug auf die „von der deutschen Kanzlerin putsch-
artig ausgelöste Migrationskrise" (Sieferle 2017a: 102) her, obwohl Sieferle
die Kapitel bereits zuvor geschrieben hatte. Gerade weil Sieferles Strategie
und Rhetorik vielfältig anschlussfähig für rechtsextremistische und national-
konservative Aussagen ist, hätte eine mediale Auseinandersetzung mit Finis
Germania nicht in der Breite geführt werden sollen.

7   Ein geschenkter Skandal: Umgang mit ‚neurechten' Texten

Insgesamt lässt sich festhalten, dass *Finis Germania* zwar keine originellen
Gedanken formuliert, dafür jedoch eine erstaunlich breite Kontroverse ausgelöst
hat. Es ist fraglich, ob eine so umfassend mediale und inhaltliche Auseinander
setzung überhaupt angemessen ist und nicht viel eher die Stilisierungen von ‚neurechter' Seite verstärken, die Sieferle als Märtyrer und „heroischen Realisten"
(Sieferle 2017a: 104) feiern. Typisch für ‚neurechte' Texte ist ebenso, dass mögliche Kritik bereits vorweggenommen und präventiv abgetan wird. Sieferle, so
heißt es im Nachwort, sei einer der wenigen, die sich auf „zivilreligiös-dogmatisch
vermintes Gelände" wagen würden (Sieferle 2017a: 105). *Finis Germania* ist
durchzogen von Anspielungen auf rechte Denker*innen und inszeniert sich selbst
durch gehobene, pseudoakademische Sprache als besonders kritisches Werk und
lenkt so davon ab, wie diffus es inhaltlich eigentlich ist. In *Das Migrationsproblem*
ist es besonders perfide, wenn Sieferle eine Art Diskursanalyse der Migrations-

politik durchführt und fünf hegemoniale Narrative identifiziert (Helfermechanismus, demographisches Narrativ, Fachkräftemangel, die Multi-Kulti-Narrative der Innovation und Buntheit). Sieferle pervertiert hier sozialwissenschaftliche Methoden in ein verschwörungsideologisches Instrument, das eine latente, verborgene Struktur aufdeckt, die uns im Hintergrund lenkt. „Ziel des Projekts ist es also, die Völker der europäischen Nationalstaaten aufzulösen, um etwaige Widerstandsnuklei der Demokratie gegen die bürokratische Herrschaft von Brüssel im Ansatz zu erschlagen" (Sieferle 2017b: 102). Sieferle selbst befürwortet den „Widerstand gegen Immigration und Überfremdung" durch die „indigenen Völker der Industrienationen" (2017a: 84) und legt dadurch sein völkisches Staatsverständnis deutlich offen. Historisch gesehen ist Deutschland von vielen Territorialverschiebungen und Migration geprägt gewesen, weswegen die Argumentation über ein „indigenes deutsches Volk" gerade für einen Historiker völlig unhaltbar und besorgniserregend ist. Auch wenn die Texte scheinbar rationale, (pseudo-) wissenschaftliche Argumente zu enthalten scheinen, dürften Faktenchecks und Statistiken kaum eine wirksame Gegenstrategie darstellen. Denn politische Einstellungen wie Rassismus, Chauvinismus oder Antisemitismus können per se weder bewiesen noch widerlegt werden – dass Sieferle dies versucht, macht ihn im wortwörtlichen Sinne zu einem Ideologen, also zu jemandem, der sein politisches Weltbild wissenschaftlich beweisen möchte (Arendt 1955: 962).

Die Frage nach einem geeigneten Umgang mit Sieferles Texten ist vielschichtig und komplex: Zum einem liegt der Impuls nahe, den *Spiegel* in die Verantwortung nehmen zu wollen, da *Finis Germania* zwar zunächst durch die Platzierung auf der *Spiegel*-Bestsellerliste Aufmerksamkeit erregte, doch erst nach seiner Deplatzierung zum eigentlichen Skandal wurde (ein Paradebeispiel für einen Streisand-Effekt). Es kann nicht darum gehen, bestimmte Werke und Meinungen komplett aus dem öffentlichen Diskurs tilgen zu wollen, da so rechte Narrative und eine Reaktanz-Reaktion begünstigt und verstärkt werden können. Doch davon abgesehen hat sich der *Spiegel* nicht ausreichend inhaltlich positioniert: In einem Statement in Reaktion auf die lauter werdende Kritik an der Platzierung verwies die stellvertretende Chefredakteurin Susanne Beyer vor allem auf prozedurale Fehler und das individuelle Verschulden von Ex-*Spiegel*-Mitarbeiter Johannes Saltzwedel.[4] Dessen Rücktritt aus der Jury sei „wegen des

---

[4] Die Platzierung auf der Besteller-Liste kam erst dadurch zustande, dass das Jury-Mitglied Johannes Saltzwedel *Finis Germania* vorgeschlagen und anschließend alle 20 verfügbaren Stimmpunkte für das Buch kumuliert hatte. Eine solche Kumulation ist seit dem Vorfall nicht mehr zulässig.

entstandenen Schadens" begrüßenswert (Beyer 2017). Dass es an dieser Stelle nicht um den Imageschaden des Mediums, sondern um die Verbreitung eines rechtsextremen Textes geht, wird lediglich durch indirekt zitierte Kritik anderer Journalist*innen klar.

Dennoch: Der eigentliche Skandal liegt nicht im Umgang mit Sieferles Werk, sondern im Werk an sich. Eine Überbetonung der Kritik am *Spiegel* nimmt der inhaltlichen Auseinandersetzung die Schärfe. Es sollte vielmehr darum gehen, wie zukünftig der Verbreitung rassistischer, geschichtsrevisionistischer und verschwörungsideologischer Texte entgegengewirkt werden kann. Anstatt solchen Texten zu viel Aufmerksamkeit zu schenken und sich im inhaltlichen Widerlegen und Widersprechen zu verlieren, könnte eine wirksame Strategie in der gesamtgesellschaftlichen Auseinandersetzung mit Rechtsextremismus, Rassismus und Antisemitismus liegen. Dabei bleibt das Dilemma bestehen, rechten Positionen keine Deutungshoheit zu überlassen und gleichzeitig nicht ungewollt zu ihrer Verbreitung beizutragen. Um aus der internen Logik ‚neurechter' Texte herauszutreten, sollte die pluralistische, demokratische Gesellschaft daher an Positionen und Visionen arbeiten, die alten wie ‚Neuen Rechten' etwas Eigenes entgegensetzen.

Literatur

Primärquellen

Höcke, Björn (2018): Nie zweimal in denselben Fluss. Björn Höcke im Gespräch mit Sebastian Hennig. Mit einem Vorwort von Frank Böckelmann. Lüdinghausen/Berlin: Manuscriptum.

Kubitschek, Götz (2017): Offener Brief an Herfried Münkler. In: *Sezession* vom 10.06.2019. https://sezession.de/57298/offener-brief-an-herfried-munkler (04.05.2021).

Sieferle, Rolf Peter (2017a): Finis Germania. Schnellroda: Antaios

Sieferle, Rolf Peter (2017b): Das Migrationsproblem: Über die Unvereinbarkeit von Sozialstaat und Masseneinwanderung. Waltrop: Manuscriptum.

Willms, Bernard (2017): Identität und Widerstand. Schnellroda: Antaios.

Sekundärliteratur

Arendt, Hannah (1955): Elemente und Ursprünge totaler Herrschaft. München Zürich: Piper.

Bernhard, Roland/Grindel, Susanne/Hinz, Felix/Meyer-Hamme, Johannes (2017): Was ist ein historischer Mythos? Versuch einer Definition aus kulturwissenschaftlicher und geschichtsdidaktischer Perspektive. In: Bernhard, Roland/Grindel, Susanne/Hinz, Felix/ Kühberger, Christoph (Hrsg.): Mythen in deutschsprachigen Geschichtsschulbüchern – von Marathon bis zum Élysée-Vertrag. Göttingen: V & R unipress, S. 11–31.

Beyer, Susanne (2017): In eigener Sache; „Finis Germania" und die Spiegel-Bestseller-liste. *Spiegel Online* vom 25.07.2017. spiegel.de/kultur/literatur/finis-germania-und-die-spiegel-bestsellerliste-in-eigener-sache-a-1159667.html (18.03.2021).

Die Zeit (2017): Die Höcke-Rede von Dresden in Wortlaut-Auszügen. *Zeit Online* vom 18.01.2017. http://www.zeit.de/news/2017–01/18/parteien-die-hoecke-rede-von-dresden-in-wortlaut-auszuegen-18171207 (01.02.2021).

DLF-Kultur (2017): Herfried Münkler zur „Finis Germania"-Debatte. *Deutschlandfunk Kultur* vom 16.06.2017. https://www.deutschlandfunkkultur.de/herfried-muenkler-zur-finis-germania-debatte-ein-miserables.1270.de.html?dram:article_id=388847 (28.03.2019).

Eder, Jacob S. (2017): Rechte Mythen im Buch „Finis Germania": Zurück in die Diskursvergangenheit. *taz* vom 07.09.2017. https://taz.de/Rechte-Mythen-im-Buch-Finis-Germania/!5441743/ (04.05.2021).

Gutekunst, Miriam (2018): Grenzüberschreitungen – Migration, Heirat und staatliche Regulierung im europäischen Grenzregime: Eine Ethnographie. Bielefeld: transcript.

Ha, Kein Nghi (2003): Die kolonialen Muster deutscher Arbeitsmigration. In: Gutiérrez Rodríguez, Encarnación/Steyerl, Hito (Hrsg.): Spricht die Subalterne deutsch? Migration und postkoloniale Kritik. Münster: Unrast, S. 56–107.

Imhoff, Roland (2020): Verschwörungsmentalität und Antisemitismus. In: Bogerts, Bernhard/Häfele, Joachim/Schmidt, Benny (Hrsg.): Verschwörung, Ablehnung, Gewalt. Wiesbaden: VS Verlag für Sozialwissenschaften, S. 70-87.

Platzdasch, Günter (2018): Da muss etwas passiert sein. Der Mann, der Gauland die Ideen gab? Eine Tagung über den Historiker Rolf Peter Sieferle, den Autor des Skandalbest-sellers ‚Finis Germania'. *Frankfurter Allgemeine Zeitung* 146 vom 27.06.2018, S. 13.

Podes, Stephan (1991): Polybios' Anakyklosis-Lehre, diskrete Zustandssysteme und das Problem der Mischverfassung. In: *Klio* 73, S. 382-390.

Neumann, Franz (1977): Behemoth. Struktur und Praxis des Nationalsozialismus 1933–1944. Frankfurt a.M.: Fischer.

Neue Züricher Zeitung (2018): AfD-Chef Gauland relativiert den Holocaust als „Vogel-schiss" der deutschen Geschichte. *Neue Züricher Zeitung* vom 02.06.2018. nzz.ch/international/afd-chef-gauland-hitler-und-die-nazis-sind-nur-ein-vogelschiss-in-ueber-1000-jahren-erfolgreicher-deutscher-geschichte-ld.1391058 (01.03.2021).

Straßenberger, Grit/Wassermann, Felix (2018): Wie viel Elite verträgt die Demokratie? Über die populistische Kritik am „Establishment". In: Straßenberger, Grit/Wassermann, Felix (Hrsg.): Staatserzählungen. Die Deutschen und ihre politische Ordnung. Berlin: Rowohlt, S. 222–254.

Williams, Lucy (2010): Global Marriage: Cross-border Marriage Migration in Global Context. Migration, Minorities and Citizenship. Basingstoke: Palgrave Macmillan.

Anna Sandberger studiert Psychologie im Bachelor an der Humboldt-Universität zu Berlin und hat dort zuvor Sozialwissenschaften im Bachelor studiert. Während des Studiums war sie zunächst studentische Hilfskraft am Lehrbereich für Politische Theorie und arbeitet derzeit als studentische Hilfskraft am Lehrstuhl für Sozialpsychologie.

Alexa Krugel studiert Sozialwissenschaften an der Humboldt-Universität zu Berlin. Derzeit beschäftigt sie sich intensiv mit antisemitischen Verschwörungserzählungen und der Intersektionalität von Ideologien.

Die ‚Neue Rechte' und der Kapitalismus: Zwischen Kritik und Apologie

Überblick: Die ‚Neue Rechte' und der Kapitalismus: Zwischen Kritik und Apologie

David Meiering

Zusammenfassung

Der Überblick über den fünften Teil des Buches verortet das Verhältnis der ‚Neuen Rechten' zum Kapitalismus im Spannungsfeld zwischen Kritik und Apologie, zeigt historische Linien der Verknüpfung von Nationalismus und Sozialismus auf und führt kurz in die libertäre Kapitalismus-Apologie innerhalb der amerikanischen Alternative Right ein.

Dass die ‚Neue Rechte' ein Container-Begriff ist, der sehr unterschiedliche und zum Teil widerstrebende Strömungen, Milieus und Gruppen beinhaltet, wird besonders in ihrem Verhältnis zum Kapitalismus sichtbar. Neben offen sozialchauvinistischen Positionen, die soziale Ungleichheiten mit der Behauptung natürlicher Ungleichwertigkeiten begründen (wie Thilo → Sarrazin und Akif → Pirinçci), kann man zwei größere Lager voneinander unterscheiden: „ein mit völkisch-nationalistischen Deutungen unterfütterter autoritärer Neoliberalismus, zum anderen eine neonazistische Strömung, die einer unkontrollierten Marktwirtschaft durch staatliche Eingriffe nach Maßgabe völkischer beziehungsweise rassistischer Regeln Grenzen setzen will" (Virchow 2016: 186). Die ‚Neue Rechte' zerfällt also in ein kapitalismusfreundliches und ein kapitalismuskritisches Lager.

D. Meiering (✉)
Humboldt-Universität zu Berlin, Berlin, Deutschland
E-Mail: david.meiering@hu-berlin.de

© Der/die Autor(en), exklusiv lizenziert an Springer Fachmedien Wiesbaden GmbH, ein Teil von Springer Nature 2022
D. Meiering (Hrsg.), *Schlüsseltexte der ‚Neuen Rechten'*, Edition Rechtsextremismus, https://doi.org/10.1007/978-3-658-36453-3_19

233

Wirklich ‚neu' ist an diesen Positionen wenig. Die meisten lassen sich von der extremen Rechten der neunziger und zweitausender Jahre über die ‚Alten Rechten' der sechziger Jahre bis zum Nationalsozialismus zurückverfolgen. Was sich allenfalls geändert hat, ist das Branding: Ehemalige Linke wie Bernd Rabehl sollen bezeugen, dass die ‚Neue Rechte' die soziale Frage als ein ernsthaftes, überparteiliches Problem wahrnimmt. Die Anbiederung an marxistische Theorien wiederholen die Aneignung linken Denkens, die in den achtziger Jahren bereits Antonio Gramsci widerfahren ist (→de Benoist).

Antikapitalismus gehörte bereits zu den wichtigsten Narrativen der *National-sozialistischen Deutschen Arbeiter-Partei (NSDAP)*, die bis 1934 einen linken, sozialrevolutionären Flügel aufwies (Georg und Otto Strasser, Ernst Röhm u. a.) (vgl. Sontheimer 1978: 270 ff.). Der Gedanke einer nationalen Volksgemein-schaft, die gegenüber der Ökonomie einen Primat einnehmen sollte, spaltete bereits damals das rechte Lager auch über die *NSDAP* hinaus: Einigen, die später der ‚Konservativen Revolution' zugerechnet wurden, war der Kurs der *NSDAP* zu sehr auf die Massen und zu wenig auf die Eliten ausgerichtet; andere trauerten noch der ständischen Gesellschaft des Wilhelminischen Kaiserreichs hinterher. Von links wurde Hitler der Vorwurf gemacht, zu legalistisch vorzu-gehen, die ‚nationale Revolution' vorschnell zu beenden und mit dem Industrie-kapital zu paktieren – so etwa vom Nationalbolschewisten Ernst Niekisch. Niekisch ist bis heute Vorbild für „Autonome Nationalisten", die linkes Aktions-repertoire adaptieren. Eine Reihe von ‚neurechten' Akteuren steht in dieser nationalbolschewistischen Tradition: u. a. das Magazin *Compact* von Jürgen Elsässer, das eine Querfront-Strategie verfolgt, Manfred Kleine-Hartlage, der mit dem Anschluss an den *TAT-Kreis* für ein „Bündnis mit der linken Peripherie" wirbt (z. n. Kellershohn 2016: 460) oder auch die Verfechter eines Eurasiens wie der russische Politikwissenschaftler Alexander Dugin (Leggewie 2016). Wie bereits im antidemokratischen Diskurs in der Weimarer Republik geht dieses national-revolutionäre Denken mit einer „Verunglimpfung alles Bürgerlichen" (Sontheimer 1978: 273) einher. Kapitalismus, Liberalismus und Bürgerlichkeit werden als Ursache für die ‚Zersetzung der Gemeinschaft' gesehen. Auch inner-halb der *Alternative für Deutschland* kommt es immer wieder zu Spannungen zwischen dem – mittlerweile formal aufgelösten – völkischen *Flügel* und dem bürgerlicheren Lager.

Unterdessen führen kleinere völkisch-nationalistische Parteien wie die *NPD* oder der *III. Weg* die Versuche weiter, über eine Besetzung der ‚sozialen Frage' Anhänger*innen zu gewinnen. Bereits in den neunziger Jahren hat sich diese Strömung ausdifferenziert und gegen die Globalisierung Konzepte einer sog. *raumorientierten Volkswirtschaft* gestellt. Die Gegenüberstellung von

‚globalistischer' Wirtschaftselite und nationalen Gemeinschaften ist zuletzt zunehmend in den konservativen Mainstream und in Teile des linken Lagers gesickert (siehe z. B. Scholz/Tooze 2017 über die Unterscheidung von Markt-volk und Staatsvolk durch Wolfgang Streeck). Alt-Right Spin-Doctor und zeit-weilig Chef-Stratege im Weißen Haus unter Trump, Steve Bannon, rückte den Begriff der *Globalisten* zeitweise in den Mittelpunkt seiner Reden, um bei der amerikanischen Arbeiterschaft zu punkten. Bannon, der angab, ebenso wie Lenin den Staat (den *Deep State*) zerstören zu wollen, polemisierte gegen die Finanz-wirtschaft, Banken und Manager, die seit der Finanzkrise nicht zur Rechenschaft gezogen seien. Der Schritt zum strukturellen Antisemitismus ist dabei nicht weit.

Die Verknüpfung von Nationalismus und sozialer Frage ist also nie wirklich aus den Diskursen der extremen Rechten verschwunden – sie war im Gegenteil auch außerhalb der Rechten prominent. So hat der Antiimperialismus und Anti-amerikanismus der Studierendenbewegung der sechziger Jahre prominente Quer-frontler wie Bernd Rabehl hervorgebracht. Der ehemalige Weggefährte Rudi Dutschkes führt in seinem Buch *Raumrevolution* die Migrationsbewegungen der letzten Jahre auf den Kapitalismus zurück. Sein Buch ist ein Beispiel für den Versuch, strukturell antisemitische Kapitalismuskritik durch den Rückgriff auf Politische Theorien – hier das Theorem der *Raumrevolution* von Carl → Schmitt – zu nobilitieren. Abweichend von der nationalistischen Mehrheit im rechten Lager gibt es auch Versuche, europaweite Netzwerke durch das Besetzen sozialer Themen zu bilden. Im Sammelband *Marx von Rechts* sind mit Benedikt Kaiser, Alain de Benoist und Diego Fusaro drei Länder vertreten, in denen ‚neurechte' Akteure – aber auch ‚altrechte', faschistische Gruppen – in den letzten Jahren starken Auftrieb bekamen.

In den weiteren Beiträgen werfen wir einen Blick über Europa hinaus auf die US-amerikanische sog. *Neo-Reaction* (vgl. Jones 2019). Diese Strömung der *Alternative Right (Alt-Right)*, wie die ‚Neue Rechte' sich in den USA nennt, unterscheidet sich insofern von anderen vorgestellten Texten, als die Autoren*innen den Kapitalismus vollständig affirmieren und auf antisemitische Elemente weitgehend verzichten. Stattdessen sind ihre Texte geprägt von einer Mischung von extrem libertärer Staatsablehnung, anti-egalitärer Demokratiever-achtung und hypertechnokratischen Beschleunigungsfantasien.

So identifiziert Curtis Yarvin unter dem Pseudonym *Mencius Moldbug* den Universalismus als Wurzel allen Übels – analog zu vielen europäischen ‚Neu-rechten'. Die demokratischen Systeme sollen Yarvin zufolge durch streng hierarchische, durch Marktlogik beherrschte Strukturen ersetzt werden. Moldbugs Text *An Open Letter to open-minded progressives* gilt als Beginn eines Autor*innen-Netzwerks, das sein Projekt als *Dark Enlightenment* bezeichnet.

Eng verbunden mit dem Begriff war eine zunächst linke, akkzelarationistische Bewegung, die den Kapitalismus beschleunigen wollte, auf dass er an seinen eigenen Widersprüchen implodiere. Die Vertreter*innen der *Dark Enlightenment* können wichtige Brücken zu libertären Positionen und Internet-Subkulturen bauen, um sie in das Lager der ‚Neuen Rechten' zu integrieren.

Literatur

Sekundärliteratur

Kellershohn, Helmut (2016): Das Institut für Staatspolitik und das jungkonservative Hegemonieprojekt. In: Braun, Stephan/Geisler, Alexander/Gerster, Martin (Hrsg.): Strategien der extremen Rechten. Hintergründe – Analysen – Antworten. Wiesbaden: VS Verlag für Sozialwissenschaften, S. 439–467.

Jones, Andrew (2019): From NeoReactionary Theory to the Alt-Right. Cham: Palgrave Macmillan.

Leggewie, Claus (2016): Anti-Europäer. Breivik, Dugin, al-Suri & Co. Berlin: Suhrkamp.

Scholz, Danilo/Tooze, Adam (2017): Für eine Politik der Geldpolitik. Habermas, Streeck und Draghi. In: *Merkur* 816(71), S. 5–21.

Sontheimer, Kurt (1978): Antidemokratisches Denken in der Weimarer Republik. 3. Aufl. Müchnen: Deutscher Taschenbuch Verlag.

Virchow, Fabian (2016): Kapitalismus. In: Gießelmann, Bente/Heun, Robin/Kerst, Benjamin/Suermann, Lenard/Virchow, Fabian (Hrsg.): Handwörterbuch rechtsextremer Kampfbegriffe. Schwalbach/Ts.: Wochenschau Verlag, S. 186–198.

David Meiering ist Sozialwissenschaftler und promoviert am Lehrbereich für Integrationsforschung und Gesellschaftspolitik an der Humboldt-Universität zu Berlin. Er ist Stipendiat des Evangelischen Studienwerk Villigst. Seine Forschungsschwerpunkte sind Radikalisierungsprozesse (insbesondere im völkischen Nationalismus und der ‚Neuen Rechten'), Ideologien der Ungleichwertigkeit und Politische Theorie (insbesondere Demokratietheorie). Zuletzt erschienen ist das Leviathan Special Issue „(Ent-)Politisierung? Die demokratische Gesellschaft im 21. Jahrhundert" (herausgegeben mit Andreas Schäfer, 2020) und „Connecting Structures: Resistance, Heroic Masculinity and Anti-Feminism as Bridging Narratives within Group Radicalization" (mit Aziz Dziri und Naika Foroutan in: International Journal of Conflict and Violence 14 (2) 2020).

Bernd Rabehl: Raumrevolution – Das Kapital und die Flüchtlingskrise

Ylvi L. Strack und David Meiering

Zusammenfassung

Das ehemalige *SDS*-Mitglied Bernd Rabehl ist ein prominentes Beispiel für eine Reihe von Alt-68ern, die sich in den vergangenen Jahrzehnten nach rechts entwickelt haben. Sein Buch *Raumrevolution – Das Kapital und die Flüchtlingskrise* ist ein Versuch, linke Theorie für eine ‚Kapitalismuskritik von rechts‘ brauchbar zu machen. Der vorliegende Beitrag stellt Rabehls persönliche Entwicklung vor, kontextualisiert sein Denken vor dem Hintergrund der marxistisch-leninistischen und ‚neurechten‘ Theorie und klärt darüber auf, durch welche Mechanismen Kapitalismuskritik mit Antisemitismus, Nationalismus und antimuslimischer Rassismus aufgeladen werden kann. Eine emanzipative Kapitalismuskritik muss sich demzufolge davor schützen, dass strukturellen, systemischen Analysen personalisierende Schuldzuschreibungen aufgepfropft werden und dass gegen eine vermeintlich ‚abstrakte‘ Wirtschaft ‚konkrete‘, meist ethnisch-nationalistische Einheiten gesetzt werden.

Bernd Rabehls 2018 beim *Antaios*-Verlag veröffentlichtes Buch *Raumrevolution – Das Kapital und die Flüchtlingskrise* ist ein Versuch, linke Theorie für eine „Kapitalismuskritik von rechts" (Rabehl 2018: 92) brauchbar zu machen. Bereits der Titel zeigt, wie verschiedene Konzepte kombiniert und auf aktuelle

Y. L. Strack (✉)
Freie Universität Berlin, Berlin, Deutschland

D. Meiering
Humboldt-Universität zu Berlin, Berlin, Deutschland
E-Mail: david.meiering@hu-berlin.de

© Der/die Autor(en), exklusiv lizenziert an Springer Fachmedien Wiesbaden GmbH, ein Teil von Springer Nature 2022
D. Meiering (Hrsg.), *Schlüsseltexte der ‚Neuen Rechten‘*, Edition Rechtsextremismus, https://doi.org/10.1007/978-3-658-36453-3_20

237

Ereignisse bezogen werden. So stammt der erste Begriff „Raumrevolution" von Carl Schmitt, der damit vor einer vermeintlichen ordnungs- und identitätszersetzenden Wirkung des Universalismus warnte. Der zweite Begriff des Kapitals entspringt wiederum der politischen Ökonomie von Marx und wird von Rabehl mit der in der 68er-Bewegung populären Imperialismustheorie von Lenin verknüpft. Indem Rabehl beide Begriffsfelder und Theorien zusammenführt, konstruiert er eine strukturell antisemitische Verschwörungserzählung: Das internationale, amerikanische – und letzten Endes als jüdisch imaginierte – Finanzkapital hätte den Universalismus nur vorgeschoben, um die Welt insgeheim zu beherrschen. Der dritte Begriff der Flüchtlingskrise schlägt die Brücke vom Antisemitismus zum antimuslimischen Rassismus. Implizit knüpft Rabehl an die ‚neurechte' Verschwörungserzählung der Umvolkung an, der zufolge die Migrationsbewegungen der 2010er-Jahre von geheimen Mächten gelenkt seien, um nationale Identitäten zu zersetzen. So behauptet der Text also eine Verschwörung der USA und Juden, die Muslime entsenden, um die völkisch gedachte Nation abzuschaffen. Das ehemalige *SDS*-Mitglied Rabehl ist ein prominentes Beispiel für eine Reihe von Alt-68ern, die sich in den vergangenen Jahrzehnten nach rechts entwickelt haben. Diesen Konversionen liegen zwei Mechanismen zugrunde, vor denen sich emanzipatorische Kapitalismuskritik schützen sollte: Strukturelle, systemische Analysen wie der Marxismus-Leninismus kommen ohne Schuldzuschreibungen an bewusst handelnde Akteure aus, da es für das Funktionieren des Systems einerlei ist, welche charakterlichen Eigenschaften die Menschen haben oder welches konkrete Individuum handelt. Der strukturelle Antisemitismus aber pfropft diesen systemischen Analysen von außen Personalisierungen auf, die keinen Erklärungsgehalt haben, aber Schuldzuweisungen und Ressentiments erzeugen. Dazu kommt der zweite Mechanismus: Gegen einen vermeintlichen Imperialismus wird ein (sozialrevolutionärer) Nationalismus gestellt, der gegen die ‚abstrakte' kapitalistische Weltwirtschaft ‚konkrete' Einheiten setzt. Beides zusammengenommen ergibt die Gefahr, dass Kapitalismuskritik jederzeit antisemitisch, völkisch oder rassistisch aufgeladen werden kann.

1   Subversive Konvertiten

Bernd Rabehl wurde 1938 in Rathenow geboren, wuchs in der DDR bei seiner alleinerziehenden Mutter auf und ging 1960 zum Studium nach West-Berlin. Anfang der 1960er-Jahre lernte er an der Freien Universität Berlin Rudi Dutschke kennen, der ebenfalls aus der DDR stammte, und beteiligte sich mit ihm zusammen an der West-Berliner „Mikrozelle" der *Subversiven Aktion,* einer anti-autoritären Bewegung, die von 1963 bis 1966 in Deutschland Flugblatt-Aktionen und Happenings durchführte (vgl. Seitenbecher 2013: 42 ff.). Der West-Berliner Teil der Aktion um Rabehl und Dutschke trat 1965 außerdem dem *Sozialistischen Deutschen Studentenbund (SDS)* bei (Seitenbecher 2013: 63). Der *Subversiven Aktion* gehörten weitere Personen an, die heute im Netzwerk der ‚Neuen Rechten' publizieren, z. B. Frank Böckelmann, der zuletzt das Vorwort zum Gesprächs-band *Nie zweimal in denselben Fluss* von Björn → Höcke beisteuerte, oder Günter Maschke, der 1999 gemeinsam mit u. a. Horst Mahler erklärte, die 68er Bewegung sei „allein für das Recht eines jeden Volkes auf nationalrevolutionäre und sozialrevolutionäre Selbstbefreiung" eingetreten (Mahler et al. 1999: 16). Später übernahm der Antaios-Verleger Götz Kubitschek die Strategien und Aktionsformen der *Subversiven Aktion* durch sein Konzept der *Konservativ-Sub-versiven Aktion* (KSA) (2008).

Als der *SDS* 1970 nach dem Mord an Rudi Dutschke zerfiel, wurde Rabehl in den 1970er und 1980er Jahren an der Freien Universität in Berlin beschäftigt. 1987 ging er nach Brasilien und kehrte Anfang der 1990er-Jahre an die Freie Universität Berlin zurück. Sein politischer Gesinnungswandel wurde 1989 deut-lich, als er auf einer Veranstaltung der rechtsextremen Burschenschaft *Danubia* darüber spekulierte, dass Einwanderer sich verbündeten mit dem Ziel der „Über-fremdung und Auflösung einer nationalen Kultur" (Rabehl 1998: 2). Die „Antifa-Linke", die „in einem Bündnis mit Medien im In- und Ausland" stünde, würde dies bewusst verschweigen (Rabehl 1998: 2). Hier zeigt sich bereits Rabehls verschwörungsfantastische Argumentationslinie, welche er in *Raumrevolution* weiterverfolgt.

2 Raumrevolution: Blut-und-Boden-Materialismus

Unter der Überschrift *Finanzkapitalistische Raumrevolution* skizziert Rabehl in 15 Aspekten die Differenzen und Formen von Machtpolitik in ihrem Ver-hältnis zur Ökonomie (Rabehl 2018: 50 ff.). Dieser zweite Teil ist ein Versuch, strukturell antisemitische Kapitalismuskritik durch den Rückgriff auf Politische Theorien zu nobilitieren – hier durch das Theorem der *Raumrevolution* von Carl → Schmitt. Der Begriff der Raumrevolution steht in Schmitts Raum-theorie für einen grundlegenden, epochalen Wandel politischer, insbesondere völkerrechtlicher Verhältnisse. Eine solche Raumrevolution war etwa der West-fälische Frieden von 1648, der Schmitt zufolge den alten „Nomos" der Erde schuf. Darunter verstand Schmitt ein System nationalstaatlicher Souveräne (vor

allem Monarchien), das für eine lange Zeit eine Hegung des Krieges untereinander bewirkte. Dieses europäische Völkerrecht konnte auch deshalb eine
gewisse pazifizierende Wirkung in Europa entfalten, weil es außerhalb seines
Geltungsbereiches einen rechtsfreien Raum schuf, den die europäischen Mächte
kolonialisieren und ausbeuten konnten. Schmitt glorifiziert diese europa-
zentrische, koloniale Weltordnung und pumpt sie metaphysisch auf, indem er
Recht und Raum in Eins setzt. Der griechische Begriff des *Nomos,* der sowohl
‚Gesetz' als auch ‚Ort' bedeutet, steht für diese „Einheit von Ortung und
Ordnung" (Schmitt 1950: 14). Schmitt vollzieht hier eine idealistische Aufladung der Materie, also des ganz konkreten Bodens, wie sie bereits die nationalsozialistische Lebensraumpolitik und Blut-und-Boden-Ideologie ausgezeichnet
hatte (vgl. Köster 2002). Dieser ideologisch-theoretische Komplex wird auch
von Rabehl aufgerufen, wenn er das Konzept der *Raumrevolution* zitiert. Schmitt
hatte nach dem Ersten Weltkrieg eine neue Raumrevolution diagnostiziert und
befürchtet. Mit der Gründung des Völkerbunds, der allgemeinen Erklärung der
Menschenrechte und einer sog. ‚raumfremden' Macht USA, die Deutschlands
Souveränität mit dem Versailler Vertrag vermeintlich einschränkte, verlöre die
Weltordnung ihre Verortung im Boden. Die beginnende weltweite Hegemonie des
liberalen Universalismus könne durch ihre ‚abstrakten' Prinzipien keine stabile
Weltordnung begründen. Der neue *Nomos der Erde* drohe in Chaos, entgrenzter
Gewalt und letztlich Weltbürgerkrieg zu zerfallen. Schmitt verbindet hier seine
Abneigung gegenüber dem Universalismus mit einer Angst vor der Zersetzung
der Nationalstaaten und Identität überhaupt – und ist dadurch zum Bezugspunkt für partikularistische, nationalistische Theorien geworden. Im völkischen
Nationalismus hat sich in den neunziger Jahren eine Strömung ausdifferenziert,
die eine sog. *raumorientierte Volkswirtschaft* gegen die Globalisierung in Stellung
brachte. Die Gegenüberstellung von ‚globalistischer' Wirtschaftselite und
nationalen Gemeinschaften ist zuletzt zunehmend in den konservativen Mainstream und in Teile des linken Lagers gesickert (siehe z. B. Scholz und Tooze
2017; Slobodian 2018). Alt-Right Spin-Doctor und zeitweilig Chef-Stratege im
Weißen Haus unter Trump, Steve Bannon, rückte den Begriff der *Globalisten*
zeitweise in den Mittelpunkt seiner Reden, um bei der amerikanischen Arbeiterschaft zu punkten. Bannon, der angab, ebenso wie Lenin den Staat (den *Deep
State*) zerstören zu wollen, polemisierte gegen die Finanzwirtschaft, Banken
und Manager, die seit der Finanzkrise nicht zur Rechenschaft gezogen worden
seien. In dieselbe Richtung stößt Rabehl, wenn er Universalismus mit Kapitalismus kurzschließt und die Raumrevolution weniger völkerrechtlich als vielmehr
politisch-ökonomisch versteht.

3   Das Finanzkapital und Antisemitismus: Von der strukturellen Analyse zur Verschwörung von Agenten

Die sehr stark gerafften historischen Darstellungen über die Entwicklung von Ökonomie, Staat und insbesondere Finanzkapitalismus im zweiten Teil des Buches wirken häufig wie die gesammelten Exzerpte aus den marxistisch-leninistischen Lesegruppen, denen Rabehl in den sechziger und siebziger Jahren angehört hat. Dabei ist es verblüffend, wie sehr die Konzepte der anti-imperialistischen Linken aus dieser Zeit mit Carl Schmitts Gleichung konvergieren, dass der Universalismus in Gestalt des amerikanischen Liberalismus lediglich ein Deckmantel für den US-amerikanischen Imperialismus sei. Schmitts Bonmot: „Wer Menschheit sagt, will betrügen" (Schmitt 1932: 55), klingt auch bei Rabehl an, dem zufolge Werte wie Menschenrechte oder Demokratie nur vorgeschoben seien. In Wirklichkeit gehe es um pure Macht und Profit (Rabehl 2018: 78 ff.). Unterschiedlich ist die Herleitung: Während für Schmitt Ordnung vor allem eine Frage der Form und Struktur von Recht war, geht es Rabehl aus marxistischer Perspektive um den Primat der Wirtschaftsordnung. Aus dieser Sicht erscheine internationale Politik insgesamt als ein Schauspiel, das der (westliche) Finanzkapitalismus nur inszeniere, um nach und nach die souveränen Nationalstaaten gefügig zu machen und so ein weltumspannendes System zu schaffen, das von wenigen Eliten beherrscht wird. Die in Alt-68er-Kreisen beliebte Theorie des staatsmonopolistischen Kapitalismus (kurz: SMK oder Stamokap) ist hier besonders anschlussfähig, beschreibt sie doch, wie politische Interessen und der gesamte Staatsapparat den Interessen ‚des Finanzkapitals' untergeordnet würden – bis hin zur totalen Beherrschung der Gesellschaft (Rabehl 2018: 61 f.). ‚Das' Finanzkapital, dessen Akkumulation er in England, Frankreich, Preußen, den USA, Russland und China beschreibt, wird dabei als Chiffre für den Kapitalismus insgesamt benutzt. Diese Gleichsetzung ist insgesamt für das Verständnis internationaler Ökonomie in der extremen Rechten charakteristisch (Virchow 2016: 188). Dabei teilt Rabehl ebenfalls die Tendenz, die ökonomische Macht von Finanzmarktakteuren konkret in den USA zu verorten und eine geheime Kontrolle ‚der' Medien und ‚der' Politik zu unterstellen. Dabei geht es weniger um die reale Machtverteilung in den Strukturen der Weltwirtschaft, sondern um die Suche nach konkreten Personen, Gruppen oder Ländern, die als Sündenböcke identifiziert werden (vgl. Vennmann und Lattrich 2016: 165). Klassische antisemitische Topoi und Codes sind die USA, insbesondere die „Ostküste", mit der New Yorker Börse (Wall Street) als vermeintliches Zentrum des globalen Finanzkapitalismus. Durch die Betonung des ‚Finanziellen' rückt häufig das Zinswesen als Ausdruck materialistischen Gewinnstrebens und der Topos des raffgierigen Juden in den Mittelpunkt. Strukturell ähnelt Rabehls Diagnose über die Weltherrschaft des Finanzkapitals dem Verschwörungsmythos über das sogenannte Weltjudentum, „das in allen politischen, gesellschaftlichen und wirtschaftlichen Bereichen im Geheimen versuchen würde, durch Verschwörungen die Macht zu erlangen und damit die Welt zu regieren" (Wetzel 2010: 335). Kapitalismus, Finanzkapital und Judentum werden so zu einem Dämon miteinander verschmolzen, der die Souveränität und Unabhängigkeit der Nationalstaaten und damit der homogen gedachten ‚Völker' bereits abgeschafft und durch eine Art Marionettensystem ersetzt habe. Nationalstaat und ‚Finanzkapital' bildeten eine Doppelmacht als demokratisch inszenierte Diktatur (Rabehl 2018: 61 f.). Mit den strukturellen Theorien des Marxismus-Leninismus (wie etwa der SMK) hat diese personalisierte Theorie wenig zu tun: Stattdessen werden die verschwörungsmythischen Zusammenhänge symbolisch in einzelnen Namen von bestimmten jüdischen Unternehmern oder Familien personalisiert, die so zur Chiffre für den vermeintlich weltweit herrschenden Finanzkapitalismus werden. So wurde die Bankiers-Familie Rothschild im nationalsozialistischen Propagandafilm *Die Rothschilds* zum Inbegriff des jüdischen ‚Kraken' stilisiert; auch heute wird noch häufig in rechtsextremen Milieus auf die Rothschilds rekurriert. Da der Bezug auf die Rothschilds als Chiffre zu offenkundig antisemitisch ist, werden mittlerweile weniger einschlägige Personen herangezogen. Strukturell funktioniert diese chiffrenhafte Bezugnahme aber gleich. Bernd Rabehl macht beispielsweise den russischen Unternehmer, Finanzoligarchen und Erdöl-Lobbyisten Michail Chodorkowski für die Einführung des Kapitalismus in Russland verantwortlich. Der jüdischstämmige Chodorkowski spielte in der Jelzin-Ära nach dem Zusammenbruch der UdSSR eine wesentliche Rolle in der Privatisierung wichtiger Erdölunternehmen, trat für einen westlichen Politikstil (im Sinne von *Corporate Governance*) ein, wurde reichster Russe und gründete das Open Russia Institute, das sich neben Bildungsprojekten auch für freie Wahlen einsetzt. Mit anderen liberalen Unternehmern wie dem Ungarn George Soros teilt Chodorkowski nicht nur die westliche Ausrichtung, sondern auch die jüdische Herkunft – und wird deshalb oft Zielscheibe für rechte Angriffe. Implizit projiziert Rabehl in seinem Text die Schuld für die destruktiven Folgen des Kapitalismus und die Macht des Finanzkapitals in einzelne (jüdische) Personen. Der strukturellen Analyse des Marxismus-Leninismus pfropft Rabehl von außen eine Personalisierung auf – und dreht sie so ins strukturell Antisemitische. Diesem sekundären

Antisemitismus liegt meist eine Unterscheidung zwischen ‚schaffendem' und ‚raffendem' Kapital zugrunde. Das raffende Kapital wird dabei als jüdisch identifiziert. „So kann das industrielle [‚schaffende', Anm. d. Verf.] Kapital als direkter Nachfolger ‚natürlicher' handwerklicher Arbeit auftreten und, im Gegensatz zum ‚parasitären' [‚raffenden', Anm. d. Verf.] Finanzkapital, als ‚organisch verwurzelt'" (Postone 1982: 20). Der Historiker und Philosoph Moishe Postone beschreibt außerdem, wie durch diese Identifikation von Judentum mit Finanzkapital eine antisemitische Kapitalismuskritik begründet werden kann: „Die Juden wurden nicht nur bloß als *Repräsentanten* des Kapital angesehen (in diesem Fall wären die antisemitischen Angriffe wesentlich klassenspezifischer gewesen), sie wurden vielmehr zu *Personifikationen* der unfaßbaren, zerstörerischen, unendlich mächtigen, internationalen Herrschaft des Kapitals" (Postone 1982: 22).

Im Zentrum von Rabehls Verschwörungserzählung steht also eine neue Weltordnung, die von den USA und – implizit angedeutet – jüdischen Bankiers und Unternehmern beherrscht wird. So würde die deutsche parlamentarische Demokratie aus „ausgesuchte[n] und überprüfte[n] Eliten, Cliquen und Gruppen" (Rabehl 2018: 79) bestehen, Medien würden den „Negativkräfte" des Finanzkapitals verschweigen und Forschungsinstitute seien dazu angewiesen nicht darüber zu forschen (Rabehl 2018: 90). Der Text kann offenkundig als manifester Verschwörungsglauben eingeordnet werden, wenn man diesen auffasst als den Glauben daran, „dass als mächtig wahrgenommene Einzelpersonen oder eine Gruppe von Menschen wichtige Ereignisse in der Welt beeinflussen und damit der Bevölkerung gezielt schaden, während sie diese über ihre Ziele im Dunkeln lassen" (Nocun und Lamberty 2020: 18). Warum gerade Juden häufig Gegenstand von Verschwörungserzählungen sind, versuchen die Sozialpsychologen Susan Fiske et al. dadurch zu erklären, dass Juden sowohl ein hoher Status zugeschrieben wird als auch eine hohe Konkurrenz um gesellschaftliche Güter, Positionen und Anerkennung (Fiske et al. 2002). Durch den (zugeschriebenen) höheren Status werden Juden (ebenso wie reiche Menschen und die USA) als mächtig wahrgenommen; die Konkurrenz erzeugt den Eindruck, einander feindlich gegenüberzustehen. Dadurch entstehen neidvolle Stereotypen. Andere Gruppen, wie z. B. schwarze oder arme Menschen, gelten generell als weniger mächtig – sie werden deshalb Gegenstand „verächtlicher Stereotype". Durch Codes wie „Finanzkapitalismus" können solche Stereotype kontextgebunden aktiviert werden, auch wenn Rabehl abstreitet, antisemitisch zu sein (Rabehl 2018: 91). Grundsätzlich zeigt sein Text, wie flexibel Verschwörungserzählungen als auch antisemitische Codes über politische Lager hinweg eingesetzt können.

4   Die „Flüchtlingskrise": Konvergenz von Antisemitismus und antimuslimischem Rassismus

„Die ‚Akteure', die diese Völkermassen vertreiben, wollen die Kultur und die Produktivität des europäischen Kontinents zerstören" (Rabehl 2018: 49).

Ein weiteres Kapitel seiner Verschwörungserzählung steht unter der Überschrift „Wacht auf, Verdammte dieser Erde" – die erste Zeile des Kampflieds der sozialistischen Arbeiterbewegung *Die Internationale*. Die Verdammten dieser Erde sind die nach Westeuropa Geflüchteten. Die Empathie, die mit dieser Betitelung einhergeht, ist allerdings irreführend – sieht er in diesen „Völkermassen" – wie im Eingangszitat deutlich wird – doch eine Waffe im Kampf der „Großmächte" (Rabehl 2018: 48) um Weltherrschaft. Er dockt damit an den rechtsextremen Kampfbegriff der „Umvolkung" an (Rabehl 2018: 32; vgl. Kellershohn 2016), der durch den Begriff des „Großen Austauschs" (→Camus) neu aufgelegt wurde. Im Zentrum dieser Idee steht der gezielte Austausch der eigenen, als ethnisch rein konstruierten Bevölkerung mit anderen Ethnien oder religiösen Gruppen, vor allem muslimischen. Oft wird die Fremdgruppe als kulturell unterlegen und minderwertig konstruiert. Diese Form des Sozialchauvinismus findet sich auch bei Rabehl.

So erklärt er die Entstehung von Fluchtbewegungen durch Überbevölkerung, indem er auf die Demographie-Theorie von Malthus eingeht – ein häufig anzutreffendes Argument in der ‚neurechten' Szene. Malthus stellte 1798 die Theorie auf, dass die Weltbevölkerung ein exponentielles Wachstum verfolge, die Nahrungsmittelproduktion aber ein lineares Wachstum. Dies führe zu Nahrungsmittelknappheit und Armut (Seidl und Tisdell 1999: 396 f.). Somit komme es zu einer Überbevölkerung, da nicht mehr alle Menschen genügend Nahrungsmittel erhalten könnten. Bei Malthus reguliert sich das Problem zynischerweise von selbst, weil die steigenden Lebensmittelpreise, Hunger und Armut die Bedenken gegenüber Familiengründungen erhöhen und das Bevölkerungswachstum so gehemmt werde (vgl. Vogl 2004: 74). In Rabehls Verschwörungsdenken tritt dagegen etwas hinzu, was die liberale Theorie von Malthus als überflüssig ablehnt: das planvolle Eingreifen von Staaten. Denn laut Rabehl versuchen kapitalistische Staaten Überbevölkerung „durch Rüstung, Diktatur und militärische Macht" (Rabehl 2018: 13) zu reduzieren. So würden etwa westliche Konzerne durch die Ausbeutung des afrikanischen Kontinents Fluchtbewegungen von Afrika nach Europa auslösen (vgl. Rabehl 2018: 14–17). Rabehls Kritik am Kolonialismus ist durch eindeutig rassistische Motive geprägt.

Denn skandalöser als die unmenschlichen Bedingungen, die zur Flucht zwingen, ist für ihn die angeblich unmögliche Assimilation von jungen Menschen, welche aus Afrika nach Westeuropa kommen. Die Anpassung sei deshalb unmöglich, weil die Geflüchteten sich in die fremde Zivilisation hineinzwängen müssten, die westlichen Werte ihnen aber immer fremd bleiben würden. Er negiert so ein mögliches friedliches Zusammenleben zwischen Menschen, die in Westeuropa geboren wurden, und solchen, die dorthin geflüchtet sind, und begründet dies allein durch angeblich in Menschen verankerte, angeborene verschiedene Kulturen. Rabehl bedient sich hier des „Rassismus ohne Rassen", eine Strategie bei der „auf die Rede von unüberwindbaren Differenzen zwischen dem ‚kulturell Eigenen' und dem ‚kulturell Anderen' [...] [verwiesen wird], in der die ‚eigene' Identität erhalten und vom ‚Anderen' notfalls auch räumlich getrennt werden soll" (Bodjadžijev 2015: 275).[1]

Es geht Rabehl weniger um eine emanzipatorische Kolonialismuskritik, sondern in erster Linie um „de[n] aktuelle[n] Ansturm der millionenfachen Flüchtlinge auf Europa" (Rabehl 2018: 17). Zwar sind durchaus Sympathien für die arabischen Länder spürbar, da der arabische Nationalismus „revolutionäre Potentiale" enthalten und außerdem einen „Wall gegen die Flüchtlingsflut aus Afrika, Asien bzw. allgemeiner, Nahost" (Rabehl 2018: 18) gebildet hätte. Dieser „revolutionäre Nationalismus richtete sich gegen die westlich-imperialistische Vormacht in dieser Region" (Rabehl 2018: 19) und wandte sich auch gegen Israel. Rabehl zufolge konnten die kriegerischen Interventionen der USA im Nahen Osten (Rabehl wirft auf nebulöse Weise verschiedenste Konflikte seit 1945 zusammen) mehrere Funktionen zugleich erfüllen: Einerseits die westlichen Interessen in der Region sichern (einschließlich des Existenzrechts Israels), andererseits stellte eine vermeintlich „gesteuerte Massenflucht", die von den „verantwortlichen Großmächten" in einer „Geheimdiplomatie" festgehalten wurden, eine Art „Kriegserklärung" an Zentraleuropa dar (vgl. Rabehl 2018: 17–23). Das geheime Ziel sei es, Deutschland durch Chaos und Destabilisierung klein zu halten. Diese Passagen lassen Rabehls politische Sozialisation in der anti-imperialistischen Linken in den sechziger und siebziger Jahren erkennen, deren Antiamerikanismus zu einer Unterstützung anti-imperialistischer Kämpfe in Nahost führte. Dies bedeutete aber häufig, dass militante Linke gewaltvolle Nationalismen und teilweise auch anti-zionistische und antisemitische Gruppen unterstützten. Bei Rabehl ist der Glaube an eine Verschwörung zwischen der

---

[1] Siehe auch den Beitrag zu → Camus und das Konzept des Ethnopluralismus.

Politik und Elite der USA und Israel stark ausgeprägt. Zu diesem sekundären Antisemitismus tritt aber auch noch – fast 30 Jahre nach dem Ende des Kalten Krieges und der Wiedervereinigung Deutschlands – der Mythos von der immer noch eingeschränkten Souveränität und fortwährenden Besatzung oder zumindest verdeckten Lenkung Deutschlands hinzu (vgl. den Beitrag zu → Willms). Dieses Denken ist zuletzt durch die Reichsbürgerbewegung aufgegriffen worden (Rathje 2017). Rabehl stellt selbst den Zusammenhang zur deutschen Regierung her, wenn er die ehemalige Bundeskanzlerin Angela Merkel bezichtigt, Migration ganz bewusst zu steuern, um eine multikulturelle Einwanderungsgesellschaft herzustellen (Rabehl 2018: 42 f.). Einerseits erscheint Merkel damit als Statthalterin und Marionette der westlichen Großmächte, andererseits sei sie „dem ‚linken Diskurs' des antifaschistischen Kampfes ergeben" (Rabehl 2018: 42 f.) und wollte durch die Flüchtlinge „neue Ideen und Verhaltensweisen in dieses Volk tragen und die Traditionen von Fremdenhaß, Antikommunismus und Antisemitismus auflösen" (Rabehl 2018: 42 f.). Damit befinde sie sich in einer Allianz mit dem Groß- und Finanzkapital, das über „eine wachsende Paralyse und das Chaos in den Städten" (Rabehl 2018: 46) froh wäre, da so politischer Widerstand aus der Bevölkerung verhindert würde. Hier klingt der Mythos des „Schuldkults" an, der auch von einer Vielzahl von *AfD*-Politiker*innen immer wieder bemüht wird. Ähnlich wie bei → Camus liegt hier die Angst vor, für die dunklen Kapitel der Geschichte der westeuropäischen Staaten, Holocaust und Kolonialismus, nachträglich bestraft zu werden. Diese Angst äußert sich vor allem in Ressentiments gegenüber Nordafrikanern und Arabern, also vor allem Muslimen, denen pauschal unterstellt wird, die westliche Kultur zu verachten: „Die Kindeskinder nehmen ‚Rache' am Kolonialismus der europäischen Staaten" (Rabehl 2018: 44). Ähnlich wie beim auf den Holocaust bezogenen, zynischen Bonmot „Die Deutschen werden den Juden Auschwitz nie verzeihen", handelt es sich hier um eine Täter-Opfer-Umkehrung, die zur Schuldabwehr herangezogen wird (vgl. Siegel 2018). Daher können antimuslimischer Rassismus und Antisemitismus in der ‚Neuen Rechten' kaum getrennt voneinander betrachtet werden. Im Verschwörungsdenken verschmelzen Juden, Israel, Muslime, die USA, die Medien, die europäischen Regierung und ‚das' Finanzkapital zu einer konspirativen Gruppe: „Die ‚Akteure', die diese Völkermassen vertreiben, wollen die Kultur und die Produktivität des europäischen Kontinents zerstören" (Rabehl 2018: 49). Von einer zutreffenden Kapitalismuskritik, die durchaus Migration als Folge von Ausbeutung, Armut und Perspektivlosigkeit durch Kapitalismus, Kriege und Klimawandel anprangert, unterscheidet Rabehls Weltbild aber ihr letztlich völkisches Fundament. Rabehl wähnt sich in einem „Kampf der Kulturen" (Rabehl 2018: 48), der als rein konstruierte Identitäten auflöse. Rabehls Kapitalismuskritik von rechts beruht damit auf dem Hass gegenüber der Einwanderung und der angeblichen Entmachtung Westeuropas. Er bezieht sich auf eine angebliche Überlegenheit, welcher die europäischen Länder beraubt wurden. Um einen Schuldigen auszumachen argumentiert er mit Behauptungen, welche im gesamten Text nirgends belegt werden. Da niemand über diese Zusammenhänge berichten dürfe, sei es auch nicht möglich, Belege anzuführen. So verschließt sich Rabehls Verschwörungsdenken einem rationalen Diskurs. Seine verkürzte Kapitalismuskritik, der sekundäre Antisemitismus und sein Rassismus ohne Rassen sind nicht begründbar, weil sie einem zutiefst verankerten Ressentiment entspringen. Antisemitismus, Rassismus und Verschwörungsdenken vermischen sich hier zu einer Abwehrhaltung, an die heroische, toxische Männlichkeiten und Gewaltbereitschaft innerhalb der extremen Rechten nahtlos anschließen können.[2] Erschreckend ist dabei, wie bedenkenlos Rabehl den abgestandenen Sechziger-Jahre-Antiimperialismus wiederbeleben möchte, indem er ihm kulturellen Rassismus und Sozialchauvinismus injiziert. Diese Kombination ist derart plump und unbegreiflich wie einige der zweifelhaften ‚Karrieren‘ ehemaliger Linker wie Maschke, Elsässer oder Böckelmann.

Literatur

Primärquellen

Kubitschek, Götz (2008): Konservativ-Subversive Aktion. In: *Sezession* 25, S. 56.
Mahler, Horst/Maschke, Günter/Oberlercher, Reinhold (1999): Kanonische Erklärung zur Bewegung von 1968. In: *Staatsbriefe* 1999(1).
Rabehl, Bernd (1998): Nationalrevolutionäres Denken im antiautoritären Lager der Radikalopposition zwischen 1961 und 1980. https://www.danubia.de/media/Inhalt/PDF/prof_dr_bernd_rabehl.pdf (01.03.2021).
Rabehl, Bernd (2018): Raumrevolution. Das Kapital und die Flüchtlingskrise. Schnellroda: Antaios.
Schmitt, Carl (1932): Der Begriff des Politischen. Berlin: Duncker & Humblot.
Schmitt, Carl (1950): Der Nomos der Erde im Völkerrecht des Jus Publicum Europaeum. Berlin: Duncker & Humblot.

---

[2] So erschoss ein Attentäter am 27.10.2018 in Pittsburgh elf Menschen beim Attentat auf die Tree-of-Life-Synagoge. Er hatte zuvor Juden als „Feinde des weißen Volkes" beschimpft und George Soros vorgeworfen, eine „Invasion der Migranten" mitzufinanzieren (Burton 2018).

Sekundärliteratur

Bodjadžijev, Manuela (2015): Rassismus ohne Rassen, fiktive Ethnizitäten und das genealogische Schema. Überlegungen zu Étienne Balibars theoretischem Vokabular für eine kritische Migrations- und Rassismusforschung. In: Reuter, Julia/Mecheril, Paul (Hrsg.): Schlüsselwerke der Migrationsforschung. Wiesbaden: VS Verlag für Sozialwissenschaften, S. 275–288.

Burton, Tara I. (2018): The centuries-old history of Jewish "puppet master" conspiracy theories. *Vox* vom 02.11.2018. https://www.vox.com/2018/11/2/15946556/antisemitism-enlightenment-george-soros-conspiracy-theory-globalist (11.10.2021).

Fiske, Susan T./Cuddy, Amy J.C./Glick, Peter/Xu, Jun (2002): A Model of (Often Mixed) Stereotype Content: Competence and Warmth Respectively Follow Perceived Status and Competition. In: Journal of Personality and Social Psychology 82(6), S. 878–902.

Kellershohn, Helmut (2016): Umvolkung. In: Gießelmann, Bente/Heun, Robin/Kerst, Benjamin/Suermann, Lenard/Virchow, Fabian (Hrsg.): Handwörterbuch rechtsextremer Kampfbegriffe. Schwalbach/Ts.: Wochenschau Verlag, S. 282–297.

Köster, Werner (2002): Die Rede vom Raum. Zur semantischen Karriere eines deutschen Konzepts. Heidelberg: Synchron.

Nocun, Katharina/Lamberty, Pia (2020): Fake Facts. Wie Verschwörungstheorien unser Denken bestimmen. Köln: Quadriga.

Postone, Moish (1982): Die Logik des Antisemitismus. In: Merkur 36(1), S. 13–25.

Rathje, Jan (2017): Reichsbürger, Selbstverwalter und Souveränisten. Vom Wahn des bedrohten Deutschen. Münster: Unrast.

Scholz, Danilo/Tooze, Adam (2017): Für eine Politik der Geldpolitik. Habermas, Streeck und Draghi. In: Merkur 71, S. 5–21.

Seidl, Irmi/Tisdell, Clem A. (1999): Carrying capacity reconsidered: from Malthus' population theory to cultural carrying capacity. In: *Ecological Economics* 31(3), S. 395–408.

Seitenbecher, Manuel (2013): Mahler, Maschke & Co. Rechtes Denken in der 68er-Bewegung? Paderborn: Ferdinand Schöningh.

Siegel, Anja (2018): „Die Deutschen werden den Juden Auschwitz nie verzeihen" (Zvi Rex) – Sekundärer Antisemitismus in Deutschland. In: *PRIF Blog* vom 01.08.2018. https://www.blog.prif.org/2018/08/01/die-deutschen-werden-den-juden-auschwitz-nie-verzeihen-zvi-rex-sekundaerer-antisemitismus-in-deutschland/ (05.03.2021).

Slobodian, Quinn (2018): Globalists: The End of Empire and the Birth of Neoliberalism. Cambridge: Harvard University Press.

Vennmann, Stefan/Lattrich, Frank (2016): Juden. In: Gießelmann, Bente/Heun, Robin/Kerst, Benjamin/Suermann, Lenard/Virchow, Fabian (Hrsg.): Handwörterbuch rechtsextremer Kampfbegriffe. Schwalbach/Ts.: Wochenschau Verlag, S. 162–175.

Virchow, Fabian (2016): Kapitalismus. In: Gießelmann, Bente/Heun, Robin/Kerst, Benjamin/Suermann, Lenard/Virchow, Fabian (Hrsg.): Handwörterbuch rechtsextremer Kampfbegriffe. Schwalbach/Ts.: Wochenschau Verlag, S. 186–198.

Vogl, Joseph (2004): Regierung und Regelkreis. Historisches Vorspiel. In: Pias, Claus (Hrsg.): Cybernetics. Kybernetik. The Macy-Conferences 1946–1953. Bd. 2: Essays and Documents. Essays und Dokumente. Berlin/Zürich: diaphanes, S. 67–79.

Wetzel, Juliane (2010): Verschwörungstheorien. In: Wolfgang Benz (Hrsg.): Handbuch des Antisemitismus. Judenfeindschaft in Geschichte und Gegenwart. Band 3: Begriffe, Theorien, Ideologien. Berlin/New York: de Gruyter, S. 334–337.

Ylvi L. Strack studierte Geographische Wissenschaften an der Freien Universität Berlin und schloss 2021 ihren Bachelor ab. In ihrer Bachelor-Arbeit befasste sie sich mit den Auswirkungen von Gentrifizierungsprozessen auf soziale Räume am Beispiel der linken Berliner Jugendzentren *Potse* und *Drugstore*.

David Meiering ist Sozialwissenschaftler und promoviert am Lehrbereich für Integrationsforschung und Gesellschaftspolitik an der Humboldt-Universität zu Berlin. Er ist Stipendiat des Evangelischen Studienwerk Villigst. Seine Forschungsschwerpunkte sind Radikalisierungsprozesse (insbesondere im völkischen Nationalismus und der ‚Neuen Rechten'), Ideologien der Ungleichwertigkeit und Politische Theorie (insbesondere Demokratietheorie). Zuletzt erschienen ist das Leviathan Special Issue „(Ent-)Politisierung? Die demokratische Gesellschaft im 21. Jahrhundert" (herausgegeben mit Andreas Schäfer, 2020) und „Connecting Structures: Resistance, Heroic Masculinity and Anti-Feminism as Bridging Narratives within Group Radicalization" (in: *International Journal of Conflict and Violence* 14 (2) 2020).

Benedikt Kaiser, Alain de Benoist und Diego Fusaro: Marx von rechts

Max Jakob Lindemann

Zusammenfassung

Dieser Beitrag beschäftigt sich mit aktuellen ‚neurechten' Versuchen, die gängige Feindschaft gegenüber Karl Marx in den eigenen Reihen zu überwinden und das Werk des kommunistischen Philosophen für eigene Zwecke anzueignen. In dem 2018 erschienen Band *Marx von rechts* lotet *Sezession*-Autor Benedikt Kaiser das Verhältnis von Marx, Sozialismus und der Rechten aus, der ‚neurechte' Spiritus rector Alain de Benoist erklärt den Marx'schen Wert- und Fetischbegriff und Diego Fusaro erörtert das enthistorisierende Wirken der Ideologie in der Moderne. Allen Texten gemeinsam ist eine höchst selektive Lektüre, die Marx für den ‚neurechten' Kampf gegen den liberalen Rechtsstaat sowie westlichen Universalismus fruchtbar machen und instrumentalisieren will.

M. J. Lindemann (✉)
Charité, Berlin, Deutschland
E-Mail: max-jakob.lindemann@charite.de

© Der/die Autor(en), exklusiv lizenziert an Springer Fachmedien Wiesbaden
GmbH, ein Teil von Springer Nature 2022
D. Meiering (Hrsg.), *Schlüsseltexte der ‚Neuen Rechten'*, Edition
Rechtsextremismus, https://doi.org/10.1007/978-3-658-36453-3_21

1 Die antikapitalistischen Sehnsüchte des deutschen Volkes bedienen

Wem das „wohl kontroverseste Buch des Jahres"[1] 2018 entgangen sein sollte, muss das nicht bereuen. Denn das im *Jungeuropa-Verlag* erschienene *Marx von rechts* wird dem großspurigen Versprechen in mehrfacher Hinsicht nicht gerecht. Das Ziel der wenig überraschenden Reise wird bereits nach wenigen Seiten bewusst. Mit Marx gegen den Westen und alles, was er zu verkörpern scheint: Menschenrechte, Liberalismus und Individuation. Der Verlagsname *Jungeuropa* ist Programm, sieht man sich doch als Sprachrohr einer jungen Generation ‚Neuer Rechter', die sich als „paneuropäisch, kapitalismuskritisch, sozial" (Stein 2018: 7) bezeichnet. Der Dresdner Verlag mit Faible für NS-Kollaborateure[2] lässt mit Benedikt Kaiser, Alain de Benoist und Diego Fusaro drei Autoren zu Wort kommen, die ausgerechnet das Schreckgespenst Karl Marx für die ‚neurechte' Theoriebildung dienstbar machen wollen.

Geleitet wird der Verlag vom rechtsextremistischen Aktivisten Philip Stein, der dem Sammelband ein Vorwort beisteuert. In diesem schreibt er, die Flüchtlingskrise 2015ff. habe auf Seiten der Rechten zwar eine neue Dynamik geschaffen, dabei sei aber Elementares auf der Strecke geblieben, nämlich die „Genese der ‚neurechten' Theorie als unabdingbares Fundament der politischen Praxis" (Stein 2018: 8). Diesen Mangel wollten die in diesem Band versammelten Autoren ausgleichen, die in ihrer Beschäftigung mit der sozialen Frage auch vor einer vermeintlich nüchternen und unvoreingenommenen Lektüre der Werke Karl Marx' nicht zurückschreckten. Dies könne in einer so heterogenen Rechten, die „sowohl wirtschaftsliberale Parlamentarier als auch grundsätzlich sozial orientierte Aktivisten" umfasse, wie ein „Spaltpilz" (Stein 2018: 7) wirken. Die Grundsatzfrage laute folglich, ob man sich die Überwindung von Kapitalismus und Liberalismus auf die Fahnen schreibe oder als Reformisten auf dem Boden des Bestehenden verharren wolle. So ganz neu ist dieser diagnostizierte Streit nicht. Bereits der Vordenker des italienischen Faschismus Julius Evola stellte fest: „Zwischen der echten Rechten und der ökonomischen Rechten gibt es nicht nur keine Identität, sondern gibt es sogar einen totalen Gegensatz" (Evola 1981: 24).

---

[1] So bewarb der *Jungeuropa Verlag* das Buch bei *Twitter*: https://www.twitter.com/Jungeuropa_2016/status/1017691851099385857?s=20 (03.05.2021).

[2] So hat der *Jungeuropa Verlag* in den letzten Jahren etwa *Die Kadetten des Alcázar* von Robert Brassilach und *Die Unzulänglichen* von Pierre Drieu La Rochelle herausgebracht.

So greift der Sezessions- und Antaios-Autor Benedikt Kaiser in seinem Artikel *Marx von rechts? Ausgangspunkt für einen Neubeginn* eine Rechte an, deren „konvenable Kritik der gesellschaftlichen und politischen Paradigmen des Liberalismus" nur selten mit einer Kritik an den „wirtschaftlichen Grundannahmen" (Kaiser 2018: 44) unseres Zeitalters einhergehe. Konservative blendeten allzu oft die „Kehrseiten der kapitalistischen Produktionsweise und Gesellschaft" (Kaiser 2018: 60) aus. Ohne „Überwindung der kapitalistischen Logik" sei der geforderte Primat des Politischen gegenüber dem Wirtschaftlichen nicht zu haben (Kaiser 2018: 62). Wolle man als Rechte mehr sein als eine „stabilisierende Klasse für das Establishment" (Kaiser 2018: 63), dürfe man die marxsche Kapitalismuskritik nicht außer Acht lassen.

Kaiser skizziert die Geschichte jener deutschen Rechten, die dem Kapitalismus nur wenig Gegenliebe entgegenbringen konnte.[3] Die Linie reiche von den preußischen Sozialreformern des 19. Jahrhunderts über die Vertreter der Konservativen Revolution, die im Liberalismus und Kapitalismus Produkte ‚undeutscher' Fasson erkannten, bis zum linken Flügel der *NSDAP* um die Brüder Strasser. Zwar hätten auch die Nationalsozialisten mit „sozialem und antibürgerlichem Vokabular" (Kaiser 2018: 24) kokettiert, wirklich kapitalismuskritisch seien sie aber keineswegs gewesen. Vielmehr habe ihre Teilung in ‚jüdischer' Ausbeuter und ‚arischer' Ausgebeuteter das wahre Wesen des Kapitals verschleiert. Allein die Nationalbolschewisten hätten die „national-sozialistische Terminologie" ernstgenommen und hätten mithilfe eines syndikalistischen Sozialismus die „antikapitalistischen Sehnsüchte des deutschen Volkes" (G. Strasser) bedienen wollen (Kaiser 2018: 24 f.).

Nach 1945 habe die Nachkriegsrechte von etwaigen sozialistischen Visionen nur noch wenig wissen wollen. Stattdessen hätten sie es sich im Schoß des angloamerikanischen und prokapitalistischen Antikommunismus bequem gemacht. Anders in Frankreich, wo national-revolutionäre Positionen durch die Gruppen um Alain de Benoist eine neue Blüte erlebten (Kaiser 2018: 30 f.).

2 Kapitalismuskritiker von rechts

Obwohl die Rechte laut Kaiser dem Sozialismus oft nicht ablehnend gegenübergestanden hätte, sei sie doch immer explizit marxgegnerisch aufgetreten. So habe Oswald → Spengler etwa gefordert, man müsse den deutschen Sozialismus von

---

[3] Eine längere Geschichte dieses rechten Antikapitalismus zeichnet Kaiser in seinem 2017 im *Verlag Antaios* erschienenen Bändchen *Querfront* nach.

Marx befreien. Dieser gehöre nach England, wo er gelebt und geforscht und den Geist britisch-liberalen Denkens verinnerlicht habe. In einer universalen Ausrichtung sei der Marxismus eine Abart des Manchester-Kapitalismus und müsse damit der deutschen Seele zuwider sein (Kaiser 2018: 34). Doch Kaiser will aufzeigen, dass es Ausnahmen gegeben habe wie Pierre Drieu La Rochelle in Frankreich. Der antisemitische NS-Kollaborateur (und eine Art Maskottchen des Jungeuropa-Verlags[4]) habe den frühen „umsichtigen und verborgenen Marx als vitalen Strategen des politischen Kampfes" und Stichwortgeber eines *socialisme fasciste* angerufen (Kaiser 2018: 35).

An der allgemein ablehnenden Haltung der Rechten gegenüber Marx sei auch die Rezeption seiner linken Anhänger schuld. Denn was man ab den 1920ern intuitiv mit Marx verbunden habe, sei vor allem jene „zusammengeschusterte, dogmatische Ideologie" (Kaiser 2018: 33) des Marxismus gewesen. Das marxsche Werk sei von Engels, Kautsky, den Bolschewiki und anderen vereinfacht und verflacht worden (Kaiser 2018: 31). Kaiser gibt die Direktive aus: Zurück zu Marx, aber nicht zum Marxismus (Kaiser 2018: 33). Ein Vorteil der Rechten stelle ihre Herkunft aus einer anderen *famille spirituelle* dar, die nicht mit den „historischen Altlasten" realsozialistischer Regime kontaminiert sei (Kaiser 2018: 45). Man könne „prüfen, was man verwerfen muss" und „was man nutzen kann" (Kaiser 2018: 50) und auf diese Weise auf die marxsche Theorie zugehen. Das gelte umso mehr, da die heutige Linke das Erbe Marx' vollständig verraten habe. Nach der Totalemanzipation der 68er habe sie ihren Frieden mit dem Kapitalismus gemacht, sodass heute sogar ein „Linkskapitalismus" mit kapitalistischer Basis und linkem Überbau herrsche. Angesichts dieser „Querfront aus Kapital und Antifaschismus" (Kaiser 2018: 32) müsse Marx den Klauen der Linken entrissen werde. Da soziale Errungenschaften sukzessive zurückgebaut würden, werde ein günstiges Klima für rechte Kapitalismuskritiker geschaffen (Kaiser 2018: 14, 32).

Dass die Linke Marx stets selektiv studiert hat, mag keine falsche, wenn auch geläufige Erkenntnis sein. Warum nun aber ausgerechnet die ,Neue Rechte' unvoreingenommener auf die Theorie des Philosophen blicken können soll, ist unverständlich. Kaiser und Konsorten wollen prüfen, welche marxschen Ansätze man nutzen könne und gestehen damit offensichtlich ein, dass es bestimmte Prämissen gibt, an denen nicht gerüttelt zu werden habe. Solch ein Ansatz macht eine unvoreingenommene Lektüre aber natürlich von vornherein unmöglich. Der Linken das

---

[4] So verkaufte der Verlag einige Zeit Taschen mit dem Porträts Drieu de La Rochelles mit der Aufschrift „Adieu! Vieille Europe", https://www.twitter.com/Jungeuropa_2016/status/1098941498064887808 (11.04.2021).

selektive Studium durch die ideologische Brille vorzuwerfen, während man selbst durch die ‚neurechte' Brille schaut, beweist nur, was man sich von Beginn an denken konnte: Mit dem Versprechen eines großen theoretischen Neuanfangs ist es nicht weit her.

3   De Benoist erklärt den Fetisch

Alain de Benoist steuert Artikel zu *Karl Marx und der Warenfetischismus* (2018a) und *Wertkritik*[5] (2018b) bei. Dass der Spiritus rector der *Nouvelle Droite* dem Kapitalismus wenig abgewinnen kann, überrascht nicht. In der Zeit des Kalten Krieges gab es zweierlei Arten von Rechten: jene, denen der Hass auf den Kommunismus über alles ging; und jene, die den Hauptfeind in der bürgerlichen Gesellschaft sahen (Böhm 2008: 107 ff.). Alain de Benoist gehörte stets zu letzterer Gruppe. Ihre Nemesis ist der Liberalismus samt seiner vermeintlichen Pathologien wie Dekadenz, Politikverfall, Vereinzelung. Anders als die ihm so verhasste erste Gruppe der Reaktionäre warf er den „Soixante-huitards" nicht die Gefährdung der politisch-sittlichen Ordnung vor, sondern sah sie eher als Konkurrenten im Kampf gegen die bürgerliche Gesellschaft (de Benoist 2018a: 65). Der Schritt zu Marx ist auch deshalb wenig erstaunlich, weil de Benoist seit jeher originär linke Theoretiker wie Claude Lévi-Strauss oder Herbert Marcuse rezipierte – ganz zu schweigen vom Konzept der Metapolitik bei Gramsci, dem Heiligen Gral der ‚Neuen Rechten' (de Benoist 2018a: 65; Weber 2011: 83 f.).

De Benoist beschäftigt sich in den beiden Artikeln mit beinahe identischen Aspekten des marxschen Werkes, was die Auswahl dieser Texte für den Sammelband unsinnig erscheinen lässt. Vielleicht glaubte Herausgeber Philip Stein, die marxsche Theorie solle selbst auf die Gefahr der Langeweile hin besser zwei Mal durchdekliniert werden, damit die Leserschaft möglichst viel versteht. So erfährt man gleich doppelt, was es mit dem Gebrauchs- und Tauschwert, der Selbstbewegung des Kapitals, dem Fetischcharakter der Ware und dem tendenziellen Fall der Profitrate auf sich hat. Insgesamt erinnern die Ausführungen an die ‚Einführung in die Kapitalismuskritik' einer kleinstädtischen Antifa-Gruppe. Neben durchaus korrekten Darstellungen stehen eklatante Missverständnisse und interessierte Fehldeutungen, in denen das ‚neurechte' Weltbild Alain de Benoists durchbricht.

---

[5] Die neomarxistische Wertkritik, die de Benoist umfangreich behandelt, hatte Kaiser einige Seiten zuvor noch als „Diskurslabyrinthe" und „Lektüreirrgärten" abgetan (Kaiser 2018: 49).

So verblüfft er etwa mit der Erkenntnis, Marx habe Idealismus und Materialismus gleichermaßen abgewiesen (de Benoist 2018a: 66). Denn kein anderer habe die „materialistische Praxis der bürgerlichen Gesellschaft" stärker kritisiert als er (de Benoist 2018a: 66). Möglicherweise gerät de Benoist hier die Mehrdeutigkeit des Begriffes „Materialismus" durcheinander – nämlich einmal im geläufigen Sinne als nach Gewinn und Besitz strebende Lebenseinstellung und einmal als (Erkenntnis-)Philosophie, die die Materie ins Zentrum ihrer Überlegungen stellt. Aber selbst dann ergibt die Aussage wenig Sinn. Denn am Kapitalismus kritisierte Marx ja gerade nicht, dass Reichtum angestrebt, sondern dass dieser nicht gerecht verteilt werde. Für de Benoist hingegen ist die Degeneration des Menschen durch den „Hedonismus des maßlosen, von der heutigen Werbeliturgie angespornten Konsums" (de Benoist 2018a: 74) *sittlich* gefährlich.

In eine ähnliche Richtung geht die Kritik am Liberalismus, die de Benoist Marx unterzuschieben versucht. An diesem beanstande Marx nämlich angeblich jene Gesellschaftsvision, die von allen dauerhaften Bindungen freie und lediglich durch den Warentausch miteinander verbundene Individuen produziere. Der Liberalismus habe die „früheren Macht- und Abhängigkeitsformen" durch eine „neue Form der abstrakten Herrschaft" ersetzt, die den als „frei und gleich" angesehenen Individuen durch das Wertgesetz auferlegt werde (de Benoist 2018b: 81). Was de Benoist als Verlust verkaufen will, ist in Marx' Augen jedoch durchaus ein notwendiger und zu bejahender Fortschritt gegenüber jenem „auf Bluturenge, Natur- und Herrschafts- und Knechtsschafts[verhältnisse] gegründet[en] nur lokalen Zusammenhang" (MEW 42: 95). De Benoist nutzt Marx, um diesem seine antiliberalen Wünsche unterzuschieben. Der gemeinschaftszersetzenden Macht des Kapitalismus müssten neue soziale Bindungen entgegengesetzt werden (de Benoist 2018a: 69). Marx postuliere die Vorrangstellung des Gemeinschaftlichen gegenüber dem abstrakten individuellen Subjekt (de Benoist 2018a: 69) – was ja durchaus richtig, aber zugleich völlig falsch ist. Nichts kann von der marxschen Gesellschaft der Freien und Gleichen diametraler entfernt sein, als die bornierte Wiederauferstehung der „organischen Gemeinschaft" (Stein 2018: 10), die Philip Stein im Vorwort beschwört und die Menschen fein säuberlich nach Kultur und Ethnie aufzuteilen sucht (vgl. de Benoist 2017: 179 ff.; Weber 2011: 17 ff., 55 ff.).

4 Ontologie und Ideologie

Das Schlagwort der organischen Gemeinschaft entstammt dem Vokabular des Eurofaschismus (Rudolph 2019). Stein hebt mit den Worten des Vordenkers des spanischen Falangismus Primo de Rivera Einheit und Gemeinwohl als „höhere

Gefühl[e]" und „zeitlose Ideal[e]" (Stein 2018: 12) hervor. Diego Fusaro, der den vierten Text *Geschichte, Ideologie, Wahrheit. Marx und die Deduktion der Kategorien* beisteuert, wird als „rechter Linker" beschrieben und scheut nicht davor zurück, im Organ der neofaschistischen „Casa Pound" zu veröffentlichen (Laino 2018). In Anbindung an das 1845 bis 1846 von Marx und Engels verfasste Manuskriptkonvolut *Die deutsche Ideologie* will Fusaro das Wirken einer postideologischen Ideologie offenlegen und konstruiert eine Methode der „neuen Ontologie des sozialen Seins" (Fusaro 2018: 134). Diego Fusaro hat es als Dozent der Philosophie am *Istituto alti studi strategici e politici* der Universität Mailand zu einiger Bekanntheit gebracht und gilt als Ziehsohn des marxistischen Philosophen Costanzo Preve, der seit 2000 *u. a.* durch militanten Antiamerikanismus auf sich aufmerksam macht und sich bereits im Jahr 2005 für die ,neurechte' Zeitschrift *Éléments* von Alain de Benoist interviewen ließ, deren Titelblatt damals die Parole zierte: „Libérons Marx du marxisme!" (Schobert 2005).

Mit Ende des Kalten Krieges sei eine „post-ideologische Welt" (Fusaro 2018: 96) eingeläutet worden, die Ideologien als Ursprungsquelle aller Verbrechen des 20. Jahrhunderts ausfindig gemacht habe. Die Bürger des heutigen „absolut-totalitären Kapitalismus" (Fusaro 2018: 96) lebten im Glauben, sie würden eine Realität jenseits aller ideologischen Zurichtung bewohnen. Tatsächlich sei aber das Gegenteil der Fall. Die perfekte Ideologie mache sich unsichtbar, indem sie das Ende der Ideologie zelebriere. Damit ist die scheinbar post-ideologische Welt die in Wahrheit ideologisierteste Epoche aller Zeiten (Fusaro 2018: 99). Mithilfe der Ausführungen Marx' zur *Deutschen Ideologie* könnte der herrschende „dogmatische Schlummer" (Fusaro 2018: 98) durchbrochen werden, indem sie das naturalisierende und enthistorisierende Wesen aller Ideologie enthülle.

Dafür konzentriert sich Fusaro auf die Ableitung einer „sozialen Deduktion der Kategorien des Gedankens" aus der *Deutschen Ideologie* (Fusaro 2018: 107). Gedanken und Ideen müssten grundsätzlich vor ihrem geschichtlich-gesellschaftlichen Hintergrund erklärt werden und nicht bloß „vom Horizont der rein abstrakten Spekulation" (Fusaro 2018: 107) aus. An die Stelle der transzendenten trete die soziale Deduktion der Kategorien. Mittels dieser ließen sich die abstrakten und gnoseologischen Gedankeninhalte als „direkte(n) Ausfluß" (MEW 3: 26) der sozialpolitischen Realität decodieren. Diese Methode berge jedoch Gefahren. Die Gleichsetzung der Geltung der Kategorien mit ihrer Genesis und der „Reduktion jedes […] Produkts des Bewusstseins und des Geistes auf die nur mehr ideologische Emanation der konkreten Produktions-verhältnisse" (Fusaro 2018: 118 f.). Ohne die Verankerung innerhalb einer universalistischen Perspektive der Wahrheit münde die Methode der sozialen Deduktion im historischen Nihilismus. Aus diesem Irrweg glaubt Fusaro einen

Ausweg gefunden zu haben. Es sei durchaus möglich, den „großen theoretischen Schatz" der *Deutschen Ideologie* zu nutzen, ohne auf den „veritativen und selbstbestimmten Raum" (Fusaro 2018: 123) der Philosophie zu verzichten. Die Philosophie sei zur Differenzierung aufgerufen: zwischen der Genese als stets historisch und sozial determiniert auf der einen , und der Geltung, die universell und daher in der Lage sei, den partikularen historisch-sozialen Aspekt der Genese zu transzendieren, auf der anderen Seite. Dies gelinge der hegelschen Philosophie (Fusaro 2018: 123 f.). Nach Hegel habe es die Philosophie nicht mit dem zu tun, was ist und ewig ist: Das manifestiere sich „stets als konkrete Historie zeitlich determiniert, in realen räumlich-zeitlichen Gestaltungen" (Fusaro 2018: 126). Allerdings fehle Hegel wiederum die marxsche Rückführung der Nebelbildungen im Gehirn auf den materiellen Lebensprozess. Wenn aber die soziale Deduktion der Kategorien nach Marx in den hegelschen Horizont eingebaut würden, könne man die „parallele Entwicklung der Ebene der Idee einerseits und der Ebene der wirklichen Geschichte andererseits" (Fusaro 2018: 134) nachverfolgen. Indem man also Marx durch Hegel und Hegel durch Marx berichtige, könne die gesamte Geschichte der westlichen Philosophie neu geschrieben werden (Fusaro 2018: 137).

Die furchtbare hypotaktisch überladene Schreibweise Fusaros mag der völlig misslungenen Übersetzung oder der bemerkenswerten Unfähigkeit geschuldet sein, einen klaren Satz geradeaus zu formulieren. Die Rezension Barbara Kirchners in der *Frankfurter Allgemeinen Zeitung* des ebenfalls 2018 erschienen *Schon wieder Marx. Die Wiederkehr der Revolution* von Diego Fusaro legt die Vermutung nahe, dass letzteres der Fall ist. Sie tituliert das Werk nicht nur als das albernste Buch des Jubiläumsjahres, sondern schreibt auch: „Gegen diese Umständlichkeit [der Schreibweise Fusaros, M.J.L.] ist ‚Das Kapital' ein Tweet, und sogar ein lustiger" (Kirchner 2018). Fusaro trifft tatsächlich ein Problem insbesondere des dogmatischen Parteisozialismus, der allzu oft einem stumpfen Ökonomismus vertrat, der noch jede politische Banalität und jedes kulturelle Produkt auf die wirtschaftliche Interessenlage zurückzuführen wusste. Natürlich haben die intelligentesten Advokaten eines unorthodoxen Marxismus jedoch niemals ein derart mechanisches Verständnis des Materialismus vertreten (Elbe o. J.). Dadurch wird aber erst recht unklar, was das Neue an Fusaros Methode sein soll . Seine vollmundige Behauptung, man könne die abendländische Philosophie in Gänze neu erzählen.

Dass Fusaro ausgerechnet einen universalistischen Wahrheitsbezug stark macht, ist angesichts des grassierenden moralischen und kulturellen Relativismus von rechts kurios (Knipphals 2017). Insbesondere Alain de Benoist ist die

„egalitäre Ideologie" des westlichen Denkens zutiefst verhasst, der er die Zerstörung der nationalen und ethnischen Identitäten vorwirft (vgl. Böhm 2008: 92 ff., 117 ff.; Weber 2011: 40 ff., 64 ff.).

5   Mit Marx gegen die Menschenrechte

In einem Punkt sind sich demnach alle Autoren in *Marx von rechts* einig. Was den Kapitalismus besonders verdammenswert macht, ist seine Assoziation mit dem „Hauptfeind" Liberalismus (Kaiser 2018: 31). Das Verhältnis des wirtschaftlichen Systems und der politischen Philosophie bleibt jedoch völlig ungeklärt. Im Vorwort identifiziert Stein Liberalismus und Kapitalismus etwa als „Ideologien der Vereinzelung" und in den Worten des rechtsextremen Anwalt Thor von Waldstein als „siamesische Zwillinge" (Stein 2018: 9). Teilweise hängen die Autoren dem Liberalismus das Präfix „Neo-" an. Was den Neoliberalismus jedoch vom Liberalismus unterscheidet, bleibt vage. Angeblich vertrete ersterer ein anderes Verständnis vom Staat, das diesen zum lediglich ausführenden Organ der Wirtschaftmache deklariere – als wäre das nicht mindestens seit Carl Schmitt der klassische Vorwurf gegen den Liberalismus. Ebenso wenig neuartig ist der Vorwurf, der (neo-)liberale Siegeszug ordne selbst Volk und Nation dem Paradigma des globalen *Market Place* unter (Kaiser 2018: 61). Zwar halten alle drei Autoren fest, dass nicht der individuelle Kapitalist, sondern das abstrakte Kapital herrsche. Aber wer wie Kaiser und Konsortien ein leninistisch-gramscianisches Überbau-Basis-Modell vertritt, muss natürlich eine herrschende Klasse mit herrschenden Gedanken ausfindig machen.[6] Bei dieser Elite handelt es sich laut Kaiser um eine transnational denkende und handelnde, besitzende Klasse, die aus materiellen Interessen für freie Märkte und offene Grenzen optiere; eine politische und wirtschaftliche Oligarchie, die vom „Volk als politischem Subjekt" entkoppelt sei und unzufriedene Bürger in Kooperation mit dem linksliberalen Medienblock bekämpfe (Kaiser 2018: 48).

Gemeinsam ist allen Autoren die Denunzierung des abstrakten modernen Subjekts als „individualistisch", „gemeinschaftsschädigend" und als Typus des „jeden sozialen Verantwortungsgefühls bare(n) Trieb- und Genussmensch",

---

[6]Vgl. hierzu den Beitrag zu Bernd → Rabehl.

wie Kaiser F.C. Weiskopf zitiert[7] (Kaiser 2018: 44 f.). Laut de Benoist sind die Individuen in „unersättlich[e] Konsummaschinen" (Kaiser 2018: 74) verwandelt worden. Der Kapitalismus habe die Naturzusammenhänge von Familie, Volk und Ethnie vernichtet. Das ökonomische Diktat zersetze, was einst (vermeintlich) organisch gewachsen, in Konsumdenken und Profitstreben. Als Symbol der scheinbar alternativlosen „allumfassenden Ideologie der Rationalität" fährt Stein auf, was auch als erstrebenswert erscheinen könnte: „Eine erste McDonald's-Filiale in Nordkorea"[8] (Stein 2018: 9). Im Gegenteil ist doch das eigentliche Problem jener Ideologie der Rationalität, dass sie noch nicht global geworden ist – so wie das Problem an den Menschenrechten nicht ist, dass sie lokale Unterschiede einebnen, sondern dass sie ihren universalen Anspruch nicht erfüllen und partikular geblieben sind. In einem Text aus den 1980er-Jahren stellte Alain de Benoist fest, dass Marx' historisch-gesellschaftliche Vision „der liberalen zum Verwechseln ähnelt" (de Benoist 2017: 193 f.). Eine Erkenntnis, die pejorativ gemeint war, aber wahrer vermutlich nicht sein könnte. Was der Liberalismus an individuellem und materiellem Glück zumindest verspricht, ist nicht das gänzlich Andere des Kommunismus. Theologisch könnte man mit Benjamin davon sprechen, dass der Messias die Welt nur um ein „geringes [...] zurechtstellen" werde (GS 2: 432).

Den beständigen Anrufungen verstärkter Theorieanstrengung zum Trotz, bietet *Marx von rechts* theoretisch reichlich wenig. Das Reservoir der marxschen Theorie, aus dem man sich mutmaßlich nur bedienen könne wie in einem Kaufladen, scheint doch weniger Anknüpfungspunkte für ‚neurechtes' Denken zu bieten als behauptet. Auch wo es ans Konkrete ginge, fällt den Autoren wenig ein. De Benoist und Kaiser fordern „Räume der Freiheit und des Miteinanders" und „Inseln gelebter Alternativität und Solidarität jenseits des kapitalistischen Betriebes" (Kaiser 2018: 47). Außerdem müssten innovativen nichtkapitalistischen Ideen mit Neugierde begegnet werden, etwa den Ansätzen der Allmende, des Gemeinguts und der Sharing Economy (Kaiser 2018: 47). Es ist kein Zufall, dass es sich bei diesen Konzeptionen um wirtschaftliche Erscheinungen aus vorkapitalistischer Zeit handelt oder wie Marx sagen würde: um die „[alte] Scheiße" (MEW 3: 35). Da fragt sich jeder Leser wohl

---

[7]Pikant, dass Kaiser einen Sozialisten wie Weiskopf zitieren kann, was verdeutlicht, dass auch einige Marxisten wenig vom Liberalismus, Genuss und Luxus gehalten haben.

[8]Das erinnert nicht von ungefähr an den antiamerikanischen Spruch Alain de Benoists: „Die Eröffnung einer Fast-Food-Filiale oder eines Supermarktes stellt für unsere Identität sicher eine größere Bedrohung dar als der Bau einer Moschee" (z. n. Weber 2011: 39).

zwangsläufig, ob das alles sein soll? Und man könnte sich auch fragen, was der Wert der Auseinandersetzung mit einer angeblich ‚intellektuellen' Rechten ist, die derart dürftige ‚Erkenntnisse' produziert.

Literatur

Primärquellen

Böhm, Michael: Alain de Benoist (2008): Denker der Nouvelle Droite. Schnellroda: Antaios.

de Benoist, Alain (2017): Kulturrevolution von rechts. Dresden: Jungeuropa Verlag.

de Benoist, Alain (2018a): Karl Marx und der Warenfetischismus. In: Benedikt Kaiser/Alain de Benoist/Diego Fusaro (Hrsg.): Marx von rechts. Dresden: Jungeuropa Verlag, S. 65–78.

de Benoist, Alain (2018b): Wertkritik. In: Benedikt Kaiser/Alain de Benoist/Diego Fusaro (Hrsg.): Marx von rechts. Dresden: Jungeuropa Verlag, S. 79–94.

Evola, Julius (1981): Le fascisme vu de droite. Suivi de: Notes sur le Troisième Reich. Paris: Cercle Culture et Liberté-Totalité.

Fusaro, Diego (2018): Geschichte, Ideologie, Wahrheit. Marx und die Deduktion der Kategorien. In: Benedikt Kaiser/Alain de Benoist/Diego Fusaro (Hrsg.): Marx von rechts. Dresden: Jungeuropa Verlag, S. 95–143.

Kaiser, Benedikt/de Benoist, Alain/Fusaro, Diego (Hrsg.) (2018): Marx von rechts. Dresden: Jungeuropa Verlag.

Kaiser, Benedikt (2018): Marx von rechts? Ausgangspunkte für einen Neubeginn. In: Benedikt Kaiser/Alain de Benoist/Diego Fusaro (Hrsg.): Marx von rechts. Dresden: Jungeuropa Verlag, S. 13–64.

Kaiser, Benedikt (2017): Querfront. Schnellroda: Antaios.

Stein, Philip (2018): Vorwort. In: Benedikt Kaiser/Alain de Benoist/Diego Fusaro (Hrsg.): Marx von rechts. Dresden: Jungeuropa Verlag, S. 7–12. In: Wolfgang Benz (Hrsg.): Handbuch des Antisemitismus. Judenfeindschaft in Geschichte und Gegenwart. Band 3: Begriffe, Theorien, Ideologien. Berlin/New York: de Gruyter, S. 334–337.

Sekundärliteratur

Benjamin, Walter (Hrsg.) (1972 ff.): Gesammelte Schriften. Frankfurt a. M.: Suhrkamp.

Elbe, Ingo (o.J.): Zwischen Marx, Marxismus und Marxismen – Lesarten der Marxschen Theorie. https://www.rote-ruhr-uni.com/cms/IMG/pdf/Lesarten_erweitert.pdf (03.05.2021).

Kirchner, Barbara (2018): Materialismus ja, aber bitte den richtigen! https://www.buecher.de/shop/marx-karl/schon-wieder-marx/fusaro-diego/products_products/detail/prod_id/47748842/ (11.04.2021).

Knipphals, Dirk (2017): Das Lebendige verfehlen. *taz* vom 12.12.2017. https://www.taz.de/Essay-Kulturbegriff-der-Neuen-Rechten/!5464534/ (11.04.2021).

Laino, Gianmichele (2018): Il ‚marxista' Diego Fusaro ha iniziato una collaborazione con il giornale di Casa Pound. giornalettismo.com/diego-fusaro-primato-nazionale-casapound/ (11.04.2021).

Marx, Karl/Engels, Friedrich (1956ff.): Werke. Berlin: Dietz.

Rudolph, Moritz (2019): Eurofaschismus – Wer gegen ihn ist, könnte für ihn sein. In: *Merkur* vom 05.08.2019. https://www.merkur-zeitschrift.de/2019/08/05/eurofaschismus-wer-gegen-ihn-ist-koennte-fuer-ihn-sein/ (11.04.2021).

Schobert, Alfred 2005): Rechter Marxismus: Diskurspiraterie. https://www.hagalil.com/archiv/2005/04/marxismus.htm (11.04.2021).

Weber, Ines (2011): Die politische Theorie von Alain de Benoist. Marburg: Tectum.

Max Jakob Lindemann studiert Medizin an der Charité Berlin. Zuvor studierte er Sozial- und Literaturwissenschaften an der Humboldt-Universität zu Berlin.

Curtis Yarvin (Mencius Moldbug): An Open Letter to Open-Minded Progressives

Paola Giannuzzi

Zusammenfassung

Neoreaction (NRx) found its breeding ground in the American techno-libertarian subculture, strongly attached to the historical legacy of the pre-democratic thought. Curtis Yarvin, better known on the Internet as Mencius Moldbug, launched the movement with his blog *Unqualified Reservations.* NRx's central thesis is the complete revaluation of the notions of practices of democracy, regarded as a fabrication, the will of the people being too arbitrary and varying to form any coherent foundation. In *An Open Letter to Open-Mind Progressives,* Yarvin argues that progressive beliefs are out of touch with reality and based on a common sense that has been historically distorted by elitarian thought. Progressivism's set of norms and beliefs are determined and imposed by *The Cathedral,* i.e., a fictional meta-institution consisting of mainstream universities and media. People systematically let their thoughts be steered into a certain direction because of "selective anesthesia". The Cathedral propagates what Yarvin calls *The Synopsis,* which is specified as the set of all reasonable ideas, widely propagated thanks to the corpus of mainstream academia, journalism and education. NRx's power is gained by recruiting "a combination of philosopher and crowd" to create a counter-Cathedral. The environment in which such recruitment takes place is the Internet.

P. Giannuzzi (✉)
Catholic University of the Sacred Heart, Milan, Italien
E-Mail: paola.giannuzzi@libero.it

263

1   The Neoreactionary Movement

The online world has leaked into every aspect of human life; it is overwhelming already to consider the amount of information and knowledge one can access without any payment.[1] Despite its ubiquity, many still ignore the very existence of a dark side of the web – or, in the very least, tend to underestimate its potential. One of the most prominent examples of the dark turn of the web is the *Alternative Right,* also known as the *Alt-Right.* The movement can be identified as an intersection of a longstanding and to some extend marginalized part of the conservative movement, arguably gathering all its most nationalist, racist, and misogynist strands. A consolidated branch of the Alt-Right is the *Neoreactionary* movement, whose underpinning philosophy is known to the public as *Dark Enlightenment.* The term "reactionary" was originally used to describe someone opposing the French Revolution; today, the neologism refers to those who, though generally admiring and cherishing technological progress, would like things to return to pre-existing state of affairs. Their political ideology supports "a return to traditional ideas of government and society, especially traditional monarchy and ethno-nationalist state", while seeing itself "opposed to modern ideas like human rights, multiculturalism, and secularism" (Scott Alexander 2013).[2] Neoreaction (from now on referred to as *NRx*) accordingly found its breeding ground in the American techno-libertarian subculture, characterized and empowered by the unity of two supposedly uncorrelated forces, namely modern engineering mentality and a strong attachment to the historical legacy of the pre-democratic thought. *NRx* started receiving attention from the general public when, in 2009, Peter Thiel, the co-founder of PayPal, declared: "I no longer believe that freedom and democracy are compatible" (Thiel 2009). However, the movement finds its very origin in the launch of *Unqualified Reservations,* a blog run by Curtis Guy Yarvin from 2007 to 2014, which is now dormant.[3] The author, better known in the dot-com bubble as *Mencius Moldbug,* is a computer scientist and supporter of feudalism who likes defining himself as a

---

[1] Thanks to Konstantin Hokamp for his assistance in completing this contribution and to Julia Schulz for her valuable comments and corrections.

[2] Although Scott Alexander's text is one of the best evidence-based critique of *NRx*, it has to be pointed out that he himself is an anti-feminist right winger.

[3] Yet, Yarvin announced a new book *Gray Mirror of the Nihilist Prince* in cooperation with the conservative think tank *The Claremont Institute.* Three essays have been published so far on the Institute's digital platform *The American Mind.*

Jacobite.[4] In his blog posts, he "holds forth on everything, from the intricacies of Korean history to contemporary Pakistani politics, from the proper conduct of a counterinsurgency operation to macroeconomic theory and fiscal policy, and he never gives an inch", as stated by Corey Pein in his article for *The Baffler* (Pein 2014). He initially defined his set of political beliefs as *formalism* (Yarvin 2007a) until new representatives such as Nick Land and Michael Anissimov tacitly agreed to self-identify as *neoreactionaries*. At its core, the movement hosts different schools of thought, the one ideological thread uniting them all being the critique of modernity, more precisely of mass democracy. According to Yarvin, modernity is usually understood to be *demotist*. *Demotism* is an unnatural category coined by the *NRx* which covers a bundle of broad concepts, ranging from democracy to communism. It is defined as "any system of government in which the regime defines itself as representing or embodying the general will of the People" and Yarvin strongly alleges that this includes "all systems of government which trace their heritage to the French or American Revolutions" (Yarvin 2007c). The central thesis underlying *NRx* theories is then the complete revaluation of the notions and practices of democracy, which is basically regarded as a fabrication, the will of the people being too arbitrary and varying to form any coherent foundation. More precisely, they do not "believe that the people have a will, rather that only individuals do". In fact, the purpose of elections is not at all to express the "will of the people", rather their only purpose is "providing a check on the ambitions of politicians to do anything the people really hate" (Millman 2014). What exactly democracy should be replaced with, however, does not appear to be unanimously agreed upon. The movement is fundamentally divided between those who want a feudal monarchy, those who want an absolute monarchy, and those who advocate the replacement of democratic governments with business-government in the form of a "joint-stock republic" headed by a chief executive officer. This *neocameralist state* is essentially "a system where states consist of voting markets", thus "a sort of shareholder republic model where monarchs might compete for citizens" (Lewis 2014), who are free to join and leave the state as they please.

The movement truly gained traction among the broader public in 2013 after the release of an article by Klint Finley on the online platform TechCrunch, namely "Geeks of Monarchy: The Rise of the Neoreactionaries" (Flinley 2013).

---

[4] The Jacobites were a 17th- and 18th-century movement that supported the restoration of the political (and partly: religious) system before the Glorious Revolution of 1688, that ultimately established the parliamentary system with the Bill of Rights in 1689.

Even though its exponents had already been writing for some years, the growing media attention to the problems of the tech industry, such as sexism in video-games and the gentrification of the Bay Area in California, resulted in an explosion of interest for the *NRx* world. By its own adepts, the movement is gene-rally defined as "a political philosophy and intellectual movement dedicated to providing secure, responsible and effective government", as claimed by Yarvin on his blog's home page. What differentiates it from most right-wing movements is the style of writing and expression of ideas, which is marked by a total absence of self-censorship and concern for one's social standing and feelings.

2 Inside *NRx:* Mencius Moldbug's *An Open Letter to Open-Minded Progressives*

One of the most prominent works by Curtis Yarvin is beyond any doubt "An Open Letter to Open-Minded Progressives", published on July 17th, 2008. In an excessively long post originally published on his personal blog (Yarvin 2008), the anarcho-capitalist concentrates his efforts on trying to convince progressives that their views and beliefs are out of touch with reality and based on a common sense that has been distorted by elites in previous centuries. He describes democracy as "a dangerous, malignant form of government which tends to degenerate, sometimes slowly and sometimes with shocking, gut-wrenching speed, into tyranny and chaos", whose representatives are "uniformly devoid of character or personality", since they always "have the good sense to side with the future electorate rather than with the past electorate" (Chap. 14).

In his attempt to persuade progressives to adapt to his own personal way of interpreting the mechanisms underpinning the world order, Yarvin compares progressivism to a sort of religion. He identifies it as cryptocalvinism, whose ideals are *Equality* (the universal brotherhood of man), *Peace* (the futility of violence), *Social Justice* (the fair distribution of goods), and *Community* (the leadership of benevolent public servants) (Yarvin 2007b), and whose sets of norms and beliefs are determined and imposed by *The Cathedral,* i.e. a fictional meta-institution consisting of mainstream universities and media. In his opinion, the values underpinning any modern democratic society are indeed controlled by *The Cathedral,* which addresses every outside voice as heretical and eventually punishes it by automatically excluding it from the public debate. Yarvin defines the way people systematically let their thoughts be steered in a certain direction by *The Cathedral* as selective anaesthesia (Chap. 14). In doing so, he reformulates typical right wing and conservative topoi by employing an idiosyncratic vocabulary, such as the *political mainstream,* the later coined *fake news,* or *cancel culture.* In fact, he invokes comparisons to modern dystopias like George Orwell's *Nineteen Eighty-Four* or Aldous Huxley's *Brave New World,* suggesting an approximation between liberal democracy and totalitarian regimes. In his *Gentle Introduction to Unqualified Reservations* (2009), Yarvin picked up the term *Red Pilling,* an idea from the movie *The Matrix,* in which the protagonist has the choice between two pills: one red pill to reveal the truth about the world and gain access to a hidden, underlying cyberworld (the matrix); and one blue pill to stay unenlightened and continue the normal life. Converging vigilante ideology and the epistemological claim for a monopoly on the true perception of the world, this *dark enlightenment* lays the groundwork for a deep disagreement (Aikin 2019) between liberal democracy and the *NRx,* which is not likely to be overcome.

He carries out his dispraising interpretation of the modern world in a tight connection to his obsession for Whig historicism, which he defines as an entity "lounging louche on its throne, fastened tight to the great plinth of public opinion that it hacked from the rock of history with its own forked and twisted tongue" (Chap. 6). Accordingly, he identifies no reasonable grounds on which to make the assumption that the history of progress only brought improvements to modern societies. He finds an appropriate take on progressivism in Alinsky's words, who defined progressivism as a "relationship built on self-interest", meaning a way for people who seek power to freely organize in order to eradicate enemies. For this reason, disorder and chaos turn out to be essential to progressivism and its representatives. Moreover, the blogger identifies one of the major theoretical failures of the Left: the opposition between democracy and freedom (of thought, mainly), which stems from the difficulties people encounter in gathering the amount of information they would need in order to take a proper stance in the public debate, or at least to vote their representatives without running the risk of being misled. This belief is not unique to Yarvin, but also an important argument in rational choice political theory such as *An Economic Theory of Democracy* by Anthony Downs (1957). Radicalizing this classical approach, Yarvin holds the importance of party ideology for a quasi-totalitarian way of governing the beliefs of public opinion. In his conspiratorial theory, *The Cathedral* propagates what Yarvin calls the *Synopsis,* which is specified as "the set of all reasonable ideas". The roots of this concept ensue from totalitarian states, where centralised and authoritative institutions tried to implement a unified mindset. Nowadays, according to Yarvin, the progressive *Synopsis* is widely propagated thanks to the corpus of "mainstream academia, journalism and education" (Chap. 4).

The major difference he offers between neoreactionary and progressive thoughts undoubtedly forces the reader to think: While the former rests on the aforementioned values of "order, stability and security", the latter in Yarvin's conspiratorial chimera calls for chaos and disorder to flourish. In his view, there is no rationally acceptable alternative to order – notwithstanding this assertion, he continues to identify two options. First, there is the universally undesirable option of Violence and second, introduced as slightly better in comparison, Politics. When presenting the two alternatives, Yarvin eerily takes the People's Democracy of China as an example. China can thus be viewed as a rather stable country, owing to the fact that it effectively outlawed pluralism in order to centralize power in a one-party state. Claiming a fundamental opposition between politics and order, Yarvin perceives any form of democratic, pluralist participation as a source of instability for any political system. As a consequence, monarchy remains to be the only feasible form of government. He further criticizes the "progressive immune system" of present-day societies. The main difference between modern liberal democracies and repressive societies is reduced to the assumption that the latter used to repress things people liked, e.g. freedom of speech or religion. The biggest lie sold to the population by The Cathedral is the common belief that repression does not exist at all in modern liberal societies. Yarvin discounts this assumption and maintains that repression continues – the only difference being that it now represses notions people generally dislike, such as unequality or particularism. "Having only things you don't like repressed looks from the inside a lot like there being no repression at all" (Scott Alexander 2013).

3   No theory, but an autistic view of the world

The entirety of Yarvin's blog posts, which amount to more than four hundred pages, is quite painful to read. Each argument the author makes is reasonably well explained and organized, but the overall structure is disjointed and obscure. In order to follow his line of argument, the reader is forced to digest endless streams of consciousness. As a matter of fact, all points fundamental for his effort to convince the progressive reader are neither highlighted nor distinguished from excerpts that could easily be disregarded. Furthermore, Yarvin's style of writing is tricky for two main reasons. First, the excessive amount of personal digressions that interrupt the flow of reading, thus contributing to the focus it takes for the reader to keep up with his chain of reasoning. Second, his tendency to redirect the reader to an enormous number of websites via hyperlinks, often Wikipedia pages, without specifying what exactly it is that shall be looked for. He expects the reader to take the initiative and search for explanations he refuses to provide in his posts. A further complication arises from the lack of recent updates on his blog; a significant proportion of links do not work anymore, leaving the reader clueless and confused. Moreover, he follows a particular pattern in writing: In an effort to strengthen his arguments, he picks primary sources and presents them as absolute truths even when they are clearly decontextualized. A gaping chasm further characterizes the flow of his discussion, namely his tendency to state that everything we have been taught by progressive elites is inherently wrong. The main problem is the complete lack of of evidence he provides, instead offering his sources as the only reliable ones in political philosophy. Staging his work as a political manifesto, such complete disregard of reliability – or simply comprehensibility – is not merely a technical mistake but a deliberate rhetorical strategy that aims at subduing its audience.

Additionally, the letter is characterized by important historical flaws. In an effort to back his utilitarian objectives of restoring order and national stability through absolutism, he clearly states that ancient regimes or societies were safer and more stable. He seeks to convince the reader by displaying statistics, such as the misdirecting assertion that a higher level of happiness was recorded among women when they were not provided with civil rights. As he fails to historically contextualize his primary sources, his efforts reveal his inability to take into account all historical variables when providing evidence. Acquiring data that contradict his statements is quite easy. Happiness levels in the US for example have been showing rising trends from 1980 to 2006 (Inglehart et al. 2008). This apparent failure undermines the credibility of his asserted expertise and capability in understanding both history and human nature. A further point that needs to be highlighted is the following: The way he addresses his readers contradicts the very purpose of the letter. While trying to put into question any belief that shape a progressive society, he explicitly tries to impose his own view of the world. This insinuation can be exemplified by examining the way he tries to provide definitions of both progressivism and neoreaction. While a distinct and straightforward definition can easily be provided of the *NRx,* he struggles to find a proper definition of progressivism. Eventually, he arrives at the verdict that a working definition turns out to be nonexistent.

In another text, *A gentle Introduction to Unqualified Reservations,* however, Yarvin does lay out how he expects *The Cathedral* to end: A neo-reactionary think tank – *The Antiversity* – provides a concrete plan for a new form of governance, which will be fulfilled by a small and elitist reactionary party. When this party's candidate would be elected and inaugurated as president, he would abolish all existing institutions and install himself as the first CEO. Again,

Yarvin fails to describe the alleged concrete plan. Yet, his identification with *The Antiversity* and thus with a heroic intellectual counter-elite becomes apparent. As the inner workings of his CEO system remain inconclusive from beginning to end, cementing the ineffectiveness of his grand ideological and rhetorical scheme, his ambitions emerge as mere hubris.

The strength of *NRx* simultaneously proves to be its main weakness at the same time. Its representatives wish to "exit" democracy and "enter" some kind of authoritarian regime. The *NRx* profess to be too smart and competent to be fooled by *The Cathedral* and the established and imposing progressive elite, they further presume an immunity from becoming serfs or "clients" to said groups – what they fail to prove, however, is how exactly they would resist eventually being overpowered by their own desired regime. This deficiency is illustrated by Yarvin's biggest mistake: The view of the world he provides is a completely idiosyncratic, almost autistic one, characterized by his total failure in understanding international relations and the complexity of historical events. In Chap. 14, he states that "both America and the rest of the planet would achieve enormous benefits by a total shutdown of international relations, including security guarantees, foreign aid, and mass immigration", thus revealing his ethno-pluralist stance and nihilist urge for chaos.

4   The dangers of "online radicalization"

His most toxic arguments come wrapped in "purple prose and coded language". This way, he manages to hide his disturbing beliefs behind a pleasant veil. His "alternative program" for example does not require a majority of the population on its side. Power is gained by recruiting "a combination of philosopher and crowd" to create a "counter-Cathedral" (Chap. 14). The point that needs highlighting is the endeavor in which the recruitment should take place: the Internet. The reason why *NRx* readings have never been attributed a proper place in the public debate is that their theories emerge detached from reality. In fact, his online posts, alongside numerous publications by other *NRx* representatives, are usually considered to be incapable of generating palpable effects in real life. This assumption has recently turned out to be a dangerous underestimation of the potential of their publications. The alienating power of the Alt-Right has not least been exposed by Brenton Tarrant, the perpetrator of the Christchurch massacre (CNN 2013). An aspect connecting the terrorist attack to *NRx* is Terrant's decision to live stream his actions on Facebook in a video lasting *17 min*. What media outlets often miss is that the shooter was an active member of the *8chan* community.[5] Shortly before his attack, Tarrant explicitly disclosed his intent in a post on the/pol/ (i.e. "politically incorrect") chat board and further posted a link to the download of his 87-page anti-Muslim manifesto. The text is presented as a FAQ in which Tarrant attempts to reply to questions that would likely be raised to him after the attack. Many perpetrators of later attacks like the Halle synagogue shooting in 2019 in Germany, or the El Paso shooting in 2019 were part of this Internet culture and of chat boards claiming to be a (last) realm of freedom from what Yarvin calls *The Cathedral*. In these unregulated branches of the Internet, hate speech, misogyny and racism flourish undisturbed and lone wolves prod each other into taking action.

While this is not to say that the *NRx* movement is entirely to blame for incidents of this kind, the new language employed by its representatives and the ease with which their platforms can be accessed increase the potential of online radicalization. Furthermore, *NRx* online endeavours have indeed been defined as "the dark intellectual centre", thanks to their capability in "opening up possibilities of new cultural spaces that break out of that stagnant pattern, that can synthesize both progressive and conservative views in new ways" (Gray 2017). Therefore, despite the phenomenon's apparent restriction to the Internet, the potential for repercussions in real life is not to be underestimated.

Literature

Sources

Scott Alexander (2013): Reactionary Philosophy in an enormous, planet-sized Nutshell. *Slate Star Codex*, 3 Mar 2013. https://www.slatestarcodex.com/2013/03/03/reactionary-philosophy-in-an-enormous-planet-sized-nutshell/ (04 Nov. 2020).

Thiel, Peter (2009): The Education of a Libertarian. *Cato Unbound*, 13 Apr. 2009. https://www.cato-unbound.org/2009/04/13/peter-thiel/education-libertarian/ (04 Nov. 2020).

Yarvin, Curtis (2007a): A Formalist Manifesto. *Unqualified Reservations*, 23 Apr. 2007a. https://www.unqualified-reservations.org/2007/04/formalist-manifesto-originally-posted/ (04 Nov. 2020).

---

[5] *8chan* is an imageboard website. Imageboards function as simple forums for images, related texts and discussions. They are minimally administered. *8chan* went offline in August 2019 and was relaunched as *8kun* in November 2019.

Yarvin, Curtis (2007b): Cryptocalvinism, Slightly Tweaked. *Unqualified Reservations*, 26 Jun 2007b. https://www.unqualified-reservations.org/2007/06/cryptocalvinism-slightly-tweaked/ (04 Nov 2020).

Yarvin, Curtis (2007c): Democracy As An Adaptive Fiction. *Unqualified Reservations*, 25 Jul 2007c. https://www.unqualified-reservations.org/2007/07/democracy-as-adaptive-fiction/ (04 Nov. 2020).

Yarvin, Curtis (2008): An Open Letter To Open-Minded Progressives. *Unqualified Reservations*, 17 Apr 2008. https://www.unqualified-reservations.org/2008/04/open-letter-to-open-minded-progressives/ (04 Nov. 2020).

Yarvin, Curtis (2009): A Gentle Introduction to Unqualified Reservations. *Unqualified Reservations*, 08 Jan 2009. https://www.unqualified-reservations.org/2009/01/gentle-introduction-to-unqualified/ (04 Nov. 2020).

Secondary Literature

Aikin, Scott F. (2019): Deep Disagreement, the Dark Enlightenment, and the Rhetoric of the Red Pill. In: *Journal of Applied Philosophy* 36, p. 420–435.

CNN (2013): 49 killed in mass shooting at two mosques in Christchurch, New Zealand. *CNN*, 15 Mar. 2019. https://www.edition.cnn.com/2019/03/14/asia/christchurch-mosque-shooting-intl/index.html (04 Nov. 2020).

Flinley, Klint (2013): Geeks for Monarchy: The Rise of the Neoreactionaries. *Tech Crunch*, 23 Nov 2013. https://www.techcrunch.com/2013/11/22/geeks-for-monarchy/?guccounter=1 (04 Nov. 2020).

Gray, Rosie (2017): Behind the Internet's Anti-Democracy Movement. *The Atlantic*, 10 Feb. 2017. https://www.theatlantic.com/politics/archive/2017/02/behind-the-internets-dark-anti-democracy-movement/516243/ (04 Nov. 2020).

Inglehart, Ronald/Foa, Roberto/Peterson, Christopher/Welzel, Christian (2008): Development, Freedom, and Rising Happiness: A Global Perspective (1981–2007). In: *Perspectives on Psychological Science* 3(4), S. 264–285.

Lewis, Matt K. (2014): Why are U.S. conservatives so obsessed with monarchies? *The Week*, 06 Jan 2014. https://www.theweek.com/articles/453564/why-are-conservatives-obsessed-monarchies (04 Nov. 2020).

Millman, Noah (2014): Monarchists, Neo-Reactionaries And Neo-Fascism. *The American Conservative*, 06 Jan. 2014. https://www.theamericanconservative.com/millman/monarchists-neo-reactionaries-and-neo-fascism/ (04 Nov. 2020).

Pein, Corey (2014): Mouthbreathing Machiavellis Dream of a Silicon Reich. *The Baffler*, 19 May 2014. https://www.thebaffler.com/latest/mouthbreathing-machiavellis (04 Nov. 2020).

Further Secondary Literature

Duesterberg, James (2017): Final Fantasy. Neoreactionary politics and the liberal imagination. In: *The Point Mag* 14, 02 Jul 2017. https://www.thepointmag.com/politics/final-fantasy-neoreactionary-politics-liberal-imagination/ (04 Nov. 2020).

Evans, Robert (2019): Shitposting, Inspirational Terrorism, and the Christchurch Mosque Massacre. *bellingcat*, 15 Mar 2019. https://www.bellingcat.com/news/rest-of-world/2019/03/15/shitposting-inspirational-terrorism-and-the-christchurch-mosque-massacre/ (04 Nov. 2020).

Gray, Rosie (2015): How 2015 Fuelled the Rise of the Freewheeling, White Nationalist Alt-Movement. *BuzzFeed*, 27 Dec 2015. https://www.buzzfeednews.com/article/rosiegray/how-2015-fueled-the-rise-of-the-freewheeling-white-nationali (04 Nov. 2020).

Haider, Shuja (2017): The Darkness at the End of the Tunnel: Artificial Intelligence and Neoreaction. *Viewpoint Magazine*, 28 Mar 2017. https://www.viewpointmag.com/2017/03/28/the-darkness-at-the-end-of-the-tunnel-artificial-intelligence-and-neoreaction/ (04 Nov. 2020).

Matthews, Dylan (2016): The alt-right is more than warmed-over white supremacy. It's that, but way way weirder. *Vox*, 25 Aug 2016. https://www.vox.com/2016/4/18/11434098/alt-right-explained (04 Nov. 2020).

Nagle, Angela (2017): Kill all normies. Online wars from 4chan and Tumblr to Trump and the Alt-Right. Winchester, WA: Zero Books.

Riggio, Adam (2016): The Violence of Pure Reason: Neoreaction: A Basilisk. In: *Social Epistemology Review and Reply Collective* 5(9), S. 34–41. https://www.wp.me/p1Bfg0-3d1 (04 Nov. 2020).

Sigl, Matt (2013): The Creepy Internet Movement You'd Better Take Seriously. *Vocativ*, 2 Dec 2013. https://www.vocativ.com/culture/uncategorized/dark-enlightenment-creepy-internet-movement-youd-better-take-seriously/ (04 Nov. 2020).

Tait, Joshua (2019): Mencius Moldbug and Neoreaction. In: Sedgwick, Mark (ed.): Key Thinkers of the Radical Right: Behind the New Threat to Liberal Democracy. Oxford: Oxford University Press, pp. 187–203.

Paola Giannuzzi studied Politics, Philosophy and Economics at LUISS Guido Carli University in Rome and took part to Erasmus project in 2018-2019, thus having the chance to attend Humboldt University Berlin for 6 months. Currently attending Security Policies master at Catholic University of the Sacred Heart in Milan and writing a master thesis on trust formation in Mafia networks. Working in the field of cybersecurity since March 2021.

‚Die Linke' als Bezugspunkt rechter Identitätspolitik

Überblick: ‚Die Linke' als Bezugspunkt rechter Identitätspolitik

David Meiering

Zusammenfassung

Der Überblick über den sechsten Teil des Buches verortet ‚die Linke' als wichtigen Bezugspunkt rechter Identitätspolitik.

Rechte Identitätspolitik gibt es nicht erst seit der *Identitären Bewegung*. Carl Schmitts von Theodor Däubler entlehnte Formulierung: „Der Feind ist unsere eigene Frage als Gestalt" (Schmitt 1963: 87) hat die Funktionsweise rechter Identitätsbestimmung präzise benannt. Die eigene Identität kehrt als Frage zurück, wenn sie von Feinden bedroht wird, egal ob diese im Äußeren (Geflüchtete, die USA, Israel) oder Inneren (Liberale, Linke und andere ‚Volksverräter') ausgemacht werden. Identität wird negativistisch, also in Abgrenzung von etwas anderem *konstruiert*. Diese Feindgestalten sind daher imaginär (Han 2014). Als Projektion wird „[n]icht der Fremde, der Andersartige [...] bekämpft, sondern das eigene Selbst in Gestalt des Anderen" (Boldt 2005: 101). Wenn also in den vergangenen Jahren das Verhältnis von ‚Linken' und ‚Rechten' im ‚neurechten' Diskurs und darüber hinaus für viel Diskussionsstoff gesorgt hat, gilt es zu beachten, dass ‚Linke' und ‚Rechte' diskursive Gestalten identitärer Metapolitik sind.

D. Meiering (✉)
Humboldt-Universität zu Berlin, Berlin, Deutschland
E-Mail: david.meiering@hu-berlin.de

Dass das Links-Rechts-Verhältnis vor allem ein Selbstverhältnis ist, wird besonders an den Büchern von Manfred Kleine-Hartlage sowie Caroline Sommerfeld und Martin Lichtmesz deutlich. Beide Bücher beschäftigen sich mit linken Anteilen im Eigenen: Kleine-Hartlage etwa war einmal links und will es nicht mehr sein; Caroline Sommerfeld muss weiterhin *Mit Linken leben.* Die Autor*innen nehmen dabei persönliche Authentizität und anekdotische Evidenz als argumentatives Kapital in Anspruch. Ihre persönliche Positionsbestimmung ist aber nur Vorwand für eine ambitioniertere Identitätspolitik. Eigentlicher Adressat der Bücher ist ‚die Rechte' selbst, die aber (noch) nicht existiert, sondern aus heterogenen und teilweise opponierenden Strömungen erst geschaffen werden muss. ‚Die Linke' ist für die Konstruktion eines einheitlichen rechten Lagers nur ein notwendiger kommunikativer Bezugspunkt.

Dementsprechend sind die diskursiven Strategien nicht nur auf den linken Gegner bezogen, sondern auch auf das eigene Lager. Zunächst wird unter dem Label ‚links' alles, was nicht rechts ist, zusammengeworfen. Damit entsteht das Bedrohungsszenario einer linken Diktatur (aus liberalen, sozialdemokratischen, ökologischen oder sozialistischen Kräften), die die Auslöschung des ‚Volkes' vorantreibe. Ein vermeintlich radikaler Kern dieser Mehrheit wird aufgedeckt, um die moderaten, sogenannten ‚Noch-Linken' zum Seitenwechsel zu motivieren und jenen politisch Verunsicherten und vermeintlich Unterdrückten den *rechten* Weg zu weisen. Zugleich zwingt diese Erzählung alle ‚Nicht-Linken' in eine Einheitsfront, um dieses Untergangsszenario abzuwenden.

Dieses taktische Denken über Bündnispolitiken und Allianzenbildung ist der ‚neurechten' Faszination für linke Theorien geschuldet. Insbesondere die Hegemonietheorie von Antonio Gramsci ist die Grundlage ihrer → Metapolitik, aber auch die Imitation subversiver Aktionsformen, Querfrontfantasien und die Betonung seitens der Rechten, einst ‚links' gewesen zu sein, gehören dazu. Neben dem konstruierten Feindbild ‚der Linken' besteht das zentrale Manöver der ‚neurechten' Identitätspolitik darin, ins Zentrum des ex negativo entstehenden rechten Lagers eine völkische Imagination des Volkes zu verankern. Dazu kombinieren sie ein Entmächtigungs- und ein Ermächtigungsnarrativ. Das Entmächtigungsnarrativ beinhaltet die Erzählung, dass wenige, aber wirkmächtige ‚linke' Eliten sich verschwören, um einen totalen Verblendungszusammenhang durch ‚Moralismus' und ‚Utopismus' zu schaffen. ‚Rechte' würden dadurch systematisch unterdrückt, isoliert und entmächtigt. Das Ermächtigungsnarrativ beinhaltet wiederum die (eigentlich widersprechende) Erzählung, dass besonders die ‚Rechten' dazu befähigt sind, hinter den Verblendungsschleier zu blicken. Im Mittelpunkt der dahinterliegenden objektiven Wahrheit steht die leere Kollektivformel des ‚Volkes', in dessen Sinne gehandelt und welches beschützt werden müsse. Diesen Volksbegriff füllen die ‚Neuen Rechten', insbesondere die Aktivist*innen und Publizist*innen der *Identitären Bewegung,* mit völkischen und essentialistischen Inhalten. Vermeintlich natürliche und oft biologistisch begründete Unterschiede und Ungleichheiten, wie z. B. Unterschiede in den Geschlechtern, Kulturen und/oder Ethnien, werden dazu genutzt, Antifeminismus, Antisemitismus und Rassismus zu rechtfertigen.

Letztlich bewegen sich Faszination und Abgrenzung seitens der Rechten in Bezug auf die Linke immer in einem Spannungsverhältnis, welches ideologisch aufgelöst werden kann: Die Konstruktion des Eigenen läuft auf die fetischisierte Ideologie eines reinen Volkskörpers hinaus, für die nicht nur das rechte Feindbild ‚der Linken' sondern auch Jüd*innen sowie Muslim*innen eine Gefahr darstellen. Indem die völkischen Nationalisten der ‚Neuen Rechten' diese Ideologie zum Scheidepunkt zwischen ‚links' und ‚rechts' machen, rücken sie sie auch ins Zentrum des rechten Lagers und erheben dort als kleine, aber radikale Gruppe einen Führungsanspruch. Ob die Konservativen diesen Führungsanspruch anerkennen werden, entscheidet über den Erfolg der rechten Identitätspolitik.

Literatur

Primärquellen

Schmitt, Carl (1963): Theorie des Partisanen. Zwischenbemerkung zum Begriff des Politischen. Berlin: Duncker & Humblot.

Sekundärliteratur

Boldt, Hans (2005): Über Carl Schmitts „Begriff des Politischen". In: *Zeitschrift für Politikwissenschaft,* 15(1)
Han, Byung-Chul (2014): In Sachsen gibt es kaum Muslime. *Zeit Online* vom 17.12.2014. sueddeutsche.de/politik/psychologievon-pegida-sehnsucht-nach-dem-feind-1.2269476-3 (11.10.2021).

David Meiering ist Sozialwissenschaftler und promoviert am Lehrbereich für Integrationsforschung und Gesellschaftspolitik an der Humboldt-Universität zu Berlin. Er ist Stipendiat des Evangelischen Studienwerk Villigst. Seine Forschungsschwerpunkte sind Radikalisierungsprozesse (insbesondere im völkischen Nationalismus und der ‚Neuen Rechten'), Ideologien der Ungleichwertigkeit und Politische Theorie (insbesondere Demokratietheorie). Zuletzt erschienen ist das Leviathan Special Issue „(Ent-)Politisierung? Die demokratische Gesellschaft im 21. Jahrhundert" (herausgegeben mit Andreas Schäfer, 2020) und „Connecting Structures: Resistance, Heroic Masculinity and Anti-Feminism as Bridging Narratives within Group Radicalization" (mit Aziz Dziri und Naika Foroutan in: International Journal of Conflict and Violence 14 (2) 2020).

Martin Lichtmesz und Caroline Sommerfeld: Mit Linken leben

Marie Michel

Zusammenfassung

Unter dem Vorwand, rechts und links zu beschreiben und nach Möglichkeiten öffentlicher Verständigung zu fragen, zeichnen Martin Lichtmesz und Caroline Sommerfeld in *Mit Linken leben* ein Zerrbild der politischen Landschaft, um für rechts zu mobilisieren. *Mit Linken leben* ist durchzogen vom Narrativ der unterdrückten rechten Stimme und dem Mut der ‚Rechten‘, die ihre Stimme trotz der Gefahr sozialer Stigmatisierung erheben. Als Ausgangspunkt ihrer Argumentation zeichnen Lichtmesz und Sommerfeld das Bild einer ‚linken Hegemonie‘. Durch Denkfiguren wie der eines ‚linken‘ realitätsversperrenden Moralismus und Verblendungszusammenhanges, wird darauf aufbauend das Selbstbild der ‚Neuen Rechten‘ als widerständiges Kollektiv genährt. ‚Links-Sein‘ bleibt dabei eine reine Floskel, die im Sinne des Freund-Feind-Schemas dazu dient ,die Rechte‘ zum Opfer zu stilisieren und ex negativo zu konstruieren. Was ohne der Abgrenzung von ‚links‘ von einer ‚rechten‘ Identität dann noch übrig bleibt, ist der identitäre Bezug auf das ‚Volk‘. Ebenso wie bei der Abgrenzung von ‚links‘ betreiben die Autor*innen unter dem Deckmantel der Ideologiekritik rechte Identitätspolitik, um einen homogenen ‚rechten‘ Akteur zu beschwören. Dieser Beitrag stellt heraus, dass das Konstrukt einer

M. Michel (✉)
Sciences PO Paris, Paris, Frankreich
E-Mail: mariemichel@posteo.de

M. Michel
Sciences PO Paris, Paris, Frankreich

© Der/die Autor(en), exklusiv lizenziert an Springer Fachmedien Wiesbaden GmbH, ein Teil von Springer Nature 2022
D. Meiering (Hrsg.), *Schlüsseltexte der ‚Neuen Rechten‘*, Edition Rechtsextremismus, https://doi.org/10.1007/978-3-658-36453-3_24

dominanten ‚Linken' das ideologische Zentrum ist, um das die fortdauernde Selbstfindung und -vergewisserung der ‚Neuen Rechten' kreist.

Die Frankfurter Buchmesse 2017 hat die Debatte um die ‚Neuen Rechten' in Europa neu zugespitzt: Die Präsenz des von Götz Kubitschek gegründeten rechten *Antaios-Verlag* zog eine Flut von Artikeln und Internetdiskussionen nach sich, die über den Umgang mit den ‚Neuen Rechten' innerhalb des politischen Spektrums und als Teil des öffentlichen Raumes diskutierten. Der Widerstand gegen die Präsenz des *Antaios-Verlag* zeigt: Viele meinen, dass man ‚Rechten' keinen Platz in kulturellen wie öffentlichen Räumen geben sollte, eben weil man mit ‚Rechten' nicht reden könne. Sie seien für rationale Argumente nicht offen und ideologisch verfestigt (s. Herder 2018). Ein Buch, das der *Antaios-Verlag* während dieser Buchmesse vorstellte, dreht genau dieses Argument um: In ihrem Buch *Mit Linken leben* deklarieren Martin Lichtmesz und Caroline Sommerfeld, dass es die ‚Linken' seien, die ein auf rationalen Argumenten basierendes Gespräch unmöglich machen würden.

Mit einer Mischung aus politischer Analyse und rechter Theorie, kommunikativen Gegenstrategien, Erlebnisberichten und (populär-)wissenschaftlichen Argumenten sowie ziemlich viel Polemik wollen sie einen Gegenbeitrag leisten zu der in den letzten Jahren vermehrt erschienenen Literatur zum Rechtspopulismus – in Abgrenzung zu solchen Büchern wie das von Per Leo, Maximilian Steinbeis und Daniel-Pascal Zorn, *Mit Rechten Reden,* als dessen Gegenstück *Mit Linken leben* gelesen werden kann und vielmals verstanden wurde (Vgl. Leo et al. 2017). Ziel beider Bücher ist es, das Verhältnis zwischen rechts und links zu beschreiben, zu kritisieren und nach den moralischen, weltanschaulichen und kommunikativen Rahmenbedingungen öffentlicher Verständigung zu fragen. Jedoch verfolgt *Mit Linken leben* anders als *Mit Rechten reden* gleichzeitig einen eindeutigen Mobilisierungsanspruch: Im Sinne von „Rechts ist richtig, links ist giftig" (Lichtmesz und Sommerfeld 2017: 14) wollen sie ‚Rechte' in ihrer Meinung bestärken und diejenigen ansprechen, die keine gefestigte politische Meinung haben. Das Buch soll als Analyse der politischen Landschaft und Leitfaden gegen ‚linke' Gesprächsstrategien und Denkfiguren zugleich dienen.

Die Autor*innen Martin Lichtmesz und Caroline Sommerfeld sind zwei der bekanntesten Gesichter der ‚neurechten' Szene im deutschsprachigen Raum. Martin Lichtmesz ist langjährig in der *IB* aktiv und seit 2010 als Autor, Herausgeber und Übersetzer für den *Antaios-Verlag* tätig. Zudem schreibt er regelmäßig für die *Junge Freiheit* und die *Sezession,* die zwei maßgebenden Sprachrohre der ‚Neuen Rechten'. Auch Caroline Sommerfeld ist seit 2016 Autorin der *Sezession* und hat sich im Zuge des Sommers 2015 der *IB* angeschlossen.

Insbesondere Sommerfelds Ehe mit dem 68-verbundenen, linken Kultur-wissenschaftler Helmut Lethen hat ihrer Radikalisierung viel mediale Aufmerksamkeit verschafft. Bewusst stilisieren Sommerfeld und Lethen ihre Beziehung zu einem Exempel im Umgang zwischen scheinbar unvereinbaren Positionen. Wie das Private politisch wird, beschreibt sie in ihrem Blog in der *Sezession*. *Mit Linken leben* ist das erste Buch, was die promovierte Philosophin seit ihrer politischen Neuorientierung publiziert hat.[1]

1 Moralistische Hegemonie der ‚Linken' als Zerrbild des ‚rechten' Antiliberalismus

Ausgangspunkt des Textes bildet die Aufteilung des sozio-politischen Geschehens in ein linkes und ein rechtes Lager, in dem ‚linke' Ideen jedoch die „gesamte westliche Welt" bestimmen würden (Lichtmesz und Sommerfeld 2017: 10). Unter dem Deckmantel sich als widerständig und kritisch zu verstehen, seien ‚linke' Argumentationen und Ideen längst „der Normalfall" (Lichtmesz und Sommerfeld 2017: 67). Anknüpfend an Antonio Gramscis Theorie der kulturellen Hegemonie (s. auch den Beitrag zu → de Benoist), bedienen sich Lichtmesz und Sommerfeld hier des Bildes einer ‚linken' Hegemonie (Lichtmesz und Sommerfeld 2017: 23). Medien und Politik würden diese Hegemonie stützen und somit eine faire und demokratische Debatte verhindern, was dazu führe, dass ‚Rechte' im öffentlichen, sozialen und politischen Raum als „Andere" und „Feinde" diskriminiert würden (Lichtmesz und Sommerfeld 2017: 10). Der von ‚Linken' kontrollierte „Apparat der Tabuisierung und Einschüchterung", führe zur Manipulation der Menschen, die reflexartig ‚linke' Meinungen und Weltbilder übernähmen und jegliche Kritik pathologisieren und kriminalisieren würden (Lichtmesz und Sommerfeld 2017: 59, 56).

Der Kern ihrer Kritik findet sich dabei in einem den ‚Linken' vorgeworfenen Moralismus. ‚Linke' seien eine Gefahr für Demokratie und Meinungsfreiheit, da sie schon im Vorhinein eine höhere moralische Position einnehmen würden, die es unmöglich mache, der anderen Position Recht zu geben. Eine faire Debatte sei somit unmöglich (Lichtmesz und Sommerfeld 2017: 99). Zudem führe dieser Moralismus zu fehlender Repräsentanz rechter Meinungen in leitenden Medien,

---

[1] 2019 erschien Sommerfelds zweites Buch bei *Antaios* unter dem Titel *Wir erziehen. Zehn Grundsätze.* Im Zeichen ‚neurechter' Strategie (→Metapolitik), wird Bildung und Bildungspraxis hier als Resonanzraum für rechte Ideologie ausgeschlachtet (Rödel 2020).

der Isozialen solierung von ‚Rechten' und ungerechtfertigter juristischer Straf-
verfolgung von Seiten des Staates. Letztlich, so Lichtmesz und Sommerfeld, sei
diese ‚linke' Dominanz eine Gefahr für die Demokratie und die Meinungsfreiheit (Lichtmesz und Sommerfeld 2017: 16, 98). In Abgrenzung dazu zeichnen
die Autor*innen ein Bild einer ‚Rechten', die demokratisch sei, da sie ein breites
moralisches Spektrum respektieren und anhören würde.

Das Feindbild vom ‚linken' Moralismus ist ein zentrales Narrativ des
Textes. *Ex negativo* wird die ‚Rechte' in Ablehnung eines solchen Moralis-
mus konstruiert und als Opfer stilisiert. Zudem fungiert der ‚linke' Moralismus
als vorgeschobenes Deutungsmuster, um vom eigenen Moralismus abzulenken.
Das Bild einer ideologisch-verfestigten und normativ-verblendeten ‚Linken'
ermöglicht somit die Inszenierung einer realitätsnahen ‚Rechten'. Letztlich, so
Lichtmesz und Sommerfeld, laufe es bei der Links-Rechts-Schneise auf einen
„Konflikt zwischen Realisten und Realitätsverleugnern hinaus" (Lichtmesz und
Sommerfeld 2017: 109). Kernproblem sei, hier dass „Linksliberale Ansichten" als
die einzige Form von Menschlichkeit gesehen würden (Lichtmesz und Sommerfeld 2017: 76). Ihre Deutungsmacht darüber, was humanistisch sei, führe dazu,
dass die ‚Linken' den sozio-politischen Diskurs fest im Griff haben. Gleichheit als Kernprämisse der ‚linken' Ideologie würde folglich mit Gerechtigkeit, Moral und Menschlichkeit gleichgesetzt. Links sind hier all jene, die ein
universalistisches und liberales Weltbild vertreten. Eine Differenzierung von
Liberalen und ‚Linken' ist nach Lichtmesz und Sommerfeld überflüssig, da sie
beide von der Verflechtung globalistisch-universalistischer und individualistischer
Wertevorstellungen gekennzeichnet seien (Lichtmesz und Sommerfeld 2017:
71–73). Die Kritik einer ungleichen Verteilung von Ressourcen als Kernkritik-
punkt der Alt-Linken und die daraus resultierende Forderung eines theoretisch
fundierten Klassenkampfes sei zu reiner Identitätspolitik der Gleichheit und
politischen Korrektheit verkommen. Die immer wiederkehrende Neudefinition
von Opfern und Unterdrückten sei die einzige Politik, die noch von ‚linker' Seite
vorgenommen werden würde (→ Lichtmesz).

Die vermeintliche ‚linke' Übersetzung von Gerechtigkeit zu Gleichheit steht im
Mittelpunkt der Kritik von Lichtmesz und Sommerfeld. Ungleichheit sei eben nicht
ungerecht und unmenschlich, sondern eine *conditio humana*. Wahrer Humanismus könne demnach nur bestehen, wenn die Ungleichheit der Menschen anerkannt
würde (Lichtmesz und Sommerfeld 2017: 61–65). Lichtmesz und Sommerfeld
stützen sich hier auf Carl Schmitts politische Philosophie – „Wer Menschheit sagt,
will betrügen" (Schmitt zit. n. Lichtmesz und Sommerfeld 2017: 61 f.) – wenn sie

konstatieren, dass kulturelle, biologische, ethnische, nationale und geschlechtliche Ungleichheit als anthropologische Konstante nicht aus der Welt zu kriegen
und damit logischerweise humanistisch seien. Erst Grenzen und Unterschiede
böten „die Grundlage für echten Respekt und echte [...] Toleranz" (Lichtmesz und
Sommerfeld 2017: 64). Vor diesem Hintergrund wird die Verbreitung universeller
Menschenrechte aus dem Globalen Norden hier als Form des Imperialismus verstanden, der jegliche Unterschiede im Sinn einer ‚linken' Ideologie vernichten
möchte (Weiß 2017: 211). In Abgrenzung dazu wird die ‚Rechte' als homogenes,
der Wahrheit ins Auge schauendes Kollektiv konstruiert, das der „Politik der Vielfalt" und Einwanderung einen auf dem ‚Volk' basierten Nationalismus gegenüberstellt (Lichtmesz und Sommerfeld 2017: 18 f., 58 ff.).

Letztlich handelt es sich bei der Definition dessen, was links ist, um eine
Umetikettierung: Was für die ‚Alte Rechte' der Liberalismus war, ist für die
‚Neue Rechte' heute ‚die Linke'. Liberalismuskritik war im antidemokratischen
Denken der Weimarer Republik ein zentrales Element und wurde dementsprechend von Armin → Mohler und seinen Schülern in der neuen Bundesrepublik als Negativschablone herangezogen, um eine eigene Denkschule zu
konstruieren, die vom nationalsozialistischen Denken abgegrenzt werde konnte –
die *Konservative Revolution* (Weiß 2017: 44). Häufig zitiert ist z. B. der Ausspruch von Arthur Moeller van den Bruck: „An Liberalismus gehen die Völker
zugrunde" (vgl. Weiß 2019a). *Mit Linken leben* bedient das alte Feindbild des
Liberalismus im Kern weiter, nur eben mit dem Etikett ‚die Linke'. Ideologisch
und strategisch bleiben Lichtmesz und Sommerfeld damit bei den Ursprüngen der
‚Neuen Rechten', die sich als Gegner von Universalismus, Aufklärung, Humanismus und egalitärer Konzepte verstehen (Weiß 2017: 41). Wenn links gesagt
wird, ist also eigentlich Liberalismus gemeint: „Obwohl nun manche ‚Liberale'
oder ‚Libertäre' protestieren [...] muß doch festgehalten werden, daß die Trennlinie zwischen Linken und Liberalen, zwischen Roten und Rosaroten heute stark
verschwommen ist", so Lichtmesz/Sommerfeld (Lichtmesz und Sommerfeld
2017: 71). Verdichtet findet sich diese krude Verallgemeinerung auch im vom
Lichtmesz und Sommerfeld verwendeten Schlagwort des „linksliberalen Mainstream" (Lichtmesz und Sommerfeld 2017: 13). Die Autor*innen zeichnen hier
ein extrem verkürztes Bild einer Linken ohne jegliche historische Genauigkeit
und Anspruch an Differenzierung. Im Endeffekt geht ihnen nicht um ein Verständnis linker Ideen und Strömungen, sondern um die Instrumentalisierung des
schablonenhaft gezeichneten Gegners zur eigenen Selbstfindung.

2 Diskursive Mimikry: die rechte Seite des Verblendungszusammenhanges

Lichtmesz und Sommerfeld setzen nun an, ‚die Linke' mit ihren „eigenen Mitteln zu schlagen" (Weiß 2017: 54). Das Spiel aus Spionage und Gegenspionage beginnt mit Diskursratgebern. Zur Veranschaulichung von argumentativen und kommunikativen Gegenstrategien zur Diffamierung der ‚Linken', stützen sich Lichtmesz und Sommerfeld unter anderem auf zwei Bücher aus nicht-rechter Perspektive, die Empfehlungen für den Umgang mit rechts geben (vgl. Hufer 2006; Wiese und Horaczek 2015). Fiktive Gespräche, die dort beschrieben sind, um Gesprächskulturen gegen rechts zu schulen, werden hier von Lichtmesz und Sommerfeld dazu verwendet, um Strategien gegen ‚links' zu entwickeln. Diese reichen von der Dekonstruktion von Argumenten zur Ab- und Umlenkung eines Gesprächs über Provokation bis hin zur Konfrontation der Gesprächspartner*innen mit der angeblich manipulativen Praxis der ‚Linken'.

Am weitreichendsten ist aber ihre Selbstimmunisierungsstrategie gegen jede Kritik von links: ‚Linke' seien verblendet, würden die Realität verweigern und ihre eigenen mangelhaften Charaktereigenschaften auf ‚Rechte' projizieren (Lichtmesz und Sommerfeld 2017: 121). Ihre Mimikry der linken Sozialtheorie dockt am marxistischen Schema von Basis und Überbau an, verändert es aber auf eine plumpe, populistische Weise. Der Marx'schen Sozialtheorie liegt eine ökonomische Analyse zugrunde, der zufolge die herrschende Klasse über die Produktivmittel verfügt und die beherrschte Klasse nur über ihre eigene Arbeitskraft. Dieser Klassenantagonismus bilde die Basis aller gesellschaftlichen Verhältnisse und prägen Marx und Engels zufolge wiederum das Bewusstsein. Der Überbau der Gesellschaft, zu dem neben dem Staat und dem Recht auch die Ideologie zählt, ist „Reflex und Echo" dieser Verhältnisse (MEW Bd. 3: 26). Mit Althussers Theorie der ideologischen Staatsapparate (1977) wird dem Überbau eine stärkere Autonomie zugesprochen: Religion, Schulen, Familien, die Parteien und Gewerkschaften sowie Kultur und Medien wirken aktiv an der Reproduktion der gesellschaftlichen Verhältnisse mit. Die ideologischen Staatsapparate werden so zu Orten des Klassenkampfes, an denen sich Widersprüche ausdrücken (Althusser 1977: 123), ohne dass offenkundige Repression eingesetzt würde. Repression und Ideologie wirken stattdessen in einer „knarrenden Harmonie" zusammen (Althusser 1977: 124). Während dieses „Knarren" der Überbau-Apparate für poststrukturalistische, linke Theorien und Aktivist*innen zum Ansatzpunkt emanzipatorischer (Mikro-)politiken wurde, überhöhte die Frankfurter Schule um Adorno und Horkheimer die Ideologie dann zu einem „totalen Verblendungszusammenhang". Kulturindustrie und Ökonomie zwängen das Individuum dermaßen ein, dass ein richtiges Leben im falschen unerreichbar scheint. Viele APO-Angehörige und besonders die KPD-AO in den siebziger Jahren interpretierten die US-amerikanische Kultur als einen solchen totalen Repressionsapparat und wähnten sich im kulturellen, anti-imperialistischen Befreiungskampf (Weiß 2019b). Auch die Narrative vom „Schuld-Kult" und „National-Masochismus", die so häufig von Lichtmesz und Sommerfeld bemüht werden (Lichtmesz und Sommerfeld 2017: 47–51), waren damals Teil einer „Kultur der Schuldabwehr" (Weiß 2019b). Hier liegen auch die Konversionspunkte, von denen aus einige Alt-Linke wie Bernd Rabehl, Jürgen Elsässer oder Frank Böckelmann mit der Zeit nach rechts drifteten. Auch Helmut Lethen, der Alt-Linke, mit dem Sommerfeld lebt, springt seiner Frau zeitweise mit Floskeln ähnlichen Ursprungs zur Seite („Schuldkultur", Weiß 2019b). Sommerfeld selbst versucht den Begriff des Verblendungszusammenhangs nach rechts zu bürsten. Der Titel ihres Blogs *fauxelle. Blick unter den Verblendungszusammenhang* ist ein Neologismus von Renaud → Camus: „Le fauxel" ist ein Kofferwort, das aus ‚faux' (frz. ‚falsch') und ‚réel' (frz. ‚real') zusammengesetzt ist. Es bezeichnet einen „Schleier des Falschen vor der Realität",[2] mit dem die Medien, der Kulturbetrieb, die Erziehungsinstitutionen, Politik und Wissenschaft – also kurz: die ideologischen Staatsapparate – ihre Herrschaft absichern. Auch wenn Sommerfeld auf ihrem Blog ein Verständnis von Weltwahrnehmung entwickeln will, das „hakliger"[3] als Adornos Verblendungszusammenhang ist, enden ihre Äußerungen doch bei einer simplen Erzählung von linkerMeinungsdiktatur und Realitätsverschleierung. Letztlich lösen sich Lichtmesz/Sommerfeld von jeder soziologischen Analyse, die dem Begriff des Verblendungszusammenhanges einmal zugrunde lag, indem sie an die Stelle der Bourgeoisie einfach ‚die Linken' pflanzen. Sie betreiben damit ein identitätspolitisches Manöver, das gesellschaftliche Verhältnisse auf eine brachial-plumpe Art auf politisches Lagerdenken reduziert. Unberücksichtigt bleibt dabei auch, dass ‚Linke' eben nicht an einer Bewahrung der gesellschaftlichen Verhältnisse interessiert sind, sondern an deren Überwindung oder Veränderung – anders als konservative Kräfte oder der neoliberale bis libertäre Strang der *AfD*.

Die rechte Identitätspolitik, verkleidet als Ideologiekritik, soll die eigentlich ziemlich heterogenen rechten Strömungen als kollektiven Akteur beschwören. Durch die narrative Selbstinszenierung dieser ‚Rechten' als ohnmächtiges Opfer

---

[2] https://www.fauxelle.wordpress.com/2016/07/07/ueber-fauxelle/ (26.05.2021).
[3] https://www.fauxelle.wordpress.com/2016/07/07/ueber-fauxelle/ (26.05.2021).

und Feindbild der vermeintlich mächtigen ‚Linken' sollen Einigkeit hergestellt, Abwehrkräfte mobilisiert und Vulgärheroismus hervorgerufen werden (Séville 2019). Der Heroismus hat dabei, wie jeder Fundamentalismus, eine Tendenz zur vigilanten Gewalt, weil er sich auf der Seite objektiver Realität wähnt, die von einer korrupten Elite verschleiert wird (Quent 2016; Korsch 2017). Dementsprechend ist *Mit Linken leben* durchzogen von den Narrativen der unterdrückten rechten Stimme und dem damit verbundenen Mut der ‚Rechten', die ihre Stimme trotz der Gefahr sozialer Stigmatisierung erheben. Die Denkfigur der Opfer-Täter-Beziehung wird in dem Text fortlaufend bemüht. Auf ihre Schlussfrage: „Lohnt es sich überhaupt, nach allem, was einen im Dschungel da draußen erwartet [...] sich einen eigenen rechten Weg zu schlagen?" (Lichtmesz und Sommerfeld 2017: 308) antworten sie mit dem systemkritischen russischen Autor Alexander Solschenizyn: „Lebt nicht mit der Lüge!" (Lichtmesz und Sommerfeld 2017: 311). Lichtmesz und Sommerfeld treiben somit den Pathos der ‚Rechten' als Opposition und Widerstandskämpfer gegen eine Welt, die von Irren besiedelt ist, auf die Spitze.

Mit der Neuauflage des Verblendungszusammenhanges ist eine radikale Selbstpositionierung außerhalb der Verhältnisse verbunden, die den demokratischen Diskurs überflüssig macht, weil er lediglich eine Inszenierung darstellt. Das Buch *Mit Linken leben* ist daher nicht als Debattenbeitrag im Wettbewerb um die Deutungshoheit im politischen Diskurs zu verstehen, sondern als Begründung einer Erkenntnisposition außerhalb des Diskurses, der letztlich abgeschafft gehört. Dies steht ganz im Sinne der metapolitischen Strategie der ‚Neuen Rechten' (→ Metapolitik): „Wer sich in den Deutungsrahmen und die Begrifflichkeit des Gegners hineinziehen läßt, schwächt seine eigene Position, akzeptiert falsche Voraussetzungen" (Lichtmesz und Sommerfeld 2017: 12). Auf das moralische, normative und emotional aufgeladene *Framing* der ‚Rechten' von links, soll ein eigener Rahmen geschaffen werden, indem der Gegner markant etikettiert und moralisch diskreditiert wird.

3   Freund-Feind-Konstruktion: Hegemonialisierung völkischen Denkens in der ‚Rechten'

Die Einteilung der Autor*innen des politischen Spektrums ist dabei so undifferenziert, dass sie jeglichen Anspruch auf Genauigkeit und jeglichen Nutzen zur Analyse der politischen Landschaft verfehlt. Wenngleich eine Verschiebung der Volksparteien Richtung Mitte zu verzeichnen ist, sind die inhaltlichen Unterschiede zwischen den den (partei-)politischen Lagern deutlich.

Und genau vor diesen inhaltlichen Unterschieden drücken sich Lichtmesz und Sommerfeld: Man ist eben nicht allein dadurch links, dass man Deutschland als Einwanderungsland versteht und für universelle Menschenrechte eintritt. Auch die Aufzählung, man sei links, wenn man Weltbürger*innenschaft, den freien Markt, sowie offene Grenzen befürwortet, vermischt politische Meinungen, die teils wenig gemeinsam haben. Die Autor*innen machen es sich zu leicht mit der rechtspopulistischen Konstruktion einer ‚linken‘, jungen, kosmopolitischen Elite von Globalisierungsgewinner*innen, die die Mehrheit der Gesellschaft durch Androhung von sozialer Stigmatisierung tyrannisiert und so unter Kontrolle hält. Die breite Masse der ‚Linken‘ wird hier fälschlicherweise nur nach einem angeblich instrumentellen Interesse daran, links zu sein, klassifiziert (nämlich um sich einer möglichen Stigmatisierung zu entziehen) und nicht nach politischen Konzeptionen. So bleiben Lichtmesz und Sommerfeld in dem die rechte Theorie durchziehenden Freund-Feind-Schema (Weiß 2017: 211–216).

Ohne dieses Feindbild scheint nicht mehr viel übrig zu bleiben von ‚den Rechten‘. Im Kapitel „Welche Position gelten als rechts" beginnt jeder Absatz mit einer Abgrenzung („Kritik an…"). Ohne die Abgrenzung von den ‚Linken‘ bleibt als zentraler Bezugspunkt nur das ‚Volk‘ als Ansatz einer eigenen Konzeption. Es soll das Element sein, nach dem sich Gemeinschaft formiert und nach dessen Interessen der Staat agiert. Was mit ‚Volk‘ hier genau gemeint ist, sei den Autor*innen zufolge ganz einfach – gemeinsame Abstammung, Sprache und Kultur. Und einem ‚Volk‘ anzugehören, dazu „gehört mehr als ein Reisepaß, der wie eine Klubbeitrittskarte ausgegeben wird, oder Lippenbekenntnisse zu „abstrakten Werten" oder zu einer „Verfassung" (Lichtmesz und Sommerfeld 2017: 81). Dieses völkisch-nationalistische Denken ist der Mittelpunkt ihrer politischen Lagebeschreibung. Ihre Auseinandersetzung mit links und rechts lässt sich als Spiel nach dem Motto Ich-sehe-was-was-du-nicht-siehst beschreiben: Alles was die ‚Rechten‘ wahrnehmen, beruht auf dieser in ihren Augen schützens- werten, sich biologisch definierenden Entität ‚Volk‘. Völkischer Nationalismus mag die ‚Linken‘ offensichtlich von Lichtmesz und Sommerfeld trennen; was die beiden aber kaschieren: Er trennt die Radikalen der *Identitären Bewegung* auch von konservativen, nationalistischen, liberalen Strömungen. Lichtmesz und Sommerfelds metapolitisches Manöver, ‚die Rechten‘ in Abgrenzung zu den- jenigen, die nicht völkisch denken, zu definieren, ist ein Versuch, die kleine Gruppe der völkischen Nationalisten zum ideologischen Kitt eines rechten Mosaiks zu machen. Das eigentliche Ziel ist nicht die Abrechnung mit ‚Links‘, sondern die Hegemonialisierung völkischen Denkens in einer noch zu schaffenden ‚Rechten‘.

Indes suggerieren die Autor*innen zu oft, dass sie in einen leeren Raum sprechen, der nicht mit Bedeutung, Geschichte und Macht aufgeladen ist.

Das wird besonders eindringlich, wenn sie festhalten, dass „völkisch" kein rassistisches Wort sei, sondern einfach nur das Attribut zu ‚Volk' (Lichtmesz und Sommerfeld 2017: 195, 79). Diese Ignoranz zeigt sich auch, wenn der vermeintlich deutsche ‚Schuldkult' in Hinblick auf Neokolonialismus und dem globalen Süden kritisiert wird. Jegliche Verantwortung wird hier einfach plump von sich gewiesen, ohne eine Argumentation zu bemühen. Auf Kosten der Polemik bleibt hier zu viel auf der Strecke; oft führt das in absurde Tiraden, etwa dass sich keiner der ‚Linken' wegen der Millionen Opfer des sozialistischen Regimes schlecht fühle (Lichtmesz und Sommerfeld 2017: 86) oder dass die Auseinandersetzung von Feminist*innen mit rechter Männlichkeit Ausdruck ihrer eigenen unterdrückten Fantasien sei (Lichtmesz und Sommerfeld 2017: 255).

4   ‚Links' als Bedingung für ‚rechts'

Mit Linken Leben wird seinem das Buch einleitenden Anspruch, das Verhältnis von links und rechts zu verstehen, nicht im Geringsten gerecht. Die Bedingung dafür wäre eine differenzierte ideologische, historische und politische Analyse der politischen Strömungen. Stattdessen bleibt ‚Links-Sein' jedoch eine reine Floskel. Als ideologisches Zentrum dient sie dazu, eine heterogene und noch zu bildende ‚Rechte' gegen ‚links' in Stellung zu bringen.

Nichtsdestotrotz wirft das Buch die interessante Frage auf, wie eine polarisierte Gesellschaft, in der politische Zugehörigkeiten eine immer größere Rolle spielen (Rucht 2021: 71), ihren Zusammenhalt bewahren und ihre demokratischen Institutionen schützen kann. Miteinander das Gespräch zu suchen, scheint eine – therapeutisch anmutende – Mindestvoraussetzung zu sein (Pörksen und Schulz von Thun 2020). Die Frage ob links und rechts miteinander reden können, beantworten Lichtmesz und Sommerfeld plakativ durch die Aufteilung in ‚Linke', die noch überzeugbar sind und die, die es nicht sind; Demokratischer Pluralismus ist hier nicht produktiv, sondern soll – soweit möglich – überwunden werden. Durch die Aufteilung in Realist*innen und Realitätsverleugnende wird außerdem suggeriert, dass es eine authentische Meinung erst gebe, wenn die ‚linke' Hegemonie überwunden sei. Die rechtspopulistische Vorstellung eines ‚Volkes' das einen einzigen Willen teilt, tritt hier zutage (Müller 2017).

Mit Linken leben demonstriert, dass die Selbstinszenierung der ‚Neuen Rechten' als (manipulierte) stille Mehrheit ein zentraler Teil ihrer Identitätsbildung ist. Durch Denkfiguren wie der eines ‚linken' realitätsversperrenden Moralismus und Verblendungszusammenhanges, nährt die ‚Neue Rechte' ihr Selbstbild als widerständiges Kollektiv und macht sich gleichzeitig immun gegen Kritik. Dass die ‚Linken' die ‚Rechten' als diskriminierte Gruppe wahrnehmen sollen, erscheint geradezu lächerlich, wo doch ihre Kernkritik an den ‚Linken' die fortlaufende Konstruktion neuer Opfergruppen ist (→Lichtmesz 2017). Was zurückbleibt, ist die Beobachtung, dass die ‚Neue Rechte' nicht ohne das Konstrukt einer dominanten, liberalen ‚Linken' kann. Ob Gramscis Theorie der kulturellen Hegemonie, die Übernahme der metapolitischen Strategie der 1968er oder die Mimikry linker Sozialtheorie – die ‚Linke' fungiert fortlaufend als Anknüpfungs- und Abgrenzungspunkt, um sich selbst als ‚Rechte' zu konstruieren.

Literatur

Primärquellen

Lichtmesz, Martin (2017): Die Hierarchie der Opfer. Schnellroda: Antaios.
Lichtmesz, Martin/Sommerfeld, Caroline (2017): Mit Linken leben. Schnellroda: Antaios.

Sekundärliteratur

Althusser, Louis (1977): Ideologie und ideologische Staatsapparate. Anmerkungen für eine Untersuchung. In: Althusser, Louis (Hrsg.): Ideologie und ideologische Staatsapparate. Aufsätze zur marxistischen Theorie. Hamburg: VSA, S. 108–153.
Geyer, Christian (2018): Wären nicht die Germanen im Ehebett. *Frankfurter Allgemeine Zeitung Online* vom 09.06.2018. https://www.faz.net/aktuell/feuilleton/debatten/new-york-times-homestory-ueberlethen-und-sommerfeld-15626492-p3.html (11.10.2021).
Herder, Janosik (2018): Debatte Reden mit Rechten. Ich möchte lieber nicht! *taz online* vom 20.11.2018. https://www.taz.de/Debatte-Reden-mit-Rechten/!5548652/ (11.10.2021).
Hufer, Klaus-Peter (2006): Argumente am Stammtisch: Erfolgreich gegen Parolen, Palaver und Populismus. Frankfurt a. M.: Wochenschau Verlag.
Korsch, Felix (2017): Wehrhafter Rassismus. Materialien zu Vigilantismus und zum Widerstandsdiskurs der sozialen Bewegung von rechts. In: Burschel, Friedrich (Hrsg.): Durchmarsch von rechts. Völkischer Aufbruch: Rassismus, Rechtspopulismus, rechter Terror. Berlin: Rosa-Luxemburg-Stiftung, S. 60–99.
Marx, Karl/Engels, Friedrich (1956 ff.): Werke. Berlin: Dietz.
Müller, Jan-Werner (2017): Was ist Populismus. Ein Essay. Berlin: Suhrkamp.
Per, Leo/Steinbeis, Maximilian/Zorn, Daniel Pascal (2017): Mit Rechten reden. Ein Leitfaden, Stuttgart: Klett-Cotta.
Pörksen, Bernhard/Schulz von Thun, Friedemann (2020): Die Kunst des Miteinander-Redens. Über den Dialog in Gesellschaft und Politik. München: Hanser.
Quent, Matthias (2016): Selbstjustiz im Namen des Volkes: Vigilantistischer Terrorismus. In: *Aus Politik und Zeitgeschichte* 24–25, S. 20–26.

Rucht, Dieter (2021): Neue Konflikte und neue soziale Bewegungen in Deutschland. In: Grande, Brigitte/Grande, Edgar/Hahn, Udo (Hrsg.): Zivilgesellschaft in der Bundesrepublik Deutschland. Aufbrüche, Umbrüche, Ausblicke. Bielefeld: transcript, S. 61–79.

Salzborn, Samuel (2016): Vom rechten Wahn. „Lügenpresse", „USrael", „Die da oben" und „Überfremdung". In: *Mittelweg* 36(6), S. 76–97.

Séville, Astrid (2019): Das Märchen vom Widerstand. Der Vulgärheroismus der Rechtspopulisten. In: Nassehi, Armin/Felixberger, Peter (Hrsg.): Revolte 2020. Hamburg: Kursbuch Kulturstiftung, S. 154–169.

Weiß, Volker (2017): Die autoritäre Revolte. Die Neue Rechte und der Untergang des Abendlandes. Stuttgart: Klett-Cotta.

Weiß, Volker (2019a): Arthur Moeller van den Bruck: Der Prophet des „Dritten Reichs". In: Zentrum Liberale Moderne (Hrsg.): Das alte Denken der neuen Rechten. Die langen Linien der antiliberalen Revolte. Berlin: Zentrum Liberale Moderne, S. 53–62.

Weiß, Volker (2019b): Lethen und Sommerfeld: Die große Inszenierung. *Frankfurter Allgemeine Zeitung Online* vom 03.02.2019b. https://www.faz.net/aktuell/feuilleton/debatten/lethen-und-sommerfeld-und-der-vorwurf-der-sippenhaft-16020233.html (11.10.2021).

Wiese, Sebastian/Horaczek, Nina (2015): Handbuch gegen Vorurteile. Wie du dich mit guten Argumenten gegen dumme Behauptungen wehrst. Wien: Czernin Verlag.

Marie Michel studiert Europäische Beziehungen und Politikwissenschaften im Doppelmaster an der Sciences Po Paris und der Freien Universität in Berlin und ist Stipendiatin der Studienstiftung des deutschen Volkes. Sie beschäftigt sich mit Fragestellungen rund um Migrationspolitik, (Post-)Kolonialismus und Rechtspopulismus und ist Mitbegründerin des Unframed e.V., der politische Kunst- und Kulturveranstaltungen organisiert. Derzeit arbeitet sie als studentische Assistenz im Advocacy-Bereich der Seenotrettungsorganisation SOS MEDITERRANEE.

Manfred Kleine-Hartlage: Warum ich kein Linker mehr bin

Imke Götting

Zusammenfassung

In *Warum ich kein Linker mehr bin* inszeniert sich der ‚neurechte‘ Publizist Manfred Kleine-Hartlage als ehemals ‚links‘ und legt dar, warum er es jetzt nicht mehr ist. Seine vermeintlich linke Vergangenheit hat dabei die entlastende Funktion, eigene antidemokratische Haltungen zu verschleiern. Selbst einmal ‚links‘ gewesen zu sein, soll nun die Abrechnung mit dem ‚linken Lager‘ legitimieren, um sich selbst als unideologisch zu präsentieren. Dabei wird der Ideologievorwurf auf die ‚Linken‘ selbst angewendet, wonach ‚linke Ideologie‘ als Bedrohung imaginiert wird, die die ‚Volksidentität‘ zersetze. Während ‚Linke‘ als ideologisch Verblendete mundtot gemacht werden sollen, wird die Fähigkeit zur wahren Erkenntnis ausschließlich dem rechten Lager zugeschrieben. Dadurch werden eigene völkische, rassistische und sozialchauvinistische Vorstellungen als ‚vernünftige‘ Normalität dargestellt. Der Bezug auf das entworfene Feindbild der Linken dient schließlich dazu, die eigene rechte Identität in Abgrenzung zur ‚Linken‘ negativistisch zu konstruieren und als einheitliches rechtes Lager darzustellen.

Manfred Kleine-Hartlage (*1966) bezeichnet sich selbst als ‚rechten Islamkritiker‘ und publizierte u. a. in ‚neurechten‘ Zeitungen wie der *Jungen Freiheit* und der *Sezession,* auf dem islamfeindlichen Blog *Politically Incorrect* sowie

I. Götting (✉)
Europa-Universität Viadrina, Frankfurt (Oder), Deutschland
E-Mail: euv218995@europa-uni.de

© Der/die Autor(en), exklusiv lizenziert an Springer Fachmedien Wiesbaden GmbH, ein Teil von Springer Nature 2022
D. Meiering (Hrsg.), *Schlüsseltexte der ‚Neuen Rechten‘,* Edition Rechtsextremismus, https://doi.org/10.1007/978-3-658-36453-3_25

aktuell in der extrem rechten Zeitschrift *Zuerst!*. Bevor er die Stationen des rechten Zeitschriftenspektrums durchlief, behauptet er von sich, einst ein ‚Linker' gewesen zu sein: „Ich war als 15jähriger in die SPD eingetreten und wurde bei den Jungsozialisten und in der Anti-Nachrüstungsbewegung der frühen achtziger Jahre politisch sozialisiert" (Kleine-Hartlage 2013[2012]: 10).

Dass sich ein Rechter als ehemals ‚links' inszeniert, ist kein Einzelfall. Auch Armin→ Mohler, Erfinder der *Konservativen Revolution,* der von der ‚Neuen Rechten' geradezu verehrt wird, fantasierte sich eine linke Vergangenheit zusammen, um sich damit intellektuelles Gehör zu verschaffen (Weiss 2017: 40).

Spätestens seit Alain→ de Benoists *Kulturrevolution von rechts* wissen wir, dass linke Theoretiker*innen wie Antonio Gramsci häufig innerhalb der ‚Neuen Rechten' rezipiert und umgedeutet werden – und zwar meistens auf eine Weise, dass von der Komplexität und dem Kern ihrer Theorien nicht viel übrigbleibt. Der Bezug auf linke Theorie dient vor allem dazu, sich von alten Feindbildern vordergründig abzugrenzen und sich als parteiübergreifend und unideologisch zu inszenieren. Es hat eine entlastende Funktion, denn wer selbst einmal links gewesen sei, könne so rechts ja gar nicht sein. Außerdem soll die eigene Biografie als Beweis dafür dienen, dass man linkes Denken nicht einfach aus Ressentiment als Unfug abtut, sondern dass die persönliche Einsicht in das linke Denken zu dieser ‚Erkenntnis' geführt habe.

In dem Buch *Warum ich kein Linker mehr bin* will Kleine-Hartlage mit den Linken abrechnen. ‚Links sein' soll als manipulative Ideologie entlarvt werden und Noch-Linken Mut machen, endlich zum rechten Rand zu konvertieren. Der Autor selbst sei dafür schließlich das „beste Beispiel" (Kleine-Hartlage 2013[2012]: 10), was man in einigen Kommentaren überhöhter Selbstdarstellung im Buch lesen wird. Am Ende des Buches erzählt Kleine-Hartlage eine seiner unzähligen, oft weit hergeholten, metaphorischen Geschichten: Es geht um Necla Kelek, die in Istanbul aufgewachsene, deutsche Soziologin und wie sie in eine Bratwurst aus Schweinefleisch beißt.[1] Statt der Bestrafung Allahs erfährt sie ein gutes Gefühl beim Sündigen. Der Biss in die verbotene Bratwurst symbolisiert in Kleine-Hartlages pathetischem Abschluss den angeblich befreienden Wechsel zum rechten Lager:

---

[1] Necla Kelek, die in einer Vielzahl konservativer und rechter Medien wie *NZZ* und *Achse des Guten* publiziert, erntet für ihre häufig pauschalisierende Islamkritik Beifall von rechts und Kritik aus der Migrationsforschung.

„Ein Linker, der sich die ersten Zweifel an der linken Ideologie erlaubt, erlebt dabei ungefähr dasselbe wie Necla Kelek beim Biß in die Bratwurst. Er muss einen ähnlichen moralischen Mut aufbringen, und er wird ähnlich belohnt: Man fühlt sich gut dabei" (Kleine-Hartlage 2013[2012]: 88).

Linkssein wird hier als eine strenge Religion dargestellt, versinnbildlicht durch das Schweinefleisch-Verbot im Islam (und im Judentum). Linke seien, wie Muslime und Muslima, Geiseln ihres ideologischen Glaubens – Rechte hingegen die wahren Aufklärer und Vorkämpfer der Freiheit. Die Bratwurst, die Kleine-Hartlage uns da auftischt, ist jedoch alles andere als schmackhaft.

1   Die Ideologie von der „linken Ideologie"

Was ist Kleine-Hartlages Hauptanklage gegenüber der Linken? Linke – das seien ideologisch Verblendete! Links sein – das sei die ideologische „Geisteskrankheit" (Kleine-Hartlage 2013[2012]: 10) einer kleinen elitären Minderheit, die – obwohl klein – dennoch hegemonial und übermächtig in der diskursiven Öffentlichkeit agiere. Kleine-Hartlage unterscheidet dabei zwei Arten von Linken: Die Betrüger*innen und die Betrogenen. Da sich die Betrüger*innen an den „Schaltstellen der gesellschaftlichen Macht orientieren" und „Profiteure der organisierten Lüge" seien, werden sie als nicht heilbar eingestuft – sie verschmähten die Bratwurst (Kleine-Hartlage 2013[2012]: 18). Und dann gäbe es noch die bemitleidenswerten Betrogenen, die die herrschende linke Ideologie bejahen, um für die „ideologische Übereinstimmung" mit der „Prestige-Prämie" belohnt zu werden (Kleine-Hartlage 2013[2012]: 37). Ihnen werde die Bratwurst jahrelang vorenthalten. Noch – wie Kleine-Hartlage prophezeit, denn die meisten seien zumindest gedanklich schon auf dem ‚rechten' Wege. Sie könnten es zwar noch nicht öffentlich machen, aber allmählich werde ihnen klar, dass die Kommunist*innen mehr Menschen umgebracht hätten als die Nazis, um es mit dem mathematischen Lieblingsverhältnis der Rechten auszudrücken. Kleine-Hartlage sieht sich selbst als Betrogener, der von der linken Ideologie vereinnahmt wurde. Sie wirke wie eine Art Auffangbecken für orientierungslose, naive Teenager. Denn es falle ihnen einfacher, an utopische Verheißungen zu glauben, als die empirische Wirklichkeit zu verstehen (Kleine-Hartlage 2013[2012]: 11).

Der Ideologievorwurf ist eine gern verwendete Strategie der ‚Neuen Rechten', die sich nicht nur gegen die Linke sondern auch in aggressiver Art und Weise gegen feministische Errungenschaften, wie z. B. *Gender Mainstreaming,* richtet und darauf abzielt, die eigene antidemokratische Haltung zu verschleiern.

Meistens sind diese Ideologievorwürfe selbst ideologisch und weisen Parallelen zu antisemitischen Verschwörungsideologien auf.

So auch Kleine-Hartlages Vorstellung der Linken als kleine elitäre Minderheit, die alles in der Hand hat, während das ‚wahrhafte deutsche Volk' darunter leide. Die linke Ideologie, von den Betrüger*innen von oben diktiert und von den Betrogenen von unten ausgeführt, zersetze die ‚Volksidentität' (Stögner 2017: 155). Den Linken mangele es an echter Tiefe und einer wahrhaften Wirklichkeitseinschätzung. Ihre ideologischen Utopien richteten sich letztlich gegen die ‚natürliche Ordnung'. Kleine-Hartlages Idee eines bedrohten Volkskörpers taucht häufig in ‚neurechten' Texten auf und kann sich sowohl gegen Linke als auch gegen Juden und Jüdinnen sowie Feminist*innen richten. So beschreibt Stögner die ‚neurechte' Perspektive folgendermaßen:

> „Kommunismus, Kapitalismus und Feminismus seien allesamt einem Materialismus verpflichtet, der sich weigert, die Wirklichkeit der antagonistischen Gesellschaft im Mythos des Volkskörpers und der Volksgemeinschaft zu transzendieren" (Stögner 2017: 155).

Obwohl die ‚Neue Rechte' gerne linke Theoretiker*innen wie z. B. Gramsci heranzieht und entkernt und verfälscht für das Eigene benutzt; und obwohl die ‚Neue Rechte' Linke für ihren subversiven Aktionismus heimlich bewundert (Kubitschek 2008) und sich in Querfrontfantasien sogar eine Zusammenarbeit vorstellen kann (Kaiser 2017, vgl. Culina und Fedders 2016) – für Kleine-Hartlage sind Linke dicht hinter dem ‚Islam' der absolute Teufel. Das mag daran liegen, dass Kleine-Hartlage das Links-Sein auf geschichtliche Fehlprognosen und ‚utopistisches' Denken reduziert, welches nicht der empirischen Wirklichkeit entspräche und somit irreführend sei: „Die utopistische Weltauffassung des Linken hinge freilich in der Luft, wenn er sich eingestehen müßte, daß die Verwirklichung der Utopie objektiv unmöglich ist" (Kleine-Hartlage 2013[2012]: 25). Und an anderer Stelle:

> „Das Ziel durch eine bloße Richtung zu ersetzen, impliziert, daß es nie einen Punkt geben wird, an dem Linke sagen werden: jetzt haben wir erreicht, was wir wollten, und geben uns damit zufrieden (wie es, wenngleich unausgesprochen, die Kommunisten taten), eben weil der Horizont, hinter den Utopia liegen soll, nie erreicht werden kann" (Kleine-Hartlage 2013[2012]: 31–32).

Abgesehen davon, dass es in der ‚Neuen Rechten' nur so von mystischen Verschwörungsfantasien und geschichtlichen Fehlprognosen wimmelt, zeigt Kleine-Hartlages abwertende Konnotation des Utopie-Begriffs vor allem eines: den

Unwillen und die Unfähigkeit die gesellschaftlichen Verhältnisse zu verändern. Die Utopie hingegen zielt auf die Veränderung des Ganzen. In kapitalistischen Gesellschaften, in denen abstrakte Herrschaftsverhältnisse als natürliche Verhältnisse internalisiert werden, erscheinen radikale Veränderungen als unmöglich (Adorno und Bloch 1964). Gefährlich wird es dann, wenn aus den kapitalistischen Zwängen eine Ohnmacht entsteht, die ein Bedürfnis nach Einheit und Eindeutigkeit hervorrufen, welche das reibungslose Funktionieren der in sich antagonistischen Gesellschaft gewährleisten soll (Stögner 2017: 139). Denn dann ist es nicht weit bis zur ideologischen Vorstellung einer funktionierenden reinen Volksgemeinschaft und deren Abgrenzung als Eigenes von dem nichtfunktionierenden Anderem, dass je nach Belieben Juden und Jüdinnen, der ‚Islam' oder die Linke sein kann. Dies geht mit der Strategie einher, gesellschaftlich relevante Begriffe im Sinne einer Metapolitik möglichst für das eigene, das rechte Lager zu beanspruchen:

> „Wer diese Wanderung beschleunigen und die Dominanz linker Ideologie brechen will und dies möglichst, bevor diese Dominanz endgültig die europäische Zivilisation, und zwar einschließlich ihrer emanzipatorischen Errungenschaften, zerstört hat, muss wissen, warum Menschen überhaupt links sind [...]" (Kleine-Hartlage 2013[2012]: 9–10).

Im Einklang mit Konservativen Revolutionären wie Oswald Spengler schließt Kleine-Hartlage hier am Topos vom „Untergang des Abendandes" an (vgl. → Spengler und → Sarrazin). Während er sich selbst als Retter der europäischen Zivilisation ausgibt, werden Linke als Zerstörer*innen und Bedrohung gebrandmarkt.

Auch die Fähigkeit zum Erkennen und Verstehen der Wirklichkeit wird für das eigene, rechte Lager beansprucht. Dabei ergibt sich die Wirklichkeit aus der bloßen Beobachtung gesellschaftlicher Resultate und wird als vermeintlich natürliche Ordnung verteidigt. Gesellschaftliche Machtverhältnisse werden nicht kritisch hinterfragt, sondern aufrechterhalten und biologistisch gerechtfertigt. So stellt Kleine-Hartlage Linke als Verrückte dar, wenn sie „glauben, daß Intelligenz nicht erblich sei, daß es keine natürlichen Unterschiede zwischen Männern und Frauen gebe, daß es so etwas wie Völker nicht gebe, daß man Menschen aus aller Herren Länder in demselben Land vereinigen könne, ohne daß es zu ethnischen Konflikten käme" (Kleine-Hartlage 2013[2012]: 34–35).

Völkische, rassistische und sozialchauvinistische Vorstellungen werden hier als ‚vernünftige' Normalität dargestellt, während Andersdenkende als ideologisch verblendet mundtot gemacht werden. Das Spiel, den jeweils anderen als Opfer einer Ideologie zu entmündigen, darf aber nicht die Inhalte der Debatte vergessen machen. Denn letztlich stehen sich in dem politischen Diskurs nicht Wahrheit und Unwahrheit oder eine richtige und eine falsche Erkenntnis der Realität gegenüber, sondern unterschiedliche Wertvorstellungen über Gleichheit oder Ungleichheit; über Gleichwertigkeit und Ungleichwertigkeit; über Heterogenität und Homogenität. Der alte Vorwurf der völkischen Nationalist*innen, dass ein abstrakter Humanismus (im Gleichschritt mit dem Liberalismus, den Kleine-Hartlage hier stillschweigend dem linken Lager zurechnet) partikular-konkrete Identitäten aufzulösen drohe, endet unweigerlich in rassistischen Bio-Politiken im Inneren eines Staates, der erst ‚rein' gemacht werden müsste.

2 Die Verbindung von Feindbildern

Eine Beobachtung, die Kleine-Hartlage große Kopfschmerzen bereitet, ist das angebliche Sympathisieren der Linken mit ‚dem Islam', obwohl dieser laut Kleine-Hartlage allen linken emanzipatorischen Vorstellungen zuwider sei. Er sei geradezu das Sinnbild aller emanzipatorischen Sünden: Die Unterordnung der Frau, ausgeprägter Antisemitismus und Homophobie werden auf den Islam projiziert, um sich selbst davon zu exkulpieren. Antimuslimischer Rassismus wird damit als legitime Islamkritik ausgegeben. So konstruiert er die Verbindung zweier rechter Feindbilder, die zusammen ein Bedrohungsszenario von der Zerstörung des Eigenen ergeben. Die ‚ethnische Vermischung', die die Rechten so fürchten, sei aus der Sicht Kleine-Hartlages erheblich durch Linke verursacht, da sie muslimische Migrant*innen nach Deutschland ‚locken' würden: Es sei die Schuld der Linken,

> „[…] die mit ihrer Politik der Masseneinwanderung eine vormals weitgehend homogene Gesellschaft in ein Konglomerat von mehr schlecht als recht koexistierenden Völkerschaften, ein Volk in eine von ethnischen Konfliktlinien durchzogene Bevölkerung verwandelt und die Gesellschaft dadurch systematisch gespalten hat" (Kleine-Hartlage 2013[2012]: 33).

Hier kommt eine völkische Argumentationsweise zum Ausdruck, der zufolge die ethno- und geopolitischen Grundlagen des ‚deutschen Volkes' durch Zuwanderung und wegen „kultureller Inkompatibilität" (Kleine-Hartlage 2013[2012]: 63) als gefährdet angesehen werden. Die Angst vor der Islamisierung Europas, die jenseits aller empirischen Beobachtungen liegt, die Kleine-Hartlage angeblich so gut zu kennen behauptet, bildet ein verschwörungstheoretisches Bedrohungsszenario, welches angeblich von Linken als Fädenzieher*innen herbeigeführt wird. Der Mechanismus ist also der: Es gibt die Konstruktion des Eigenen, einer ‚reinen deutschen Volksgemeinschaft‘, die von internen Anderen (den elitären Linken) und externen Anderen (muslimischen Migrant*innen) gefährdet oder sogar zerstört wird. Diese Konstruktion wird als doppelter Antagonismus bezeichnet:

> „Die positiv identifizierte Gruppe ‚des Volkes‘ wird in scharfem Kontrast zu den ‚Eliten‘ sowie zu Minderheiten-Gruppen positioniert. Diese exkludierten ‚Anderen‘ werden häufig durch Nationalität, Ethnizität, Religion – also mittels kulturellem Rassismus, […] – definiert" (Mayer et al. 2018: 270).

Dass es in der Realität niemals den reinen deutschen Volkskörper gegeben hat und auch nicht geben wird, dass der muslimische Anteil der Bevölkerung in Deutschland bei nur ca. 6 % liegt und Linke offensichtlich nicht die Inszenierer*innen der Fluchtbewegung sind, sondern katastrophale Bedingungen in den Herkunftsländern der Geflüchteten – all das ignoriert Kleine-Hartlage geflissentlich. Das zeigt, dass es Kleine-Hartlage und anderen Metapolitiker*innen weniger um das Verstehen empirischer Verhältnisse geht, als vielmehr darum, durch politisches Framing Angst und Vorurteile zu schüren. Das verschwörungstheoretische Bedrohungsszenario driftet schließlich folgendermaßen ins Absurde:

> „Selbstverständlich wissen diese Strategen genau, daß die Masse der Einwanderer auf Sozialleistungen angewiesen ist, und genau deswegen holen sie sie herein. Wer auf Sozialleistungen angewiesen ist, wählt links; Masseneinwanderung verschafft linken Parteien eine strukturelle Mehrheit" (Kleine-Hartlage 2013[2012]: 57).

Gefolgt von weiteren absurden Verkehrungen: Laut Kleine-Hartlage enthalte das „Quotenunwesen zugunsten speziell von Frauen und Migranten […] ein sexistisches bzw. rassistisches Diskriminierungsgebot zu Lasten von Männern und Deutschen" (Kleine-Hartlage 2013[2012]: 41). Um die Bedrohung des Eigenen deutlich zu machen, sind der rechten Fantasie keine Grenzen gesetzt. Fest steht, dass eine Linke, die versucht strukturell Benachteiligte wie Migrant*innen und Frauen zu stärken, für Kleine-Hartlage einen weißen, privilegierten, deutschen Mann, anscheinend zum massiven Problem wird. Dabei wird ein ‚linker Totalitarismus‘ imaginiert, der eine ‚ideologische Umerziehung‘ vorhabe, die nicht fern von der Vorstellung ‚maoistischer Konzentrationslager‘ sei (Kleine-Hartlage 2013[2012]: 64). Das ist in Kleine-Hartlages Buch eine allgegenwärtige Methode: Linken nationalsozialistische Methoden vorzuwerfen, während man selbst völkisch-nationalistische Ideologien verbreitet.

3   Und jetzt?

Linke, die dieses Buch von einem Rechten über Linke lesen, sind sicher nicht überrascht. Denn wie sehr die ‚Neue Rechte‘ mit linken Theorien, Strategien oder Aktionsformen liebäugelt oder sie als ideologische Verblendung hinzustellen versucht: Am Ende bleibt die ‚Neue Rechte‘ allen sprachlichen Modernisierungen zum Trotz den alten extrem rechten nationalistischen, antifeministischen, antisemitischen und rassistischen Ideologien verhaftet. Die häufigen Bezüge zu linken Theorien können also nur von Unverständnis oder bewusster Verfälschung ihrer Inhalte zeugen. Es ist allerdings wichtig, den strategischen Kern der rechten Anbiederungen und Abgrenzungen zu erkennen: Im Kern verfolgt die ‚Neue Rechte‘ eine völkische Identitätspolitik, die das Label ‚links‘ als Kontrastfolie und Projektionsfläche nutzt. Was für die ‚Alte Rechte‘ und die ‚Konservative Revolution‘ die Liberalismuskritik war, wird heute von der Rede von ‚den Linken‘ beerbt. So soll auch symbolische Einigkeit innerhalb eines sehr heterogenen und teilweise verfeindeten rechten Lagers hergestellt werden, das nur ex negativo durch gemeinsame Feindbilder notdürftig zusammengehalten wird (vgl. Sellner 2016). Deshalb hat Manfred Kleine-Hartlage sein Buch auch nicht „Warum ich ein Rechter bin" genannt und nicht über die menschenfeindlichen rechten Utopien geschrieben, sondern lieber über Bratwürste.

Literatur

Primärquellen

Kaiser, Benedikt (2017): Querfront. Schnellroda: Antaios.
Kleine-Hartlage, Manfred (2013[2012]): Warum ich kein Linker mehr bin. 4. Aufl. Schnellroda: Antaios.
Kubitschek, Götz (2008): Konservativ-Subversive Aktion. In: *Sezession* 25, S. 56.
Sellner, Martin (2016): Der Große Austausch in Deutschland und Österreich: Theorie und Praxis. In: Camus, Renaud (Hrsg.): Revolte gegen den Grossen Austausch. Schnellroda: Antaios, S. 189–221.

Sekundärliteratur

Adorno, Theodor W./Bloch, Ernst (1964): „Möglichkeiten der Utopie Heute". youtube.com/watch?v=_w5E2-ABxyQ&t=218s (11.10.2021).

Culina, Kevin/Fedders, Jonas (2016): Im Feindbild vereint. Zur Relevanz des Antisemitismus in der Querfront-Zeitschrift Compact. Münster: edition assemblage.

Mayer, Stefanie/Šori, Iztok/Sauer, Birgit/Ajanovic, Edma (2018): Mann, Frau, Volk. Familienidylle, Heteronormativität und Femonationalismus im europäischen rechten Populismus. In: *Feministische Studien* 36(2), S. 269–285.

Stögner, Karin (2017): Angst vor dem „neuen Menschen". Zur Verschränkung von Antisemitismus, Antifeminismus und Nationalismus in der FPÖ. In: Grigat, Stephan (Hrsg.): AfD & FPÖ. Antisemitismus, völkischer Nationalismus und Geschlechterbilder. Baden-Baden: Nomos, S. 137–162.

Weiss, Volker (2017): Die autoritäre Revolte: die neue Rechte und der Untergang des Abendlandes. Stuttgart: Klett-Cotta.

Imke Götting studiert in einem deutsch-französischen Doppelmaster Soziokulturelle Studien an der Europa-Universität Viadrina in Frankfurt (Oder) und Politikwissenschaft an der Université Paris 8 in Saint-Denis. Ihr Fokus liegt auf neueren Philosophien des Politischen, Kritischen Theorien in Deutschland und Frankreich sowie stadtpolitischen Themen in Zusammenhang mit Umwelt und Rassismus.

Geschlechterrollen und -verhältnisse in der ‚Neuen Rechten'

Überblick: Geschlechterrollen und -verhältnisse in der ‚Neuen Rechten'

Maike von Damaros

Zusammenfassung

Der Überblick über den siebten Teil des Buches stellt dar, wie die Kategorie Geschlecht in der ‚Neuen Rechten' thematisiert wird. Er kontextualisiert den ‚neurechten' Umgang mit sexualisierter Gewalt und die Thematisierung von ‚Gender' sowie die genderbezogene Selbstbeschreibung zentraler Akteur*innen.

In Reaktion auf die sexuellen Übergriffe in der Kölner Silvesternacht von 2015 auf 2016 veröffentlichte Martin Sellner, Aktivist und Sprecher der österreichischen *Identitären Bewegung (IB)*, ein *YouTube*-Video, in dem er zur „Ehrenrettung des europäischen Mannes"[1] aufrief. Zu Beginn des Videos schildert er eine Szene, in der ein Mann bei sich zu Hause einem männlichen Gast schweigend dabei zuschaut, wie dieser sich seiner Frau und seiner Tochter gegenüber sexuell übergriffig verhält. Dieser fremde Mann steht dabei allegorisch für

---

*unter der Mitarbeit von Anna Sandberger und Nellie Sittig

---

[1] Sellner, Martin (2016): Nie Wieder! Identitäre Aktion gegen die Schande von Köln. youtube.com/watch?v=v8URJh4LGYo (mittlerweile gelöscht, 06.04.2021).

M. von Damaros (✉)
Universität Leipzig, Leipzig, Deutschland
E-Mail: vf02owat@studserv.uni-leipzig.de

305

die Täter der Kölner Silvesternacht, die ausnahmslos als Ausländer, die lediglich in Deutschland zu Gast seien, beschrieben werden.

Seine vermeintliche Sorge um die Sicherheit von Frauen offenbart bei näherer Betrachtung das patriarchale Geschlechterbild der ‚Neuen Rechten'. Denn er schafft ein Narrativ, dem zufolge Männer als Subjekte über Frauen als Objekte verfügen und streiten. Ein Narrativ, dem zufolge wehrhafte europäische Männer ‚ihre' Frauen gegen Eindringlinge verteidigen müssen und die verlorene Männlichkeit europäischer Männer diese Frauen in Gefahr bringt. Ein Narrativ, dem zufolge Männlichkeit eng verknüpft ist mit ethnischen und nationalen Grenzen und dem zufolge sexualisierte Gewalt von „übergriffigen Fremden" (vgl. Amadeu-Antonio-Stiftung 2016) ausgeübt wird.

Aktivistinnen der *IB* riefen 2018 die Kampagne *#120db* ins Leben, ein *#metoo* von rechts, benannt nach der Lautstärke eines Taschenalarms, wie ihn inzwischen viele europäische Frauen mit sich tragen würden. In einem Videoaufruf klagen die selbsternannten „Töchter Europas" die Zuschauer*innen an: „Wir sind nicht sicher, weil ihr uns nicht schützt. Weil ihr euch weigert, unsere Grenzen zu sichern. Weil ihr euch weigert, zu kontrollieren, wer hereinkommt. Weil ihr euch weigert, Straftäter abzuschieben."[2] Zwar inszenieren sich die Frauen im Video als kämpferische, wütende und selbstständige Subjekte – im Wesentlichen gibt es aber keinen Unterschied zu Sellners Beschreibungen.

Auch in weniger aktivistischen Kreisen der ‚Neuen Rechten' herrscht diese Perspektive vor. Die Autorin und Journalistin Ellen Kositza äußert sich in der ‚neurechten' Theoriezeitschrift *Sezession* und in ihren Büchern über Köln. In *Gender ohne Ende* kommt sie zu ähnlichen Schlüssen wie Sellner und die Aktivistinnen von *#120db*. Darüber hinaus macht sie die zunehmende Pluralisierung von Lebensentwürfen für verschiedene gesellschaftliche Missstände verantwortlich und plädiert für eine Rückkehr zu traditionellen Geschlechterrollen.

Sozialpsychologisch interessant ist hier die Frage, in welchem Zusammenhang dieser Wunsch nach Vereinfachung zu den real erlebten Ängsten und Bedrohungen steht. Denn hier wird das gemeinsame Element rechten Denkens über verschiedene Themenfelder hinweg deutlich: Es geht immer um Exkludierung und Homogenisierung. Die Gesellschaft soll nach einfachen Regeln geordnet sein, je weniger Verschiedenheit, desto besser (vgl. Stögner 2017).

---

[2] o. A. (2018): Frauen wehrt euch! 120 Dezibel #120db. youtube.com/watch?v=FSXphiFknyQ (06.04.2021).

Damit einher geht meistens die Aufwertung der eigenen und die Abwertung aller anderen Kategorien: Ob dies nun über die Abwertung und den Ausschluss von Menschen anderer Ethnien, Religionen, Kulturen oder eben Geschlechterrollen läuft. Legitimiert wird diese Ordnung oft mit biologistischen, manchmal auch kulturanthropologischen oder psychosozialen Argumenten (so auch bei Kositza), die jedoch keiner wissenschaftlichen Prüfung standhalten.

Sexualisierte Gewalt durch ‚einheimische Männer' wird in solchen Schilderungen unter den Teppich gekehrt, der fremde, ‚hypersexuelle' Mann wird der einzig mögliche Sexualstraftäter. Die Kriminalstatistik zu Partnerschafts-gewalt des BKA von 2020 zeigt jedoch, dass Gewalt gegen Frauen keineswegs etwas ‚Importiertes' ist – denn jeden Tag versucht in Deutschland ein Mann, seine Partnerin zu töten (Bundeskriminalamt 2020).

Die oben genannten Reaktionen weisen eine deutliche Unverhältnismäßigkeit im Umgang mit sexualisierter Gewalt auf, die sich auch in Verhandlungen über Geschlechterrollen oder Sexualität niederschlägt. Es wird, wie etwa auch in Jack Donovans *The Way of Man,* das Bild einer verlorenen kriegerischen Männlichkeit reproduziert, die auf Ehre basiert und sich in Abgrenzung zu einer als passiv und schwach stilisierten Weiblichkeit bildet. Analog dazu bemühen sich Autor*innen wie etwa Brittany Pettibone in *What Makes Us Girls,* ihren Leser*innen diese stereotypische Konzeption von Weiblichkeit als Weg zu persönlichem Glück sowie zur Lösung von gesellschaftlichen Problemen zu verkaufen.

Der ‚neurechte' Diskurs verbindet dabei die Kritik am sogenannten „‚Genderwahn' oder ‚Gender-Terror'" (Lang 2017) mit rassistischen Vorstellungen über Geflüchtete, Menschen mit Migrationshintergrund oder Muslim*innen. Die Silvesternacht in Köln ist somit für die ‚Neue Rechte' zu einem Kollektiv-symbol für zwei ihrer zentralen Feindbilder geworden (Dietze 2019: 44 f.). Diesen soll hier begegnet werden, in Donovans Fantasien tribaler Männlichkeit, in Pettibones Ratgeber für konservative Mädchen und in Kositzas Essays. Die Unter-suchung der Texte zeigt nicht nur, wie zentral die Kategorie Geschlecht für die Konstruktion ‚neurechter' Weltbilder ist, sondern auch, dass in der gemeinsamen Gegnerschaft zum „Genderismus" (Lang 2017) der gemeinsame Nenner ver-schiedener Strömungen liegt, aus denen sich das Spektrum der ‚Neuen Rechten' speist.

Literatur

Sekundärliteratur

Amadeu Antonio Stiftung (2016): Das Bild des übergriffigen Fremden. Wenn mit Lügen
    über sexualisierte Gewalt Hass geschürt wird. amadeu-antonio-stiftung.de/wp-content/
    uploads/2018/08/broschuere-mythos-web-1.pdf (05.05.2021).
Bundeskriminalamt (2020): Partnerschaftsgewalt – Kriminalstatistische Auswertung – Berichts-
    jahr 2019. bka.de/SharedDocs/Downloads/DE/Publikationen/JahresberichteUndLagebilder/
    Partnerschaftsgewalt/Partnerschaftsgewalt_2019.html;jsessionid=A40B1F4C06166A59033
    C5DDF0599CBBC.live292?nn=63476 (06.10.2021).
Dietze, Gabriele (2019): Sexueller Exzeptionalismus. Überlegenheitsnarrative in
    Migrationsabwehr und Rechtspopulismus. Bielefeld: transcript.
Lang, Juliane (2017): „Gender" und „Genderwahn" – neue Feindbilder der extremen
    Rechten. bpb.de/politik/extremismus/rechtsextremismus/259953/gender-und-genderwahn
    (05.05.2021).
Stögner, Karin (2017): Angst vor dem „neuen Menschen". Zur Verschränkung von Anti-
    semitismus, Antifeminismus und Nationalismus in der FPÖ. In: Grigat, Stephan
    (Hrsg.): AfD & FPÖ. Antisemitismus, völkischer Nationalismus und Geschlechter-
    bilder. Baden-Baden: Nomos, S. 137–162.

Maike von Damaros studiert European Studies (MA) an der Universität Leipzig. Zuvor
schloss sie ihr Bachelorstudium in Kulturwissenschaft und Sozialwissenschaften an der
Humboldt-Universität zu Berlin mit einer Arbeit zu Krisennarrativen in der Demokratie ab.

Jack Donovan: Becoming a Barbarian

Anna Torgovnik und David Meiering

Zusammenfassung

In der deutschsprachigen ‚Neuen Rechten‘ hat sich zuletzt ein Kult um den amerikanischen Publizisten Jack Donovan entwickelt. Mit Donovan ist ein homosexueller Mann zu einer Ikone extrem rechter Maskulinisten geworden. Die Bezeichnung ‚schwul‘ (‚gay‘) lehnt er ab, denn mit diesem Begriff hänge auch die liberale, schwule Kultur und Identität zusammen, die Donovan als effeminiert und verweichlicht ablehnt. Stattdessen hebt Donovan Homosexualität in einer Hypermaskulinität auf, die er ‚Androphilie‘ nennt, also ‚Männerliebe‘. Für die ‚Neue Rechte‘ erfüllt seine Reformulierung ‚echter Männlichkeit‘ mehrere Funktionen: Erstens integriert Donovan die als ‚deviant‘ herabgesetzte Homosexualität in das patriarchale Projekt. Zweitens wiederbelebt er ‚alt-rechte‘, faschistische Männlichkeitskonstruktionen wie soldatische Ehre, Kameradschaft und Männerbund-Denken in anschlussfähigerer Form. Drittens legitimiert sich diese vigilante Männlichkeit durch Verschwörungsideologien und Untergangsszenarien und normalisiert diese.

A. Torgovnik (✉)
Freie Universität Berlin, Berlin, Deutschland
E-Mail: anna_torgovnik@riseup.net

D. Meiering
Humboldt-Universität zu Berlin, Berlin, Deutschland
E-Mail: david.meiering@hu-berlin.de

© Der/die Autor(en), exklusiv lizenziert an Springer Fachmedien Wiesbaden
GmbH, ein Teil von Springer Nature 2022
D. Meiering (Hrsg.), *Schlüsseltexte der ‚Neuen Rechten‘*, Edition
Rechtsextremismus, https://doi.org/10.1007/978-3-658-36453-3_27

Zuletzt vermengt Donovan Nietzscheanische Schlagworte und popkulturelle Referenzen zu einer esoterisch-spirituellen Lebensphilosophie für Männer. Das Ergebnis seines neotribalistischen Gesellschaftsentwurfs ist ein martialisches Selbstermächtigungsprogramm.

Insofern die ‚Neue Rechte' sich um eine strategische Abgrenzung von der ‚Alten Rechten' bemüht, versucht sie in den vergangenen Jahren allzu dumpfe Ressentiments gegen Minderheiten zu verbergen, indem sie Entlastungszeug*innen heranzieht und ein ‚diverseres' Image anstrebt. Während in Deutschland die *AfD* Untergruppen wie „Muslime in der *AfD*" oder „Homosexuelle in der *AfD*" in den Fokus der Aufmerksamkeit platzieren will, brüsten sich die Trump-Anhänger*innen in den USA damit, bei Lateinamerikaner*innen und Schwarzen Stimmen bei der Präsidentschaftswahl 2020 dazugewonnen zu haben. Der Vorwurf des Rassismus, Sexismus oder der Homophobie soll so entkräftet werden. Um das deutsche *Institut für Staatspolitik,* den *Antaios*-Verlag von Götz Kubitschek und die *Identitäre Bewegung* in Österreich herum hat sich zuletzt ein Kult um den amerikanischen Publizisten Jack Donovan entwickelt. Donovan, der in jungen Jahren der schwulen Szene in den USA angehörte, ist mittlerweile als „skinhead icon and right-wing extremist" (O'Connor 2017) über die US-amerikanische *Alt-Right* hinaus bekannt. Das bedeutet nicht, dass auch Donovans Sexualität sich geändert hat. Ganz im Gegenteil, auch wenn es zunächst widersprüchlich erscheint, dass gerade ein homosexueller Mann zu einer Ikone extrem rechter Maskulinisten[1] geworden ist, macht Donovans Position nach einer genaueren Analyse seiner „Theorien" und seiner Vorstellung von Männlichkeit Sinn. Denn in der Begrifflichkeit liegt der Unterschied: Donovan ist eben ein Mann, der Sex mit Männern hat – der also, wie er sich selbst bezeichnet, androphil[2] ist. Die Bezeichnung ‚schwul' (‚gay') lehnt er ab, denn mit diesem Begriff hänge auch die schwule Kultur und Identität zusammen, die Donovan

---

[1] Maskulinisten verneinen die Existenz des Patriarchats und vertreten die Meinung, dass Männer in der Gesellschaft schlechter gestellt seien als Frauen bzw. Frauen in vielen Dingen bevorzugt würden und Privilegien genössen (vgl. Chandler und Munday 2016). Gleichzeitig ist diese (rechte) Ideologie stark an ein strenges, normatives Männerbild geknüpft: (u. a.) stark und risikobereit (vgl. z. B. Vandiver 2020).

[2] Donovan widmete diesem Thema ein ganzes Buch mit dem programmatischen Titel *Androphilia. Rejecting the Gay Identity. Reclaiming Masculinity* (Donovan 2007).

als effeminiert und verweichlicht strikt ablehnt.[3] Stattdessen hebt Donovan Homosexualität in einer Hypermaskulinität auf. Für die ‚Neue Rechte' erfüllt seine Reformulierung ‚echter Männlichkeit' mehrere Funktionen: Erstens kann so die als ‚deviant' herabgesetzte Homosexualität in das patriarchale Projekt integriert werden. Zweitens werden ‚alt-rechte' Männlichkeitskonstruktionen wie soldatische Ehre, Kameradschaft und Männerbund-Denken in anschlussfähigerer Form neu aufgelegt (vgl. Lyons 2019: 254). Drittens zieht diese vigilante Männlichkeit Verschwörungsideologien und Untergangsszenarien zur Legitimation heran und normalisiert diese. Und zuletzt vermengt Donovan Nietzscheanische Schlagworte und popkulturelle Referenzen zu einer esoterisch-spirituellen Lebensphilosophie für Männer. Mit der US-amerikanischen *Alt-Right* und ihren Männer-Gruppen *(Men's Rights Movement, Pick Up Artists, Incels)* hat er die sog. Retorsion gemein, also die Umdeutung von Diskriminierungs- und Machtbeziehungen in eine vermeintliche Opferstellung von Männern (Bruns et al. 2014: 206). Er greift dazu Konzepte aus dem Feminismus und der Bürgerrechtsbewegung auf und entwickelt sie zu einem martialischen Selbstermächtigungsprogramm.

1 Die doppelte Dominanzstruktur hegemonialer Männlichkeit

Das Buch *Becoming a Barbarian* ist der Nachfolger des 2012 erschienenen *The Way of Men* und beschäftigt sich damit, wie Männer[4] leben müssten, um ein „natürliches", gutes Männerleben zu führen und wie sich dementsprechend die Organisation der Gesellschaft verändern müsse. Im ersten Teil des Buches geht Donovan darauf ein, was Männlichkeit eigentlich bedeute, warum Tribalismus und Identität dabei eine wichtige Rolle spielen und welche Konflikte mit der modernen westlichen Gesellschaft entstehen. Im zweiten Teil gibt Donovan eine konkrete Anleitung, welche Veränderungen im Männerverstand passieren müssten, um ein richtiger „Barbar" werden zu können. Die Bücher Donovans zeigen prototypisch, wie Anti-Feminismus, Anti-Universalismus und Anti-Liberalismus zusammenwirken und dabei an gesamtgesellschaftliche Machtkonstellationen andocken.

---

[3] Er bemüht hier einen alten Topos, den Arthur Moeller van den Bruck auf die vielzitierte Formel brachte: „An Liberalismus gehen die Völker zugrunde".
[4] Donovan spricht durchgehend von ‚men'. Obwohl im Englischen diese Bezeichnung auch für Menschen allgemein stehen könnte, kann hier davon ausgegangen werden, dass Donovan tatsächlich nur Männer meint.

Die Männlichkeitsforschung unterscheidet in Bezug auf rechte Radikalisierung verschiedene Formen von Männlichkeit. Mit Connell (1999) hat sich das Konzept hegemonialer Männlichkeit etabliert, das im Rechtsextremismus stark an den Idealen der soldatischen Stärke, der wirtschaftlichen Versorgung und des physischen Schutzes (der Familie und des Phantombesitzes ‚Frau') orientiert ist (Lehnert 2017: 212). Diese Männlichkeitsvorstellung ist aber nur eine radikalisierte Form von gesellschaftlich weit verbreiteten Normen des Mannes als rationaler Versorger und Beschützer ‚seiner' Frau. Homosexualität oder andere abweichende Formen von Männlichkeit werden generell subordiniert oder marginalisiert – wie etwa eine konstruierte migrantische Männlichkeit, die als vermeintliche Gefahr abgewehrt wird (Virchow 2010: 47). Hegemoniale Männlichkeit wirkt dabei als doppelte Dominanzstruktur: einerseits gegenüber Frauen, die in der rassisch gefassten Volksgemeinschaft vor allem Reproduktionsaufgaben wahrnehmen sollen; andererseits gegenüber anderen Männlichkeiten, die diese klare Binarität der Geschlechter und damit die patriarchalen Machtstrukturen gefährden (Hüttmann 2011). Bekennende Homosexuelle wie Jack Donovan haben es im völkischen Nationalismus dementsprechend seit jeher schwer gehabt. Offene Versuche innerhalb des rechten Lagers, Homosexualität zu legitimieren, gab es daher selten. Ein prominentes deutsches Beispiel war Michael Kühnen, einer der wichtigsten Neo-Nazis in der militanten westdeutschen Szene. Nachdem 1981 das ehemalige ANS-Mitglied (Aktionsfront Nationaler Sozialisten) Johannes Bügner von fünf ANS-Aktivisten wegen seiner Homosexualität erstochen wurde, brach in der Szene ein heftiger Richtungsstreit aus. 1985 verließen Kühnen und seine Anhänger deswegen die Schlüsselorganisation GdNF (Gesinnungsgemeinschaft der Neuen Front) und spalteten diese kurzfristig. Kühnen veröffentlichte daraufhin eine Bügner gewidmete Schrift Nationalsozialismus und Homosexualität (1986), in der er unter Rückgriff auf den Männerbündler Hans Blüher und SA-Führer Ernst Röhm versuchte, Homosexualität in das rechte Weltbild zu integrieren. Dazu unterschied er zwischen ‚Arterhaltung' und ‚Artentfaltung': Während nur kurze Momente der Fortpflanzung für die ‚Arterhaltung' nötig seien, würde sich die ‚Art' erst im kulturschaffenden Beisammensein von Männern entfalten. Dieses Ineinandersetzen von Kultur- und Staatswerdung durch Männergruppen findet sich nicht nur im (mythisch aufgeladenen) Denken der Konservativen Revolution, sondern auch in vielen geopolitischen Konzepten der Raum-Ideologie, etwa in Carl → Schmitts Nomos der Erde. In der Neonazi-Szene wurde die Debatte bald wieder beiseitegeschoben und nach und nach tabuisiert (Bitzan 2017: 355).

Abermals entpuppt sich die ‚Neue Rechte' als Abklatsch der alten, denn vieles an Donovans Buch wirkt wie ein Remake dieser Debatten. Offenkundig ist dabei, dass die Integration der marginalisierten, homosexuellen Männlichkeit erkauft werden muss durch eine überkompensatorische Hypermaskulinität (Kohlstruck und Münch 2006). Sexualität – erst recht spezifisch homosexuelle – spielt hier kaum noch eine Rolle, sondern wird unsichtbar gemacht in der Überaffirmation des Geschlechts. Insofern handelt es sich hier um eine „komplizenhafte Männlichkeit" (Connell 1999), die zur hegemonialen unbedingt dazugehören möchte. Donovans eigentlicher „Weg der Männer" besteht darin, Männer insgesamt zur marginalisierten Gruppe zu erklären, also die gesellschaftlichen Hegemonieverhältnisse umzukehren. Diese Retorsion macht Frauen, die sich mit dem Staat, dem ‚Big Government' verschworen hätten (Donovan 2016a: 175), zu den eigentlich Herrschenden und Männer zu den Unterdrückten – und verdeckt so u. a. die Dominanzbeziehungen innerhalb der Männlichkeiten. Dieser Kniff, zur Herstellung innerer Einheit einen äußeren Feind zu positionieren, ist die Hauptstrategie einer solchen maskulinistischen Identitätspolitik. Ein gemeinsamer Aspekt des antifeministischen Spektrums ist daher auch das Outsider-Gefühl (Regehr 2020: 5), das bei Donovan in der Figur des Barbaren und der Bestie[5] positiv gewendet wird.

Im Zentrum dieser barbarischen Männlichkeit steht der Tribalismus. Echtes männliches Potenzial werde nur durch ständigen Konflikt mit anderen Männern und durch stete Kraftproben (in einer eigenen ‚Gang') hergestellt. Innerhalb des Staates und der bestehenden Gesellschaft sei aber diese natürliche und echte Männlichkeit bedroht: Durch den Universalismus, der durch seine Friedfertigkeit Männlichkeit überflüssig mache. Durch die Globalisierung, die die engen sozialen Bande zwischen Gleichartigen in einen eigenschaftslosen ‚Weltstamm' (Donovan 2016b: 40) auflöse. Durch den Kapitalismus, der angepasste, verweichlichte und austauschbare „consumer identities" (Donovan 2016b: 11) erzeuge. All das bezeichnet Donovan auch als den „Weg der Frauen" (2016a: 182), womit er das Zerrbild eines globalen Matriarchats zeichnet, das an eine lange Tradition anti-liberaler und strukturell antisemitischer Topoi anschließt (Stögner 2017). Dieses „Empire of Nothing" sorge für die Auflösung aller Identitäten (Donovan 2016b: 40), wogegen nur ein starker Wir-Sie-Antagonismus helfe. Die Angst vor Vermischung (Mixophobie, vgl. Stögner 2017: 143) und vor der Auflösung klarer Identitäten ist dabei das Gemeinsame zwischen Sexismus und Rassismus bzw. Muslimfeindlichkeit (Wielowiejski 2018) – was Donovan für

---

[5] Der dritte Teil der vom *Antaios-Verlag* als ‚Männer-Trilogie' im deutschsprachigen Raum vermarkteten Reihe heißt in Anspielung auf Nietzsches berüchtigte ‚blonde Bestie': *A more complete Beast* (2018) – ins Deutsche übersetzt als *Ein ganzerer Mann*.

die *Identitäre Bewegung* in Deutschland extrem anschlussfähig macht. So vergleicht Martin Lichtmesz im Nachwort zur deutschsprachigen Übersetzung von *Der Weg der Männer* die westliche Zivilisation mit „einer masochistischen Frau", die sich „dem maskulin-patriarchalischen Alphamacho Islam unterwirft, der sich nicht zuletzt durch einen invadierenden ‚Youth Bulge' junger Männer in Europa ausbreitet" (Lichtmesz 2016: 207). Dass Donovans ‚Gang' letztlich dem rassistischen Ressentiment entspricht, das Lichtmesz bedient, wird dabei geflissentlich ignoriert.

Dabei ist Donovans Beschreibung von Frauen an Misogynie und Biologismen nicht zu überbieten: Das Frauenwahlrecht sei etwa für die vermeintliche Machtungleichheit zwischen Männern und Frauen verantwortlich. Während es der „job of men" (Donovan 2016b: 33) sei, den Stamm nach außen hin abzusichern und das „Wir" von „den Anderen" abzugrenzen, beschränke sich die Funktion der Frauen darauf, den Stamm von innen zusammenzuhalten und allen Zugehörigen emotionale Zuneigung entgegenzubringen – eine traditionelle Vorstellung im extrem rechten Weltbild, wo die Familie als ‚Keimzelle des Volkes' gilt und der Produktion des Nachwuchses dient (Bitzan 2017: 354). Ohne ausreichende männliche Kontrolle und mithilfe des Frauenwahlrechts hätten Frauen es jedoch geschafft, den Stamm zur Weltgesellschaft zu vergrößern und die gesamte Welt „child safe" (Donovan 2016b: 34) zu gestalten. Donovan vergleicht diese Welt mit einer Gebärmutter, in der viele ungeborene, unfreie Männer, völlig frei von Risiko und Gefahr, vor sich hinvegetieren. Innerhalb einer solchen vermeintlich feminisierten Gesellschaft sei kein Heldentum, kein Ruhm und auch keine echte Männlichkeit möglich. Es sei nun also an den Männern endlich in die Welt geboren zu werden und ihre Macht wieder zu erlangen. Tribalismus sei dafür die Lösung: „Tribalism is the root of human culture" (Donovan 2016b: 41).

Wo aber ist der Ausweg aus diesem allumfassenden System der „ächzenden Gebärmutter des Staates" (2016a: 183), der zum erlösenden Tribalismus führt? Da man sich dem kapitalistischen, matriarchalen System nicht ganz entziehen könne, bleibe nur die Kultivierung des Außerseitertums, oder, wie Donovan seinen Blog in Anlehnung an Ernst→ Jünger nennt, der *Waldgang:* „A barbarian is an outsider, someone with a separate culture who is not part of the state or polis" (Donovan 2016b: 46). Es reicht Donovan aber nicht, kein Teil des Staates zu sein; vielmehr ist der Untergang des Staates die Voraussetzung zur Rettung der tribalistischen Männlichkeit.

2   Der rettende Weltuntergang: zurück zu den tribalistischen Wurzeln des Patriarchats

„Die Menschheit sollte für ein paar Jahrhunderte in ein dunkles Zeitalter stürzen und darüber nachdenken, was sie angerichtet hat" (Donovan 2016a: 169).

Da aus Donovans Sicht der Staat, das Matriarchat und der Liberalismus eine symbiotische Beziehung eingegangen sind, ist das Staatsversagen notwendige Bedingung für die Restauration des Patriarchats:

„Wenn die ächzende Gebärmutter des Staates nicht länger die Dienstleistungen oder die Sicherheit hervorbringen kann, um die Männer in einem passiven und abhängigen Zustand zu halten, dann werden lokale Gruppen von Männern, die einander vertrauen, kleinere Netzwerke aufbauen, die ihre eigenen Interessen schützen und durchsetzen. […] Inmitten des Chaos, das der Enttäuschung folgt, werden Banden von Männern eine neue Welt erschaffen können" (2016a: 183 f.).

Ähnlich wie Armin→Mohler und zahlreiche Vertreter der Konservativen Revolution entwickelt Donovan ein zyklisches Geschichtsbild, in dessen Zentrum eine Destabilisierungstrategie steht. Donovan zieht dafür *The Wanting Seed* von Anthony Burgess heran, ein dystopischer Science-Fiction-Roman, in dem der Staat wegen der Überbevölkerung Englands Homosexualität und ‚Verweiblichung' fördert. Das klassische Kreislauf-Schema, das sich so auch bei → Höcke oder → Spengler findet, wird auch bei Donovan eingehalten: eine ‚gute Ordnung' (hier: *Gusphase*), driftet in eine dekadente Form ab (hier: *Pelphase*), sodass ein Interregnum errichtet werden muss (hier: *Interphase*), um die gute Ordnung wiederherzustellen. Die ‚gute Ordnung' in Donovans Szenario war die Herrschaft des strengen Vaters, die durch eine zu liberale, zu vertrauensvolle Ordnung unterhöhlt wurde. Nur eine Phase des Chaos, der Gewalt und der Desillusionierung könne den Menschen wieder vor Augen führen, dass sie die strenge Ordnung des Vaters der matriarchalen Verweichlichung vorziehen sollen:

„Um die Männer auf einen Weg zu bringen, der für sie zwar nicht unmittelbar, aber schlußendlich besser wäre, muß das emotionale Band zwischen Volk und Staat vollständig gekappt werden. Trennt man den Körper des Volkes vom Kopf der Staatsgewalt, bricht Chaos aus. In diesem Chaos werden die Männer wieder zu sich selbst finden" (Donovan 2016a: 186).

Ähnlich wie die ‚Konservative Revolution' zielen diese Dekadenz-Kreisläufe auf eine Delegitimierung des demokratischen Liberalismus. Die dadurch ausgelöste Destabilierung soll die Menschen empfänglich für autoritäre Strukturen und Führung machen. Nachdem die *Alt-Right* in den USA Vertreter wie Steve Bannon in wichtige politische Positionen bringen konnte und der ehemalige rechtspopulistische Präsident Donald Trump diese Dekadenzmotive mit seiner Deep-State- und Drain-the-Swamp-Rhetorik verbreitete, konnte man beobachten, wie paramilitärische Verbände, protofaschistische Netzwerke und Hate Groups sich ermutigt fühlten, diesen Prozess selbst zu beschleunigen. Diese Form vigilanter Gewalt (Abrahams 2007) hat auch in Deutschland Aufwind: Reichsbürger-Bewegung und rechte Netzwerke in Militär, Polizei und Justiz sorgen seit Jahren für Skandale (Quent 2019). Die Untergangsfantasien dienen dabei der Selbstermächtigung und rechtfertigen die Gewalt. Aus der *Incel-Community*, einem Online-Netzwerk aus (sexuell) frustrierten Männern, hat sich die Black-Pill-Rhetorik[6] auch in andere Bereiche ausgebreitet. Die schwarze Pille stand ursprünglich für die fatalistische Einsicht in die Unabänderbarkeit der eigenen als miserabel empfundenen Lage – was zur weiteren Radikalisierung beigetragen hat. So tötete 2018 ein 28-jähriger Software-Entwickler mit seinem Van zehn Menschen, darunter acht Frauen, weil er sich als Teil einer ‚Incel Rebellion‘ sah, die die patriarchale Ordnung wiederherstellen sollte (Regehr 2020: 14; Bratich und Banet-Weiser 2019: 5025). Die Black-Pill-Rhetorik hat sich kürzlich aber ausgeweitet auf jegliche katastrophische Prophezeiung, die zu einem nihilistischen und fatalistischen Gewaltakt ermutigen kann.

3   Umwertung aller Werte: *Empowerment* mit Zarathustra

„Dort, wo der Staat aufhört, da beginnt erst der Mensch, der nicht überflüssig ist: da beginnt das Lied des Nothwendigen, die einmalige und unersetzliche Weise" (Friedrich Nietzsche, *Also sprach Zarathustra*, z. n. Donovan 2016a: 187).

„The barbarian spirit [is] in Nietzsche's own words, maintained at the center of all the noblest, aristocratic-chivalric peoples, who base their value judgements on, '...a powerful physicality, a blossoming, rich, even effervescent good health that includes all of the things needed to maintain it, war, adventure, hunting, dancing, jousting and everything else that contains strong, free, happy action.' Barbarians are alive in the world and say 'yes!' to life" (Donovan 2016b: 73).

---

[6] Siehe zur Red-Pill-Rhetorik den Beitrag über Curtis → Yarvin.

So offen Donovans Umsturzfantasien und Untergangssehnsucht sind, so wenig benötigt er einen philosophischen Überbau. Dennoch kokettiert er an vielen Stellen mit Schlagwörtern von Friedrich Nietzsche und untertitelt seine Website mit *Philosophy and Spirituality for Men*. Eine „Umwertung aller Werte" findet allerdings nur vordergründig und sicher nicht im Nietzscheanischen Sinne statt. Denn die Tugenden, die Donovan für seinen vermeintlich nihilistischen Umsturz der Ordnung braucht, sind ziemlich altbacken: Kraft, Mut, Kompetenz, Ehre. Angereichert wird diese Riefenstahl-Ästhetik einerseits durch eine verquaste Mythologie und andererseits durch populärkulturelle Elemente. So interpretiert er *Fight Club* als Parabel der Wiederentdeckung archaischer Männlichkeit. Insgesamt aber folgen Donovans lebenspraktische Anleitungen häufig der Struktur von Selbstcoaching-Seminaren. Die Inanspruchnahme einer gesellschaftlich marginalisierten Position, die Donovan (wie das sonstige antifeministische Spektrum aus *Men's Right Movement, Pick Up Artists* oder *Incels*) nach Vorlage des Feminismus oder der Bürgerrechtsbewegung imitiert, führt auch zu einer rechten Aneignung und Umwertung ihrer Werte. Die wehrhaften Männergemeinschaften sollen ein *Safe Space* sein, in dem man gegenseitig Vertrauen fassen und sich umeinander – und dadurch um sich – kümmern kann *(Self Care)*, um sich letztlich zu *empowern*. Selbst der ‚neurechte' Übersetzer Martin Lichtmesz sieht sich gezwungen, Donovan vom Kontext „männlicher Selbstfindungsliteratur" (Donovan 2016b: 214) abzugrenzen: „Auf diesem Sektor wimmelt es von Psychotherapeuten, Coaches, Gurus, Lebensberatern, Seminarveranstaltern, die Männern auf der Suche nach ihrem verlorenen männlichen Selbst ihre Dienste anbieten" (Donovan 2016b: 213). Wirklich überzeugend ist diese Abgrenzung nicht. Denn der vermeintlich „nüchterne, realistische Zugriff" „ohne Kompromisse" oder „guruhaften Tonfall" kann doch nicht darüber hinwegtäuschen, dass die „uralte[n]" Mythen (Lichtmesz 2016: 216) und die dazugehörigen spirituellen Rituale,[7] die romantisierte Männerfreundschaft und der „Spielt-Paintball"-Aktivismus ziemlicher Kitsch sind. Das hat allerdings die Funktion, den radikalen Kern der Umwertungen zu maskieren: Bei genauerer Betrachtung entpuppt sich das *empowerment* als vigilante *Selbstermächtigung*, die *Autonomie* als *Dominanz*, der Anspruch der *Selbstverbesserung* als *Chauvinismus*. Die von ihm propagierte und romantisierte Gesellschaftsordnung

---

[7] Jack Donovans ‚Stamm' *Wolves of Vinland*, eine neo-paganische Männergruppe, wurde vom *Southern Poverty Law Center* als rechte „hate group" eingestuft (O'Connor 2017).

wäre eine (zweigeschlechtliche) Welt voller Selbstjustiz, in der toxische Männlichkeit eine erwünschte Praxis ist, Frauen und marginalisierte Männlichkeiten eine untergeordnete und machtlose Rolle einnehmen und alles, was als ‚das Andere' konstruiert wird, gewalttätig verfolgt wird.

Literatur

Primärquellen

Donovan, Jack (Malebranche, Jack) (2007): Androphilia. A Manifesto. Rejecting the Gay Identity. Reclaiming Masculinity. Baltimore: Scapegoat Publishing.

Donovan, Jack (2016a [2012]): Der Weg der Männer. Schnellroda: Antaios.

Donovan, Jack (2016b): Becoming a Barbarian. Oregon: Dissonant Hum.

Donovan, Jack (2018): A More Complete Beast. Hood River: Dissonant Hum.

Kühnen, Michael (1986): Nationalsozialismus und Homosexualität. Hrsg. von Caignet, Michel. Paris: Selbstverlag.

Lichtmesz, Martin (2016): Der Weg des Jack Donovan. Nachwort. In: Donovan, Jack (Hrsg.): Der Weg der Männer. Schnellroda: Antaios, S. 206–2017.

Sekundärliteratur

Abrahams, Ray (2007): Some Thoughts on the Comparative Study of Vigilantism. In: Atten, David/Sen, Atreyee (Hrsg.): Global Vigilantes. London: Hurst, S. 419–442.

Bitzan, Renate (2017): Geschlechterkonstruktionen und Geschlechterverhältnisse in der extremen Rechten. In: Virchow, Fabian/Langebach, Martin/Häusler, Alexander (Hrsg.): Handbuch Rechtsextremismus. Wiesbaden: VS Verlag für Sozialwissenschaften, S. 325–373.

Bratich, Jack/Banet-Weiser, Sarah (2019): From pick-up artists to incels: con(fidence) games, networked misogyny, and the failure of neoliberalism. In: *International Journal of Communication* 13: 5003–5027.

Bruns, Julian/Glösel, Kathrin/Strobl, Natascha (2014): Die Identitaren. Handbuch zur Jugendbewegung der Neuen Rechten in Europa. Munster: Unrast.

Chandler, Daniel/Munday, Rod (2016): Masculinism. In: Chandler, Daniel/Munday, Rod (Hrsg.): A Dictionary of Media & Communication. oxfordreference.com/view/10.1093/acref/9780191800986.001.0001/acref-9780191800986-e-1615 (30.04.2021).

Connell, Robert W. (heute Raewyn) (1999): Der gemachte Mann. Konstruktion und Krise von Männlichkeiten. Opladen: Leske + Budrich.

Hüttmann, Jörn (2011): Männlichkeitsdiskurse in der Deutschen Stimme. In: Birsl, Ursula (Hrsg.): Rechtsextremismus und Gender. Opladen/Farmington Hills: Barbara Budrich, S. 147–171.

Kohlstruck, Michael/Münch, Anna-Verena (2006): Hypermaskuline Szenen und fremdenfeindliche Gewalt. Der Fall Schöbel. In: Klärner, Andreas/Kohlstruck, Michael (Hrsg.):

Moderner Rechtsextremismus in Deutschland. Hamburg: Hamburger Edition, S. 302–336.

Lehnert, Esther (2017): Die Relevanz der Geschlechterrollen im modernen Rechtsextremismus. Gender matters!? In: Kopke, Christoph/Kühnel, Wolfgang (Hrsg.): Demokratie, Freiheit und Sicherheit. Baden-Baden: Nomos, 201–220.

Lyons, Matthew N. (2019): Jack Donovan and Male Tribalism. In: Sedgwick, Mark (Hrsg.): Key Thinkers of the Radical Right: Behind the New Threat to Liberal Democracy. Oxford: Oxford University Press, S. 242–258.

O'Connor, Maureen (2017): The Philosophical Fascists of the Gay Alt-Right. *The Cut* vom 30.04.2017. thecut.com/2017/04/jack-donovan-philosophical-fascists-of-the-gay-alt-right.html (31.03.2019).

Quent, Matthias (2019): Deutschland rechts aussen. Wie die Rechten nach der Macht greifen und wie wir sie stoppen können. München: Piper.

Regehr, Kaitlyn (2020): In(cel)doctrination: How technologically facilitated misogyny moves violence off screens and on to streets. In: *New Media and Society* 0(0): 1–18.

Stögner, Karin (2017): Angst vor dem „neuen Menschen". Zur Verschränkung von Antisemitismus, Antifeminismus und Nationalismus in der FPÖ. In: Grigat, Stephan (Hrsg.): AfD & FPÖ. Antisemitismus, völkischer Nationalismus und Geschlechterbilder. Baden-Baden: Nomos, S. 137–162.

Vandiver, Josh (2020): Alt-Virilities: Masculinism, Rhizomatics, and the Contradictions of the American Alt-Right. In: *Politics, Religion & Ideology* 21(2), S. 153–176.

Virchow, Fabian (2010): Tapfer, stolz, opferbereit – Überlegungen zum extrem rechten Verständnis „idealer Männlichkeit". In: Claus, Robert/Lehnert, Esther/Müller, Yves (Hrsg.): „Was ein rechter Mann ist…". Männlichkeiten im Rechtsextremismus. Berlin: Karl Dietz, S. 39–53.

Wielowieski, Patrick (2018): Identitäre Schwule und bedrohliche Queers. Zum Verhältnis von Homonationalismus und Anti-/G/enderismus im Nationalkonservatismus. In: *Feministische Studien* 36(2), S. 347–356.

Anna Torgovnik schloss 2020 ihren Bachelor in Sozialwissenschaften an der Humboldt-Universität zu Berlin ab. Nun studiert sie den Master Soziologie – Europäische Gesellschaften an der Freien Universität Berlin. Ihre Interessenschwerpunkte sind Arbeits- und Geschlechtersoziologie und Männlichkeiten in der ‚Neuen Rechten'. Zuletzt arbeitete sie an ihrer empirischen Bachelorarbeit zu Arbeitsteilung in der lesbischen Paarbeziehung.

David Meiering ist Sozialwissenschaftler und promoviert am Lehrbereich für Integrationsforschung und Gesellschaftspolitik an der Humboldt-Universität zu Berlin. Er ist Stipendiat des Evangelischen Studienwerk Villigst. Seine Forschungsschwerpunkte sind Radikalisierungsprozesse (insbesondere im völkischen Nationalismus und der ‚Neuen Rechten'), Ideologien der Ungleichwertigkeit und Politische Theorie (insbesondere Demokratietheorie). Zuletzt erschienen ist das *Leviathan* Special Issue „(Ent-)Politisierung? Die demokratische Gesellschaft im 21. Jahrhundert" (herausgegeben mit Andreas Schäfer, 2020) und „Connecting Structures: Resistance, Heroic Masculinity and Anti-Feminism as Bridging Narratives within Group Radicalization" (mit Aziz Dziri und Naika Foroutan in: *International Journal of Conflict and Violence* 14 (2) 2020).

Brittany Pettibone: What Makes Us Girls. And Why It's All Worth It

Maike von Damaros

Zusammenfassung

Frauen sind zentrale Akteurinnen der Alt-Right und der ‚Neuen Rechten‘, da sie diese Bewegungen nicht nur aktiv mitgestalten, sondern auch als ‚Aushängeschilder‘ gesellschaftliche Anschlussfähigkeit und höhere Attraktivität für potenzielle Mitglieder herstellen sollen. In *What Makes Us Girls. And Why It's All Worth It* bemüht sich die US-amerikanische Alt-Right-Aktivistin und YouTuberin Brittany Pettibone (inzwischen Brittany Sellner) jungen Frauen traditionelle Geschlechterrollen und ein misogynes Weltbild als erstrebenswertes Wertesystem zu verkaufen. Pettibone ruft ihre Leserinnen auf, freiwillig eine untergeordnete gesellschaftliche Position einzunehmen und verpackt dies in Floskeln der Selbsthilfeliteratur. Gleichzeitig wird ihre eigene, ambivalente Position in der männerdominierten, antifeministischen Alt-Right-Bewegung offenbar, in der sie selbst eine aktive Rolle einnimmt. Der Beitrag analysiert das dargestellte Geschlechterbild, dessen Rolle im ‚neurechten‘ Nationalismus und die Selbstbilder ‚neurechter‘ Aktivistinnen wie Pettibone.

„Lächeln der Sieger: Brittany bei ihrer Rebellen-Hochzeit“ – so unterschreibt das rechtspopulistische Nachrichtenmagazin *Compact* ein Hochzeitsfoto von

M. von Damaros (✉)
Universität Leipzig, Leipzig, Deutschland
E-Mail: vf02owat@studserv.uni-leipzig.de

Brittany Pettibone,[1] veröffentlicht unter der Rubrik „Schöne des Monats"
(Compact 2019). Die US-amerikanische *Alt-Right*-Aktivistin heiratete im August
2019 Martin Sellner, den Kopf der ‚neurechten' *Identitären Bewegung Österreich (IBÖ)*. Der *Compact*-Artikel bezeichnet Pettibone als Sellners „Partner in
Crime" und spricht von einer „Hochzeit wie aus dem *Braveheart*-Film, im engen
Kreis des Clans und gegen alle Widerstände" (Compact 2019). *Compact* erschafft
das Bild eines glamourösen *power couples,* das „Grusel und Sexappeal", „die
Liebe wie das politische Abenteuer" (Compact 2019) ausstrahlt – eine Rolle,
die Pettibone mit Sorgfalt kultiviert. Als *poster girl* der *Alt-Right*-Bewegung
veröffentlicht Brittany Pettibone seit 2016 Videos auf *YouTube,* nimmt an
Demonstrationen teil und tritt als Rednerin auf Events wie etwa dem *Verteidiger
Europas Kongress 2018*[2] auf. Der Politikwissenschaftler George Hawley fasst die
zentralen Forderungen der *Alt-Right* in seiner Monografie *Making Sense of the
Alt-Right* so zusammen:

> „an end to mass immigration, the end of political correctness, and the acceptance
> of white identity politics as a normal element of mainstream politics. Rather than
> the destruction of the United States as it is currently constituted and the creation
> of a new white nation, some say that they will be satisfied if whites simply stop
> shrinking as a percentage of the population" (Hawley 2018: 16).

Alt-Right und ‚Neue Rechte' sind nicht deckungsgleich, doch es bestehen sowohl
ideologische als auch personelle Verbindungen, etwa durch Pettibones Teilnahme
an Aktionen der *IBÖ* oder *PEGIDA,* durch ihre Hochzeit mit Martin Sellner oder
das Erscheinen ihres Buches im ‚neurechten' *Antaios-Verlag.*

1   Aus Alt mach Neu: Retraditionalisierte Geschlechterverhältnisse

2018 veröffentlichte sie ihr Buch *What Makes Us Girls. And Why It's All Worth It,*
das 2019 im ‚neurechten' *Antaios-Verlag*[3] unter dem Titel *Jung, Weiblich, Rechts*
in deutscher Sprache erschien. Bei der Übersetzung hat sich Ellen → Kositza

---

[1] Brittany Pettibone hat mittlerweile den Namen Brittany Sellner angenommen.

[2] ‚Neurechter' Kongress in Österreich, an dem die *Sezession* und der *Antaios-Verlag* als
Aussteller auftraten.

[3] Der *Antaios-Verlag,* geleitet von Götz Kubitschek und seiner Frau Ellen Kositza, gilt als
Sprachrohr der ‚Neuen Rechten'. In Schnellroda, dem Sitz des Verlags, finden regelmäßig
‚neurechte' Workshops und Tagungen statt, an denen auch Martin Sellner teilnimmt (vgl.
Leo 2019).

nicht nur beim Titel viele Freiheiten genommen. Der Ton ist deutlich schärfer als der des Originals, Begriffe wurden teils so frei übersetzt, dass ihre Bedeutung eine andere ist.[4]

What Makes Us Girls kommt in seiner originalen Ausgabe in Aufmachung und Duktus als Ratgeberliteratur daher, trägt in sich jedoch eine deutliche politische Botschaft. Ziel des Buches sei, so schreibt Pettibone zu Beginn, jungen Frauen den Weg zu einem gesunden Selbstwertgefühl zu weisen: „Jedes Mädchen auf der Welt, ich selbst eingeschlossen, muss sich einem Kampf um Werthaftigkeit stellen" (Pettibone 2018a: 143, Übers. MvD). In 13 Kapiteln behandelt sie vorsätzlich Themen, mit denen junge Frauen, die sie fast ausschließlich als ‚Mädchen' bezeichnet, zu kämpfen hätten – etwa Neid, Abweisung, Mobbing, Unaufrichtigkeit, Ziellosigkeit, Enttäuschung und Schuld. Dabei greift sie sowohl auf Anekdoten aus ihrem persönlichen Alltag als auch auf kleine Geschichten zurück, um ihren Worten Nachdruck zu verleihen. Zwischen aneinandergereihten Phrasen (wie „Ohne einen Kampf ist der Sieg unbefriedigend" (Pettibone 2018a: 25, Übers. MvD) oder „Wenn wir andere benutzen, benutzen andere auch uns" (Pettibone 2018a: 129, Übers. MvD) trägt Pettibone allerdings auch ihre Vorstellung von Geschlechterverhältnissen an die Leserschaft heran: „Zwischen Jungen und Mädchen liegen Welten" (Pettibone 2018a: 6, Übers. MvD). ‚Männlichkeit' und ‚Weiblichkeit' skizziert sie so als zwei voneinander getrennte Sphären. Pettibone lässt dabei keinen Raum für Diversität: Andere Geschlechteridentitäten, Sexualitäten oder Beziehungsformen außer der heterosexuellen, monogamen Beziehung oder Ehe erwähnt sie nicht einmal am Rande.

Pettibone skizziert den idealen Mann als „beschützend, loyal, hart-arbeitend, ehrgeizig, großzügig und toll mit Kindern" (Pettibone 2018a: 20, Übers. MvD), während Männer Frauen aufgrund von Ehrlichkeit, Freundlichkeit, Großzügigkeit, Loyalität, Mut und Selbstlosigkeit anziehend fänden (Pettibone 2018a: 70). Bemerkenswert ist, dass sie die erwünschten weiblichen Eigenschaften als Ersatz für ein weniger attraktives Äußeres anführt (Pettibone 2018a:

---

[4] 2018 gab es bereits einen Rechtsstreit um eine Übersetzung durch den *Antaios-Verlag*. Die kontrovers diskutierte US-amerikanische Kulturhistorikerin Camille Paglia, deren Buch *Free Women, Free Man* Ellen Kositza mit übersetzte, erklärte in einem Interview: „Hiermit distanziere ich mich von allen Verbindungen zu dieser deutschen Ausgabe. Ich bin schockiert und abgestoßen von dem skrupellosen Verhalten meines deutschen Verlegers, der meine Worte ohne meine Erlaubnis verändert hat. Es ist bizarr und unmoralisch, meine Worte und mein Werk für ideologische Zweck in der deutschen Politik auszunutzen und zu verzerren" (z. n. Heinemann 2018).

70), während das Aussehen bei Männern überhaupt keine Rolle spielt. Sie gibt hier übliche Rollenerwartungen für Männer und Frauen wieder: Männer arbeiten und beschützen ihre Familie, während Frauen, wenn nicht schön, dann auf jeden Fall freundlich und selbstlos sind. Dennoch verortet sie ihre Ansichten paradoxerweise weit jenseits des Mainstreams und charakterisiert sie als unbequem und politisch unkorrekt (Pettibone 2018a: 62).

Das Verhältnis der Geschlechter zueinander ist laut Pettibone gezeichnet von den oben genannten ‚natürlichen' Unterschieden: Mädchen würden geliebt, Jungen respektiert werden wollen (Pettibone 2018a: 54). Im Buch zitiert sie ihre Mutter: „Die guten Männer ... nun [...] hast du schon einmal daran gedacht, dass es einen Grund dafür gibt, dass sie nicht an dir interessiert sind?" (Pettibone 2018a: 139, Übers. MvD). Einen solchen ‚guten Mann' zu finden bedeutet nach Pettibone für Frauen nie endende Arbeit: am eigenen Körper, an der eigenen Persönlichkeit oder in den Beziehungen zu Männern. „Kein Mädchen ist von Natur aus großartig, aber wir alle haben das Potenzial dazu" (Pettibone 2018a: 71, Übers. MvD), so Pettibone. Das Credo lautet also: „Wir können immer noch härter arbeiten" (Pettibone 2018a: 109, Übers. MvD). Und erst nach vollendeter Arbeit an sich selbst ist eine Frau nach dieser Vorstellung eines ‚guten Mannes' würdig. Für Männer spricht sie keine ähnlichen Forderungen aus. Hier plädiert sie für Rücksichtnahme, Verständnis und Fürsorge von Seiten der Frauen, da die ‚dominante Kultur' Jungen die Schuld an allen Problemen in der Gesellschaft gebe (Pettibone 2018a: 53). Es liegt also an den Frauen, Männer zu bestärken und zu trösten, denen die Gesellschaft Unrecht tue.

Pettibone agiert in *What Makes Us Girls* als Promoterin eines biologistischen und traditionellen Geschlechterbildes, wie es nicht nur innerhalb der *Alt-Right* und ‚Neuen Rechten' vertreten wird, sondern auch heute noch gesellschaftliche Machtverhältnisse prägt (Kaiser 2020: 12). Die Selbstpositionierung abseits des Mainstreams erscheint daher einigermaßen absurd. Diese Umkehrung der Macht- und Dominanzverhältnisse wird auch in ihrer Darstellung der angeblichen Diskriminierung und ‚Umerziehung' von Männern durch den Feminismus evident, die auch innerhalb der ‚Neuen Rechten' beklagt wird (Haas 2020; Kaiser 2020).

2 Rollback: Die Unterwerfung der Frau wiederherstellen

„Junge Männer entscheiden sich gegen die Ehe, gegen Kinder und sogar dagegen zu lieben – alles, weil sie glauben, dass man Frauen nicht mehr trauen kann", beklagt Pettibone (2018a: 54, Übers. MvD) und argumentiert, dass Männerbewegungen

(→ Donovan) wie *Men Going Their Own Way (MGTOW)* ein Ergebnis des Verhaltens von Frauen und von schädlichen feministischen Einflüssen wären. George Hawley sieht Überschneidungen zwischen der *Alt-Right* und diesen Bewegungen, die miteinander darin übereinstimmen, dass Diskriminierung gegen Männer inzwischen ein größeres Problem als Diskriminierung gegen Frauen sei (Hawley 2018: 17). Auch im europäischen Kontext besteht diese Verschränkung von Männerbewegungen und ‚Neuer Rechten' (Kaiser 2020: 48). Pettibone schlägt mit ihrem Ratgeber in dieselbe Kerbe:

> „Da die dominante Kultur ihn weiter als wertlos abstempelt, aus trügerischen Absichten außerhalb seiner Kontrolle, könnten Ablehnung und Wut zu seinem Bewältigungsmechanismus werden. […] Ein Junge, der sich so fühlt, wird sich normalerweise zu Eskapismus hinwenden […] Und da es ihm durch die dominante Kultur zu unangenehm ist, sich echten Mädchen anzunähern, könnte er uns mit Pornographie oder Sexrobotern ersetzen, wenn er älter wird" (Pettibone 2018a: 53–54, Übers. MvD).

Frauen werden so für männliches Fehlverhalten in die Verantwortung genommen und mit Dehumanisierung, Abweisung und drohender Einsamkeit[5] sanktioniert. Pettibone bezieht sich hier auf gängige Codes der sogenannten ‚*Mannosphäre*', dem Netzwerk aus Onlineplattformen, in dem sich *Männerrechtler, MGTOWs, Pick-Up Artists* und *Incels*[6] austauschen (Kaiser 2020: 35 f.). Die Fantasie von Sexrobotern, die Frauen ersetzen könnten, findet sich z. B. auch bei dem Männerrechtsblogger Paul Elam (vgl. Kaiser 2020: 41) und ist immer wieder Gegenstand von Debatten im Netz (vgl. Fitton 2018). Pettibone dürfte dies bekannt sein.

---

[5] Auch an anderen Stellen des Buches ist Einsamkeit die Folge von Entscheidungen, die der traditionell weiblichen Rolle widersprechen. In einer Anekdote entscheidet sich eine Frau für eine Karriere anstatt für Kinder: „Er [ihr Partner] beendete bald darauf die Beziehung zu ihr, da er entschieden hatte, dass er seine Zeit lieber für die Suche nach einem Mädchen aufwenden sollte, deren Lebensziele mit den seinen übereinstimmten" (Pettibone 2018a: 87). Im Alter von 36 Jahren bereut die Frau ihre Entscheidung, keine Kinder bekommen zu haben. Diese Dinge mögen passieren, es ist jedoch beeindruckend, dass in Pettibones Buch nur Frauen, die den Geschlechternormen entsprechen, schließlich mit Glück belohnt werden.

[6] *Incels* (‚involuntary celibates') sind Anhänger einer frauenfeindlichen Internetsubkultur, die sich hauptsächlich in anonymen Foren wie *Reddit* oder *4chan* austauscht. „Die Incels […] hätten gern Sex, leben unfreiwillig enthaltsam und geben Frauen die Schuld daran" (Baumgärtner et al. 2021), fasste der *Spiegel* zusammen. Es sind bereits mehrere Attentate in Zusammenhang mit dieser Gruppierung verübt worden.

Hinter dieser Täter-Opfer-Umkehr (Kaiser 2020: 40) steht nach der Philosophin Kate Manne das System der Misogynie (Manne 2019: 78), das die Durchsetzung patriarchaler Normen gewährleisten soll. Eine Frau gilt innerhalb der misogynen Logik vor allem als „Gebende", so Manne, „die verpflichtet [ist], Liebe, Sex, Zuwendung, Zuneigung und Bewunderung sowie andere Formen emotionaler, sozialer, reproduktiver und fürsorgender Arbeit gemäß gesellschaftlichen Normen zu geben, welche die relevanten Rollen und Beziehungen regeln und strukturieren" (Manne 2019: 463). Verstöße gegen diese Normen würden durch weitreichende, negative Konsequenzen geahndet (Manne 2019: 191), da sie den (unberechtigten) Anspruch von Männern auf diese Güter verletzen (Manne 2019: 184). Nach Hawley ist die Rückkehr zu diesen patriarchalen Normen erklärtes Ziel der *Alt-Right,* begründet durch sogenannten ‚sex realism', also die Annahme, dass Frauen und Männer durch biologische Unterschiede für unterschiedliche soziale Rollen prädestiniert sind (Hawley 2018: 17). Die *Alt-Right* und auch die ‚Neue Rechte' können somit als antifeministische Bewegung gelten. Antifeminismus definieren die Autoren*innen Juliane Lang und Ulrich Peters als Akteurskonstellation, die sich in organisierter Form – in expliziter Gegnerschaft zu einem von ihnen als omnipotent beschriebenen Feminismus positioniert und/oder sich in Diskussion um familien-, geschlechter- und sexualitätsbezogene Themen heteronormativ gegen die Auspluralisierung sexueller, geschlechtlicher und familialer Lebensformen und eine damit einhergehende Anerkennung derselben in ihrer Vielfalt stellt (Lang und Peters 2018: 17). Und genau das ist es, was Pettibone in ihrem Selbsthilfebuch für junge Frauen starkmacht: Dass Frauen sich innerhalb einer frauenfeindlichen Logik auf ihre angestammte, gebende Rolle (zurück)besinnen und sich Männern (wieder) unterordnen; mit ihren Worten: „Wir müssen sie [Männer] wieder so respektieren wie wir es einst getan haben" (Pettibone 2018a: 55, Übers. MvD). Sie selbst kommt dadurch in die Not, ihre eigene Tätigkeit als politische Aktivistin zu rechtfertigen.

3   Aktivistin wider Willen? Selbstbilder rechter Frauen

„Ich habe geglaubt, mein Verstand wäre eher wie der eines Jungen und war deshalb überzeugt, dass ich mich Mädchen niemals verbunden fühlen würde" (Pettibone 2018a: 5, Übers. MvD), schreibt Pettibone im ersten Kapitel. Obwohl sie dies als Fehlschluss abtut, ist der Satz symptomatisch für das Porträt, dass sie von sich selbst zeichnet: Sie würde zwar eine Ehefrau und Mutter sein wollen, sehe sich aber gezwungen, sich politisch zu engagieren (Pettibone 2018a: 18). In Pettibones Welt werden Frauen nur aus einer Not heraus politisch aktiv – weil sie es müssen, nicht, weil sie es wollen oder sollten. In ihrem Video *Do Women Fit Well in Politics?* ist sogar die Rede davon, dass die allermeisten Frauen aufgrund inhärent weiblicher Qualitäten wie etwa höherer Emotionalität und Sensibilität nicht für die Politik geeignet seien (Pettibone 2018b); eine Argumentation, die auch in europäischen Bewegungen wie etwa der *IB* geteilt wird (Haas 2020: 85–88). Um sich als politisch kompetent zu etablieren, stattet sie sich also mit ‚männlichen‘ Eigenschaften aus: So schreibt sie in ihrem Buch häufig, dass sie nicht oft weine und sich nicht öffentlich verletzlich zeige (vgl. Pettibone 2018a: 44, 47). Sie betont allerdings immer ihren Wunsch, den Normen ‚traditioneller‘ Weiblichkeit zu entsprechen: „Kein Leben in dieser Welt, egal wieviel Erfolg es bringen würde, könnte jemals einem Leben mit ihm [Martin Sellner] gleichkommen" (Pettibone 2018a: 29, Übers. MvD), beteuert sie etwa, und zeigt damit, dass ihre politische Aktivität nach ihrem Partner kommt.

Pettibone versucht, ein typisches Problem von Aktivistinnen innerhalb rechter, männerdominierter Bewegungen zu umgehen. In ihrer Analyse der Rhetorik Lana Lokteffs, einer bekannten Aktivistin aus dem Spektrum der Alt-Right, erläutert die Kulturwissenschaftlerin Ashley A. Mattheis:

> „In her recruiting, Lokteff must navigate between women's submission to men in the movement and women's action on behalf of the movement by simultaneously articulating women's proper role (their unsuitability as „leaders") and her call for women to rise in defense of white culture. This negotiation of gender roles in Far/Alt-Right communities is difficult, especially for women who have grown up relating to post "second wave" culture where feminist ideas of women's empowerment have dominated the mainstream. How does one act as a warrior of the movement and a bastion for the white race without emasculating men?" (Mattheis 2018: 137).

Lokteffs Lösung ist die Selbstdarstellung als Kriegerin wider Willen, die notgedrungen Heim und Herd verteidigt (Mattheis 2018: 138). Damit schützt sie sich vor Gegenwind aus den eigenen Reihen und verbleibt innerhalb der Logik der Misogynie, denn:

> „Verstöße gegen die Norm, dass eine Frau nicht mit einem Mann um männlich kodierte Güter, die er haben will, konkurrieren oder sie ihm nicht wegnehmen soll, da es ihn seinen männlichen Stolz kostet und so weiter, sind weitere verbreitete Quellen misogyner Aggressionen" (Manne 2019: 194).

Zentral ist hier also die Begrenzung der politischen Aktivität auf die Dauer der Krise (Mattheis 2018: 140), das Erhalten der männlichen Codierung von Politik und Aktivismus und das Versprechen, diese männlichen Eigenschaften, Aufgaben und Privilegien nicht in Anspruch nehmen zu wollen. Um selbst misogynen Aggressionen zu entgehen, verfolgt Pettibone deshalb dieselbe narrative Strategie wie Lokteff: Politik betrieben Frauen nur im Notfall, seien eigentlich auch nicht geeignet dafür und möchten sich lieber um Ehemann und Familie kümmern. Die wiederholte Aufwertung von Mutterschaft als eine der wichtigsten und nobelsten Aufgaben im Leben (Pettibone 2018a: 87) entspricht Mattheis Begriff des „alt-maternalism" (Mattheis 2018: 143), also des Framings von Mutterschaft als weiblicher Stärke.

Auch in der ‚Neuen Rechten' sind diese Rechtfertigungsstrategien der Ausrufung eines Ausnahmezustandes oder der Betonung der eigenen Mutterschaft üblich (Haas 2020: 212, 215). Ellen Kositza etwa ergänzt mit ihrem Nachwort Pettibones Darstellung mit folgender prägnanter Alliteration: „[…] und die Töchter steigen in den Ring; Nicht an allererster Front, sondern zurückhaltender: Kommentar und Kritik, Kultur und Kinder" (Pettibone 2019: 171). Frauen gehören ihrer Auffassung nach eben in die zweite Reihe oder, wie Julia Haas es bezeichnet, auf ein „zweites Spielfeld" (Haas 2020: 214), auf dem spezifisch weibliche, unsichtbare Macht (vgl. Haas 2020: 104–107) die Regeln bestimmt. Im strategischen Changieren zwischen Passivität und Aktivismus wird erkennbar, dass auch in ‚neurechte' bzw. *alt-right*-Verhandlungen um Geschlecht und Sexualität jahrzehntelange Kämpfe um die Gleichberechtigung der Geschlechter eingeflossen sind. Mit dem Konzept einer „wehrhaften Femininität" (Haas 2020: 187–195) modernisieren und pluralisieren Frauen in rechten Bewegungen traditionelle Geschlechterrollen bis zu einem gewissen Grad, um innerhalb dieser Bewegungen zentrale Positionen einnehmen und aktiv mitwirken zu können. Gleichzeitig wird dadurch versucht, die Attraktivität ‚neurechter' Bewegungen gerade auch für Frauen zu erhöhen (Haas 2020: 207).

4   Vergeschlechtlichte Grenzen: Die Reproduktion der Nation

Warum trotz leicht modernisierter weiblicher Selbstbilder traditionelle Geschlechterrollen so zentral und ‚Genderismus' oder ‚Genderwahn' so verhasst sind in der *Alt-Right* wie in der ‚Neuen Rechten', zeigt eine interessante Stelle in Pettibones Ratgeber. Pettibone lamentiert, in der heutigen Gesellschaft seien Frauen dazu aufgerufen, Sex mit vielen Männern statt mit einem einzigen

Mann zu haben, ungesunde Schönheitsideale anzustreben, sich scheiden zu lassen anstatt durch Selbstaufopferung Beziehungen zu erhalten und anstatt Grenzen zu schützen, würde jeder ins Land hereingelassen werden (Pettibone 2018a: 135). Ihre Darstellung suggeriert einen bestimmten Ablauf der Verfallsgeschichte: Dem Verfall traditioneller Beziehungen und Sexualität folgt der Verlust traditioneller Weiblichkeit und Schönheit, der Verfall der traditionellen Familie und schließlich scheinbar zusammenhangslos der Verlust der sicher abgegrenzten Nation (Pettibone 2018a: 135).

Die Journalistin Annabelle Chapman stellt in ihrem Essay *Gender und Nationalismus. Die Renaissance des Patriarchats* auch einen Gender-Untertext in der Rhetorik nationalistischer Politiker fest. Das Bestehen der Nation hängt aus nationalistischer Perspektive stark mit einem bestimmten Geschlechterbild zusammen: „Ist es aus der Perspektive der Nationalisten die Rolle der Männer, die Nation zu schützen, so haben die Frauen die Aufgabe, sie zu perpetuieren" (Chapman 2019). Ohne ein traditionelles Bild von Weiblichkeit, wie es Pettibone bewirbt, funktioniert ein nationalistisches Weltbild also nicht. Das Problem mit dieser Rhetorik ist, dass die Entscheidung, Kinder zu haben, in den Kontext des Überlebens der Nation gestellt wird, statt dass es um die Rechte, Wahlmöglichkeiten und Ziele von Frauen geht. Im schlimmsten Fall werden Frauen auf die Rolle von Werkzeugen zur Erzeugung der nächsten Generation reduziert (Chapman 2019).

Die Autor*innen Edma Ajanović, Stefanie Mayer, Birgit Sauer und Iztok Šori arbeiten die heteronormative Kleinfamilie, in der das Volk biologisch wie kulturell reproduziert würde, sogar als zentralen diskursiven Knotenpunkt des ‚neurechten' Nationalismus heraus (vgl. Mayer et al. 2018: 270). Der Feminismus gerate dabei zum bedrohlichen Feindbild, weil er den Erhalt der völkisch verstandenen Einheit gefährde. Das begrenzte Modernisierungspotenzial der Identitätsangebote, die rechte Bewegungen Frauen machen, verwundert daher wenig. Auch Mattheis zeigt, dass die Aufwertung der Mutterschaft innerhalb der *Alt-Right* und auch der europäischen rechten Bewegungen häufig rassistisch und nationalistisch aufgeladen wird (Mattheis 2018: 143–147). Die Entwicklung weiblicher Geschlechterrollen in rechten Bewegungen hat also immer ein Limit: Die Grenzen der Nation. Pettibone hält sich mit nationalistischen Aussprüchen im Buch zurück, schlägt in ihren *YouTube*-Videos jedoch deutlichere Töne an. Die Vermutung liegt nahe, dass ihr Buch dazu dienen soll, junge Frauen durch vermeintlich harmlose Themen auf den ‚rechten' Pfad zu führen.

What Makes Us Girls ist ein durchsichtiger Versuch, jungen Frauen eine antifeministische Weltanschauung als erstrebenswert zu verkaufen, in der sie selbst wenig Bewegungsfreiheit genießen. Pettibone ruft ihre Leserinnen auf, freiwillig eine untergeordnete gesellschaftliche Position einzunehmen und verpackt dies hübsch in Floskeln der Selbsthilfeliteratur, die Glück, Liebe und Status versprechen. Gleichzeitig wird ihre eigene, ambivalente Position in der *Alt-Right*-Bewegung deutlich durch ihre Bemühungen, ihre aktive Rolle in einem männerdominierten, misogynen Umfeld zu rechtfertigen. Dass das übergeordnete Thema ein aggressiver, von Verschwörungstheorien bestimmter Nationalismus ist, zeigt vor allem ihr *YouTube*-Kanal, auf dem sie Interviews mit Männerrechtlern und ‚Neuen Rechten' veröffentlicht. Frauen sind zentrale Akteurinnen der *Alt-Right* und der ‚Neuen Rechten', da sie diese Bewegungen nicht nur aktiv mitgestalten, sondern auch als ‚Aushängeschilder' gesellschaftliche Anschlussfähigkeit und höhere Attraktivität für potenzielle Mitglieder herstellen sollen.

Vereint in der Gegnerschaft zur sogenannten ‚Gender-Ideologie' findet sich ein Gemenge heterogener Gruppierungen zusammen, die für das ideologische Angebot von *Alt-Right* und ‚Neuer Rechten' potenziell empfänglich sind; von Konservativen über religiöse Fundamentalist*innen bis hin zu Maskulinisten, Pick-Up-Artists und Incels (Kaiser 2020: 14). Antifeminismus stellt den „symbolischen Kitt" (Kaiser 2020: 158) bereit, der den Austausch zwischen diesen Gruppen und auch die Radikalisierung ihrer Anhänger*innen begünstigt. Diese einende Wirkung sollte nicht unterschätzt werden: Antifeministische Haltungen werden bis in die Mitte der Gesellschaft geteilt und bieten ein weites Feld, aus dem ‚neurechte' Gruppierungen Mitglieder rekrutieren können.

Literatur

Primärquellen

Compact Magazin (2019): Schöne des Monats_Brittany Pettibone. In: *Compact Magazin* 10/2019, S. 66.
Fitton, Jade Angeles (2018): „No bio-wife will ever be that loyal". The Reddit sex robot forums radicalising men. *The New Statesman* vom 26.11.2018. newstatesman.com/2018/11/no-bio-wife-will-ever-be-loyal-reddit-sex-robot-forums-radicalising-men (05.05.2021).
Heinemann, Lilli (2018): Camille Paglia im Interview. „Schockiert und abgestoßen". In: Süddeutsche Online vom 03.04.2018. sueddeutsche.de/kultur/camille-paglia-im-interview-schockiert-und-abgestossen-1.3929505?reduced=true (05.05.2021).
Pettibone, Brittany (2018a): What Makes Us Girls. And Why It's All Worth It. Adelaide: Reason Books.

Pettibone, Brittany (2018b): Do Women Fit Well in Politics? youtube.com/watch?v=VKtldUgAM28 (05.05.2021, inzwischen gelöscht).
Pettibone, Brittany (2019): Jung, Weiblich, Rechts. Schnellroda: Antaios.

Sekundärliteratur

Baumgärtner, Maik/Höfner, Roman/Müller, Ann-Katrin/Rosenbach, Marcel (2021): Erst Hass, dann Mord. *Der Spiegel* 7/2021, S. 8–15.
Chapman, Anabelle (2019): Gender und Nationalismus. Die Renaissance des Patriarchats. *Der Tagesspiegel* vom 10.09.2019.https://www.tagesspiegel.de/politik/gender-und-nationalismus-die-renaissance-des-patriarchats/25000374.html (09.04.2022).
Haas, Julia (2020): ‚Anständige Mädchen‘ und ‚selbstbewusste Rebellinnen‘. Aktuelle Selbstbilder identitärer Frauen. Hamburg: Marta Press.
Hawley, George (2018): Making Sense of the Alt-Right. New York: Columbia University Press.
Kaiser, Susanne (2020): Politische Männlichkeit. Wie Incels, Fundamentalisten und Autoritäre für das Patriarchat mobilmachen. Berlin: Suhrkamp Verlag.
Lang, Juliane/Peters, Ulrich (Hrsg.) (2018): Antifeminismus in Bewegung. Aktuelle Debatten um Geschlecht und sexuelle Vielfalt. Hamburg: Marta Press.
Leo, Frederick (2019): Antaios-Verlag. Neues vom Rittergut. *Cicero Online* vom 20.11.2019. cicero.de/kultur/antaios-aerlag-goetz-kubitschek-schnellroda-neue-rechte (14.01.2020).
Manne, Kate (2019): Down Girl. Die Logik der Misogynie. Berlin: Suhrkamp Verlag.
Mattheis, Ashley A. (2018): Shieldmaidens of Whiteness: (Alt) Maternalism and Women Recruiting for the Far/Alt-Right. In: *Journal for Deradicalization* 17, S. 128–162.
Mayer, Stefanie/Šori, Iztok/Sauer, Brigit/Ajanovic, Edma (2018): Mann, Frau, Volk. Familienidylle, Heteronormativität und Femonationalismus im europäischen rechten Populismus. In: *Feministische Studien* 36(2), S. 269–285.

Weiterführende Literatur

Beck, Dorothee/Näser-Lather, Marion/Oldemeier, Anna Lena (Hrsg.) (2019): Backlash?! Antifeminismus in Wissenschaft, Politik und Gesellschaft. Roßdorf: Ulrike Helmer Verlag.
Blum, Rebekka (2019): Angst um die Vormachtstellung. Hamburg: Martha Press.
Lang, Juliane (2015): Familie und Vaterland in der Krise. Der extrem rechte Diskurs um Gender. In: Hark, Sabine/Villa, Paula-Irene (Hrsg.): Anti-Genderismus. Sexualität und Geschlecht als Schauplätze aktueller politischer Auseinandersetzungen. Bielefeld: transcript, S. 167–181.
Main, Thomas J. (2018): The Rise of the Alt-Right. Washington D.C.: The Brookings Institution.

Stögner, Karin (2017): Angst vor dem „neuen Menschen". Zur Verschränkung von Antisemitismus, Antifeminismus und Nationalismus in der FPÖ. In: Grigat, Stephan (Hrsg.): AfD & FPÖ. Antisemitismus, völkischer Nationalismus und Geschlechterbilder. Baden-Baden: Nomos, S. 137–162.

Maike von Damaros studiert European Studies (MA) an der Universität Leipzig. Zuvor schloss sie ihr Bachelorstudium in Kulturwissenschaft und Sozialwissenschaften an der Humboldt-Universität zu Berlin mit einer Arbeit zu Krisennarrativen in der Demokratie ab.

Ellen Kositza: Gender ohne Ende

Nellie Sittig

Zusammenfassung

Ellen Kositzas *Gender ohne Ende* ist ein Beispiel für den Antifeminismus rechter Frauen. Sie besetzt mit ihrem erstmals 2008 erschienenen Buch ein zentrales Thema im ‚neurechten‘ Diskurs. Ihr Antifeminismus wendet sich dabei gegen eine vermeintliche, von Eliten aufoktroyierte und im Geheimen betriebene „Genderei“, welche die angeblich ‚natürliche‘ gesellschaftliche Ordnung infrage stelle und aufzulösen drohe. Insbesondere die ‚Männlichkeit‘ scheint auf dem Spiel zu stehen. Kositza fürchtet den Verlust der vermeintlich naturgegebenen Geschlechterrollen, was fatale Folgen für die Gesellschaft nach sich ziehen würde. Schuld an allem sei der Feminismus oder noch genauer: die Industrialisierung, die mit der Arbeitsteilung den Grundstein für ersteren gelegt hätte. So mischen sich bei Kositza Kritik an der Moderne und Kritik an den Geschlechterverhältnissen zu einer völkisch fundierten Verschwörungserzählung.

Ellen Kositzas *Gender ohne Ende* ist ein Beispiel für den Antifeminismus rechter Frauen. Sie besetzt mit ihrem erstmals 2008 erschienenen Buch ein zentrales Thema im ‚neurechten‘ Diskurs. Ihr Antifeminismus wendet sich dabei gegen eine vermeintliche, von Eliten aufoktroyierte und im Geheimen betriebene

N. Sittig (✉)
Universität zu Köln, Köln, Deutschland
E-Mail: nsittig@smail.uni-koeln.de

D. Meiering (Hrsg.), *Schlüsseltexte der ‚Neuen Rechten‘*, Edition Rechtsextremismus, https://doi.org/10.1007/978-3-658-36453-3_29

„Genderei" (Kositza 2013: 7), welche die angeblich ‚natürliche' gesellschaftliche Ordnung infrage stelle und aufzulösen drohe. Insbesondere die ‚Männlichkeit' steht Kositza zufolge auf dem Spiel. Die Autorin fürchtet einen Verlust
der vermeintlich naturgegebenen Geschlechterrollen, was fatale Folgen für die
Gesellschaft nach sich ziehen würde. Schuld daran sei der Feminismus oder noch
genauer: die Industrialisierung, welche mit der Arbeitsteilung den Grundstein für
ersteren gelegt hätte (vgl. Kositza 2013: 41). So mischen sich bei Kositza Kritik
an der Moderne und Kritik an den Geschlechterverhältnissen zu einer völkisch
fundierten Verschwörungserzählung.

1 Vormoderne Selbstversorger-Idylle als zentraler Knotenpunkt ‚neurechter' Ideologiearbeit

Passenderweise inszeniert Ellen Kositza ihr Leben mit ihrem Mann Götz
Kubitschek und ihren sieben Kindern als vormoderne Selbstversorger-Idylle auf
dem Rittergut Schnellroda in Sachsen-Anhalt. Vom Anbau des eigenen Gemüses
und Getreides über die Viehzucht produzieren sie hier alles selbst, was es zum
Leben brauche (vgl. Lau 2018). Den Kindern würden traditionelle Werte vermittelt, die Rollenaufteilung im Hause Kositza-Kubitschek sei eindeutig. Doch
das vermeintlich Private der rechten Inszenierung: Die traditionelle Rollenaufteilung zwischen Mann und Frau, die autoritäre Erziehung, auch Kositzas
Weigerung Hosen zu tragen (vgl. Lau 2018) – all dies ist Ergebnis eines durch
und durch ideologisierten Lebens. Und dieses ist keinesfalls so zurückgezogen
wie es den Anschein erwecken soll. Im Gegenteil: Kositza und Kubitschek
werden oft als „geistiges Zentrum der Neuen Rechten" bezeichnet (Lau 2018;
vgl. auch Steinhagen 2017; Lühmann 2016).

Als Gründer und Verleger leitet Kubitschek von Schnellroda aus den ‚neurechten' *Antaios-Verlag,* in dem auch Kositzas Buch erschienen ist. Außerdem
hat er hier das *Institut für Staatspolitik* mitgegründet. Dahinter verbirgt sich eine
private Bildungseinrichtung, die zur Verbreitung rechter Ideologien und zu einer
besseren Vernetzung der ‚Neuen Rechten' beitragen soll. Regelmäßig werden hier
nicht-öffentliche Veranstaltungen, so genannte *Akademien* abgehalten, die rechtes
Denken insbesondere bei jungen Menschen schulen und rechte Ideen verbreiten
sollen (vgl. Lau 2018; Steinhagen 2017; Rapp 2016). Kositza selbst trat schon
mehrmals als Rednerin bei diesen Veranstaltungen in Erscheinung.[1] Außerdem

---

[1] staatspolitik.de/chronik-2000/ (15.05.2021), staatspolitik.de/chronik-2007/ (15.05.2021),
staatspolitik.de/chronik-2016/ (15.05.2021).

ist sie Redakteurin der zugehörigen Zeitschrift *Sezession,* die auch vom *Antaios-Verlag* herausgebracht wird, und hat 2020 zusammen mit ihrem Mann einen eigenen Podcast gegründet, der rechten Denker*innen eine Plattform für ihre Ansichten bietet.[2] Das Ehepaar Kositza-Kubitschek hat also alle Arbeit geleistet, in Schnellroda einen zentralen Knotenpunkt ‚neurechter' Ideologiearbeit und Publizistik zu erschaffen. Kositza bringt sich in diese ideologische Arbeit auch inhaltlich ein: Sie strickt an biologistischen Argumentationen, verbreitet Verschwörungserzählungen und schärft das Feindbild Feminismus.

2   Kositza über „das Leben im Künstlichen" – ihre biologistische Argumentation

Besonders auffällig an Kositzas Argumentation ist zunächst ihre Gegenüberstellung von einer ‚natürlichen' und einer ‚künstlichen' Lebensweise bzw. von ‚Natürlichkeit' und ‚Künstlichkeit'. Die natürliche Lebensweise ist dabei prinzipiell gut. Sie beinhaltet alles Traditionelle, Vormoderne, Heteronormative und entspricht im Wesentlichen Kositzas eigener Art zu leben. Alle anderen Lebensformen gelten als künstlich und damit minderwertig. Sie werden als Verirrung einer kapitalistischen und globalisierten Welt angesehen, als abartig abgestempelt und dämonisiert (vgl. Kositza 2013: 48–52).

Dieses Vorgehen ist bekannt aus dem rechten Spektrum und erfüllt zweierlei: die Kategorie des Geschlechts wird zum einen als Ausgrenzungsmechanismus verwendet, um ein positiv besetztes ‚Wir' zu erschaffen, das gegen die negativ besetzten ‚Anderen' abgegrenzt werden kann (vgl. Mayer et al. 2018: 270 f.). Geschlechtlichkeit und Sexualität werden im rechten Diskus (neben anderen bekannten Diskriminanten wie Nationalität, Ethnizität, Religion etc.) als Unterscheidungskriterium zwischen dem ‚Volkskörper' und dem ‚Feind' instrumentalisiert (vgl. Stögner 2017; Mayer et al. 2018). Dabei gilt die heterosexuelle Kleinfamilie als Referenzpunkt für das Gute und jegliche Abweichung von dieser als verkommen, bedrohlich und minderwertig (vgl. Mayer et al. 2018: 270). Darüber hinaus dient die Gegenüberstellung dazu, einen bestimmten Lebensstil (nämlich den eigenen) zu rechtfertigen und eine homogene Gesellschaft zu konstruieren. Dass dies aufgrund der Pluralität und Komplexität des

---

[2] sezession.de/author/ellen-kositza (15.05.2021), staatspolitik.de/chronik-2003/ (15.05.2021), staatspolitik.de/chronik-2020/ (15.05.2021).

Lebens nicht möglich ist und es Antagonismen innerhalb einer Gesellschaft gibt, die nicht aufzulösen sind, wird dabei ignoriert (vgl. Stögner 2017: 139 f.).

Das Attribut der ‚Natürlichkeit' soll weiterhin Notwendigkeit suggerieren: eine natürliche Lebensweise muss richtig sein. Eine künstliche hingegen klingt falsch und gilt es zu bekämpfen. Dieser biologistischen Argumentationsweise zufolge existieren genau zwei Geschlechter – männlich und weiblich –, deren Unterschiede biologisch begründet und damit als unabänderlich dargestellt werden (vgl. Stögner 2017; Mayer et al. 2018). Auf diese Weise können Frauen und Männern unterschiedliche Rollen und Aufgaben zugeschrieben werden, ohne dass diese Aufteilung scheinbar infrage gestellt werden kann. Zweck derartiger Argumentationen ist es, das Vorhaben der Reproduktion des Volkskörpers zu legitimieren, welche im Mittelpunkt völkischen Denkens steht (vgl. Kellershohn 2016). Von der binären Ordnung abweichende Geschlechter- und Sexualitätsvorstellungen haben aus rechter Sicht hingegen das Ziel „nicht nur die heterosexuelle Familie, sondern die ‚Zivilisation' als solche zu zerstören" (Mayer et al. 2018: 273).

Bei Kositza lassen sich all diese Aspekte finden: Mutterschaft sei „eine natürliche Bestimmung der Frau" (Kositza 2013: 45) und die ‚Verweiblichung' des modernen Mannes bedrohe die heterosexuelle Gesellschaft (vgl. Kositza 2013: 41 ff.). Die Kultur versuche die Polarität zwischen Mann und Frau zu leugnen, wolle uns zu etwas anderem machen als wir sind und sei damit Ursprung allen Übels (vgl. Kositza 2013: 36). Als direkte Folgen ‚künstlicher' Lebensformen benennt Kositza z. B. den Geburtenrückgang und einen Anstieg von Neurosen und psychischen Störungen in zivilisierten Gesellschaften (vgl. Kositza 2013: 22, 36, 45, 50 ff.): „Diese vater- und mutterlose Welt hinterläßt Kranke und Gestörte. Deren Schoß wiederum wird von zweifelhafter Fruchtbarkeit sein" (Kositza 2013: 52). Hier instrumentalisiert sie ein Phänomen der Bevölkerungsentwicklung für ihre Zwecke, indem sie den Untergang des ‚guten' Volks an die Wand malt, das durch das ‚schlechte', ‚künstliche' verdrängt würde. Das „Leben im Künstlichen" gelte in der heutigen Gesellschaft jedoch längst als wünschenswert. Eine Art ‚Gehirnwäsche' würde den Menschen ein „unnatürliches" Leben als Ideal verkaufen (Kositza 2013: 48), in dem die Kultur gegenüber der Natur längst die Oberhand gewonnen hätte (vgl. Kositza 2013: 36).[3] Dies leitet zum zweiten zentralen Thema in Kositzas Buch über.

---

[3] Kositza lehnt sich hier inhaltlich an die Sexualtheorie der Kulturhistorikerin Camille Paglia an, welche die Geschlechtsunterschiede zwischen Frauen und Männern ebenfalls als naturgegeben und unüberwindbar ansieht, was zu einem permanenten Kampf zwischen „Natur" und „Kultur" führen würde (vgl. Paglia 2017).

3   Zu verschwörungstheoretischen Elementen bei Kositza

Ein weiteres Motiv Kositzas, welches sich als roter Faden durch ihr Buch zieht, sind die verschwörungstheoretischen Elemente. Bereits in der Einleitung warnt sie ihre Leserschaft vor einem unbewusst wirkenden „Umerziehungsprogramm" (Kositza 2013: 10), dessen Maßnahmen aus Konzepten wie dem *Gender-Main-streaming* (GM)[4] bestehen würden. Der Umstand, dass sich die öffentliche Wahrnehmung von Geschlechterthemen verändert hat, sei beispielsweise ein Ergebnis dieses ‚Umerziehungsprogrammes' (und nicht etwa ein allmählicher gesellschaftlicher Wandel). Da es sich beim GM um eine staatspolitische Verpflichtung handelt, scheint Kositza eine Art geheimes Vorhaben von staatlichen oder transnationalen Akteuren zu vermuten, welches die Bevölkerung von oben herab verändern soll. Mit einer solchen von staatlicher Seite organisierten und finanzierten ‚Gehirnwäsche' (vgl. Kositza 2013: 10) bewegt Kositza sich eindeutig auf dem Terrain von Verschwörungserzählungen (vgl. Nocun und Lamberty 2020: 18–22; Götz-Votteler und Hespers 2019: 34–37 und Butter 2018). Diese werden bspw. von Nocun und Lamberty wie folgt definiert:

> „Eine Verschwörungserzählung ist eine Annahme darüber, dass als mächtig wahrgenommene Einzelpersonen oder eine Gruppe von Menschen wichtige Ereignisse in der Welt beeinflussen und damit der Bevölkerung gezielt schaden, während sie diese über ihre Ziele im Dunkeln lassen" (Nocun und Lamberty 2020: 16).

Als Beispiele für ihre Theorie führt Kositza die Zunahme der Lehrstühle für *Gender Studies* sowie der wissenschaftlichen Forschung zum Thema Geschlecht insgesamt oder auch die Eingliederung von Gender-Programmen in Hochschulsatzungen an (Kositza 2013: 7 f.). Sie verdreht damit das Selbstverständnis dieser

---

[4] Im Rahmen der Frauenrechtsbewegung sind Konzepte wie das *Gender Mainstreaming (GM)* mit dem Ziel entwickelt worden, Geschlechtergerechtigkeit herzustellen. Es verpflichtet seit seiner Aufnahme in den Amsterdamer Vertrag 1996 alle Mitgliedstaaten der EU dazu, geschlechterpolitische Auswirkungen aller politischen Entscheidungen zu berücksichtigen und dabei die Gleichstellung zwischen Frauen und Männern zu gewährleisten (vgl. Stiegler 2010: 933). Diese politische Strategie soll darüber hinaus Strukturen schaffen, in denen Macht, Arbeit und Einkommen auf die beiden Geschlechter Frau und Mann gleich verteilt sind (vgl. Stiegler 2012). *GM* sollte nicht mit frauenpolitischen Maßnahmen verwechselt werden, da es diese nicht ersetzen, sondern höchstens ergänzen soll.

Maßnahmen: Kositzas Theorie zufolge wird neue Forschung nicht gemacht und neue Lehrstühle nicht geschaffen, weil das Thema immer weiter in den Mittelpunkt des akademischen und gesamtgesellschaftlichen Interesses rückt (eben *weil* sich immer mehr Menschen damit thematisch auseinandersetzen *wollen*), sondern weil diese ‚von oben' (das heißt in diesem Fall vom Staat) in Auftrag gegeben würden, um den Menschen bestimmte Themen zu diktieren. In derartigen Aussagen offenbart sich nicht nur ein extremes Misstrauen gegenüber staatlichen Institutionen, sondern auch eine heftige Wissenschaftsskepsis. Auch dies ist ein Merkmal von Verschwörungsideologien (vgl. Nocun und Lamberty 2020: 31 f.).

Die Maßnahmen, die im Namen der Geschlechtergerechtigkeit durchgesetzt werden, bezeichnet Kositza als „abseitig" (Kositza 2013: 10) oder „widernatürlich" (Kositza 2013: 36) und schließt damit wieder an die Argumentation einer natürlichen Geschlechterdifferenz an. Sie scheut auch nicht davor zurück, die heutigen Verhältnisse innerhalb Deutschlands mit denen in einer Diktatur zu vergleichen: Ihr zufolge wichen die vorherrschende Ideologie (das *Gender-Mainstreaming*) und das „Verhalten des gemeinen Volkes" (Kositza 2013: 9), welches sich weiterhin an den alten, traditionellen Geschlechtervorbildern orientiere, stark voneinander ab. Eine solche ideologische Diskrepanz sei bereits aus diktatorischen Regimen bekannt (vgl. Kositza 2013: 8 f.). Indem Kositza das vermeintliche ‚Umerziehungsprogramm' als „Re-Education" (vgl. Kositza 2013: 41 ff., 44 ff., 51) bezeichnet, stellt sie das *Gender-Mainstreaming* in den Kontext der Demokratie-Erziehungsprogramme der westlichen Alliierten nach dem Zweiten Weltkrieg. Sie schließt dadurch an die in der nationalistischen Rechten seit Jahrzehnten verbreiteten Behauptung an, Deutschland werde durch Moralisierung von außen beherrscht und kleingehalten (vgl. den Beitrag zu → Willms).

Gender Mainstreaming erscheint so als Fortsetzung eines angeblichen liberalen Programmes, eine imaginierte Substanz des deutschen Volkes aufzulösen. Hier werden mehrere Narrative miteinander verknüpft: Antiliberalismus, Antiamerikanismus, und völkischer Nationalismus fließen in Kositzas Antifeminismus zusammen. Auch das Dekadenz-Motiv (→ Spengler) wird hier eingewoben: Denn der Wandel der Geschlechterverhältnisse bedroht aus der Sicht des völkischen Nationalismus die Reproduktion des Volkes. Einem aus dieser Perspektive überlegenen, aber ‚schwachen' Volk wird der Untergang prophezeit, da es durch ein anderes, als minderwertig angesehenes leicht verdrängt werden kann. Kositza schließt damit an die völkisch-nationalistischen Kampfbegriffe des ‚Volkstod'- und ‚Geburtendjihad' an (vgl. Kellershohn 2016). Die völkische Angst richtet sich dabei auf biologistische Fiktionen, etwa dass die als ‚minderwertig' angesehene ‚Kultur' sich schneller ‚vermehren' würde als diejenigen,

die der als ‚überlegen‘ geltenden Kultur angehören (siehe auch die Beiträge
zu → Sarrazin und → Sieferle). Deshalb ist für den völkischen Nationalismus
und seine Untergangsfantasien nicht nur eine stabile Geschlechterdualität und
klare Rollenverteilung notwendig, sondern auch eine perfide Instrumentalisierung
von Kindern: Insgesamt werde es immer weniger Kinder aus der, wie Kositza
sie nennt, „gesellschaftsfähigen Schicht [geben], die für jedes Gemeinwesen
unabdingbar ist" (Kositza 2013: 40). Die wenigen, die noch vorhanden sind,
würden darüber hinaus oft mit ernsthaften psychischen Problemen zu kämpfen
haben, da „die geschlechtliche Gleichheits-Ideologie unausgefüllte Leer-
stellen hinterläßt, zuvörderst beim Kind. Sei es das nie gezeugte, das nicht zur
Welt gebrachte, das vernachlässigte, orientierungslose oder die Halbwaise, das
Trennungsopfer" (Kositza 2013: 22). Frauen und Kinder erfüllen aus dieser
Perspektive vor allem eine Reproduktionsfunktion für einen wehrhaften und
‚gesunden‘ Volkskörper. Aus diesem Umstand erklärt sich, dass Kindererziehung
und Geschlechterverhältnisse in der ‚Neuen Rechten‘ verstärkt thematisiert
werden – besonders im christlich-fundamentalistischen Zweig der *AfD* etwa
durch Kampagnen gegen eine vermeintliche Frühsexualisierung in Kindergärten
und Schulen (vgl. Kemper 2014; Rhobe-Abuda et al. 2019; Blum und Rahner
2020).

Darüber hinaus streut sie Misstrauen gegenüber Medien und Wissenschaft
zu. So lassen sich Elemente der *Lügenpresse-Rhetorik* bei Kositza finden.
Sie schreibt beispielsweise von „mitunter zweifelhaft zustande gekommenen
Umfrageergebnisse[n] diverser Meinungsmacher" (Kositza 2013: 28), denen
zufolge Frauen sich in den Bereichen Beruf, Partnerschaft und Familie
benachteiligt fühlen würden. Indem Kositza diese Umfrageergebnisse anzweifelt,
diffamiert sie nicht nur die wissenschaftliche Forschung, sondern auch die
Unabhängigkeit und Neutralität des Journalismus bzw. der öffentlich-rechtlichen
Medien. Diese passen sich so als weiteres Element des geheimen Umerziehungs-
programms in Kositzas Theorie ein.

4   Feindbild Feminismus

Als Feindbild setzt Kositza immer wieder abstrakt ‚den Feminismus‘ oder
auch konkret einzelne Feministinnen in Szene. Sie unterstellt ihnen dabei eine
hierarchische Organisation: Wenige Vorkämpferinnen oder Anführerinnen gäben
der Masse normative Kriterien vor. Kositzas liebstes Zielobjekt für kleinere
Seitenhiebe und Sticheleien scheint Alice Schwarzer zu sein, von der sie das
Bild einer autoritären Frau mit „streng hierarchischem Führungsstil" (Kositza

2013: 20) zeichnet: „Was Alice Schwarzer und ihre Untergebenen […] schreiben und fordern, wird ein paar Jahre später Gesetz oder wenigstens gesellschaftliche Norm" (Kositza 2013: 20). Doch auch Ursula von der Leyen würde ihr Gefolge, „die subalternen, beeinflußbaren Mitschwestern" (Kositza 2013: 17) anführen und ihnen ihre Meinung diktieren. Kositza stellt damit die herrschenden Verhältnisse auf den Kopf: Statt eines Patriarchats herrsche ihr zufolge ein Matriarchat, das aus einigen wenigen Machthaber*innen besteht, welche den Ton angeben, sowie aus einer folgenden Masse, die unfähig oder unwillig ist, für sich selbst zu denken und sich so in ihr eigenes Verderben leiten lässt (Kositza 2013: 19). Mit dieser dystopischen Erzählung adressiert sie aber weniger Frauen, sondern mobilisiert die Ängste der gesellschaftlich nach wie vor bevorteilten Männer vor ihrem Machtverlust. Ihr Buch ist daher ein Beispiel für Abwehrreaktionen emanzipatorischer Errungenschaften. Kositzas rechte Ideologiekritik am Feminismus entmündigt dabei die Individuen als reine Produkte der herrschenden gesellschaftlichen Verhältnisse. Auch hier tritt ihre Verschwörungsmentalität wieder deutlich zutage. Ausdrücke wie „der Staatsfeminismus" (Kositza 2013: 12) lassen außerdem darauf schließen, dass Kositza die Feministinnen vielleicht als Ausführungsorgan der staatlich initiierten ‚Gehirnwäsche' ansieht.

Es gibt jedoch bei Kositza – wie in jeder guten Verschwörungserzählung (vgl. Götz-Votteler und Hespers 2019) – auch Menschen, die schlau genug sind, sich nicht täuschen zu lassen und die die Verschwörung durchschauen. Natürlich zählt sie sich selber dazu und alle, die ihren Lebensentwurf und ihre Ansichten teilen. Kositza nimmt dabei die Rolle einer moralisch überlegenen Aufklärerin ein (vgl. Kositza 2013: 31), welche als eine der wenigen die vielen bedrohlichen Gefahren der modernen Gesellschaft erkannt habe. Denjenigen Auserwählten, die sie für schlau genug hält, ihren Argumenten zu folgen (also diejenigen, die ihre haarsträubenden Darlegungen überzeugen), möchte sie in ihrem Buch einen Weg präsentieren, auf dem die verkommene Gesellschaft doch noch gerettet werden könne: durch die Rückkehr zu einem vorindustriellen Lebensstil, in dem Männer noch wahre Männer sind und Frauen vollkommen in ihrer natürlichen Bestimmung – der Mutterschaft – aufgehen. Amüsant ist dabei, dass sie zwar mehrfach betont, eine Bestätigung ihres eigenen Lebensentwurfes von außen nicht nötig zu haben (vgl. Kositza 2013: 31), sich der Essay *Rabenmütter* aber dennoch wie eine lange Klage darüber liest, dass die „reine Mutterschaft" als Lebensentwurf in der Öffentlichkeit nicht als genauso ‚sexy' empfunden würde wie die berufstätige Mutter. Dies wird besonders deutlich, wenn sie sich darüber mokiert, dass die „treusorgende Mutter" oft als altbacken oder einfältig angesehen würde und mit ihrem Gegenpart, der zum gesellschaftlichen Ideal stilisierten, jungen und dynamischen „Yummy Mumm[y]" in Puncto öffentliches

Ansehen nicht mithalten könne (Kositza 2013: 25 f.). Statt daraus die Forderung zu einem pluralistischen Nebeneinander und zur Anerkennung von verschiedenen Lebensentwürfen abzuleiten, ist Kositzas Position eine rein reaktionäre. Sie inszeniert sich selbst und ihren Lebensentwurf der *Mutterschaft* als einzig richtigen und wertet alle anderen ab.

5 Feminismus als staatlich organisiertes Verschwörungsinstrument

Kositzas Buch ist ein Beispiel für rechte Identitätspolitik im Kulturkampf gegen die offene Gesellschaft. Sie will emanzipatorische Errungenschaften aufhalten und zu traditionellen Verhältnissen zurückkehren. Ihr Wunsch nach Ordnung, Einheit und Einfachheit verbietet ihr dabei eine pluralistische Haltung einzunehmen. Kositzas völkisches Weltbild verlangt es, die Geschlechterverhältnisse im Sinne eines Femonationalismus (Mayer et al. 2018) zu naturalisieren, da nur über die Reproduktionsfunktion der Familie die Reinheit des Volkskörpers aufrechterhalten werden kann. Da völkische Ideologie heute tabuisiert ist, muss sie ihre Haltung anders begründen. Im Kampf um Hegemonie bedient sie sich dabei verschiedener Strategien. Sie beschwört eine existentielle Gefahr durch eine liberale, pluralistische und gleichberechtigte Lebensweise herauf, insbesondere durch die Infragestellung des heteronormativen Geschlechterverständnisses. Ihre politischen Gegner*innen übersteigert sie dabei zu einer gefährlichen Übermacht, die – im Geheimen operierend – diese Infragestellung vorantreiben würde, um die Gesellschaft zu schwächen. Sie knüpft damit an ein rechtes Narrativ an, dass einen Austausch des als überlegen angesehenen Bevölkerungsteil durch einen als minderwertig angesehenen Teil heraufbeschwört (vgl. die Beiträge zu → Sarrazin und → Sieferle).

Kositzas Antifeminismus passt sich widerstandslos ein in andere rechte Ideologien und funktioniert nicht ohne ihr völkisches Weltbild. Er vereint eine im völkischen Denken typische biologistische Argumentationsweise mit einer antifeministischen Verschwörungserzählung. Feminist*innen nehmen dieser Erzählung folgend eine Art Vermittlerrolle ein, die ein vom Staat in Auftrag gegebenes Programm zur Umerziehung der Gesellschaft hin zu geschlechtslosen Menschen umsetzen. Damit aktiviert sie vor allem Ängste von Männern, die den Verlust ihrer eigenen Privilegien in einer noch patriarchal geprägten Gesellschaft fürchten. Wissenschaftliche Belege für diese abstruse Theorie werden nicht geliefert – wie es bei Verschwörungserzählungen die Regel ist. Die fehlende inhaltliche Substanz versucht sie mit verschiedenen Stilmitteln zu überdecken. So benutzt sie eine sehr metaphernreiche Sprache, erzählt ab und an kleine Anekdoten und sät vor allem viel Spott und Häme. Sich selbst setzt sie als moralisch überlegene und aufklärende Mehrwisserin in Szene. Es gelingt ihr jedoch nicht, darüber hinwegzutäuschen, dass ihre Forderungen nach konservativen Geschlechterrollen und die Übernahme reproduktiver Funktionen durch Frauen extrem repressive Imperative des Kollektivs an Einzelne darstellen. Ihr Antipluralismus und ihre Demokratiefeindlichkeit treten darin deutlich zutage. Durch ihre Verschwörungserzählung spricht sie den Menschen außerdem zwei essentielle Fähigkeiten für das Funktionieren einer Demokratie ab. Zum einen ist es die Fähigkeit, die Gesellschaft und das politische Geschehen kritisch zu hinterfragen, und zum anderen die Fähigkeit, beides selbst aktiv mitzugestalten. Kositza stellt dadurch *ihre* Version von einem guten Leben als die einzig mögliche dar und lässt daneben keine anderen Meinungen und Werte gelten. Ihre Gesellschaftskritik bleibt daher ideologisch, demokratiefeindlich und nicht diskursfähig.

Literatur

Primärquellen

Kositza, Ellen (2013): Gender ohne Ende. 3. Aufl. Schnellroda: Antaios.
Paglia, Camille (2017): Free Women, Free Men: Sex, Gender and Feminism. New York: Pantheon.

Sekundärliteratur

Blum, Rebekka/Rahner, Judith (2020): Antifeminismus in Deutschland in Zeiten der Corona-Pandemie. In: Friedrich-Ebert-Stiftung (Hrsg.): Triumph der Frauen. Das weibliche Antlitz des Rechtspopulismus und -extremismus in ausgewählten Ländern. Bd. 1. Friedrich-Ebert-Stiftung: Berlin.
Butter, Michael (2018): „Nichts ist, wie es scheint". Über Verschwörungstheorien. Berlin: Suhrkamp.
Götz-Votteler, Katrin/Hespers, Simone (2019): Alternative Wirklichkeiten? Wie Fake News und Verschwörungstheorien funktionieren und warum sie Aktualität haben. Bielefeld: transcript.
Kellershohn, Helmut (2016): Umvolkung. In: Gießelmann, Bente/Heun, Robin/Kerst, Benjamin/Suermann, Lenard/Virchow, Fabian (Hrsg.): Handwörterbuch rechtsextremer Kampfbegriffe. Schwalbach/Ts.: Wochenschau Verlag, S. 282–297.

Kemper, Andreas (2014): Keimzelle der Nation – Teil 2. Wie sich in Europa Parteien und Bewegungen für konservative Familienwerte, gegen Toleranz und Vielfalt und gegen eine progressive Geschlechterpolitik radikalisieren. Friedrich-Ebert-Stiftung: Berlin. https://library.fes.de/pdf-files/dialog/11163.pdf (11.10.2021).

Lau, Mariam (2018): Nebenbei: knallrechts. *Zeit Online* vom 30.01.2018. zeit.de/2018/05/ellen-kositza-neue-rechte-feminismus-rechte-frauenbewegung/komplettansicht (15.05.2021).

Lühmann, Hannah (2016): Der Verleger der Neuen Rechten auf seinem Rittergut. *WELT* vom 30.05.2016. welt.de/kultur/article155766994/Der-Verleger-der-Neuen-Rechten-auf-seinem-Rittergut.html (19.05.2021).

Mayer, Stefanie/Šori, Iztok/Sauer, Brigit/Ajanovic, Edma (2018): Mann, Frau, Volk. Familienidylle, Heteronormativität und Femonationalismus im europäischen rechten Populismus. In: *Feministische Studien* 36(2), S. 269–285.

Nocun, Katharina/Lamberty, Pia (2020): Fake Facts. Wie Verschwörungstheorien unser Denken bestimmen. Köln: Quadriga.

Rapp, Tobias (2016): Der dunkle Ritter Götz. *Spiegel Online* vom 21.12.2016. spiegel.de/spiegel/goetz-kubitschek-der-wichtigste-intellektuelle-der-neuen-rechten-a-1126581.html (15.05.2021).

Rohde-Abuba, Caterina/Vennmann, Stefan/Zimenkova, Tatjana (2019): The Destruction of the Heterosexual Family? The Discourse of Opponents of the Gender Mainstreaming Educational Curriculum in Baden-Württemberg, Germany. In: Sexuality & Culture 23(3), S. 718–736.

Steinhagen, Martin (2017): Rechts vom Rittergut. *Zeit Online* vom 28.02.2017. zeit.de/gesellschaft/2017-02/schnellroda-sachsen-anhalt-afd-goetz-kubitschek/komplettansicht (23.04.2019).

Stiegler, Barbara (2010): Gender Mainstreaming. Fortschritt oder Rückschritt in der Geschlechterpolitik. In: Becker, Ruth; Kortendiek, Beate (Hrsg.): Handbuch Frauen- und Geschlechterforschung. 2. Aufl. Wiesbaden: VS Verlag für Sozialwissenschaften, S. 933–938.

Stiegler, Barbara (2012): Gender Mainstreaming: überflüssig oder kontraproduktiv? Eine Diskussion. bpb.de/gesellschaft/gender/gender-mainstreaming/147208/gender-mainstreaming-ueberfluessig-oder-kontraproduktiv-eine-diskussion?p=all (11.10.2021).

Stögner, Karin (2017): Angst vor dem „neuen Menschen". Zur Verschränkung von Antisemitismus, Antifeminismus und Nationalismus in der FPÖ. In: Grigat, Stephan (Hrsg.): AfD & FPÖ. Antisemitismus, völkischer Nationalismus und Geschlechterbilder. Baden-Baden: Nomos, S. 137–162.

Nellie Sittig studiert Theorien und Praktiken professionellen Schreibens (MA) an der Universität zu Köln. Sie hat ihren Bachelor in Philosophie und Sozialwissenschaften (BA) an der Humboldt-Universität zu Berlin absolviert. Ihre Arbeitsschwerpunkte liegen in der Philosophie des Geistes, Ethik der Migration, Rechtsextremismus- und Rechtspopulismusforschung sowie Aristoteles' Philosophie vom guten Leben.

Medienstrategien

Überblick: Medienstrategien

Eva-Lotte Schwarz

Zusammenfassung

Der Überblick über den achten Teil des Buches führt in die Medienstrategien der ‚Neuen Rechten' ein. Dabei werden sowohl die Mediennutzung (alte und neue Medien) als auch die Thematisierung von Medien durch die ‚Neuen Rechten' in den Blick genommen.

Im Zeitalter des digitalen Kapitalismus werden neue, junge Medienplattformen in der Verbreitung von politischen Meinungen immer relevanter. Zunehmend scheinen politische Akteur*innen nicht mehr allein der Sphäre des Politischen anzugehören, sondern sollen in ihrer Selbstdarstellung für die Medienkonsument*innen authentisch erscheinen. Personen der politischen Öffentlichkeit wandeln zunehmend auf dem schmalen Grat zwischen Meinungsmacher*in und Influencer*in in sozialen Medien. Diesen Trend haben auch die ‚Neuen Rechten' bemerkt und verstanden ihn für sich zu nutzen. In Livestreams, Podcasts und Online-Coachings inszenieren sich einige der Autor*innen des folgenden Teils weniger als politische Propagandisten, sondern vielmehr als menschliche Vorbilder. Bei ihrem überwiegend männlichen Publikum trifft diese Strategie auf Begeisterung: Durch popkulturelle Film- und Serienempfehlungen, psychologische Ratschläge und Tipps für eine bessere Körperhaltung dienen unsere

E.-L. Schwarz (✉)
Humboldt-Universität zu Berlin, Berlin, Deutschland
E-Mail: eva-lotte.schwarz@hu-berlin.de

© Der/die Autor(en), exklusiv lizenziert an Springer Fachmedien Wiesbaden GmbH, ein Teil von Springer Nature 2022
D. Meiering (Hrsg.), *Schlüsseltexte der ‚Neuen Rechten'*, Edition Rechtsextremismus, https://doi.org/10.1007/978-3-658-36453-3_30

Autoren für ihre Zuhörerschaft als Fluchtpunkt in den Wirren der digitalen Informationsflut. Durch die Verknüpfung von Lifestyle-Themen mit politischen Fragen entsteht ein gesamtes Weltbild, welches als Leitlinie für junge Menschen besonderes Mobilisierungspotential entfalten kann. Diese Medienstrategie schafft somit Möglichkeiten, ein breites, junges Publikum in ‚neurechte' Meta-politiken (→ Teil 3) einzuführen. Dabei werden ältere Publikationsformen rechten Gedankenguts jedoch nicht abgelöst, sondern lediglich ergänzt. In herkömmlichen Printmedien ist die ‚Neue Rechte' durchaus noch präsent: In Büchern und Zeit-schriften wie der *Sezession* oder Martin Lichtmesz' *Hierarchie der Opfer* richtet sie sich mit pseudo-akademischen Beiträgen an ein älteres, gebildetes Publikum, indem rechtsextreme Subtexte hinter Zitaten klassischer Philosoph*innen ver-steckt werden. Dabei werden Medien nicht nur als Kommunikationsmittel genutzt, sondern auch zum Thema von Verschwörungsmythen gemacht. Durch das Zusammenspiel neuer und alter Medien kann eine große Breite an sozio-demographischen Zielgruppen erreicht werden. Die Autoren dieses Teils wenden dabei unterschiedlichste Argumentationsstrategien an, um soziale Phänomene und historische Ereignisse umzudeuten. Ihre Veröffentlichungen sind damit Parade-stücke für *Gaslighting, Strawmanning* und *Dogwhistling*.

Schlussendlich bietet die Medienstrategie der ‚Neuen Rechten' also einen grundlegenden Vorteil: Indem klassische durch neue Medien ergänzt werden, ver-vielfältigen die Akteur*innen das politische Angebot und können so Personen in unterschiedlichsten Lebensphasen erreichen. Dabei profitieren sie von der zunehmenden Hybridisierung des Mediensystems durch die Digitalisierung. So stehen manche Artikel der Sezession einfach als PDFs oder Blog-Einträge auf der Internetseite der Zeitschrift bereit. Die Werke von Lichtmesz und Co. lassen sich auch als E-Book downloaden. Egal ob als altmodischer Zeitschriftenaufsatz oder hippes *YouTube*-Video: Rechtsradikalismus kann in digitaler Form auf Smart-phone, Laptop oder Tablet überallhin transportiert und stets konsumiert werden.

Eva-Lotte Schwarz studiert Sozialwissenschaften (MA) an der Humboldt-Universität zu Berlin. Ihre Schwerpunkte sind politische Kommunikation und Innenpolitik.

YouTube als Plattform: Jordan B. Peterson

Eva-Lotte Schwarz

Zusammenfassung

Mit seinen Beststellern *12 Rules for Life* und *Beyond Order* sowie seinem populären *YouTube*-Kanal gilt Jordan Peterson als einflussreiches Bindeglied zwischen etablierten Rechtskonservativen und der Alternative-Right-Bewegung. Mit einer Analyse ausgewählter *YouTube*-Videos soll dieser Beitrag aufzeigen, inwiefern Petersons Rolle des ‚neurechten‘ Türöffners durch seine Rhetorik und Argumentationsstrategie gestützt wird. Ein Fokus wird dabei auf seine Verwendung und Einordnung der Begriffe „Postmoderne" und „Kulturmarxismus" gelegt. Diese sind zentral für die Etablierung eines diffusen Feindbildes, welches sich vorrangig gegen die politische Linke des globalen Nordens richtet. Hierbei wird klar, dass sich Peterson nicht nur im politischen Flirt mit der ‚Neuen Rechten‘ befindet, sondern auch im ideengeschichtlichen Assoziationsraum des völkischen Nationalismus.

E.-L. Schwarz (✉)
Humboldt-Universität zu Berlin, Berlin, Deutschland
E-Mail: eva-lotte.schwarz@hu-berlin.de

© Der/die Autor(en), exklusiv lizenziert an Springer Fachmedien Wiesbaden GmbH, ein Teil von Springer Nature 2022
D. Meiering (Hrsg.), *Schlüsseltexte der ‚Neuen Rechten‘*, Edition Rechtsextremismus, https://doi.org/10.1007/978-3-658-36453-3_31

349

1   Jordan Peterson: Universitärer Intellektueller oder *YouTube*-Popstar?

Der bekannte US-Ökonom Tyler Cowen bezeichnete ihn als den einflussreichsten Intellektuellen der westlichen Welt der heutigen Zeit (Brooks 2018): Jordan B. Peterson ist Professor der Psychologie an der Universität von Toronto und gehört momentan zu den prominentesten Rechtskonservativen der nordamerikanischen Medienwelt. Dort sind Petersons Theorien in verschiedenen Formaten abrufbar: In literarischer Form vertritt Peterson seine Thesen zu Lebensführung, Kindererziehung, Politik und Hummern in seinem 2016 erschienen Bestseller *12 Rules for Life: An Antidote to Chaos*. Sein Podcast wurde insgesamt über 55 Mio. Mal heruntergeladen[1] und auf der Videoplattform YouTube erreicht er mit seinen Videos rund 3,6 Mio. Abonnent*innen.[2] Zudem bietet Peterson psychologische Kurse auf seiner Webseite an, welche er mit dem Versprechen eines „tieferen Verständnisses für die eigene Persönlichkeit" bewirbt. Popularität erlangte der klinische Psychologe jedoch erst durch seine politische Gegnerschaft gegenüber der Gesetzesänderung *Bill C-16*, welche die Aufnahme von Geschlechtsidentität in den kanadischen *Human Rights Act* vorsieht. Die strafrechtliche Ahndung von Diskriminierung und Hassreden aufgrund des Geschlechtsausdrucks stelle, so Peterson, einen Eingriff in die Redefreiheit dar und schreibe Personen vor, welche Pronomen sie benutzen müssten (Murphy 2016). Medien wurden zudem auf ihn aufmerksam, als sich die Universität Cambridge dazu entschied, ihr Kollaborationsangebot ihm gegenüber zurückzuziehen. Im Vorfeld war die Universität auf ein Bild Petersons aufmerksam geworden, in welchem er neben einen Mann posiert, der ein T-Shirt mit der Aufschrift „I am a proud Islamophobe" trägt (University of Cambridge 2019). Peterson kehrte nach der Behandlung seiner Medikamentenabhängigkeit im Frühjahr 2021 mit dem Buch *Beyond Order – Jenseits der Ordnung* an die Öffentlichkeit zurück.

Wenngleich Peterson seine akademische Karriere im Bereich der Psychologie absolviert hat, erlangte der 56-Jährige seine gesellschaftliche Relevanz eher als theoretische Ikone der US-amerikanischen *Alternative-Right*-Bewegung. Besonders interessant sind hierbei seine theoretischen Ausführungen zu dem Begriff des ‚postmodernen Kulturmarxismus'. Dieses Schlagwort der ‚Neuen Rechten' bezeichnet eine angeblich an Universitäten organisierte Verschwörung

---

[1] Laut eigener Angabe unter https://www.jordanbpeterson.com/about/ (01.04.2021).
[2] https://www.youtube.com/user/JordanPetersonVideos (01.04.2021).

der linken Eliten, welche durch ihre politische Agenda traditionelle westliche Werte wie Redefreiheit, Familie und Marktfreiheit unterlaufen würden. In diesem Sinne kann Peterson nicht nur als konservativer Theoretiker gefasst werden, sondern nimmt auch die Rolle eines philosophischen Popstars ein, dessen multimediale Präsenz der ‚Neuen Rechten' als intellektuelles Leitbild dient. Um Petersons Strahlkraft in seiner auditiven und visuellen Dimension zu erfassen, scheint es daher sinnig, seine Ausführungen anhand seiner Videos zum Thema Postmoderne seines 330 Mio. Aufrufe starken *YouTube*-Channels (Stand April 2022) zu analysieren. Zentral für die dort veröffentlichten Vorträge ist seine Ablehnung der Postmoderne.

2 Postmoderner Kulturmarxismus bei Peterson: Zwischen vage und widersprüchlich

Unter Postmoderne versteht Peterson ein Konzept der politischen Ideologie: In seinen Vorträgen generiert er einen vagen Sammelbegriff, welcher neben linken Aktivismus auch Queerness, Kommunismus, Konstruktivismus und Nihilismus umfasst. Das theoretische Zusammendenken der beiden Konzepte des Marxismus und der Postmoderne gründet sich dabei auf einer speziellen Geschichtserzählung, welche Peterson an die Veröffentlichung des amerikanischen Philosophen Stephen Hicks *Explaining Postmodernism: Skepticism and Socialism from Rousseau to Foucault* anlehnt. Demnach wären die siebziger Jahre eine Zeit der Diskreditierung der klassischen marxistischen Theorie gewesen. Die Aufarbeitung der Verbrechen des Realsozialismus in der Sowjetunion und China hätte eine empirische Übermacht an Beweisen für die negativen Konsequenzen marxistischer Ideologie generiert. Die Entstehung postmodernen Denkens sei in diesem Sinne als Versuch der Befriedung des Dilemmas der linken Eliten zu verstehen: Der marxistische Dualismus von Bourgeoisie und Proletariat würde in ein allgemeines Konzept aus Unterdrückenden und Unterdrückten transformiert. Die ökonomische Theorie des Marxismus würde somit zu einer postmodernen Machttheorie erweitert, deren politisches Instrument die Identitätspolitik sei (Peterson 2017b: 0:00:08). Brutstätten des postmodernen Denkens seien die Universitäten: Diese wären von korrupten postmodernen Eliten unterlaufen, welche durch die Etablierung von sogenannten „safe spaces" kulturmarxistische Echokammern schaffen würden (Peterson 2017a: 0:07:15). Besonders betroffen wären die Humanwissenschaften und im Speziellen das Feld der Frauenforschung, welche Peterson für ein Exempel einer „Pseudo-Wissenschaft" hält (Peterson 2017c: 0:22:42). Die postmoderne Fixierung auf die Analysekategorie

Macht berge dabei eine besondere Gefahr: Ein Theoretiker, welcher Macht als konstituierendes Element seiner Epistemologie betrachte, werde zwangsläufig selbst ein ausgeprägtes Machtstreben entwickeln (Peterson 2017c: 1:24:30). Peterson schafft somit ein theoretisches Bindeglied zwischen kommunistischer Ideologie und Realsozialismus hin zu konstruktivistischer Machtforschung und dem Aufkommen der Identitätspolitik. Die definitorischen Konturen des Begriffs der Postmoderne werden somit inhaltlich aufgelöst. Mit ‚Postmodernem Kulturmarxismus' scheint Peterson vielmehr die Inverse einer rechtskonservativen Weltanschauung zu beschreiben.

3   Das Strohmann-Argument

In der so skizzierten Postmoderne fallen innere logische Widersprüche auf. Peterson hat diese Logiklücken jedoch bewusst eingearbeitet, um die Taktik des sogenannten Strohmann-Argumentes anzuwenden. Dieses entkräftet die Position der politischen Gegner*in nur scheinbar, indem diese inkorrekt beschrieben wird. Das Strohmann-Argument richtet sich also nicht gegen die tatsächlich vom politischen Gegner vertretene Position, sondern gegen eine erdachte inkohärente Version derselbigen (Walton 2013: 250 ff.). In seinen Videos konstruiert Peterson einen eigenen, verfälschten Begriff des postmodernen Kulturmarxismus, dessen Logiklücken er nun erfolgreich identifizieren und entkräften kann.

Besonders auffällig ist diese Taktik in zwei Fällen: Im ersten Fall kritisiert er den scheinbar zweigleisigen Umgang mit Moral in der Postmoderne. Zum einen würden postmoderne Denker*innen jeglichen moralischen Absolutheitsanspruch zurückweisen, zum anderen jedoch den Besitzlosen im Klassenkampf eine moralische Deutungshoheit zugestehen (Peterson und Hicks 2017: 38:05). Dieser scheinbare Widerspruch entsteht jedoch erst aus Petersons eigener theoretischer Verschmelzung von Postmoderne und Marxismus: So stellen postmoderne Philosoph*innen den absoluten Anspruch von moralischen Aussagen infrage, welche Behauptungen über die wahre Natur des Menschen aufstellen (van der Loo und van Reijen 1992: 257). Sie kritisieren damit den Wahrheitsanspruch des Marxismus und die Art und Weise, in welcher dieser den historischen Charakter von Wahrheit und Wahrheitsproduktion voraussetzt (Gündoğan 2010: 59). Die hier von Peterson identifizierte Logiklücke rührt daher von den starken inhaltlichen Widersprüchen zwischen postmodernem Denken und Marxismus und ist somit Konsequenz seiner eigenen Konstruktion.

Eine zweite Logiklücke meint Peterson in einem der postmodernen Identitätspolitik scheinbar inhärenten Rassismus zu erkennen. Identitätspolitik konstruiere, so Peterson, eine Gruppenidentität, welche die Persönlichkeitsmerkmale der Gruppenmitglieder zwingend an ihre Gruppenzugehörigkeit binde. Er unterstellt postmoderner Identitätspolitik damit biologischen Essentialismus, gegen den sie sich vorgeblich richte. Peterson schlussfolgert daraus, dass die politischen Forderungen der Vertreter*innen der Postmoderne fadenscheinig und doppelzüngig seien (Peterson 2017b, c). Auch hier entkräftet Peterson eine Aussage, welche er einem postmodernen Strohmann zuvor in den Mund gelegt hat. Fehlerhaft ist die Annahme, Konstruktivismus und Identitätspolitik ließen sich unter dem Begriff der Postmoderne zusammenfassen. Im Gegenteil formulierte die vermutlich bekannteste Konstruktivistin, Judith Butler, den von Peterson entdeckten Widerspruch bereits 1990. In *Das Unbehagen der Geschlechter* schreibt sie: "This kind of critique [the deconstruction of identity] brings into question the foundationalist frame in which feminism as an identity politics has been articulated. The internal paradox of this foundationalism is that it presumes, fixes, and constrains the very 'subjects' that it hopes to represent and liberate" (Butler 1999: 189).

Es lässt sich also festhalten, dass Peterson durch seine Kritik an der Postmoderne den inneren Widerspruch seiner eigenen Konzeptualisierung identifiziert. Durch den Rückgriff auf die Strohmann-Strategie demonstriert er seine scheinbare intellektuelle Überlegenheit, indem er Falschaussagen trifft und seine Zuschauerschaft somit im Vorfeld manipuliert.

4   Coming forward, pulling back: Die Kunst der radikalen Uneindeutigkeit

Eine zweite Strategie besteht aus der Gleichzeitigkeit von basalen, deskriptiven und radikalen, politischen Aussagen. Peterson stellt hierbei eine unstrittige Aussage in den Raum, welche eine rechtsgerichtete Agenda impliziert, ohne diese tatsächlich zu artikulieren. Wird letztere genauer erfragt, so beruft sich Peterson auf seine scheinbar unstrittige Beschreibung, welche von seinem Gegenüber nicht widerlegt werden kann. Als Beispiel hierfür kann seine Haltung zu der kanadischen *Bill C-16* angeführt werden. Als er nach den Gründen seines politischen Einsatzes gegen die Verabschiedung des Gesetzesentwurfes gefragt wird, entgegnet Peterson, biologisches Geschlecht, Geschlechteridentität, Geschlechtsausdruck und sexuelle Orientierung seien in der Bevölkerung statistisch nicht unabhängig verteilt (Peterson 2017a: 0:24:25). Impliziert ist hierbei die Annahme, dass die Inklusion von Trans*-Personen in das kanadische Diskriminierungs-Verbot durch den Gesetzesentwurf dieser Annahme widerspräche.

Als er allerdings im nächsten Schritt auf seine exkludierende Argumentation angesprochen wird, zieht er sich auf die rein deskriptive Dimension seiner Aussage zurück. Wird er nun explizit auf die Drohungen gegen Trans*-Personen aufmerksam gemacht, welche im Nachgang seiner Vorträge erfolgten, ist es ihm mit dieser Strategie möglich, sich der Verantwortung zu entziehen (Peterson 2017a: 1:28:50).

Ein zweites Feld, in welchem sich die Vermischung von scheinbar radikalen mit basalen Aussagen beobachten lässt, ist die Konstruktion seines Feindbildes. Peterson beschreibt die postmoderne Bewegung zunächst als unorganisierte Gruppe, welche keiner klaren politischen Agenda folge und daher nicht bewusst auf die Zerstörung der westlichen Zivilisation abziele (Peterson 2017b: 0:19:30). Anschließend führt Peterson das genaue Gegenteil aus: Er unterstellt den Humanwissenschaften eine korrupte Agenda, deren Aufgabe es sei, die politische Landschaft umzugestalten (Peterson 2017b: 0:20:31). Er ruft seine Zuhörer*innen daher zum politischen Widerstand auf (Peterson 2017b: 0:41:23).

In beiden Fällen trifft Peterson sowohl eine korrekte, deskriptive Aussage (erstens: Sex und Gender sind in der Bevölkerung statistisch nicht unabhängig verteilt; zweitens: Die Postmoderne ist eine diffuse Strömung), stellt aber auch jeweils eine politische Forderung auf (erstens: Abschaffung der *Bill C-16;* zweitens: Widerstand gegen die postmoderne Bedrohung), deren inhaltliche Zusammenhänge entweder nicht gegeben (Fall 1) oder sogar widersprüchlich (Fall 2) sind. Nach Schopenhauer lässt sich diese Gesprächstaktik als *fallacia non causae ut causea* – Täuschung durch Annahme des Nicht-Grundes als Grund – (Schopenhauer 2007 [1831]: 72) kategorisieren. Hierbei wird eine zuvor akzeptierte Prämisse – in diesem Fall die unstrittigen Fakten – so präsentiert als würde daraus logisch die zu argumentierende Position – also die politische Forderung – folgen.

Petersons springt von der faktenrichtigen Prämisse zur kontroversen Folgerung und überspringt die Erklärung. Für die unaufmerksamen Zuhörer*innen scheint die Gesamtaussage daher bei selbstbewusster Performance logisch. Anhänger*innen der ‚Neuen Rechten' können sich die fehlende Erklärung in Petersons Argumentation allerdings denken: So kann die *Bill C-16* der *Alternative-Right*-Logik folgend als Vorbotin einer kulturmarxistischen Verschwörung interpretiert werden, welche willkürliche Sprechverbote erteilt, ohne dabei offensichtliche Fakten zu berücksichtigen. Diese Taktik kann also der sogenannten *Dog-whistle*-Strategie zugeordnet werden. Diese bezeichnet Sprechakte, welche für die Mehrheitsgesellschaft unverständlich oder einfach widerlegbar erscheinen, allerdings versteckte Nachrichten für andere Mitglieder der *Alternative-Right* enthalten (Åkerlund 2021; Haney-López 2014). Peterson kann so das politische

Agitationspotential von rechtsgerichteten Aussagen zu nutzen, ohne sich dafür inhaltlich vor einer breiteren Öffentlichkeit rechtfertigen zu müssen. Wie Peterson seine Sprache kodiert, lässt sich auch am Beispiel seiner Verwendung des Begriffes ‚Kulturmarxismus' erkennen.

5   Ideengeschichte des kulturellen Marxismus: Peterson im Flirt mit der radikalen Rechten

Das Schlagwort des Kulturmarxismus hat seine Ursprünge im Konzept des *Kultur-bolschewismus*, welches im dritten Reich als antisemitischer Kampfbegriff verwendet wurde (Hanebrink 2018). Dieser bezeichnete kulturelle und progressive Bestrebungen, die für eine vermeintliche „Degeneration" des deutschen Volkes verantwortlich gemacht wurden (Peters 2016: 54). Der Idee des Kulturbolschewismus bedienten sich in den frühen 1990er Jahren paläokonservative Thinktanks in den USA, um im Nachgang des Kalten Krieges ihre antikommunistische Agenda ideologisch zu unterfüttern (Busbridge et al. 2020: 723). Um sich vom Nationalsozialismus zu distanzieren, fand eine Umbenennung statt: Der Begriff des Kulturmarxismus entstand. Dieser fungiert also als Instrument einer politischen Haltung, welche ihre Ursprünge in der Verfolgung von Kommunist*innen in der McCarthy-Ära findet. In der Geschichtserzählung der *Alternative-Right* geht der Begriff auf eine angebliche Bedrohung der US-amerikanischen Freiheitswerte durch Linksintellektuelle der Frankfurter Schule und deren Kritik an den ideologischen Stabilisatoren „westlicher Kultur" wie Familie, Tradition und Hierarchien, zurück. Durch die Flucht aus dem nationalsozialistischen Deutschland hätten jüdische Philosophen wie Theodor W. Adorno oder Max Horkheimer ihre destruktive Kritik gegen christliche und traditionelle Werte in den USA verbreitet und damit die theoretische Keimzelle der neuen Linken gebildet (Mirrlees 2018: 53 ff.). Verschwörungstheoretiker der *Alt-Right* extrapolieren heute diese Geschichtserzählung und unterstellen den politischen Eliten westlicher Industrienationen eine kulturmarxistische Agenda, durch welche sie als geheime Strippenzieher die westliche Gesellschaft unterlaufen würden (Briun 2017: 29). Als der einflussreichste Anti-Kulturmarxist Kanadas knüpft Peterson durch seine ideologische Weiterentwicklung des Konzepts an die problematische Ideengeschichte desselbigen an. Dabei sind seine Vorträge zur Postmoderne nicht explizit faschistisch. So resonieren seine Ideen mit weiteren Mitgliedern der *Alt-Right*-Bewegung, wie Mike Cernovich (vgl. Mike Cernovich Podcast 2019), Gavin McInnes (vgl. Rebel News 2016) und Paul Joseph Watson (vgl. Watson 2019), welche ihre Bewunderung für Peterson ausgesprochen haben. 2017 startete die rechtsextreme

Nachrichtenwebseite *Rebel Media* sogar eine öffentliche Kampagne, um Petersons Forschung mit Spenden zu unterstützen (vgl. Rebel News 2017). Petersons Verhältnis zu der ‚Neuen Rechten' ist damit symbiotisch: Als gerngesehener Interviewgast profitiert er von der Reichweite der Plattformen der *Alternative-Right*-YouTuber. Im Fall der Spendenkampagne ist dieser Profit sogar direkter finanzieller Natur. Umgekehrt fungiert Peterson für die *Alternative-Right*-Szene als Märtyrer-Figur der westlichen Meinungsfreiheit, welcher von sogenannten *Snowflakes* (eine polemische Bezeichnung für die angeblich übersensiblen Mitglieder der Generation Z) zum Schweigen gebracht werden soll. Petersons Rhetorik, seine Argumentation und Präsentation richten sich demnach nicht nur an Rechtskonservative, sondern auch an völkische Nationalist*innen und Neo-Faschist*innen und schließen an deren Terminologie an.

6 Von der *Alt-Right* zur *Alt-Light:* Petersons Rhetorik als ‚neurechter' Türöffner

Petersons widersprüchliche Konzeptualisierung der Postmoderne schafft Raum für einen ‚neurechten' Synkretismus: Sie verschmilzt Nihilismus, Konstruktivismus, Realsozialismus, Identitätspolitik und Kulturmarxismus und etabliert so ein breites Feindbild der *Alt-Right*. Insbesondere durch den Rückgriff auf den Begriff des Kulturmarxismus wird dabei klassische rechte Rhetorik mit salonfähigem Rechtskonservatismus verbunden. Die Art, in welcher er seine Thesen zur Postmoderne in seinen Vorträgen artikuliert, scheint für diesen Zweck sehr gut geeignet. Durch die Entwicklung eines paradoxen Konzeptes kann sich Peterson seinen politischen Feind beliebig konstruieren, um im Nachgang dessen selbstdachte Logiklücken zu entlarven. Durch Rückbesinnung auf scheinbar neutrale, beschreibende Aussagen macht sich Peterson gleichzeitig schwer angreifbar und demobilisiert somit seine politischen Widersacher.

Literatur

Primärquellen

Mike Cernovich Podcast (2019): Dr. Jordan Peterson's Full Interview from Hoaxed Movie. https://www.podcasts.apple.com/mk/podcast/dr-jordan-petersons-full-interview-from-hoaxed-movie/id875159866?i=1000435328628 (29.04.2021).

Peterson, Jordan B. (2017a): Harvard Talk: Postmodernism & the Mask of Compassion. Harvard University vom 10.04.2017a. https://www.youtube.com/watch?v=Urd0IK0WEWU (01.11.2021).

Peterson, Jordan B. (2017b): Postmodernism and Cultural Marxism. *Epoch Times* vom 03.07.2017b. https://www.youtube.com/watch?v=wLoG9zBvvLQ&t=1431s (01.11.2021).

Peterson, Jordan B. (2017c): Identity Politics & The Marxist Lie of White Privilege. British Columbia Free Speech Club. Vancouver vom 03.11.2017c. https://www.youtube.com/watch?v=PfH8IG7Awk0&t=27s (01.11.2021).

Peterson, Jordan B./Hicks, Stephen (2017): Postmodernism: History and Diagnosis. 17.08.2017. https://www.youtube.com/watch?v=oyzSrtr6oJE&t=4510s (01.11.2021).

Rebel News (2016): Prof. Jordan Peterson: "Bloody neo-Marxists have invaded the campuses". Gavin McInnes. https://www.youtube.com/watch?v=X_Kfm_qWpN0&ab_channel=RebelNews (29.04.2021).

Rebel News (2017): Ezra Levant: Let's support Prof. Jordan Peterson's research. Ezra Levant (Regie). https://www.youtube.com/watch?v=cb5WlbAdAw4&ab_channel=RebelNews (28.04.2021).

University of Cambridge (2019): Rescindment of visiting fellowship. statement from Vice-Chancellor Professor Stephen J Toope. https://www.cam.ac.uk/news/rescindment-of-visiting-fellowship-statement-from-vice-chancellor-professor-stephen-j-toope (01.11.2021).

Watson, Paul Joseph (2019): Why is Jordan Peterson – a man who has clearly helped countless young men rebuild their lives, become happy, responsible & stable, such a threat to the cultural establishment? (...) [Tweet]. *Twitter* vom 21.03.2019. https://www.twitter.com/PrisonPlanet/status/1108765761424773121 (29.04.2021).

Sekundärliteratur

Åkerlund, Mathilda (2021): Dog whistling far-right code words: the case of 'culture enricher' on the Swedish web. In: *Information, Communication & Society* 0(0), S. 1–18.

Busbridge, Rachel/Moffitt, Benjamin/Thorburn, Joshua (2020): Cultural Marxism: far-right conspiracy theory in Australia's culture wars. In: *Social Identities* 26 (6), S. 722–738.

Briun, Robin de (2017): Alt-right Claims that would put the Soviets to shame. The alleged conspiracies of conservative reformers like count Coudenhove-Kalergi and the Bilderberg Group. In: *eurovisie* 13 (2), S. 28–31.

Brooks, David (2018): The Jordan Peterson Moment. In: *New York Times* vom 26.01.2018, A23. https://www.nytimes.com/2018/01/25/opinion/jordan-peterson-moment.html (01.11.2021).

Butler, Judith (1999): Gender trouble. Feminism and the subversion of identity. 10. anniversary ed. New York: Routledge.

Gündoğan, Ercan (2010): Postmodern Politics and Marxism. In: *CEU Political Science Journal* 5 (1).

Hanebrink, Paul (2018): A Specter Haunting Europe. The Myth of Judeo-Bolshevism. Cambridge: Harvard University Press. https://www.ebookcentral.proquest.com/lib/gbv/detail.action?docID=5521692 (05.05.2021).

Haney-López, Ian (2014): Dog whistle politics. How coded racial appeals have reinvented racism and wrecked the middle class. Oxford: Oxford University Press.

Mirrlees, Tanner (2018): The Alt-Right's Discourse of "Cultural Marxism". A Political Instrument of Intersectional Hate. In: *Atlantins Journal* 39(1), S. 49–69.

Murphy, Jessica (2016): Toronto professor Jordan Peterson takes on gender-neutral pronouns. *BBC News* vom 04.11.2016. https://www.bbc.com/news/world-us-canada-37875695 (01.11.2021).

Peters, Olaf (2016): Fear and Propaganda: National Socialism and the Concept of "Degenerate Art". In: *Social Research* 83(1), S. 39–66.

Schopenhauer, Arthur (2007 [1831]): Die Kunst, Recht zu behalten. Neuenkirchen: RaBaKa Publishing.

van der Loo, Hans/van Reijen, Willem (1992): Modernisierung. Projekt und Paradox. München: dtv.

Walton, Douglas (2013): The Straw Man Fallacy. In: Walton, Douglas N. (Hrsg.): Methods of argumentation. New York, NY: Cambridge University Press, S. 249–286.

Eva-Lotte Schwarz studiert Sozialwissenschaften (MA) an der Humboldt-Universität zu Berlin. Ihre Schwerpunkte sind politische Kommunikation und Innenpolitik.

Sezession Nr. 88: „Volk"

Maike von Damaros

Zusammenfassung

Seit 2003 wird die ‚neurechte' Theoriezeitschrift *Sezession* vom *Institut für Staatspolitik (IfS)* in Schnellroda herausgegeben. Chefredakteur ist Götz Kubitschek, einer der Mitbegründer des IfS und ein Protagonist der sogenannten ‚Neuen Rechten'. Die Zeitschrift vermittelt nicht nur die theoretischen Hintergründe des ‚neurechten' Denkens, sondern betreibt als (meta)politische Praxis aktiv die Diskursverschiebung nach rechts. So wird in der 88. Ausgabe mit dem Titelthema ‚Volk' der Begriff ‚Volk' nicht nur auf seine inhaltliche Bedeutung hin beleuchtet. Stattdessen wird er auf ahistorische Weise in verschiedenen Kontexten und bekannten ‚neurechten' Konstellationen wie etwa dem ‚Ethnopluralismus' positioniert. Der Beitrag untersucht die dabei verwendeten Strategien und kontextualisiert die von den Autor*innen der Zeitschrift verwendeten Begriffe, Anspielungen und Metaphern.

Das Cover der 88. Ausgabe der Zeitschrift *Sezession* zeigt eine Schwarz-weiß-Fotografie einheitlich in weiße Hemden gekleideter Männer, die alle an einem Seil, sozusagen *um selben Strang*, ziehen. Titel und Inhalte sind im Gegensatz dazu rot unterlegt. Durch Farbgebung und Bild ruft schon diese Titelseite, vor

M. von Damaros (✉)
Universität Leipzig, Leipzig, Deutschland
E-Mail: vf02owat@studserv.uni-leipzig.de

D. Meiering (Hrsg.), *Schlüsseltexte der ‚Neuen Rechten'*, Edition Rechtsextremismus, https://doi.org/10.1007/978-3-658-36453-3_32

allem in Kombination mit dem Thema ‚Volk' und der rechtsextremen Chiffre 88,[1] Assoziationen mit der NS-Zeit hervor.

Seit 2003 wird die *Sezession* vom *Institut für Staatspolitik (IfS)* in Schnellroda herausgegeben. Der Historiker und Rechtsextremismusforscher Helmut Kellershohn identifiziert das *IfS* als Teil eines ‚neurechten' Netzwerkes:

> „Das IfS […] verstand sich selbst als ‚Kern einer konservativen Denkfabrik' […] in der Tradition der Konservativen Revolution. Es widmete sich den Bereichen von Forschung und Wissenschaft, Fortbildung und Politikberatung. […] Das IfS sei eine ‚Kaderschmiede des Metapolitischen', schrieb Moritz Schwarz […]; es gehe aber nicht nur um die ‚Bildung einer rein geistigen' Elite, sondern langfristig um die einer ‚klassischen Elite', die in der Lage sei, ‚Geistigkeit auch in Führungs-kompetenz umzusetzen' und ‚Entscheidungspositionen in Kultur, Gesellschaft und Politik' zu erringen […]" (Kellershohn 2016: 440).

Chefredakteur der Theorie-Zeitschrift ist Götz Kubitschek, einer der Mit-begründer des *IfS* und ein Protagonist der sogenannten ‚Neuen Rechten'. Die *Sezession* ist ihrem Selbstverständnis nach eine „politisch-kulturelle Zeitschrift",[2] die sich an eine ausgewählte Leserschaft richtet – „*Sezession* arbeitet nicht in die Breite, sondern in die Spitze",[3] heißt es im auf der Website veröffentlichten Konzept. Die Zeitschrift vermittelt jedoch nicht nur die theoretischen Hinter-gründe des ‚neurechten' Denkens, sondern bemüht als politische Praxis aktiv die Diskursverschiebung nach rechts.

Die ‚Neue Rechte' sieht sich nicht in der Tradition des Nationalsozialismus, sondern nennt die ‚Konservative Revolution' als den Ursprung einer ‚neurechten' Denktradition (vgl. die Beiträge zu → Jünger, → Mohler und → Spengler). Dennoch wagt sie sich in strategischer Absicht, wie auch die Gestaltung des Covers nahelegt, immer wieder in provokante Nähe nationalsozialistischer Symbole und Ideen. Diesem Befund widerspricht auch der Inhalt der Ausgabe nicht. In dieser Ausgabe werden die Ergebnisse der 19. Winterakademie des *IfS* reflektiert. Die Akademien des *IfS* finden regelmäßig statt und sind der Nach-wuchsschulung gewidmet:

---

[1] „Die 88 steht für Heil Hitler (H ist der 8. Buchstabe im Alphabet). Als konspirative Grußformel wurde die 88 bereits in den Nachkriegsjahren von Nationalsozialist/-innen ver-wendet" (Bundeszentrale für politische Bildung 2014).

[2] *Verlag Antaios:* Zeitschrift *Sezession,* verfügbar unter https://www.antaios.de/zeitschrift-sezession/ (01.11.2021).

[3] Sezession: Konzept, verfügbar unter https://www.sezession.de/konzept (01.11.2021).

„[...] denen, die die harte Schulbank des IfS drücken, versprach er mit Armin Mohler als Lohn der Mühen eine Art von ‚zweiter Geburt', gewissermaßen eine Wiedergeburt als examinierter Rechter" (Kellershohn 2016: 452).

1 Das Editorial – Kubitschek und Kositza

Im Editorial *Das gespaltene Volk* nimmt Kubitschek eine Bestandsaufnahme der aktuellen politischen Landschaft der Bundesrepublik Deutschland vor und attestiert ihr eine zentrale Bruchlinie zwischen zwei Weltanschauungen – im wahrsten Sinne des Wortes, beschreibt er doch einen „naiven, oberflächlichen Blick" im Gegensatz zu demjenigen, der „wacher und kälter schaut" (Kubitschek 2019: 1). Er umreißt eine krisenhafte Situation, charakterisiert durch den politischen Bruch zwischen „grüne[r] Zivilgesellschaft" (Kubitschek 2019: 1) und ‚Neuer Rechten'. Grund für die Unvereinbarkeit der Kontrahenten sei die Missachtung des „Volkes" und der damit einhergehende Verlust einer gemeinsamen Diskussionsgrundlage. „Dies spaltet unser Volk, und daran sind nicht wir schuld" (Kubitschek 2019: 1) – Kubitschek macht hier deutlich, dass er die als links und grün identifizierte Seite für die naive, die schuldige, die schlechtere Seite hält.

Der folgende Artikel von Ellen Kositza, Kubitscheks Ehefrau, beschreibt anhand der Rezeption des umstrittenen Autors Michel Houellebecq einen Riss auf der kulturellen Ebene. Innerhalb der gebildeten Schicht, der Houellebecq ein Begriff sei, würde dieser mehrheitlich von Linksliberalen kritiklos rezipiert und gar bewundert werden. Während Houellebecqs „Perversion" (Kositza 2019: 3) von ‚rechts' also hingenommen würde, würden ‚neurechte' Positionen abgelehnt. Schon in diesen ersten Seiten werden durch antithetische Gegenüberstellungen von ‚rechts' und ‚links' eine ‚gute' und eine ‚schlechte' Seite, gemäß der Wortbedeutung des Namens *Sezession*,[4] voneinander getrennt. Bemerkenswert ist die subtile Weise, auf die der Lebensentwurf und das Geschlechterbild des Ehepaars transportiert wird: Kubitschek bedient sich eines Objektivität und analytischen Scharfsinn suggerierenden Schreibstils und widmet sich Politik und Gesellschaft. Kositza dagegen verwendet die Ich-Perspektive, betont ihre eigene Weiblichkeit und Mutterschaft und spricht von Kultur und Affekten. Diese zutiefst konservative und stereotypische Rollenverteilung ist typisch für die ‚neurechte'

---

[4] Lateinisch *secessio* bedeutet Absonderung, Trennung.

Szene (vgl. die Beiträge zu→ Kositza und→ Pettibone). Es ist kaum über-
raschend, dass dementsprechend in der *Sezession* keine gendergerechte Sprache,
aber dafür die alte deutsche Rechtschreibung verwendet wird.[5]

Kubitschek und Kositza identifizieren in ihren Beiträgen politische wie
kulturelle Bruchlinien, für die diese Ausgabe der *Sezession* den passenden
Klebstoff vorschlägt: Die Rehabilitation des Begriffes ‚Volk‘. Die Strategien,
die verfolgt werden, um die außerordentliche Relevanz des Begriffes ‚Volk‘ zu
legitimieren und ihn in ‚neurechte‘ Theorien einzubetten, lassen sich schwer-
punktartig in folgende Themenfelder aufteilen: Argumentationen im Sinne des
‚neurechten‘ Ethnopluralismus, kulturhistorische Begründungen sowie rechtliche
Retorsionen.

2   Rassismus und Antisemitismus im ‚neurechten‘ Ethnopluralismus

Der Begriff ‚Volk‘ wird in der *Sezession* als integraler Bestandteil der ‚neurechten‘ Konstruktion des Ethnopluralismus verstanden und in eine globale
Dichotomie von ‚wahren Völkern‘ und ‚globalistischer Elite‘ gebracht. Nach
ethnopluralistischer Auffassung sind Völker ethnisch oder kulturell definierte,
nahezu homogene Gruppen mit unveränderlichen Identitäten, die gleichwertig,
aber getrennt voneinander bestehen und vor jeweils fremden Einflüssen geschützt
werden sollen. Ethnopluralismus stellt so lediglich eine modernisierte Form von
Rassismus dar:

> „Auch der Ethnopluralismus ist also ein ausgrenzender Nationalismus. Im Ergeb-
> nis kann damit genauso eine Fremdenfeindlichkeit ideologisch begründet, kann eine
> Ausgrenzung von und Gewalt gegen Migranten gerechtfertigt werden“ (Bundes-
> zentrale für politische Bildung 2014a).

Gunnar Thümen und Benedikt→ Kaiser grenzen den Begriff ‚Volk‘ gegen bis
zur Unkenntlichkeit verkürzte Darstellungen konstruktivistischer Positionen ab,
nach der das ‚Volk‘ keine „objektive Realität“ (Thümen 2019: 10) sei. Kaiser
sieht die Ethnie im Sinne von Kultur wie auch Abstammung als entscheidend
(Kaiser 2019: 23 f.) und auch Johannes Konstantin Poensgen schreibt in ähnlicher

---

[5]Zur besseren Lesbarkeit werden die Zitate aus der *Sezession* in diesem Beitrag in der
neuen deutschen Rechtschreibung wiedergegeben.

Manier, dass ‚Völker' „mit rassischen und sprachlichen Gruppen" (Poensgen 2019: 55) meist übereinstimmten. Thümen postuliert zudem, dass „als Folge der Evolution das menschliche Gehirn ‚Volk' wie eine biologische Spezies verarbeitet" (Thümen 2019: 12). Durch diese „angeborene[…] Psychologie" (Thümen 2019: 12) sei die tatsächliche Abstammung unerheblich, da die Unterschiede zwischen Völkern psychologisch real seien. Er wird dennoch nicht müde, die „biologische Seite" (Thümen 2019: 13) von ‚Volk' zu betonen.

Der ahistorisch verwendete Begriff der ‚Rasse', das Beharren auf der Ethnizität und der sozialdarwinistisch anmutende Rückgriff auf Evolutionstheorien sprechen eine deutliche, rassistische Sprache. Wohl um diesem Vorwurf zu entgehen, formulieren einige Autor*innen der *Sezession* Ausnahmen von der Regel der homogenen Volkskörper: bei Caroline Sommerfeld personifiziert als der „deutschlandverehrende Abstammungsaraber" (Sommerfeld 2019: 37), bei Alexander Gauland und Benedikt Kaiser das Zugeständnis, dass Einwanderer in bestimmten Maßen durchaus aufgenommen werden könnten (vgl. Gauland 2019: 20; Kaiser 2019: 24). Bedeutsam wird daher die Identifikation mit dem ‚Volk': „Das zentrale politische Zukunftsthema lautet: Identität", erklärt Gauland (2019: 20). Das ‚Volk' zeichnet sich bei ihm vor allem durch seine Heimatverbundenheit aus. Sommerfeld grenzt „Fremdkörperdeutsche[…]" von „Volksseelendeutschen" (Sommerfeld 2019: 36, 37) ab, die sich mit dem Deutschsein bewusst identifizieren. Der Anspruch auf Homogenität bleibt also bestehen: Das ‚Volk' soll eine kollektive Persönlichkeit mit einer bestimmten nationalen Identität darstellen. Bodo Mrozek hält die Stilisierung besonders der unteren und mittleren Schichten „als ‚natürliche' Träger eines heimeligen Nationalgefühls" (Mrozek 2019) bei Gauland für höchst problematisch. Davon könne aus kulturhistorischer Sicht keine Rede sein – transnationale kulturelle Orientierung, Arbeitsverhältnisse und Mobilität seien keinesfalls eine Angelegenheit der Eliten, sondern beträfen alle sozialen Schichten. In der *Sezession* wird diese Dichotomie jedoch durchweg beibehalten.

Dem so konzipierten ‚Volk' setzen Kaiser, Poensgen und Gauland eine Elite antagonistisch entgegen, die die ethnopluralistische Weltordnung bedroht, indem sie Globalisierungserscheinungen wie durchlässige Grenzen, Migration und internationalen Handel befördert. Gauland charakterisiert dieses „globalistische Establishment" durch das Aufrufen des belasteten Begriffs der „Parallelgesellschaft" (Gauland 2019: 15, 16) als etwas dem ‚Volk' Enthobenes. Kaiser wiederum spricht von „‚ethnokulturelle[r]' Selbstauflösung" (Kaiser 2019: 22) der Eliten und auch Poensgen zweifelt daran, dass die „mobile, globalistische

Oberschicht" in den sogenannten „Kompetenzfestungen"[6] (Poensgen 2019: 54), in die sie abwandert, echte ‚Völker' bilden kann. Besonders suspekt erscheint allen Autoren die mangelnde kulturelle Verwurzelung (vgl. Kaiser 2019: 26) oder Sesshaftigkeit (vgl. Gauland 2019: 15) dieser Elite(n); daher vermuten sie ihren Einfluss auf der ganzen Welt in allen gesellschaftlichen Bereichen (vgl. Gauland 2019: 16 f.; Kaiser 2019: 22 f.). Dabei wird die „neue globalistische Klasse" (Gauland 2019: 18) mit scheinbar gegensätzlichen Eigenschaften bedacht: Sie ist gleichzeitig progressivistisch, links und liberal wie auch antidemokratisch (vgl. Gauland 2019: 15–19; Kaiser 2019: 22) und verbündet mit dem globalen Kapital (Gauland 2019: 17; Kaiser 2019: 27). Es bräuchte nicht einmal mehr Poensgens Bild des „Parasitismus"[7] (Poensgen 2019: 55), um diese Konstruktion als antisemitischen Code zu begreifen (vgl. Grumke 2016: 145–148). Das häufige Aufgreifen dieser Codes ist typisch für die Strategie des ‚Dog Whistlings', bei der durch wiederholte, indirekte Anspielungen ein eindeutiges, in diesem Fall antisemitisches Narrativ vermittelt wird (vgl. Amadeu-Antonio-Stiftung 2020: 37).

Bereits 2018 bezeichnete der Historiker Wolfgang Benz Gaulands Thesen[8] als eine Paraphrase einer Rede Hitlers, die dieser am 10.11.1933 in Berlin-Siemensstadt hielt (vgl. Benz 2018). In dieser Rede, die als Videoaufnahme erhalten ist, spricht er von einer „kleinen wurzellosen Clique, die die Völker gegeneinander hetzt" (Hitler 1933), die das Publikum lautstark als Juden identifizierte. Die antisemitischen Codes, die in der *Sezession* genauso wenig gescheut werden wie rassistische Äußerungen, bedienen das Narrativ einer jüdischen Weltverschwörung (Salzborn 2015: 295). Samuel Salzborn erläutert:

> „Juden sind im christlich-antisemitischen Weltbild der *Sezession* nicht einfach *fremd* oder *anders*, sondern *das Andere* – sie stellen in der antisemitischen Fantasie alles in Frage, wofür die Sezession streitet und werden demgemäß in der antisemitischen Vorstellung dann auch ident mit der Moderne, der Aufklärung und allen universalistischen Weltbildern, die dem Menschen Freiheit, Individualität und Glück versprechen, gesetzt" (Salzborn 2015: 297).

---

[6] Gemeint sind Länder mit einer leistungsorientierten Einwanderungspolitik.

[7] Der Ausdruck „Parasit" wurde im Nationalsozialismus als Schmähwort gegen jüdische Menschen verwendet. Jüdinnen und Juden wurden so mit einem Schadorganismus gleichgesetzt, der sich von einem Wirt ernährt (vgl. Schmitz-Berning 2007: 460–463).

[8] Die Rede, die Gauland im Rahmen der 19. Winterakademie hielt und die in der *Sezession* abgedruckt ist, entspricht einem Artikel, den er bereits 2018 in der *FAZ* veröffentlicht hatte. Die mediale Debatte und die umfassende Kritik an dem Text hinderten ihn nicht daran, dessen Thesen erneut ungeändert wiederzugeben.

3   Politische Romantik: Kulturnation und ‚Volkskörper'

Für die besondere Bedeutung des Begriffes ‚Volk' für Deutschland bieten die Autor*innen der *Sezession* ihrer Leserschaft kulturhistorische Begründungen an. Dabei knüpfen sie auf ahistorische Weise an den Begriff der Kulturnation und den organischen Volksbegriff der politischen Romantik an. Sowohl Thor von Waldstein als auch Eberhard Straub beziehen sich mit Friedrich Schillers Gedichtfragment ‚Deutsche Größe' auf die Idee von Deutschland als vorpolitischer Kulturnation (vgl. von Waldstein 2019: 4; Straub 2019: 49–51). Schiller formulierte darin in Reaktion auf den Ersten Koalitionskrieg gegen Frankreich (1792–1797) die Suche nach einer deutschen Identität, die von der militärischen Niederlage nicht angegriffen werden konnte (Koselleck 1992: 329)[9]. Diese Hinwendung zum ‚Volk' als sprachliche und kulturelle Einheit wurde in der deutschen Romantik im 19. Jahrhundert als Antwort auf die fehlende staatliche Einheit fortgeführt. Nach dem Historiker Reinhart Koselleck diente ‚Volk' als „spezifisch deutscher Kompensationsbegriff, der einlösen sollte, was der französische Nachbar mit ‚nation' nicht nur auf den Begriff gebracht hatte, sondern auch verwirklicht zu haben schien" (Koselleck 1992: 149). Der französische Nationalstaat als Gegenbild zum deutschen ‚Volk' und die Napoleonischen Kriege befeuerten anti-französische Ressentiments, die Straub unkommentiert aus dem historischen Kontext in seinem Artikel aufnimmt. Formulierungen wie „französisierende[...] Barbarei" oder „unduldsame[...] Vernünftelei französischer Aufklärer" (Straub 2019: 48, 49) werden ganz selbstverständlich verwendet. Die nationale Feindschaft zu Frankreich erwies sich nach Michael Jeisman für die Identitätssuche der deutschen Nationalbewegung als konstitutiv: „So besaß der nationale Selbstentwurf über die Zuweisung kultureller Güter ein negatives Double. Der Schattenriss des Feindes, des anderen, des nicht

---

[9] Straub erklärt hingegen, das Fragment gebe „die Stimmungen und frohen Erwartungen" (Straub 2019: 49) der Zeit wieder. Auch seine weitere Paraphrase des Fragments ist eingefärbt und ungenau: „Deutsche allein können sich in ihrer Sprache jung und natürlich bewegen, wie einst die gar nicht alten klassischen Griechen und zugleich dem gedankenreichen Ideellen der Modernen unbeschwert genügen" (Straub 2019: 49). Tatsächlich heißt es an dieser Stelle nur: „Wir kennen das jugendlich Griechische und das modern Ideelle ausdrücken" (Schiller 1797: 475). Derartig ungenaue Wiedergaben von Zitaten ziehen sich durch den gesamten Artikel und tragen dazu bei, historische Zusammenhänge zu verzerren, die deutsche Sprache pathetisch zu überhöhen und deutsche Kultur zu mystifizieren.

Dazugehörigen machte die eigene Kultur erst sichtbar" (Jeismann 1992: 65).
Straub übernimmt somit bewusst die antiliberalen Aspekte und die exkludierende
Funktion von ‚Volk'. Dementsprechend verortet er ‚neurechten' Ethnopluralis-
mus in der Gedankenwelt des 19. Jahrhunderts.

Straub zieht Herder, Goethe und auch Schiller zur Legitimation des Ethnopluralismus heran: Herder und Goethe hätten die Vielfalt (verschiedener Völker)
nicht gefürchtet und Schiller hätte sich entsetzt über die Angleichung von
Lebensverhältnissen und Mentalitäten (Straub 2019: 47, 51). Bei von Waldstein
übernimmt an dieser Stelle ebenfalls Herder die Schlüsselrolle. Von Waldstein
hebt die Aufwertung des Begriffes ‚Volk' „zu einer kollektiven, mit Sprache,
Seele und Charakter begabten Individualität" (Koselleck 1992: 283) hervor, die
er in Herders Schriften erfuhr. Diese kollektiven Individualitäten sollten, nach
Herders „pietistisch-organologisch geprägte[n] Entwicklungsdenken" (Koselleck
1992: 317), pflanzengleich nebeneinander existieren und sich nicht vermischen.
Von Waldstein nimmt dies zum Anlass, Herder zum „Vater des Ethnopluralismus"
(von Waldstein 2019: 5) zu ernennen. Auch Sommerfeld greift auf Herder zurück,
um den Begriff des „Volkskörpers" oder „Volksorganismus" (Sommerfeld 2019:
34 f.) aufzurufen, der Grenzöffnungen und Fremdkörper nicht ertragen könne.
Die „Mythologie kompakter sozialer Körper" (Frank et al. 2007: 384) besteht
bereits seit der Antike und reicht weit bis in die Moderne, in der sie „für totalitäre
Systeme geradezu konstitutiv" (Frank et al. 2007: 13) wurde. Im Nationalsozialismus diente die Körpermetapher dazu, das Volk als „biologisch-rassische, von
Parasiten oder Schädlingen bedrohte, hierarchisch gegliederte Einheit" (Schmitz-
Berning 2007: 667) zu beschreiben und wird im heutigen Sprachgebrauch daher
nicht mehr verwendet.

Die kulturhistorischen Exkurse der *Sezession* dienen dazu, die organisch-
romantische Konzeption von ‚Volk' aufzuwerten und so deren Belastung durch
den Nationalsozialismus zu relativieren. Sommerfeld äußert sich dazu herab-
lassend: „Womöglich erregt die Rede vom ‚Volkskörper' Befremden und es
stellen sich auf der schiefen Bahn, hinab in das Lieblingsassoziationsreservoir
der Deutschen, Kurzschlüsse ein" (Sommerfeld 2019: 34). Auch von Waldstein lamentiert, der Begriff ‚Volk' sei im Nationalsozialismus verfälscht und
missachtet worden (vgl. von Waldstein 2019: 8 f.). Der Historiker Rüdiger
Safranski weist jedoch darauf hin, dass „die Ideen über Volk und Volkskultur,
die romantischen Organismus-Vorstellungen in Bezug auf Staat und Gesellschaft und die romantischen Mytheninterpretationen" (Safranski 2007: 350) in
die nationalsozialistische Ideologie aufgenommen wurden. Andreas Öhler zeigt
mit dem Schriftsteller Anatole France zudem eine deutliche Kontinuität von der

Romantik und Herders mythologischer Aufladung von ‚Volk' bis in den National-sozialismus und Hitlers völkischer Rassenpolitik auf (vgl. Öhler 2019). Durch Relativierungen der NS-Herrschaft und die Umwertung historisch belasteter Begriffe wie ‚Volkskörper' sollen die Grenzen des Sagbaren verschoben werden (Amadeu-Antonio-Stiftung 2020: 44). In gleicher Weise forderte die ehemalige *AfD*-Vorsitzende Frauke Petry, die Bezeichnung ‚völkisch' positiv zu besetzen (Balzli und Kamann 2016). Die rassistische Konnotation des Wortes[10] stritt sie vehement ab.

4 Rechtliche Retorsionen

Als Retorsionen bezeichnet man „jene Handlungen, die Begriffe und Argumentationsstränge des politischen Gegners gegen sie selbst richten" (Amadeu-Antonio-Stifung 2020: 46; vgl. den Beitrag zu → Lichtmesz). In der *Sezession* wird das ‚neurechte' Verständnis des Begriffs ‚Volk' in einer ver-drehten Auffassung von Rechtsstaatlichkeit mit Bezügen auf die Verfassung und Gesetze in der BRD begründet. Die Fundamente der Demokratie werden so anti-demokratisch gewendet.

Maximilian Krah erklärt Institutionen auf überstaatlicher Ebene wie etwa die Europäische Union für „demokratisch nicht legitimiert" (Krah 2019: 30), da sie nicht vom ‚Volke' ausgingen. Dieses ‚Volk' sei im Grundgesetz sowohl recht-lich als auch ethnisch definiert. Er schließt daraus, dass kulturelle und ethnische Homogenität die im Grundgesetz verankerte Basis des deutschen Nationalstaats sei (vgl. den Beitrag zu → Schmitt). In Deutschland werde diese Homogenität durch die Politik untergraben, die einen „Weltstaat" (Krah 2019: 30) anstreben würde. Dieser abrupte Sprung von vermeintlich verlorener Homogenität zur Auf-lösung der althergebrachten Weltordnung wird hier als kausaler Zusammenhang dargestellt.

Manfred Kleine-Hartlage erklärt die sukzessiven Erweiterungen des Straf-bestandes der Volksverhetzung des Paragrafen 130 StGB mit „dem mutwillig politisch herbeigeführten Wachstum nichtdeutscher Bevölkerungsgruppen" (Kleine-Hartlage 2019: 63). Hier spielt er auf die Verschwörungstheorie des

---

[10] Aus dem *Digitalen Wörterbuch der deutschen Sprache:* „völkisch – in chauvinistischer, rassistischer und demagogischer Absicht verwendete Kennzeichnung der Zugehörigkeit zur sogenannten deutschen Volksgemeinschaft, der Bindung an die nationalsozialistische Ideo-logie". https://www.dwds.de/wb/völkisch (20.05.2021).

‚Großen Austausches' an (vgl. Beitrag zu→Camus).[11] Der „Oppositionstots chlaggummiparagraf", so führt er fort, diene lediglich der „Meinungszensur" (Kleine-Hartlage 2019: 62, 63); nicht etwa dem Minderheitenschutz. Besonders über das Verbot der Holocaustleugnung und den Schutz der Würde der Opfer äußert er sich abfällig: „Welche Aspekte des nationalsozialistischen Regimes unterliegen einer Verurteilungspflicht? Nur die mehr oder minder diktatorischen oder auch die Autobahn?" (Kleine-Hartlage 2019: 62). Er trägt hier maßgeblich zur Relativierung des Holocausts bei. Begleitet werden derartige Äußerungen von Werbung für Lektüren des *IfS* – gegen das Bundesverfassungsgericht und den Verfassungsschutz als „Extremismus der Mitte" (Sezession 88/2019: 67). Dieser Begriff stammt ursprünglich aus dem Werk *Soziologie der Demokratie* des Politikwissenschaftlers Seymour Martin Lipset. Dieser argumentiert, dass der Faschismus sich als eine der sozioökonomischen Mittelschicht eigene Form des Extremismus gebildet habe:

> „Die klassischen faschistischen Bewegungen stellen den Extremismus der Mitte dar. Wenn auch die faschistische Ideologie in ihrer Glorifizierung des Staates anti-liberal ist, hat sie mit dem Liberalismus doch nicht nur die Opposition gegen die Großindustrie, die Gewerkschaften und den sozialistischen Staat gemeinsam, sondern auch die Feindschaft gegenüber der Religion und anderen Formen des Traditionalismus" (Lipset 1962: 134).

Dass dies innerhalb einer Werbeanzeige so umgedeutet wird, dass der Verfassungsschutz dem Faschismus gleichgesetzt wird, entspricht ebenfalls dem Manöver der Retorsion, dass auch auf politische Gegner (‚Linksfaschisten') angewendet wird.

---

[11] Kleine-Hartlage listet die genaue Wortanzahl nach jeder Änderung des Paragrafen auf, um seine Deutung zu unterstreichen. Die *AfD* beantragte am 27.04.2018 eine neuerliche Erweiterung des Paragrafens um eine Definition für „Teile der Bevölkerung", um auch Volksverhetzung gegen Deutsche strafbar zu machen. Diesen Umstand nimmt er bezeichnenderweise nicht in die Argumentation auf. Vgl. Deutscher Bundestag (2018): *AfD* will Volksverhetzungsparagrafen im Strafgesetzbuch ändern. https://www.bundestag.de/dokumente/textarchiv/2018/kw17-de-stgb-130-551106 (20.05.2021).

5   Diskursverschiebung: Theorie als Praxis

Die Annäherung an den Begriff ‚Volk' der Autor*innen der *Sezession* ist einseitig und ahistorisch. Der Historiker Michael Wildt schreibt dazu:

> „In einer globalisierten Welt […] ist der Begriff des Volkes, der historisch im Kampf gegen das Ancien Régime und für die Bildung von souveränen National-staaten unverzichtbar war und den Anspruch auf demokratische Selbstherrschaft begründete, anachronistisch geworden. […] Das Volk […] entspricht nicht mehr der Lebenswirklichkeit von Menschen in der Gegenwart" (Wildt 2017: 139 f.).

Deshalb plädiert er dafür, anstelle von Völkern als kollektiven Identitäten, „Menschen, die das Recht haben, Rechte zu haben, in den Mittelpunkt des politischen Denkens zu stellen" (Wildt 2017: 13). Das eiserne Festhalten an naturalistischen und rassistischen Definitionen von ‚Volk', sei es mittels der Ethnie, der Psychologie oder der Kultur ist menschenfeindlich und destruktiv. Denn, noch einmal mit Wildt gesprochen, „die Absicht, ein ‚Volk' nach anderen Kriterien als denen der politischen Gleichheit und Bürgerrechte zu konstituieren, birgt stets die Gefahr der Radikalisierung in sich" (Wildt 2017: 119). Im *Jahrbuch Extremismus & Demokratie* schätzt der Politikwissenschaftler Armin Pfahl-Traughber die *Sezession* als rechtsextremistisch ein:

> „Berücksichtigt man die Berufung auf die ‚Konservative Revolution' und die strategisch bedingte Mäßigung in der Wortwahl, so kann einer Einschätzung als einem ‚im Spannungsfeld von Extremismus und Demokratie angesiedelte(m) Periodikum' widersprochen werden. […] Es handelt sich um ein extremistisches Publikationsorgan" (Pfahl-Traughber 2017: 226).

Die sprachliche Gestaltung der *Sezession* gibt auch Aufschluss über die Funktion der Zeitschrift im ‚neurechten', metapolitischen Projekt. Die Autor*innen der *Sezession* haben einen auffälligen Hang zur Bildung neuer und älterer ‚Volks'-Komposita: etwa „Volksleugner" (Thümen 2019: 13), „Volkssinn" (Straub 2019: 50), „Volkstodwunsch" (Sommerfeld 2019: 35) und „Volksidentität" (Poensgen 2019: 54). Der Romanist Victor Klemperer, ein Zeitzeuge des Nationalsozialismus, beschrieb in seinem bekannten Werk *LTI. Notizbuch eines Philologen* die Sprache des Nationalsozialismus folgendermaßen:

> „‚Volk' wird jetzt beim Reden und Schreiben so oft verwandt wie Salz beim Essen, an alles gibt man eine Prise Volk: Volksfest, Volksgenosse, Volksgemeinschaft, volksfremd, volksentstammt …" (Klemperer 1993: 36).

Klemperers Beobachtung bleiben also erschreckend aktuell und zeigen, wie nah die *Sezession* sich an der beschriebenen Sprache der NS-Zeit in strategischer Absicht bewegt. Durch die ständige Wiederholung der Begriffe und Redewendungen seien diese schließlich unbewusst übernommen worden:

> „Worte können sein wie winzige Arsendosen: sie werden unbemerkt verschluckt, sie scheinen keine Wirkung zu tun, und nach einiger Zeit ist die Giftwirkung doch da" (Klemperer 1993: 21).

Durch die schlagwortartigen Wiederholungen der immer gleichen Begriffe besteht auch bei der Rhetorik der ‚Neuen Rechten' die Gefahr einer solchen Giftwirkung, wenn diese unsanktioniert bleiben (vgl. Niehr 2017). Die besprochenen Themen erscheinen zwar vergleichsweise harmlos, die Thesen bewusst gemäßigt, aber die Begrifflichkeiten sollen (und könnten) dazu beitragen, rechte Standpunkte salonfähig zu machen, den Diskurs zu verschieben und so das Ziel der ‚kulturellen Hegemonie' (→ de Benoist), also der Vereinnahmung des öffentlichen Meinungsbildes durch rechte Schlagwörter und Standpunkte, zu erreichen. Diese perfide Wortwahl, dieses Ausgraben tot geglaubter Begriffe geschieht nicht zufällig. Sie ist Teil einer Strategie, die Kubitschek ganz offen benennt:

> „Die eine [Methode] besteht darin, in Grenzbereichen des gerade noch Sagbaren und Machbaren provozierend vorzustoßen und sprachliche oder organisatorische Brückenköpfe zu bilden, zu erweitern und auf Dauer zum eigenen Hinterland zu machen. Das ist [...] nichts anderes als die Schaffung von Gewohnheiten. [...] Sprachlich kann man dadurch verzahnend vorstoßen, dass man zitiert und auf Sprecher aus dem Establishment verweist. [...] Es ist der Versuch, die Vorwürfe des Gegners durch die Zurschaustellung der eigenen Harmlosigkeit abzuwehren und zu betonen, dass nichts von dem, was man fordere, hinter die zivilgesellschaftlichen Standards zurückfalle" (Kubitschek 2017).

Die *Sezession* ist also keine bloße Theorie-Zeitschrift, sondern bereits die Praxis. Es ist nicht nur die inhaltliche Bedeutung eines Begriffs, die in dieser Ausgabe beleuchtet wird. Stattdessen wird der Begriff in verschiedenen Kontexten und bekannten ‚neurechten' Konstellationen wie etwa dem ‚Ethnopluralismus' positioniert, mit einer Mischung von Zitationen weit rezipierter und ‚neurechter' Autor*innen garniert und schließlich tausendfach wiederholt. Tatsächlich überschneiden sich die Nennungen von Autoren und Zitaten häufig. Fast kein Artikel kommt ohne einen Bezug zu Antike oder deutscher Romantik aus, um sich selbst als hochkulturelles, wissenschaftliches Erzeugnis anzupreisen. Auch der ausführliche Rezensionsteil und die den Seitenrändern beigefügten Zitate sollen diesen Eindruck vermitteln. Reichweite und Wirkung der *Sezession* ist vergleichsweise gering – die Anzahl der Abonnent*innen liegt knapp unter 4000, in den Medien wird sie selten erwähnt oder zitiert, Sekundärliteratur ist nur spärlich vorhanden – eine weitreichende Beschäftigung mit der Zeitschrift findet demnach nicht statt.

Man sollte jedoch nicht die personellen wie ideellen Überschneidungen der *Sezession* und des *IfS* mit der *AfD* übersehen, die zurzeit immerhin 80 Sitze im Bundestag hat. Aus diesem Umfeld stammt das Gedankengut der *AfD* und dadurch kann dieses ,neurechte' Netzwerk direkten Einfluss auf die Politik ausüben, nicht zuletzt deutlich durch die Versatzstücke von Kubitscheks Theorieaufgüssen in Björn → Höckes Reden. Außerdem verbreiten das *IfS,* der *Verlag Antaios* und die *Sezession* ihre völkischen Ideen in den sozialen Medien und betreiben eigene Websites. Zuletzt hat die Identitäre Bewegung zu einer Popularisierung dieses Gedankenguts beigetragen.

Literatur

Primärquellen

Gauland, Alexander (2019): Populismus und Demokratie. In: *Sezession* 88, S. 14–20.

Hitler, Adolf (1933): Hitlerrede in Siemensstadt am 10. November 1933. Transkript https://www.filmarchives-online.eu/viewDetailForm?FilmworkID=aaa546b529f11070db805811df326094 (15.05.2021).

Kaiser, Benedikt (2019): Ethnizität und Exterritorialität. In: *Sezession* 88, S. 22–27.

Kleine-Hartlage, Manfred (2019): Volksverhetzung. In: *Sezession* 88, S. 62–63.

Kositza, Ellen (2019): rechtsfäkal. In: *Sezession* 88, S. 2–3.

Krah, Maximilian (2019): Volk – Volkssouveränität – Verfassung. In: *Sezession* 88, S. 28–30.

Kubitschek, Götz (2017): Selbstverharmlosung. In: *Sezession* 76, S. 26–28.

Kubitschek, Götz (2019): Das gespaltene Volk. In: *Sezession* 88, S. 1.

o.V. (2019): Institut für Staatspolitik – Studien. In: Sezession 88, S. 67.

Poensgen, Johannes Konstantin (2019): Nation oder Kompetenzfestung? In: *Sezession* 88, S. 54–55.

Sommerfeld, Caroline (2019): Wer gehört zu uns? In: *Sezession* 88, S. 33–37.

Straub, Eberhard (2019): Kulturvolk. In: *Sezession* 88, S. 47–51.

Thümen, Gunnar (2019): Organismus oder Konstrukt? In: *Sezession* 88, S. 10–13.

von Waldstein, Thor (2019): Volk – ein deutscher Begriff. In: *Sezession* 88, S. 4–9.

Sekundärliteratur

Amadeu-Antonio-Stiftung (2020): Alternative Wirklichkeiten. Monitoring rechts-alter-
    nativer Medienstrategien. Berlin: Amadeu-Antonio-Stiftung.
Balzli, Beat/Kamann, Matthias (2016): Petry will den Begriff „völkisch" positiv besetzen.
    https://www.welt.de/politik/deutschland/article158049092/Petry-will-den-Begriff-
    voelkisch-positiv-besetzen.html (20.05.2021).
Benz, Wolfgang (2018): Wie Gauland sich an Hitlers Rede anschmiegt. https://www.tages-
    spiegel.de/wissen/analyse-des-historikers-wolfgang-benz-wie-gauland-sich-an-hitlers-
    rede-anschmiegt/23166272.html (15.05.2021).
Bundeszentrale für politische Bildung (2014): M 02.10 Rechtsextremes Verhalten:
    Symbole und Codes. https://www.bpb.de/lernen/grafstat/rechtsextremismus/172885/m-
    02-10-rechtsextremes-verhalten-symbole-und-codes (01.11.2021).
Bundeszentrale für politische Bildung (2014a): Glossar. Ethnopluralismus. https://www.
    bpb.de/politik/extremismus/rechtsextremismus/173908/glossar?p=17 (01.11.2021).
Deutscher Bundestag (2018): AfD will Volksverhetzungsparagrafen im Strafgesetz-
    buch   ändern.   https://www.bundestag.de/dokumente/textarchiv/2018/kw17-de-
    stgb-130-551106 (20.05.2021).
Frank, Thomas/Koschorke, Albrecht/Lüdemann, Susanne/Matala de Mazza, Ethel (2007):
    Der fiktive Staat. Konstruktionen des politischen Körpers in der Geschichte Europas.
    Frankfurt a. M.: Fischer Taschenbuch Verlag.
Grumke, Thomas (2016): ‚Sozialismus ist braun': Rechtsextremismus, die soziale Frage
    und Globalisierungskritik. In: Braun, Stephan/Geisler, Alexander/Gerster, Martin
    (Hrsg.): Strategien der extremen Rechten. Hintergründe – Analysen – Antworten. 2.
    Auflage. Wiesbaden: VS Verlag für Sozialwissenschaften.
Jeisman, Michael (1992): Das Vaterland der Feinde. Studien zum nationalen Feind-
    begriff und Selbstverständnis in Deutschland und Frankreich 1792–1918. Sprache und
    Geschichte (Bd. 19). Stuttgart: Klett-Cotta Verlag.
Kellershohn, Helmut (2016): Das Institut für Staatspolitik und das jungkonservative
    Hegemonieprojekt. In: Braun, Stephan/Geisler, Alexander/Gerster, Martin (Hrsg.):
    Strategien der extremen Rechten. Hintergründe – Analysen – Antworten. Wiesbaden:
    VS Verlag für Sozialwissenschaften, S. 439–467.
Klemperer, Victor (1993): LTI. Notizbuch eines Philologen. Leipzig: Reclam Verlag.
Koselleck, Reinhart (1992): Volk, Nation, Nationalismus, Masse. In: Koselleck, Reinhart
    (Hrsg.): Geschichtliche Grundbegriffe. Historisches Lexikon zur politisch-sozialen
    Sprache in Deutschland (Bd. 7). Stuttgart: Klett Cotta Verlag, S. 141–431.
Lipset, Seymour Martin (1962): Soziologie der Demokratie. Neuwied am Rhein/Berlin-
    Spandau: Hermann Luchterhand Verlag.
Mrozek, Bodo (2019): Globalisierung. Kultur, gut? *Zeit Online* vom 25.10.2019. https://
    www.zeit.de/2019/44/globalisierung-gesellschaft-spaltung-popkultur-polarisierung
    (20.05.2021).
Niehr, Thomas (2017): Rechtspopulistische Lexik und die Grenzen des Sagbaren. https://
    www.bpb.de/politik/extremismus/rechtspopulismus/240831/rechtspopulistische-lexik-
    und-die-grenzen-des-sagbaren (20.05.2021).

Öhler, Andreas (2019): Nationalismus. Eine deutsche Affäre. In: Christ und Welt 4/2019 vom 17.01.2019, S. 4. https://www.zeit.de/2019/04/nationalismus-romantik-deutsch-land-patriotismus (20.05.2021).

Pfahl-Traughber, Armin (2017): Zeitschriftenportrait Sezession. In: Backes, Uwe/Gallus, Alexander/Jesse, Eckhard (Hrsg.): Jahrbuch Extremismus & Demokratie (Bd. 29). Baden-Baden: Nomos, S. 216–230.

Safranski, Rüdiger (2007): Romantik. Eine deutsche Affäre. München: Carl Hanser Verlag.

Salzborn, Samuel (2015): Religionsverständnisse im Rechtsextremismus. Eine Analyse am Beispiel des neurechten TheorieorgansSezession. In: Möllers, Martin H.W./van Ooyen, Robert Chr. (Hrsg.): Jahrbuch Öffentliche Sicherheit 2014/15. Frankfurt a. M.:Nomos/ Verlag für Polizeiwissenschaft, S. 285–301.

Schiller, Friedrich (1797): (Deutsche Größe). In: Meier, Albert (Hrsg.) (2004): Gedichte, Dramen 1. Sämtliche Werke in 5 Bänden (Bd.1). München: dtv, S. 473–478.

Schmitz-Berning, Cornelia (2007): Vokabular des Nationalsozialismus. Berlin/New York: de Gruyter.

Wildt, Michael (2017): Volk, Volksgemeinschaft, AfD. Hamburg: Hamburger Edition.

Weiterführende Literatur

Amann, Melanie (2018): Angst für Deutschland. Die Wahrheit über die AfD: wo sie her-kommt, wer sie führt, wohin sie steuert. München: Droemer Verlag.

Dietzsch, Martin (2004): Nation statt Demokratie. Sein und Design der „Jungen Freiheit". Münster: Unrast Verlag.

Maike von Damaros studiert European Studies (MA) an der Universität Leipzig. Zuvor schloss sie ihr Bachelorstudium in Kulturwissenschaft und Sozialwissenschaften an der Humboldt-Universität zu Berlin mit einer Arbeit zu Krisennarrativen in der Demokratie ab.

Martin Lichtmesz: Die Hierarchie der Opfer

Dana Breidscheid

Zusammenfassung

Nach einer einführenden Einordnung der Person Martin Lichtmesz in den Kontext der ‚Neuen Rechten‘ zeigt der Beitrag, wie in Lichtmesz’ Argumentation bestimmte Medienstrategien der ‚Neuen Rechten‘ zum Ausdruck kommen: etwa die Retorsion, das Framing und die Desinformation. Dabei macht der Beitrag deutlich, wie Lichtmesz Opfer sexualisierter Gewalt instrumentalisiert, Täter-Opfer-Verhältnisse umgekehrt, Medienereignisse und Kriminalstatistiken selektiv umdeutet und Falschinformationen bewusst in seine Argumentation einbettet. Es wird zudem gezeigt, inwiefern diese Medienstrategien im Kontext des Buches *Die Hierarchie der Opfer* dazu dienen einerseits die Verschwörungserzählung vom ‚Großen Austausch‘ (Renaud Camus) rhetorisch zu stärken und andererseits Menschen aus Medien und Politik, die sich für kulturelle Vielfalt einsetzen – bei Lichtmesz zusammengefasst unter dem Begriff des ‚Multikulturalismus‘ – zu denunzieren.

Martin Lichtmesz, bürgerlicher Name Martin Semlitsch, geboren 1976 in Wien, gehört zu den Stammautor*innen der ‚neurechten‘ Zeitschrift *Sezession*. Daneben publiziert er für die als Sprachrohr der ‚Neuen Rechten‘ geltenden Zeitschrift *Junge Freiheit* sowie der Zeitschrift *eigentümlich frei* und dem christlichen

D. Breidscheid (✉)
Universität Potsdam, Potsdam, Deutschland
E-Mail: breidscheid@uni-potsdam.de

Magazin *Die Neue Ordnung*, welches aufgrund seiner rechten Orientierung die Arbeitsgemeinschaft Christliche Sozialethik dazu veranlasste, einen wissenschaftlichen Publikationsboykott des Magazins auszurufen (vgl. Hollenbach 2019). Des Weiteren ist Lichtmesz als Autor und Übersetzer für den *Antaios-Verlag* tätig und veröffentlichte hier unter anderem seine Werke *Die Verteidigung des Eigenen – Fünf Traktate* (2010), *Ich bin nicht Charlie – Meinungsfreiheit nach dem Terror* (2015) sowie seine neueren Werke *Mit Linken leben* (Lichtmesz und Sommerfeld 2017) und *Rassismus – Ein amerikanischer Alptraum* (2018).

Neben seiner publizistischen Tätigkeit steht Lichtmesz in engem Kontakt zur *Identitären Bewegung (IB)*. So suchte er gemeinsam mit Götz Kubitschek, dem Gründer des *Antaios-Verlag* auf europäischer Ebene die Verbindung zur französischen ‚Neuen Rechten‘, indem sie 2012 einen Kongress des *Bloc Identitaire*, dem Vorbild der *IB*, in Orange (Frankreich) besuchten, um hier rechte Aktions- und Protestformen kennenzulernen (vgl. Kellershohn 2016). In diesem Kontext lässt sich auch Lichtmesz' Übersetzung *Revolte gegen den Großen Austausch* (2016) des ursprünglich von dem französischen Philosophen Renaud Camus veröffentlichten Werks *Le Grand Remplacement* (2011) sehen. Lichtmesz ist daher ein wesentlicher Knotenpunkt des ‚neurechten‘ Aktivist*innen- und Publikationsnetzwerks und exemplarisch für die Medienstrategien, die dort zum Einsatz kommen. In seinem Buch *Die Hierarchie der Opfer* (2017) werden einige Strategien deutlich, mit denen die Grenzen des Sagbaren im Sinne der ‚Neuen Rechten‘ verschoben werden sollen. Dazu gehören Projektionen und Umkehrungen, hier bezogen auf Täter-Opfer-Konstellationen, das Framing politischer Begriffe, hier etwa des Multikulturalismus, sowie Desinformationkampagnen.

1   Umkehrungen: Täter-Opfer-Konstellationen

Die Argumentation von Lichtmesz bewegt sich auf einer Meta-Ebene und will sich dadurch unangreifbar machen. Er imitiert dazu sozial- und politikwissenschaftliche Analysen und Methoden aus der Narrativ-Forschung und wendet sie gegen die daran anknüpfende politische Aufklärungsarbeit. Narrative sind dabei identitätsstiftende Erzählstrukturen, die in einem Diskurs vermehrt aufgegriffen oder gezielt lanciert werden. So hat etwa die Forschung über Rassismus herausgestellt, dass rechte Diskurstrategien eine Umkehrung von Täter-Opfer-Konstellationen vornehmen (Amadeu-Antonio-Stiftung 2020: 33 f.). Beispielsweise hält der französische Vordenker der *IB*, Renaud Camus, die ehemals von Frankreich kolonisierten Muslim*innen für gewalttätige und kriminelle Invasoren, die sich an den vormaligen Kolonialisten rächen möchten. Camus' unterstellt mit seinem Begriff der *nocence*[1] (vgl. den Beitrag zu → Camus), dass Zugewanderte oder Menschen mit Migrationshintergrund per se gewalttätig und gefährlich seien, während die nicht-muslimischen „Stammfranzös*innen" per se friedlich und schuldlos seien, also in seiner Terminologie über *in-nocence* verfügen. Diese essentialistische Rassenkunde kehrt einerseits gesellschaftliche Machtstrukturen um, denn soziologisch gesehen sind die Nachkommen der ehemals Kolonisierten immer noch diskriminiert und marginalisiert. Hier werden sie aber zu Unterdrückern verkehrt. Anderseits schreibt er den so getrennten Gruppen (die Franzosen und die Anderen) wesensmäßige, natürlich erscheinende Eigenschaften zu. Solche in der Politikwissenschaft als *Retorsion* bezeichneten Umkehrungen finden sich überall in rechten Diskursen: z. B. der ‚Rassismus gegen Deutsche', der sog. ‚Schuldkult', oder eine ‚Willkommenskultur für Kinder' als Chiffre für das Abtreibungsverbot (Amadeu-Antonio-Stiftung 2020: 46).

Camus wurde für seine rassistischen Äußerungen in Frankreich wegen Volksverhetzung verurteilt; Lichtmesz, der Camus' Buch ins Deutsche übersetzte, versucht nun der Retorsion eine weitere Drehung zu geben. Er versetzt sich dazu in die Rolle eines Diskursforschers, der als Beobachter zweiter Ordnung die sozial- und politikwissenschaftlichen Methoden selbst als Produkte von Retorsionen zu entlarven vorgibt. Aus seiner Perspektive verdrehe nicht Camus die wahren Täter-Opfer-Verhältnisse, sondern eine verschworene Allianz aus Medien, Politik und radikalen Linken. Den Beweis sucht Lichtmesz in einer vermeintlichen Hierarchisierung von Opfern (und damit: Tätern) in der Medienberichterstattung über Kriminalfälle. „Freiburg, 16. Oktober 2016" und „Berlin, 19. Dezember 2016" sind dementsprechend die beiden Teile des Buches. Ersteres bezieht sich auf den Mordfall an der Studentin Maria L., während zweiteres auf den Terroranschlag von Anis A. verweist. Beide Ereignisse stehen stellvertretend für eine Reihe von Fällen, die nach Lichtmesz ähnliche Narrative von Opfer- und TäterVerhältnissen aufweisen und die er als Folgen der „multikulturalistischen Politik" deutet (vgl. Lichtmesz 2017: 55).

Im ersten Kapitel basiert die Darstellung einer von Lichtmesz formulierten Hierarchie der Täter-Opfer-Narrative auf der Beschreibung verschiedener Vergewaltigungsfälle europäischer Frauen, insbesondere aus Deutschland und Schweden, durch Männer mit Flüchtlingsstatus. Theoretisch fundiert wird

---

[1] Abgeleitet vom französischen *nuisance* (Belästigung), dem lateinischen *nocere* (Schaden) und dem veralteten englischen Begriff *nocence* (Schuld) (vgl. Lichtmesz 2017: 13).

die Analyse von Lichtmesz durch zwei Aspekte, nämlich erstens durch den klassischen Gesinnungs- und Verantwortungskonflikt nach Max Weber, dem angedichtet wird, die ‚politische Korrektheit' als eine Art Ersatzreligion definiert zu haben, „deren Ethik sich in der Zustimmung zu gewissen dogmatischen Grundsätzen" (Lichtmesz 2017: 16) äußere und in dessen Folge eine „quasi religiöse[] Kollektivneurose" entstehe, innerhalb derer „der ‚Flüchtling' […] den Status des Unantastbaren ein[nimmt]" (Lichtmesz 2017: 17). Hieran anknüpfend beschreibt Lichtmesz die Methode des „Gaslighting" (Lichtmesz 2017: 25), ein Begriff der Psychologie, welcher eine Form von psychischer Gewalt beschreibt, die auf Basis stetiger Verunsicherungen beim Opfer zu Realitäts- und Selbstzweifeln führt. Lichtmesz verwendet den Begriff in Bezug auf die politische sowie mediale Darstellung der oben genannten Gewaltakte und sieht die Methode des *Gaslighting* als Taktik der Propaganda. Hierbei würden durch den Einsatz bewusst gestreuter Falschinformationen die Opfer, in diesem Fall die Bevölkerung, verwirrt und das Gefühl erzeugt, dass man der eigenen Wahrnehmung nicht mehr trauen könne (vgl. Lichtmesz 2017: 25). So entstehe eine „Täter-Opfer-Taxonomie der linksradikalen Ideologie" (Lichtmesz 2017: 42), deren Struktur metaphysische Kategorien schaffe, nach welcher Täter nicht westlicher Herkunft per se ein Opfer-Status zugesprochen werde, welcher noch über dem der Frau, dem eigentlichen Opfer stehe. Im Gegensatz hierzu werden Vergewaltigungen von weißen Männern zum strukturellen Problem erklärt und im Kontext der Täter-Opfer-Rollenverteilung öffentlich als die ultimativen Täter dargestellt (vgl. Lichtmesz 2017: 38 ff.). Damit projiziert Lichtmesz die Täter-Opfer-Konstellation von Camus unter umgekehrten Vorzeichen auf eine abstrakt bleibende, vermeintlich linke Öffentlichkeit.

Auf dieser theoretischen Argumentation basieren auch die Deutungen der im zweiten Kapitel thematisierten Ereignisse. So werden Terroranschläge des *Islamischen Staats* in Europa mit den Terrorakten des rechtsextremen Netzwerks *Nationalsozialistischer Untergrund* (NSU) kontrastiert. Hierbei gelten wie im ersten Kapitel die Aussagen von Politiker*innen und Journalist*innen als Darstellung eines nach ähnlichen Mustern ablaufenden Narrativs der Opferbewertung, welches nach Lichtmesz eine Opferhierarchisierung beinhalte. Diese unterteile die Opfer in „ausländische Alpha-Opfer", die wie Märtyrer stilisiert werden und „inländische Beta- bis Gammaopfer", welche hingenommen und bagatellisiert würden (Lichtmesz 2017: 75 ff.). Innerhalb des zweiten Kapitels analysiert Lichtmesz die zentrale Rolle von Täter-Opfer-Narrativen in Bezug auf den „Multikulturalismus und die Politik der Schuld". So erhielten, nach Lichtmesz, die Täter*innen des NSU die Funktion eines „Südenbocks", dem sämtliche negativen Eigenschaften auferlegt würden. Gleichzeitig führe dies dazu, dass die „deutsche Schuld" und hiermit die Erlösung durch den „Multi-kulturalismus" – im Sinne der quasi religiösen Stellung der politischen Korrekt-heit – gepredigt werden könne (vgl. Lichtmesz 2017: 81 f., vgl. den Beitrag zu → Willms).

2   Framing: Multikulturalismus und die Instrumentalisierung von Kriminalstatistiken

Insgesamt zielt Lichtmesz' Buch auf diesen Begriff von Multikulturalismus. Die Strategie der Retorsion ist dafür nur ein Mittel. Denn in Lichtmesz' Erzählung dienen die oben beschriebenen Täter-Opfer-Narrative dazu, den ‚Multikulturalis-mus' als linke Ideologie zu verankern und so den als Fakt hingestellten *Großen Austausch* zu unterstützen. Er weist dazu auf die „religiös-ideologische Struktur eines antirassistischen Opferkultes" (Lichtmesz 2017: 84) hin und stellt den Multikulturalismus dadurch als eine Art herrschende Ideologie dar. Schon *Mit Linken leben* kam als sozialpsychologisch unterfütterte Ideologiekritik von rechts daher (vgl. → Lichtmesz und Sommerfeld); mit ebenso verschwörungs-mythischem Charakter. Als entlarvt sieht Lichtmesz diese multikulturalistische Konstruktion von Opfern und Tätern durch den Mord an einem syrischen Asyl-bewerber im Jahr 2015, der mutmaßlich aufgrund eines rechtsextremistischen Motivs ermordet wurde. Nachdem sich herausgestellt hätte, dass das Opfer durch einen anderen Asylbewerber ermordet worden sei, hätte das Interesse abgenommen, da die sakrale Aufladung des Opfers und somit seine Stellung im Narrativ nicht mehr vorhanden gewesen sei. Hieran werde deutlich, dass „‚rechte Gewalt' essentieller Baustein des multikulturalistischen Narrativs" sei, welche „notfalls erfunden oder […] als Phantom beschworen" werden müsse (vgl. Lichtmesz 2017: 85).

Lichtmesz' Vorgehen ist exemplarisch für die Strategie der ‚Neuen Rechten', Medienereignisse und besonders Kriminalstatistiken aufzugreifen, umzu-deuten und politisch auszuschlachten. Lichtmesz etwa reiht Taten und Aus-züge aus der medialen Berichterstattung aneinander, die durch ihre Selektion ein normatives Bild erzeugen sollen. Während im ersten Kapitel etwa 15 Fälle, in denen Vergewaltigung durch Männer ‚nicht deutscher Herkunft' ausgeübt wurde, aufgelistet werden, wird als Kontrast lediglich ein fiktives Beispiel aus der *Millennium Trilogie* von Stieg Larsson herangezogen, welches die narrative Darstellung von Gewalt durch weiße Männer belegen soll (vgl. Lichtmesz 2017: 38 f.).

Diese Strategie wirkt unterstützend auf die Thesen Lichtmesz, wonach Vergewaltigungen, Terror und in dessen Folge Gewalt durch die vermehrte Zuwanderung, die auf den *Großen Austausch* zurückzuführen sei (→ Camus), zunehmen würden. Dies können die offiziellen Statistiken nicht belegen. So ist nach Angaben des Bundesministeriums des Innern, für Bau und Heimat (2018) die Anzahl an Straftaten insgesamt im Vergleich zum Vorjahr gesunken. Dies gilt ebenso für den ausgewählten Straftatbestand der Vergewaltigung. Ebenso verweisen Opferverbände darauf, dass die Täter sexualisierter Gewalt in der Regel aus dem näheren Umfeld des Opfers stammen (vgl. Terre des Femmes o. J.). Die Fakten aber sind für die rechte Angstmache nebensächlich. Es geht vor allem darum, eine neue Angstfigur zu erschaffen, die auch in der Medienberichterstattung aufgegriffen wird. Der Medienforscher Thomas Hestermann etwa stellt fest, dass die ‚neurechte' Strategie das subjektive Angstempfinden überproportional erhöhe, obwohl die reale Kriminalität seit 1990 kontinuierlich abnehme: „Die deutschen Medien haben den gewalttätigen Einwanderer als Angstfigur neu entdeckt" (FAZ online 2018). Besonders geht es darum, den Begriff des Multikulturalismus mit negativen, gefährlichen und kriminellen Assoziationen zu versehen. Dieses Verknüpfen eines Begriffes mit neuen Assoziationen nennt man *Framing* (vgl. Amadeu-Antonio-Stiftung 2020: 33 f.). Indem Multikulturalismus bei Lichtmesz vor allem als eine Frage von Tätern und Opfern behandelt wird, rückt er den Begriff in ein pathologisches, gefährliches und kriminelles Bedeutungsumfeld, das nichts mehr mit der Normalität zu tun hat. Insofern ist Lichtmesz' Buch nur ein Versuch, den identitären Schlachtruf „Multikulti tötet" zu popularisieren (Lobenhofer 2016).[2]

3   Desinformation

Des Weiteren soll ein Zusammenhang von Multikulturalismus und Vergewaltigungen bzw. Terror erzeugt werden. Hierzu dient im ersten Kapitel das Fallbeispiel Schweden, welches nach Lichtmesz zu einem der ‚politisch korrektesten' Ländern gehöre, während es gleichzeitig die höchste Vergewaltigungsquote

---

[2] Abwandlung des Slogans „Migration tötet", der von der *NPD*, dem *III. Weg* und anderen rechtsextremen Parteien im EU-Parlaments-Wahlkampf 2019 plakatiert wurde. 2020 wurde der Slogan vom Düsseldorfer Verwaltungsgericht als volksverhetzend eingestuft: https://www.rnd.de/politik/gericht-npd-slogan-migration-totet-ist-volksverhetzung-C3WL5WROINLNOSHHJNOI6CRUNI.html (12.04.2021).

Europas und zweithöchste der Welt habe (vgl. Lichtmesz 2017: 34 f.). Diese These basiert im Wesentlichen auf den Daten des *Gatestone Institute,* welches als rechtsorientiert und anti-muslimisch gilt. Artikel des *Gatestone Institute* würden, so Majic (2016), wissenschaftlich weder in Ansatz noch Methode bestehen und vielfach Falschinformationen und unbelegte Behauptungen als Fakten darstellen. Gleichzeitig werden Studien und Aussagen wie die von *UN Woman* und *Amnesty International* herangezogen, um Vergewaltigungen von Männern nicht deutscher Herkunft durch eine „kulturelle Differenz" zu begründen, wonach die Vergewaltigung von Frauen in den Herkunftsländern gesellschaftlich verankert sei (vgl. Lichtmesz 2017: 19, 47). Besonders kritisch ist in diesem Kontext die Verwendung von Gerüchten zu sehen, die wie im Falle der Vergewaltigung und Ermordung der schwedischen Eli K. verwendet werden, um lediglich die eigene Argumentation sowie die eigenen normativen Ansätze zu untermauern. Hierbei wird das Gerücht um ein angeblich vorhandenes Musikvideo, welches das Mädchen zeige, detailliert beschrieben, um schließlich im nächsten Abschnitt damit einzuleiten, dass diese Geschichte womöglich nur erfunden sei, aber sehr gut den mentalen Zustand Schwedens illustriere (vgl. Lichtmesz 2017: 34). Insgesamt erscheint die Nutzung von Falschinformationen durch Daten des *Gatestone Institute* und Artikeln von *Politically Incorrect (PI-News)* angesichts der von Lichtmesz formulierten Kritik des *Gaslighting,* die er als wesentliche Strategie von Politiker*innen, Journalist*innen und ‚Linken' sieht, grotesk und widersprüchlich, sodass die Argumentation nur dann plausibel erscheint, wenn man lieber an das narrative Bild, welches Lichtmesz verkaufen möchte, glaubt, als die Herkunft der Quellen, auf denen seine Analyse basiert, zu hinterfragen.

Ein weiterer Kritikpunkt bezieht sich auf die von Lichtmesz verwendeten Begriffe und rhetorischen Formulierungen, die vielfach eine Abwertung beinhalten, welche entgegengesetzt zu seiner Täter-Opfer-Darstellung verläuft. So werden Frauen, die sich für Geflüchtete einsetzen und mit Willkommensschildern am Bahnhof die Ankunft eines Sonderzuges für Geflüchtete begrüßten, als „Frankfurter Bahnhofsgrazien" (Lichtmesz 2017: 32) diffamiert. Dieser Begriff zeigt deutlich, dass die Vorwürfe, die Lichtmesz innerhalb der ersten 50 Seiten seines Buches in Form von Gewalt gegenüber Frauen durch Männer muslimischer Herkunft darstellt, tatsächlich vielmehr als ein Ausdruck der Projektion des eigenen Sexismus verstanden werden können. Hiermit einher geht die Abwertung von Menschen anderer Herkunft und jenen, die sich für das Recht auf Schutz vor Krieg und Gewalt einsetzen sowie im zweiten Kapitel die Denunzierung von Stiftungen wie der *Amadeu Antonio Stiftung* oder kritischen Journalist*innen, die das Aufkommen von rechtsextremer Gewalt und rassistisch motivierten Terror aufdecken.

4 Instrumentalisierung von Opfern sexualisierter Gewalt

Insgesamt stellt das Buch somit eine Instrumentalisierung von Opfern sexualisierter Gewalt dar, die im Wesentlichen dazu dient, die Rhetorik des *Großen Austauschs* zu stärken und Politik- und Medienschaffende, die sich für kulturelle Vielfalt einsetzen, zu denunzieren. Gleichzeitig wird hieran der kulturalistisch verschleierte Rassismus deutlich, welcher die Argumentation Lichtmesz' trägt. So wird Gewalt als ein kulturelles Phänomen konstruiert und insbesondere Muslim*innen zugeschrieben.

Dass Lichtmetz' Thesen auf Resonanz stoßen, liegt nicht zuletzt daran, dass die Imagination einer bedrohlichen Sexualität eines natio-ethno-kulturellen ‚Anderen', in diesem Fall muslimischer Männer, in den westlichen Gesellschaften historisch tief verankert ist. Hierbei handelt es sich nach Mecheril und van der Haagen-Wulff (2016: 126) um eine Bedrohungsinszenierung, die zur Sicherung der materiellen und symbolischen Ansprüche des als natio-ethno-kulturell kodierten ‚Wir' beitragen soll. Folgt man dieser rassismuskritischen Position, so geht es bei der Konstruktion eines als Bedrohung wahrgenommenen ‚Anderen' immer auch um den Kampf um Macht und Privilegien. In diesem Kampf spielen Medienstrategien wie Retorsionen, Framing und Desinformation eine zentrale Rolle.

Literatur

Primärquellen

Camus, Renaud (2011): Le Grand Remplacement. Paris: Éditions David Reinharc.
Camus, Renaud (2016): Revolte gegen den Grossen Austausch. Schnellroda: Antaios.
Lichtmesz, Martin (2010): Die Verteidigung des Eigenen. Fünf Traktate. Schnellroda: Antaios.
Lichtmesz, Martin (2015): Ich bin nicht Charlie. Meinungsfreiheit nach dem Terror. Schnellroda: Antaios.
Lichtmesz, Martin (2017): Die Hierarchie der Opfer. Schnellroda: Antaios.
Lichtmesz, Martin (2018): Rassismus. Ein amerikanischer Alptraum. Schnellroda: Antaios.
Lichtmesz, Martin/Sommerfeld, Caroline (2017): Mit Linken leben. Schnellroda: Antaios.

Sekundärliteratur

Amadeu-Antonio-Stiftung (2020): Alternative Wirklichkeiten. Monitoring rechts-alternativer Medienstrategien. Berlin: Amadeu-Antonio-Stiftung.

Bundesministerium des Innern, für Bau und Heimat (2018): Polizeiliche Kriminalstatistik 2018. Ausgewählte Zahlen im Überblick. https://www.bmi.bund.de/SharedDocs/downloads/DE/publikationen/themen/sicherheit/pks-2018.pdf?__blob=publicationFile&v=3 (01.11.2021).

FAZ Online (2018): Kluft zwischen realer und gefühlter Kriminalität. *Frankfurter Allgemeine Zeitung Online* vom 17.09.2018. https://www.faz.net/aktuell/gesellschaft/kriminalitaet/aengste-und-statistiken-zwischen-realer-und-gefuehlter-kriminalitaet-15791726.html (11.10.2021).

Hollenbach, Michael (2019): Debatte um christliches Magazin Neue Ordnung, rechte Ordnung?. *Deutschlandfunk* vom 27.03.2019. https://www.deutschlandfunk.de/debatte-um-christliches-magazin-neue-ordnung-rechte-ordnung.886.de.html?dram:article_id=444627 (01.11.2021).

Kazim, Hasnain (2017): Österreich, die Identitären und der Terrorist von Christchurch". *Spiegel Online* vom 30.03.2019. https://www.spiegel.de/politik/ausland/martin-sellner-anfuehrer-der-oesterreichischen-identitaeren-sieht-sich-als-opfer-a-1260455.html (01.11.2021).

Kellershohn, Helmut (2016): „Es geht um Einfluss auf die Köpfe" – Das Institut für Staatspolitik. https://www.bpb.de/politik/extremismus/rechtsextremismus/230002/es-geht-um-einfluss-auf-die-koepfe-das-institut-fuer-staatspolitik (01.11.2021).

Lobenhofer, Sophie (2016): „Multikulti tötet": Das absurde Weltbild der ‚Identitären'. *ZEITjung* vom 15.04.2016. https://www.zeitjung.de/identitaere-wien-fluechtlinge-rechtsextremismus/ (11.10.2021).

Majic, Danijel (2016): Geschändete Fakten. *Frankfurter Rundschau* vom 01.04.2016. https://www.fr.de/politik/geschaendete-fakten-11114908.html (01.11.2021).

Mecheril, Paul/van der Haagen-Wulff, Monika (2016): Bedroht, angstvoll, wütend. Affektlogik der Migrationsgesellschaft. In: Castro Varela, María do Mar/Mecheril, Paul (Hrsg.): Die Dämonisierung der Anderen. Rassismuskritik der Gegenwart. Bielefeld: transcript, S. 119–141.

Terre des Femmes – Menschenrechte für die Frau e.V. (o. J.): Vergewaltigung – Schluss mit der Straflosigkeit. https://www.frauenrechte.de/images/downloads/hgewalt/gegen-vergewaltigung/Vergewaltigung-Argumente-und-Fakten.pdf (01.11.2021).

Dana Breidscheid schloss ihren Bachelor in den Fächern Europäische Ethnologie und Sozialwissenschaften an der Humboldt-Universität zu Berlin ab. Seit 2021 studiert sie Soziologie im Master an der Universität Potsdam.

The manufacturer's authorised representative in the EU is Springer Nature Customer Service Centre GmbH, Europaplatz 3, 69115 Heidelberg, Germany. If you have any concerns regarding our products, please contact ProductSafety@springernature.com

Printed and bound by CPI Group (UK) Ltd, Croydon, CR0 4YY

28/04/2026

02098491-0009